400 GEHEIM TIPPS

für Reisen, die Sie nie vergessen werden

400 GEHEIM TIPPS

für Reisen, die Sie nie vergessen werden

MIT EINEM VORWORT VON KEITH BELLOWS
CHEFREDAKTEUR, NATIONAL GEOGRAPHIC TRAVELER-MAGAZIN

NATIONAL GEOGRAPHIC

Inhalt

Ihre Reise beginnt hier   7

❶ In luftiger Höhe   8
Atemberaubende Aussichten von den Gipfeln der Welt

❷ Wunderbare Wildnis   32
Einsame und ursprüngliche Gebiete mit unberührter Natur

❸ Trauminseln   66
Inselparadiese unter der Tropensonne oder in arktischen Gefilden

❹ Entlegene Pfade   100
Klassische Roadtrips, stille Wanderwege und Geländetouren

❺ Geheimnisvolle Geschichte   132
Historische Stätten abseits der Touristenpfade

❻ Stille Oasen   160
Kathedralen, Bergtempel und spirituelle Rückzugsorte

❼ Verborgene Schätze   184
Museen, Wohnsitze und Burgen an überraschenden Orten

❽ Unentdeckte Dörfer   218
Ländliche Abgeschiedenheit von Indonesien bis England

❾ Stadtverstecke   244
Idyllische Gärten und authentische Viertel im Herzen der Großstadt

Register   272
Autoren und Bildnachweis   279

Vorherige Seite: Der Anblick einer Elefantenherde in der weiten afrikanische Savanne vermittelt zeitlose Ruhe. Gegenüber: Tänzer der Zuni-Pueblo-Indianer im Bandelier National Monument in New Mexico.

Ihre Reise beginnt hier

Haben Sie einen Geheimtipp für Reisende? Sicher, den hat wohl jeder. Zu meinen gehört der berückende Blick auf eine Seenlandschaft im Osten Kanadas von einem 24 Meter hohen Granitfelsen. Der Weg in London an Keith Richards' früherem Haus vorbei zur Statue von Thomas Carlyle, wo sich eines der wenigen verbliebenen typisch englischen Pubs verbirgt. Ein von Palmen umgebener kleiner See im Westen Schottlands. Mein Leben lang bin ich den Wegen der Einheimischen gefolgt und habe so auf meinen Reisen unvergessliche Entdeckungen gemacht.

Darum geht es in diesem Buch. Es ist eine Fortsetzung von „400 Reisen, die Sie nie vergessen werden", ein Buch über «Reiserouten und Ziele, die Ihr Leben bereichern werden», wie ich damals schrieb. Oft wurde ich gefragt, was wir ausgelassen haben. Die kurze Antwort: viel. Nun also folgt „400 Geheimtipps für Reisen, die Sie nie vergessen werden". Dieses Mal beschlossen wir, etwas tiefer einzutauchen, um kaum bekannte Schätze aufzustöbern. Was Sie hier lesen, entstammt dem reichen Erfahrungsschatz von National Geographic, Erforscher der Welt in all ihren Facetten. Wir verraten Ihnen Geheimnisse, die über gewöhnliche Reisetipps hinausgehen. Sie entdecken den kaum besuchten Aussichtspunkt am Grand Canyon, den besten Blick auf London, die Sammelstelle der Tiere im Amboseli-Nationalpark in Kenia, die Mayaruinen Altun Ha in Belize, die atemberaubende Bahnfahrt von Sarejevo nach Mostar, den Geheimgang zwischen dem Palazzo Pitti und den Uffizien in Florenz, die leckersten Kebabs der Türkei, von der Zeit vergessene spanische Dörfer und eine Insel, die das bestgehütete Geheimnis der Karibik ist. Lassen Sie sich auf die Orte, Tipps, Ideen und Einblicke auf den folgenden Seiten ein, und Sie werden eine Menge von dem entdecken, was die Einheimischen lieber für sich behalten. Alles ist dabei: unbekannte Geschichte, Entdeckungen abseits der ausgetretenen Pfade, kaum bekannte Sehenswürdigkeiten und überraschende Naturwunder. Willkommen in einer wahrlich selten bereisten Welt.

Keith Bellows
Chefredakteur, National Geographic Traveler-Magazin

Gegenüber: Bunte alte Kaufmannshäuser am Kai im lebhaften Nyhavn, dem Hafenviertel von Kopenhagen.

1

IN LUFTIGER HÖHE

Gelegenheiten, die Welt aus luftiger Höhe zu überblicken, gehören zu den schönsten Reiseerlebnissen. Manche Panoramen sind so berühmt, dass sie längst zu Postkartenklischees geworden sind, doch seltener bereiste Routen halten immer noch überraschende Anblicke bereit. Einige der hier beschriebenen Ziele eröffnen geradezu unglaubliche Aussichten, wie die tausendjährige korsische Stadt Bonifacio, die auf einer Felskante über dem Meer balanciert, oder die roten Felszacken von Las Médulas, wo der jahrhundertelange Goldbergbau der Römer ein surreales Landschaftsbild hinterließ. Andere bringen uns weltentrückte Naturwunder zum Greifen nah, wie den Cañón de Colca in Peru, wo Sie auf Augenhöhe mit einem fliegenden Kondor stehen können. Das indische Kolonialstädtchen Ranikhet verspricht traumhafte neue Himalaja-Perspektiven. Und wer Aussichten genießen will, ohne sich dafür körperlich zu verausgaben, kann mit der Bergbahn in die Schweizer Alpen hinauffahren, wo einem nur der prachtvolle Ausblick den Atem raubt.

Das hübsche Dorf Mürren auf einem kleinen Plateau über dem Lauterbrunnental eröffnet ebenso spektakuläre wie schwindelerregende Aussicht auf die Bergwelt der Schweizer Alpen.

KANADA
Waterton Lakes

Von der Natur gemeißelte Granitgipfel spiegeln sich im kristallklaren Upper Waterton Lake im äußersten Südwesten Albertas.

Der Waterton-Lakes-Nationalpark, drei Autostunden südlich von Calgary, begeistert Wanderer, Radfahrer, Vogelbeobachter, Camper und Kanuten mit seiner unberührten Natur. Hier, wo die kanadische Prärie auf die Rocky Mountains trifft, schimmern zerklüftete Schichten des präkambrischen Grundgesteins in mineralischen Rot- und Grüntönen, gehen schroffe, graue Felsflanken allmählich in grüne Bergwiesen über. Gletscher haben eine Reihe tiefer, klarer Seen zwischen die Gipfel geschnitten. Der Park, der im frühen 19. Jahrhundert nach dem britischen Naturforscher Charles Waterton benannt wurde, ist rund 500 Quadratkilometer groß, mit bis zu 150 Meter tiefen Seen und bis zu 2920 Meter hohen Gipfeln. Im Sommer bedeckt ein bunter Teppich aus gelber Balsamwurzel, Frauenschuhorchideen, rosa Mädesüß und anderen Wildblumen die Bergwiesen. Im Winter legt sich mit einer pulverigen Schneedecke andächtige Stille über den Park. Wapitis, Maultierhirsche und Dickhornschafe wandern als seltsam arglose Besucher durch den kleinen Ort Waterton, und Wintersportler machen sich mit ihren Schneeschuhen, Skiern oder ihrer Eiskletterausrüstung auf den Weg. Zu einer willkommenen Aufwärmpause mit heißem Kakao oder deftiger Suppe lädt das 1927 im rustikalen Almhüttenstil errichtete Prince of Wales Hotel auf einer Anhöhe am Upper Waterton Lake.

Beste Reisezeit Das Klima im Park ist feucht, windig und wechselhaft. Die Temperaturen reichen von 35 Grad im Sommer bis zu –40 Grad im Januar und Februar; im Winter gibt es auch häufig wärmere Phasen um 10 Grad. Im April und Juni regnet es generell am meisten; im Winter ist mit Schnee zu rechnen.

Anreise Der Park ist vom 264 Kilometer nördlich gelegenen Calgary oder über den Chief Mountain International Highway vom benachbarten Glacier-Nationalpark (USA) mit dem Auto zu erreichen.

Reiseplanung Der Waterton-Lakes-Nationalpark ist ganzjährig geöffnet; einige Einrichtungen schließen aber im Winter. Im Ort Waterton gibt es Hotels und Lodges, im Park selbst mehrere Campingplätze.

Websites www.watertonpark.com, www.pc.gc.ca, www.travelalberta.com, de.canada.travel

Das Blackfeet-Reservat

Der ehemals nomadische Stamm der „Schwarzfußindianer" ist heute in der Prärie-, Wald- und Berglandschaft des Blackfeet-Reservats sesshaft, das an den Waterton-Lakes-Nationalpark angrenzt.

■ Das **Museum of the Plains Indian** im nahen Browning, Montana (USA), erläutert Zeremonien und Bräuche der nördlichen Prärieindianer und zeigt ihre traditionelle Kleidung.

■ Das **Blackfeet Heritage Center & Art Gallery** in Browning verkauft Perlenarbeiten, Schmuck, Keramik, Decken, Schnitzereien, Körbe und Gemälde.

Im Waterton-Lakes-Nationalpark schmiegen sich mehrere Gletscherseen in die unberührte Berglandschaft der Rocky Mountains oberhalb der kanadischen Prärie.

Der Dead Horse Point bietet Ausblick über die ausgedörrte, durch Erosion modellierte Landschaft des Canyonlands-Nationalparks.

UTAH, USA

Dead Horse Point State Park

Begeisterte Geologen kommen im Dead Horse Point State Park nahe der Kleinstadt Moab ganz sicher auf ihre Kosten.

Hier tritt das nackte Gerippe der Erde zutage: Rote Sandsteinpfeiler und -zacken, die durch Jahrmillionen der Erosion entstanden sind, stehen aufgereiht unter dem unglaublich weiten Himmel. Bei Sonnenuntergang scheinen die Felswände und Tafelberge von innen zu erglühen, während sich rund 600 Meter tiefer der wie Quecksilber schillernde Colorado River seinen gewundenen Weg zum Golf von Kalifornien sucht. Früher war der gut 2100 Hektar große Park das Revier von Cowboys, die hier Jagd auf wilde Mustangs machten. Das Plateau am eigentlichen Dead Horse Point, das nur über eine schmale Felszunge zu erreichen ist, diente als natürlicher Pferch für die eingefangenen Pferde. Heute ist der Park ein Freizeitparadies für Mountainbiker, Felskletterer und Wüstenwanderer. Es gibt Campingmöglichkeiten und gewundene Wanderwege, die an jeder Kehre neue Perspektiven bieten. Sie sollten in dieser Landschaft der Extreme allerdings aufpassen, wo Sie hintreten, denn ein Fehltritt könnte Ihnen den Tag ruinieren, wie die Einheimischen mit ihrem typischen Hang zur Untertreibung sagen würden. Oder Sie parken einfach am Aussichtspunkt Dead Horse Point und schauen mit ungläubigem Staunen auf dieses 150 Millionen Jahre alte Wunderwerk der Natur.

Beste Reisezeit Die Sommer im südlichen Utah sind zermürbend. Kommen Sie lieber im Frühjahr oder Herbst; selbst dann kann es mittags noch sehr heiß werden. Am schönsten ist das Panorama, wenn die Felswände und -türme bei Sonnenauf- oder -untergang rosarot erglühen.

Anreise Fahren Sie von Moab 14 Kilometer auf der U. S. Route 191 nach Nordwesten, biegen Sie dann auf die Utah State Road 313 nach Südwesten ab und folgen Sie ihr rund 37 Kilometer bis zum Parkeingang.

Reiseplanung Salt Lake City, Phoenix, Albuquerque, Denver oder Las Vegas sind gute Startpunkte für Reiserouten, die den Park passieren. Moab ist der nächste Ort mit Unterkünften.

Websites www.utah.com/stateparks/dead_horse.htm, www.moab-utah.com, www.discovermoab.com

Ein Mekka für Mountainbiker

Der Dead Horse Point State Park liegt im Herzen des Red Rock Country von Utah, das weltweit als unübertroffenes Mountainbike-Revier berühmt ist. Beratung und Ausrüstung gibt es bei den örtlichen Fahrradläden, die auch einfache Routen empfehlen können. Das **Intrepid Trail System** umfasst Routen verschiedener Schwierigkeitsgrade.

Ein Muss für Geübte ist der 17 Kilometer lange **Slickrock Trail**, der anspruchsvolles Terrain mit Panoramen kombiniert, denen kein Superlativ gerecht wird. Die Rundfahrt kann drei bis vier Stunden dauern. Die Gegend ist sehr trocken und oft heiß; bringen Sie reichlich Wasser mit.

PERU

Cañón de Colca

Die tiefe Schlucht, die der Río Colca durch die Anden gegraben hat, war schon vor der Inkazeit besiedelt.

Kaum zu glauben, dass ein Geschöpf mit einer Flügelspanne von fast drei Meter überhaupt vom Boden hochkommt, geschweige denn so schwerelos schweben kann. Doch in Südperu können Sie mit eigenen Augen sehen, wie ein Kondor in der Thermik segelt, ohne sich um die erdgebundenen Zweibeiner zu kümmern, die ihn vom nahen *mirador* (Aussichtspunkt) bestaunen und knipsen. Der Cruzdel Condor ist nur einer von mehreren Aussichtspunkten, von denen man in die Tiefen des Cañón de Colca spähen kann. Die Schlucht, die durch Auffaltungen im letzten Stadium der Anden-Hebung entstand, erhielt ihre heutige Form durch die 150 Millionen Jahre während Erosion des Vulkangesteins durch Wind und Wasser. Amerikanische Flieger, die sie in den 1920er Jahren entdeckten, tauften sie „das vergessene Tal der Inka". 2005 wurde ihre maximale Tiefe mit 4160 Meter gemessen, mehr als doppelt so tief wie der Grand Canyon. Die hiesigen Indios bestellen noch heute Terrassenfelder an ihren oberen Hängen, die schon vor der Inkazeit angelegt wurden. Die damaligen Bewohner nutzten die *colca* (Nischen) in den Schluchtwänden, um ihre Ernte zu lagern und ihre Anführer beizusetzen. Es gibt viele Möglichkeiten, die Schlucht zu erkunden – zu Fuß, zu Pferd, mit dem Mountainbike oder auf dem Río Colca. Ganz Bequeme aalen sich in einer der Thermalquellen und sinnieren über die physikalischen Gesetze, die einem Kondor das Fliegen ermöglichen.

Beste Reisezeit Die Colca-Region ist eine Hochwüste mit ganzjährig sonnigen Tagen und kalten Nächten. Die spärliche „Regenzeit" fällt in den Sommer (Januar bis März).
Anreise Der tiefste Teil der Schlucht ist der Abschnitt zwischen Chivay (am oberen Ende) und Cabanaconde (in der Nähe des Cruz del Condor), etwa vier Autostunden (200 Kilometer) von Arequipa, das täglich Flugverbindungen nach Lima hat. Der Großteil der touristischen Infrastruktur befindet sich am Südrand der Schlucht, insbesondere in Chivay, Yanque und Cabanaconde.
Reiseplanung An Unterkünften gibt es hier alles, von schlichten Gästehäusern bis zu schicken Boutiquehotels. Die Hotels am Schluchtrand können Aktivitäten jeder Art organisieren, von Vogelbeobachtungstouren zum Cruz del Condor bis zu einwöchigen Wildniswanderungen durch die Schlucht.
Websites www.pablotour.com, www.colcacanyontours.com, www.lascasitasdelcolca.com

Geologisches Wunderland

Die Colca-Schlucht ist keineswegs das einzige geologische Wunder der Region:

■ Das nahe **Tal der Vulkane** würde man mit seinen 80 erloschenen Kegeln und Kratern eher auf dem Mars als auf der Erde vermuten. Über dem Tal ragt der ganzjährig schneebedeckte Nevado Coropuna auf, der höchste aktive Vulkan in Peru und mit 6425 Metern der zehnthöchste der Anden.

■ Rund 100 Kilometer südlich von Cabanaconde liegt gut getarnt in der Wüstenlandschaft des Majes-Tals (der Río Colca mündet auf dem Weg zum Pazifik in den Río Majes) **Toro Muerto** (der tote Stier), eine Ansammlung von über tausend Petroglyphen aus der Vor-Inka-Zeit. Die in den Boden gegrabenen geometrischen Muster und Tierformen haben große Ähnlichkeit mit den Nazca-Linien.

Wegen ihrer Abgelegenheit und schlechten Anbindung besuchen Sie das Tal der Vulkane und Toro Muerte am besten mit einem einheimischen Führer.

Gegenüber: Dorfbewohner in Sibayo an den oberen Hängen des Cañón. Oben: Ein Kondor segelt über die Schlucht.

Trotz seiner großen Fallhöhe senkt sich der Fumaça-Fall als sanfter Wasserschleier in ein stilles Felsbecken.

BRASILIEN

Fumaça-Wasserfall

Vom oberen Ende des einsam gelegenen höchsten Wasserfalls von Brasilien genießt man einen herrlichen Blick über die Baumwipfel.

Der Führer hält Ihre Beine fest umklammert, während Sie auf den Ellbogen vorsichtig über den warmen Fels robben, um in den 384 Meter tiefen Abgrund des Fumaça-Wasserfalls zu spähen. Der Wind zerstäubt die Wassersäule zu feinem Dunst, dem der Wasserfall seinen Namen verdankt: Fumaça bedeutet „Rauch". Der Wasserfall liegt in der Chapada Diamantina, dem „Diamanten-Hochland", einem von Tafelbergen, Tälern, Flüssen und Höhlen geprägten Nationalpark in Bahia, Nordostbrasilien. Um die Mitte des 19. Jahrhunderts lockte die Hoffnung auf Reichtum Horden von Diamantenschürfern oder *garimpeiros* in die Region. Auf ihren Maultierpfaden gelangt man heute in einer dreitägigen Wanderung von der Stadt Lencóis im Capão-Tal zum Fuß des Wasserfalls. Nachts wird in offenen Höhlen oder den Ruinen alter Kirchen kampiert; das Essen wird auf dem Lagerfeuer unterm Sternenhimmel zubereitet. Am letzten Tag erreichen Sie den großen Tümpel am Fuß des Falls, in dem Sie ein Bad nehmen und dabei die Kletterroute nach oben in Augenschein nehmen können. Nach einer steilen dreistündigen Klettertour ist die schwindelerregende Felswand erklommen, und das Tal breitet sich zu Ihren Füßen aus.

Beste Reisezeit Von Juni bis September ist es mit Tagestemperaturen von 21 bis 26 Grad am kühlsten, und der Himmel ist meist klar. In der Regenzeit von Dezember bis Ende März gedeiht üppige Vegetation, und die Flüsse und Felsbecken führen reichlich Wasser.
Anreise Lencóis ist der Startpunkt für Touren in die Chapada Diamantina. Es liegt einen kurzen Flug oder eine holperige fünfstündige Busfahrt westlich der gut 400 Kilometer entfernten Stadt Salvador.
Reiseplanung In Lencóis gibt es Unterkünfte aller Art. Tageswanderungen können Sie auf eigene Faust unternehmen; für längere Touren empfiehlt sich ein Führer, um sich im Gelände nicht zu verirren.
Website chapada-diamantina.info/home, www.brasilien.info

Naturschwimmbecken

Eine einfache Wanderung führt von Lencóis zum vier Kilometer südlich gelegenen **Ribeirão do Meio** mit einer natürlichen Wasserrutsche. Der Fluss Lencóis hat hier mehrere Felsbecken ausgewaschen, die gestuft zu einem größeren Naturschwimmbecken abfallen. Die Becken bilden traumhafte natürliche Whirlpools, in denen Sie sich genüsslich im schäumenden, von Mineralien und Vegetation gefärbten Wasser zurücklehnen können. Abenteuerlustige, die den einen oder anderen blauen Fleck nicht scheuen, können die glitschige Felsrampe hinab in das tiefer gelegene Becken rutschen.

AUSTRALIEN
Wineglass Bay

Eine einsame Traumbucht winkt als Ziel einer strapaziösen Wanderung auf der Freycinet-Halbinsel an der felsigen Ostküste von Tasmanien.

Entgegenkommende Wanderer ermuntern die keuchenden Kletterer: «Haltet durch, es lohnt sich.» Nach einem 45-minütigen steilen Anstieg vom Parkplatz an der Coles Bay ist der Aussichtspunkt auf einem Einschnitt zwischen zwei rosaroten Granitgipfeln der Hazard Range erreicht. Der Blick geht nach unten auf einen perfekten Sichelbogen aus weißem Quarzsand zwischen türkisblauem Wasser und bewaldeten Hängen. Die Wineglass Bay ist das krönende Juwel des Freycinet-Nationalparks, eines meerumspülten Landzipfels nördlich von Hobart, der mit unwiderstehlich schöner Wildnis lockt. Vom Aussichtspunkt sind es noch etwa 30 Minuten bis zum Strand hinunter. Wer sich zum Morgentee am Wasser niederlässt, bekommt manchmal Gesellschaft von einem neugierigen Wallaby. Weißbauch-Seeadler segeln übers Meer; ab und zu durchbricht ein glänzender Delfinrücken die Wasseroberfläche. Nach dem Bad im Meer schmeckt ein Picknick im Schatten der Allocasuarina-Bäume. Zurück geht es auf demselben Weg oder 30 Minuten über die sumpfige Landenge zum ruhigen Hazards Beach und dann auf dem Küstenpfad rund um den Mount Mayson. Die zwei- bis dreistündige Wanderung führt über einige felsige Abschnitte, die bei feuchtem Wetter schlüpfrig sein können. Wem das zu lange dauert, der kann sich auch von einem Wassertaxi abholen lassen.

Beste Reisezeit Das Klima der tasmanischen Ostküste ist mild und maritim. Vom späten Frühjahr bis zum Herbst (November bis April) ist es angenehm warm, und die Tage sind länger.

Anreise Fahren Sie von Hobart auf dem Tasman Highway (A3) über Swansea nach Coles Bay (138 Kilometer). Halten Sie am Besucherzentrum des Freycinet-Nationalparks zum Kauf von Eintrittskarte und Wanderkarten.

Reiseplanung Sie brauchen Wanderschuhe, eine Kopfbedeckung sowie genügend Proviant und Wasser. Melden Sie sich vor der Wanderung an und hinterher wieder ab. Der Rundwanderweg Wineglass Bay/Hazards Beach ist elf Kilometer lang. Diverse Veranstalter bieten geführte Touren.

Websites www.wineglassbay.com, www.freycinetadventures.com.au, freycinetseacruises.com, www.freycinetcoast.com.au, www.sealifecentre.com.au, www.freycinetvineyard.com.au

Gaumengenüsse

■ Die **Freycinet Marine Farm** an der Great Oyster Bay ist auf Hummer, Austern und Miesmuscheln spezialisiert.

■ Vom Frühjahr bis zum Herbst verkauft **Kate's Berry Farm** bei Swansea frische Beeren, Marmelade und Eiscreme.

■ **Coombend** und **Freycinet Vineyards** am Tasman Highway zwischen Swansea und Bicheno keltern einige der besten Weine der kühleren Klimazone Tasmaniens: Riesling, Sauvignon Blanc, Chardonnay und Pinot Noir.

■ Zum **Sea Life Centre** in Bicheno gehört ein Seafood-Restaurant. Mit Glück sehen Sie beim Essen ein paar Zwergpinguine über den Strand watscheln.

Die markanten Granitgipfel der Hazard Range umrahmen den weißen Sandstrand der sichelförmigen Wineglass Bay.

TOP TEN
KÜSTENPANORAMEN

Wo donnernde Ozeanbrecher auf schroffe Küstenfelsen treffen, versprechen luftige Aussichtspunkte dramatische Ausblicke über Land und Meer.

❶ Mirador Escénico, San Carlos, Mexiko

Der sechs Kilometer von San Carlos entfernte Aussichtspunkt gewährt einen unvergleichlichen Blick über den Golf von Kalifornien, den dramatisch aus dem Meer ragenden Vulkan Tetakawi und die einsamen Buchten der Playa Piedras Pintas. Außerdem bestehen hier gute Chancen, Pelikane, Delfine, Wale und andere Meeresbewohner zu sichten.

Reiseplanung Sie können in San Carlos ein Kajak mieten, um den Golf von Kalifornien zu erkunden. www.visitmexico.com

❷ Kalaupapa, Moloka'i, Hawaii, USA

Den abgeschiedenen Ort am Fuß der höchsten Steilküste der Welt, die 1010 Meter aus dem Pazifik ragt, erreicht man per Maultierkarawane über einen unglaublich steil abfallenden Pfad durch den Kalaupapa National Historical Park. Im 19. Jahrhundert dienten die Küstenfelsen als natürliche Abschottung einer Leprakolonie. Sie wurde 1969 aufgelöst, aber einige Bewohner blieben freiwillig.

Reiseplanung Reservierung ist unerlässlich, da maximal 18 Maultiere pro Tag auf den Pfad gelassen werden. www.muleride.com

❸ Cape Leeuwin, Australien

Am Südwestzipfel von Australien, wo der Indische Ozean auf das Südpolarmeer trifft, wacht der Leuchtturm von Cape Leeuwin über eine viel befahrene Schifffahrtsroute. Im Sommer beeindruckt der freie Blick auf die endlose Weite des Ozeans, im Winter die unbändige Kraft der Brecher, die um das Kap tosen.

Reiseplanung Es werden Führungen über das Areal des Leuchtturms angeboten. Im Winter ist die Aussicht am dramatischsten; von Juni bis Ende Dezember kann man Wale erspähen. www.westernaustralia.com

❹ Von Sur nach Aija, Oman

Von der Stadt Sur an der Nordostküste von Oman bietet sich ein malerischer Blick über den Meeresarm auf Aija, ein Dorf aus niedrigen, pastellfarbenen Behausungen und prächtigen Kaufmannshäusern, vor dessen Felsküste die Dauen der Fischer auf dem Wasser schaukeln.

Reiseplanung Sur liegt 145 Kilometer südlich der Hauptstadt Maskat. Am schönsten ist das Panorama bei Flut. www.omantourism.gov.om

❺ Hornbjarg, Island

Auf einem gigantischen Vogelfelsen an den abgelegenen Westfjorden brütet die größte Tordalken-Kolonie der Welt. Der 444 Meter hohe Hornbjarg an Islands Westzipfel beglückt seine wenigen Besucher außerdem mit Aussicht über weiße Sandstrände und auf den fernen Snæfellsjökull-Gletscher.

Reiseplanung Boote zum Hornbjarg legen von Ísafjörður und den nördlichsten Siedlungen des Bezirks Strandir ab. www.nat.is

❻ St. John's Head, Hoy, Orkneys, Schottland

Tidenhub und heftige Brandung erschweren den Weg zum Fuß des höchsten lotrechten Küstenfelsens von Großbritannien, in der Nähe des Nordzipfels der Insel Hoy. Weniger abenteuerlustige besichtigen ihn am besten von der mehrmals täglich verkehrenden Fähre von Scrabster nach Stromness.

Reiseplanung An Sommerabenden taucht die Sonne den Felsen in flammendes Rot. Die Fähre passiert auch den Old Man of Hoy, einen 137 Meter hohen Felspfeiler vor der Küste. www.hoyorkney.com

❼ Son Marroig, Mallorca, Spanien

Als er das Wiener Hofleben leid war, erwarb der österreichische Erzherzog Ludwig Salvator (1847–1915) das Anwesen Son Marroig an der Nordküste von Mallorca. Es bietet spektakuläre Aussicht auf die Na Foradada, eine felsige Halbinsel mit einem kreisrunden Loch von 18 Meter Durchmesser.

Reiseplanung Um sich den schönsten Blick auf die Halbinsel zu sichern, fragen Sie beim Museum um Erlaubnis, den drei Kilometer langen Weg zur Na Foradada zu begehen. www.illesbalears.es, www.dimf.com

❽ Baía de Sagres, Portugal

Das Panorama, das sich bei Sagres, der südwestlichsten Siedlung auf dem europäischen Festland, bietet, strotzt von historischer Abenteuerromantik. Im 15. Jahrhundert gründete Heinrich der Seefahrer hier seine Seefahrtsakademie für Seeleute und Kartografen, die den Seeweg nach Indien erschließen sollten.

Reiseplanung Die Baía de Sagres und Cabo de São Vicente lassen sich am besten mit dem Auto oder zu Fuß erkunden, denn es gibt keine öffentlichen Verkehrsmittel. www.sagres.net

❾ Dun Aengus, Aran Islands, Irland

Die imposante prähistorische Festung aus drei halbkreisförmigen Mauerringen thront auf einer unbezwingbaren, 100 Meter hohen Steilküste. Von ihrem Innenhof bietet sich ein überwältigender Blick über die Insel Inishmore und auf die ferne Küste von Connemara.

Reiseplanung Kilronan, der Hauptort der Aran Islands, ist von Doolin, County Clare, und Rossaveal, County Galway, per Fähre erreichbar. www.aranisland.info

❿ Küstenstraße, Westsahara

Eine der entlegensten Etappen der Rallye Paris–Dakar verläuft zwischen endloser Sandwüste und der felsigen Atlantikküste. Das Gelände wirkt auf den ersten Blick eintönig, doch die geteerte Straße passiert auch spiegelglatte Lagunen und palmengesäumte Oasen.

Reiseplanung Fahren Sie aufgrund der Landminen abseits der Straße nur mit einem einheimischen Führer. www.mbendi.com

---

Gegenüber: Von den Klippen über der Praia do Tonel, einem Surfstrand bei Sagres, bietet sich ein sensationeller Blick auf die portugiesische Algarve-Küste.

NEUSEELAND

Mount John

Der Berg im Herzen der Südinsel eröffnet spektakuläre Ausblicke auf den Lake Tekapo und die Neuseeländischen Alpen.

Ein einigermaßen trainierter Wanderer braucht kaum mehr als eine Stunde, um den Mount John zu erklimmen. Der steile Pfad führt vom Westufer des Lake Tekapo (wörtlich: „Schlafplatz unter den Sternen") durch Lärchenwäldchen bis auf den mit Tussock-Gras bewachsenen Gipfel (1031 Meter). Ein Weg verläuft rund um die Spitze des vom Eis modellierten Bergkegels an den markanten astronomischen Teleskopen der University of Canterbury vorbei bis zum modernen, verglasten Astro Café. Von hier genießt man einen wahrhaft atemberaubenden Rundumblick. Direkt unterhalb des Betrachters erstreckt sich der türkisblaue Lake Tekapo. Seine intensive Farbe verdankt er winzigen Gesteinspartikeln in dem Gletscherwasser, das ihn speist. In der Ferne sieht man die Neuseeländischen Alpen mit dem schneebedeckten Aoraki (Mount Cook), der mit 3754 Meter der höchste Gipfel Neuseelands ist, und dem nur 500 Meter niedrigeren Mount Sefton. Die Wanderung rund um den Gipfel ist ein beschaulicher 45-minütiger Bummel zwischen „Stachelschwein-Sträuchern" *(Melicytus alpinus)*, Drahtsträuchern *(Muehlenbeckia spec.)*, dornigem Matagouri und zwei seltenen Rutenblumen-Arten. Wer die Augen offenhält, kann Keas, freche neuseeländischen Papageien, Maorifalken oder *kareareas* entdecken.

Beste Reisezeit Ganzjährig. Das Astro Café ist im Winter von 10 bis 17 Uhr, im Sommer länger geöffnet.

Anreise Mount John liegt in der Mitte der neuseeländischen Südinsel, drei Autostunden von Christchurch entfernt. Der Wanderweg auf den Gipfel beginnt an der Eisbahn am Lakeside Drive im Ort Tekapo. Sie können aber auch direkt zum Gipfel hinauffahren.

Reiseplanung Die Wanderung vom See auf den Berg und zurück dauert etwa drei Stunden. Straßenschuhe sind ausreichend, aber wegen des wechselhaften Wetters sollten Sie eine warme Jacke mitnehmen. Selbst an sonnigen Tagen kann ein kühler Wind wehen. Das Observatorium bietet Tag- und Nachtführungen an.

Websites www.tekapotourism.co.nz/mt_john, www.earthandsky.co.nz (Observatoriums-Führungen)

Sternguckerei

In mondlosen Nächten gehört der Mount John zu den dunkelsten Orten in Neuseeland. Die Stabilität und Transparenz der Erdatmosphäre in diesem Gebiet und die fehlende „Lichtverschmutzung" durch Städte machen den Gipfel zu einem idealen Ort, um den Nachthimmel zu beobachten. Hier sieht man schon mit bloßem Auge eine spektakuläre Anzahl von Sternen. Rund um das Observatorium sind alle Lichter verboten, selbst Autoscheinwerfer, Taschenlampen und Handy-Displays. Das Observatorium bietet Führungen an, bei denen die Astronomen mit Laserpointern auf die verschiedenen Sternbilder hinweisen.

Der Lake Tekapo am Fuß des Mount John ist für sein intensives Türkisblau berühmt. Die Kirche des guten Hirten wurde zum Gedenken an die frühen Siedler erbaut.

Eine dünne Schneedecke verwandelt die Berglandschaft um den Lu Shan in ein Winterwunderland.

CHINA

GULING

Der Ort auf dem Lu-Shan-Massiv über dem Jangtsekiang bot von alters her Zuflucht vor der Sommerhitze.

Der Berg Lu Shan soll schon ab dem 4. Jahrhundert Malern, Dichtern, Kalligrafen und Mystikern als Zuflucht gedient haben, bevor im 20. Jahrhundert die politischen Widersacher Chiang Kai-shek und Mao Zedong hier Unterschlupf fanden. Er bietet eine unvergleichliche Aussicht über das Südufer des mächtigen Jangtsekiang, rund 730 Kilometer stromaufwärts von Shanghai. Seine Berühmtheit verdankt der Berg einem englischen Missionar, der sich ab 1895 als Immobilienspekulant betätigte und hier eine Sommerfrische für die Abendländer einrichtete, die während der schwülen chinesischen Sommer in ihren Handelsniederlassungen an der Küste vor Hitze vergingen. So entzückt der Lu Shan heute nicht nur mit schattigen Wegen und Sesselliften zu seinen höchsten Punkten, die Aussicht auf den Fluss, auf den riesigen Poyangsee und über die Provinz Jiangxi bieten, sondern auch mit Guling, einem unverhofften Stückchen England im chinesischen Hochgebirge: Fachwerkhäuschen und schicke Villen zwischen Tennisplätzen, Kirchen und Chinas erstem botanischen Garten.

Beste Reisezeit Im Sommer, wenn der Lu Shan mit angenehmer Kühle lockt. Von Juni bis Ende September sind die Hotels von Guling allerdings überteuert, besonders am Wochenende. Von Mitte Oktober bis Anfang Mai sind die meisten Einrichtungen in Guling geschlossen; dafür wirkt die romantische winterliche Berglandschaft wie direkt der klassischen chinesischen Malerei entsprungen.

Anreise Die Veranstalter von Bus-Tagestouren holen Teilnehmer von ihren Hotels in Jiujiang (unterhalb des Lu Shan am Jangtsekiang) ab, aber es verkehren auch regelmäßig Linienbusse nach Guling. Dort bekommen Sie Wanderkarten für die Gegend und Taxis für Rundfahrten über die Gipfelstraße.

Reiseplanung Außerhalb der Mittagszeit ist es sehr ruhig oben auf dem Berg. Hier steht eine Reihe bescheidener Unterkünfte zur Wahl; manche stammen noch aus der Blütezeit des Ferienortes. Guling hat schlichte Restaurants, aber wenn Sie nur für einen Tag kommen, bringen Sie sich ein Picknick mit.

Website www.china-lushan.com/english

Kindheitserinnerungen

Mervyn Peake, der Autor der Fantasy-Trilogie „Gormenghast", kam 1911 in Guling (damals noch „Kuling") zur Welt. Seine Kindheitssommer dort hinterließen bleibende Eindrücke, besonders der schwindelerregende Bergpfad, den er jeden Sommer in einer Sänfte hinaufgetragen wurde. In seiner ersten Veröffentlichung schrieb er, dass jeder Fehltritt eines Sänftenträgers seinen sicheren Tod bedeutet hätte. Heute führt eine ausgebaute Straße auf den Berg, aber auch diese hat Hunderte scharfer Kurven, weshalb eine Tour auf den Lu Shan angesichts des wilden Fahrstils der Chinesen heute noch fast so nervenaufreibend ist wie damals.

Die Rauchfahnen aus dem eingestürzten Vulkankrater des Bromo können Besucher nicht abschrecken.

INDONESIEN

Der Bromo

Vom Kraterrand eines aktiven Vulkans können Sie den Sonnenaufgang in einer überirdischen Landschaft erleben.

Die Reisfelder und Dörfer im Osten Javas liegen zu Füßen einer Kette von Vulkanen, die sich in Längsrichtung über die grüne Insel zieht. Der Gunung Bromo ist nur einer von mehreren Kratern des uralten Tengger-Vulkans. Sein steilwandiger Kegel liegt innerhalb der Tengger-Caldera, die rund zehn Kilometer Durchmesser hat. Die Straße schlängelt sich aus dem Tiefland über den Rand der Caldera und dann auf deren sandigen Boden hinab. Die beste Zeit für einen Ausflug auf den Bromo ist der frühe Morgen, um dann auf dem stellenweise kaum über einen Meter breiten Kraterrand zu stehen, wenn die surreale Landschaft allmählich aus dem Dunkel hervortritt: Die Sandebene mit den darüber treibenden Nebelfetzen, aus denen sich ein seltsam deplatziert wirkender Hindu-Tempel herausschält, ebenso der markant gerippte Kegel des benachbarten Batok und in der Ferne die höheren, grüneren Hänge des Vulkans Semeru, des höchsten Gipfels von Java, über dem sich weißer Rauch kräuselt. Riskieren Sie dann einen Blick in den Höllenkessel tief unter Ihnen. Normalerweise treten aus dem Schlot im Herzen des Kraters nur Rauch und übler Schwefelgestank aus, doch ab und zu lodert er plötzlich auf und spuckt spektakuläre Hitze- und Dampfwolken aus seinem unterirdischen Mahlstrom.

Beste Reisezeit Die trockene Jahreszeit von Mai bis Ende September ist am günstigsten für einen Besuch.

Anreise Der beste Ausgangspunkt ist das Dorf Cemoro Lawang, nicht weit vom Nordostrand der Tengger-Caldera und etwa drei Kilometer vom Bromo entfernt. Um bei Sonnenaufgang am Kraterrand zu sein, übernachten Sie am besten in Cemoro Lawang. Von hier können Sie den Weg durch die Caldera bis zu den Stufen, die auf den Vulkan hinaufführen, zu Fuß, zu Pferd oder im gemieteten Jeep zurücklegen.

Reiseplanung Geführte Touren starten von der 1,5 Stunden entfernten Stadt Probolinggo an der Nordküste. Die meisten Touren machen zum Sonnenaufgang am Penanjakan halt, einem Aussichtspunkt am Rand des Tengger-Kraters, bevor es zum Bromo weitergeht.

Websites www.eastjava.com, www.petra.ac.id/eastjava, discover-indo.tierranet.com/volcano01.htm

Ausritt im Morgengrauen

Besonders schön können Sie die magische Landschaft der Tengger-Caldera erleben, wenn Sie das Sandmeer bis zum Bromo-Krater auf einem Pferd überqueren. Wer vor Tagesanbruch kommt, sieht die Feuer der auf Kundschaft wartenden Pferdeverleiher im Sandmeer unter dem Rand des Tengger-Kraters. Beim ersten Licht können Sie sich dann mit den anderen Reitern ihren Weg über die staubige Ebene und zwischen den Lavaausläufern hindurch zu dem qualmenden Kegel suchen, um von dort den Sonnenaufgang zu bewundern. Die meisten Touristen sind innerhalb einer Stunde wieder verschwunden, sodass Sie und Ihre Begleiter die Landschaft dann ganz für sich haben.

INDIEN

RANIKHET HILL

Kurvige Straßen führen zu dem nordindischen Bergstädtchen zwischen Himalaja-Gipfeln, Wiesen und Wäldern hinauf.

Ranikhet thront in 1820 Meter Höhe auf einem Bergkamm in den Ausläufern des westlichen Himalaja und eröffnet traumhafte Ausblicke über die niedrigeren Berge bis zu den verschneiten Hauptgipfeln des Himalaja rund 100 Kilometer nordöstlich. Zu diesen gehört auch der Doppelgipfel des zweithöchsten indischen Berges Nanda Devi (7816 Meter). Rund um die Stadt blühen duftende Blumenwiesen, eingerahmt von düsteren Kiefern-, Eichen- und Rhododendronwäldern mit genügend gut gepflegten Wegen, um auch die wanderlustigsten Besucher beschäftigt zu halten. 1869 kaufte die britische Armee den hiesigen Dorfbewohnern Land ab, um eine *hill station* für ihre Soldaten zu errichten, eine kühle Zuflucht vor der Sommerhitze in der Ebene. Der vornehme Charme der Kolonialgebäude prägt die Stadt bis heute, und das hier stationierte Kumaon-Regiment der indischen Armee trägt das Seine zum historischen Flair bei. Beiderseits des Basar-Areals ist der Bergrücken mit Häusern bedeckt, aber schon ein kurzer Bummel die Mall Road hinauf führt zu Parkanlagen und Wiesen. Im Gegensatz zu den viel größeren ehemaligen *hill stations* Shimla und Dalhousie liegt Ranikhet bislang unentdeckt in seinem Winkel des Garten Eden und entzückt Besucher mit seiner weltentrückten Ruhe.

Beste Reisezeit Von Ende Februar bis Ende Juni und von Anfang Oktober bis Ende November. Im September feiert die Region mit großem Trubel das religiöse Fest Nanda Devi Mela.
Anreise Ranikhet verdankt seine Ruhe seiner Abgelegenheit: Es liegt fünf Busstunden von Ramnagar entfernt, dem nächsten Bahnhof und Hauptzugang zum Corbett-Nationalpark. Ramnagar ist per Nachtzug von Delhi erreichbar. Vom südlich gelegenen Nainital sind es mit dem Bus zwei bis drei Stunden.
Reiseplanung Bringen Sie auch im Sommer warme Kleidung mit. Es gibt Unterkünfte jeder Preisklasse, von Hotels bis zu privat vermieteten Häuschen. Golfspieler finden im sechs Kilometer entfernten Upat einen der malerischsten Golfplätze der Welt.
Websites www.hillresortsinindia.com, www.hill-stations-india.com, www.trekking-in-himalayas.com

Tigersafari

Etwa drei Stunden südwestlich von Ranikhet liegt der **Corbett-Nationalpark**.

■ Mit seiner Population von über 130 Tigern ist er eins der besten Gebiete in Indien, um eine der Großkatzen zu Gesicht zu bekommen. Am besten stehen die Chancen von April bis Ende Juni; allerdings ist es in dieser Zeit sehr heiß.

■ Außerdem bestehen gute Aussichten, Elefanten, riesige Warane, Lippenbären, mehrere Affenarten und Flusskrokodile zu sichten.

■ Die faszinierende Landschaft lässt sich am besten bei einer Safari hoch zu Elefant würdigen.

Ranikhet thront auf einem Höhenzug der bewaldeten Kumaon-Berge vor einer Kulisse majestätischer Himalaja-Gipfel.

INDIEN

Pelling im Himalaja

Genießen Sie das Bergleben in einem malerischen kleinen Ort hoch oben im Himalaja mit atemberaubendem Fernblick.

Ein Berg mit dem zungenbrecherischen Namen Kangchendzönga, dessen höchster Gipfel 8598 Meter in den Himmel ragt, ist der Besuchermagnet des winzigen Pelling im kleinen Bundesstaat Sikkim in Nordostindien. Nirgends sonst kann man einen besseren Blick auf den dritthöchsten Berg der Welt genießen, ohne die Wanderschuhe zu einer im wahrsten Sinne des Wortes atemberaubenden Bergtour zu schnüren. Der Anblick lohnt die lange Jeepfahrt bis zu dem Dörfchen, das nur aus ein paar Serpentinenstraßen mit Läden und Hotels inmitten bewaldeter Berge besteht. Im ehemaligen Himalaja-Königreich Sikkim herrscht eine wohltuende ruhige Atmosphäre. In den buddhistischen Bergklöstern Pemayangtse und Sanga Choeling („Insel der geheimen Lehre"), die als Wachposten über Pelling zu thronen scheinen, geht das Leben seinen jahrhundertelang gewohnten Gang. Im Wind flatternde Gebetsfahnen säumen den steinigen, vier Kilometer langen Weg zum Sanga Choeling, dem zweitältesten Kloster des Bundesstaates, das 1697 erbaut wurde. Wer seine Lungen nicht überstrapazieren möchte (Pelling liegt immerhin auf 1890 Meter Höhe), kann sich in der Lobby des Elgin Mount Pandim Hotel am gemütlichen Kaminfeuer niederlassen und bei einer wärmenden Tasse Tee den Ausblick auf den strahlenden Berg durch die verglaste Wand auskosten.

Beste Reisezeit Pelling ist ganzjährig erreichbar. Im Winter können die Temperaturen unter 0 Grad fallen. Die meisten Hotels haben keine Zentralheizung, sondern bestenfalls Wärmflaschen und Heizstrahler. Besuchen Sie Sikkim am besten von September bis Ende November oder von April bis Ende Mai.

Anreise Bis zur Eröffnung des Flughafens in Pakyong ist Sikkim nur über die Straße zu erreichen. Die meisten Touristen kommen per Jeep von Darjeeling, was einen Nachmittag dauern kann, oder von Shiliguri, mehrere Stunden südlich in Westbengalen. Der individuell auszuhandelnde Fahrpreis sollte um 30 bis 40 Euro für die Anfahrt von Darjeeling oder 40 bis 45 Euro von Siliguri liegen.

Reiseplanung Die Sondergenehmigung zum Besuch von Sikkim bekommen Sie bei der indischen Botschaft Ihres Heimatlandes oder von den Foreigners' Regional Registration Offices in Kolkata, Mumbai oder Darjeeling. Um das Dokument vor Ort in Indien zu besorgen, planen Sie einen guten Tag ein.

Websites www.elginhotels.com, www.sikkiminfo.net, sikkim.gov.in, www.east-himalaya.com

Reiseimpressionen

An Heiligabend ist es frostig in Pelling, wo nur wenige Gebäude über eine Zentralheizung verfügen. Der richtige Moment für ein loderndes Lagerfeuer auf dem Rasen des **Elgin Mount Pandim Hotel.** *Ein Wächter steht bereit, um mit seinem Gurkha-Messer bei Bedarf mehr Brennholz zu hacken. Reisende finden sich zusammen, um Weihnachtslieder zu singen und Kirschwasser aus Kristallgläsern zu nippen, die den flackernden Feuerschein spiegeln. Im Laufe des Abends arbeiten wir uns von Jingle Bells bis zu alten bengalischen Liebesliedern durch. Um 22 Uhr zieht die fröhliche Schar nach drinnen in den Speisesaal um, wo Hühnchencurry, Kerala-Fisch, Dum-Aloo-Kartoffeln, Palak Paneer (Spinat mit indischem Käse), gebratenes Dhal, indisch eingelegtes Gemüse, Jeera-Reis und als besonderer Clou traditionelle britische Knallbonbons aufgetischt sind. Neben der Tür glitzert ein geschmückter Baum, und gesellige Feststimmung erfüllt das Hotel. Das frostige Gefühl ist verflogen.*
Karen J. Coates
Reiseautorin

Gegenüber: Gebetsfahnen säumen den Weg zum Kloster Sanga Choeling. Oben: Stupas auf dem Klostergelände.

SCHWEIZ

Alpenpanorama

Rund um das kleine Bergdorf Mürren laden verschneite Alpengipfel zum Höhenrausch.

Das winzige, abgeschiedene Bauerndorf Mürren auf einem Wiesenstück hoch über dem Lauterbrunnental im Berner Oberland ist nur mit einer schwindelerregenden Seilbahn oder einer kleinen Bergbahn von Grütschalp zu erreichen. Im Sommer stapfen rucksackbepackte Wanderer mit ihren Stöcken durch das ruhige, autofreie Dorf und füllen ihre Wasserflaschen aus Bergquellen auf, die in Tröge aus ausgehöhlten Baumstämmen tröpfeln. Bunte Geranien schmücken die Häuser im traditionellen Almhüttenstil, in deren Sprossenfenstern sich das majestätische Panorama von Jungfrau, Eiger und Mönch auf der anderen Talseite spiegelt. Von den Almen weiter oben hallen die Kuhglocken durchs Dorf, an deren Klang die Bauern ihre Kühe eindeutig erkennen können. Nach den ersten Schneefällen des Winters lösen die Skiläufer die Wanderer ab, und das Dorf verwandelt sich in einen munteren Skiort. Die Pisten oberhalb von Mürren, wo 1931 die erste Alpine Skiweltmeisterschaft stattfand, bilden das höchstgelegene Skigebiet im Berner Oberland. Das ganze Jahr über pilgern Besucher über den Hauptweg zum Stäger-Stübli, das Wanderer und Skiläufer mit deftiger Bratwurst und Rösti bei Kräften hält.

Beste Reisezeit Zum Wandern von Juni bis Ende Oktober, zum Skifahren von Dezember bis Ende April.

Anreise Es gibt drei Möglichkeiten, Mürren aus dem Lauterbrunnental zu erreichen: entweder mit der Luftseilbahn vom Dorf Lauterbrunnen bis zur Station Grütschalp (am günstigsten für Besucher mit Höhenangst; wenn Sie sich dem Berghang zuwenden, können Sie den Abgrund unter sich nicht sehen) und dann mit der Schmalspurbahn weiter bis Mürren oder mit der Luftseilbahn von Stechelberg über Gimmelwald. Trainierte Wanderer können vom Tal in drei bis vier Stunden nach Mürren hinaufkraxeln.

Reiseplanung Gehen Sie immer mit ausreichender Ausrüstung wandern, da Nebel und Wolken rasch und unerwartet hereinbrechen können. Das Skigebiet von Mürren umfasst über 50 Kilometer präparierte Pisten aller Schwierigkeitsgrade. Achten Sie auf Hinweisschilder, die vor Spalten und anderen Gefahren abseits der Pisten warnen.

Websites www.wengen-muerren.ch, www.schilthorn.ch, www.jungfraubahn.ch

Eine Welt aus Schnee und Eis

Fahren Sie mit der Luftseilbahn von Mürren über Birg zum Gipfel des **Schilthorn** auf 2970 Meter Höhe, um von dort die hintereinanderliegenden eisbedeckten Gipfel zu bewundern: Jungfrau, Mönch und Eiger, im Westen die Berner Alpen und der Jura und dahinter die französischen Vogesen. Manchmal kann man sogar den Montblanc an der französisch-italienischen Grenze ausmachen.

Auf dem felsigen Gipfel des Schilthorn befindet sich das Drehrestaurant **Piz Gloria.** Von hier blickt man auf den Hang hinunter, den James Bond in dem Film „Im Geheimdienst Ihrer Majestät" todesmutig auf Skiern hinunterrast.

Das Piz Gloria auf dem Gipfel des Schilthorn bietet Logenplätze für das je nach Wetterlage immer wieder neue und aufregende Schauspiel der Bergwelt.

Das Meer hat die Steilküste so weit unterhöhlt, dass die Altstadt von Bonifacio wie vom Absturz bedroht scheint.

FRANKREICH

MEERBLICK VON BONIFACIO

Die Stadt auf der Steilküste des korsischen Südzipfels blickt über die Straße von Bonifacio, die Korsika von Sardinien trennt.

Von einem Boot aus lässt sich Bonifacio am besten würdigen. Die mittelalterliche Altstadt balanciert auf den Kreidefelsen, die ins indigoblaue Meer abfallen und von Wind und Wellen wie zu einem Rüschenvorhang geformt sind. Wenn man vom Hafen bergauf durch die alten Stadttore schreitet, verliert sich der Eindruck mangelnder Standfestigkeit. Seit dem 9. Jahrhundert war Korsika ein hart umkämpfter Zankapfel zwischen Pisa, Genua, Aragonien und Frankreich, die Bonifacio mit mächtigen Befestigungen, soliden Kirchen und einem Gewirr enger Gassen seinen imposanten Charakter verliehen. Aussichtspunkte von den alten Stadtmauern und vielen alten Gebäuden eröffnen herrliche Panoramen. Eine besondere Sehenswürdigkeit ist der Grain de Sable (Sandkorn), ein gewaltiger, von der Steilküste abgebrochener Kalksteinblock, der vor dem Sutta-Rocca-Strand aus dem Meer ragt. Der Wanderweg von der Altstadt zum Pertusato-Leuchtturm (2,5 Stunden hin und zurück), oberhalb der Steilküste, verspricht einen fantastischen Ausblick übers Meer Richtung Sardinien und auf die Küste.

Beste Reisezeit Ganzjährig, auch wenn das Winterwetter nicht ideal ist. Nur im August wimmelt die Stadt von Besuchern; wer Ruhe und Frieden sucht, wählt besser eine andere Zeit.
Anreise Der Fußweg zur Altstadt hinauf beginnt am Hafen, wo es einen Parkplatz und eine Bushaltestelle gibt. Wanderwege die Steilküste entlang gehen vom höchsten Punkt der Altstadt aus.
Reiseplanung Ein Tag reicht aus, um Bonifacio zu erkunden. In der Altstadt und am Hafen gibt es Restaurants aller Preisklassen.
Websites www.bonifaciocorsica.net, www.bonifacio.fr, www.korsika-travel.de, www.visit-corsica.com/de

Felsskulpturen

Korsika hält noch ein atemberaubendes Spektakel für Segler und unerschrockene Autofahrer bereit, die keine Angst vor schmalen, gewundenen Straßen an schwindelerregenden Berghängen haben.

■ An der Westküste, etwa 200 Kilometer nördlich von Bonifacio, ragt eine Gruppe bizarrer roter Granitformationen, **Les Calanches,** bis zu 400 Meter hoch aus dem Meer. Besonders fotogen sind der „Hundekopf", der „Bär" und die „Schildkröte". Den spektakulärsten Anblick bieten die Calanches bei Sonnenuntergang, ob von Land oder See betrachtet.

■ Unterhalb der kupferroten Felsen der Calanches liegt noch ein heimliches Highlight von Korsika versteckt: **Ficaiola,** einer der schönsten Strände der Insel. Morgens überflutet Sonnenlicht den weißen Kiesstrand am tiefblauen Wasser; nachmittags taucht die hinter den Calanches versinkende Sonne die Bucht in purpurnes Licht. Der Strand ist zu Fuß erreichbar und den etwas gewundenen Anmarsch unbedingt wert.

TOP TEN

STÄDTISCHE HÖHEPUNKTE

Von Kirchen, Säulen, Observatorien und anderen Bauwerken können Sie berühmte Großstädte aus der Vogelperspektive überblicken.

❶ Willis Tower, Chicago, USA

Eine ideale Therapie gegen Höhenangst bieten die rundum verglasten Aussichtsbalkone des Willis Tower (der früher Sears Tower hieß), 412 Meter über dem Boden. An klaren Tagen geht der Blick von hier über vier Bundesstaaten: Illinois, Indiana, Michigan und Wisconsin.

Reiseplanung Der Hochhausturm steht am South Wacker Drive, im Zentrum des Finanzdistrikts von Chicago. www.willistower.com, www.choosechicago.com

❷ Camera Obscura, Havanna, Kuba

Die Plaza Vieja von Havanna ist ein guter Platz, um die spanische Kolonialarchitektur und den kubanischen Baustil des 18. Jahrhunderts zu bewundern. Auf dem Dach der Casa de los Condes de Jaruco an der Südostecke des Platzes befindet sich eine Camera Obscura, die Panoramaansichten der Stadt auf die Wände ihres dunklen Innenraums projiziert.

Reiseplanung Die Casa ist ein perfektes Beispiel des spätkolonialen Baustils. www.oldhavanaweb.com, www.cubainfo.de

❸ Christ-Erlöser-Kathedrale, Moskau, Russland

Die höchste orthodoxe Kirche der Welt ist eine Rekonstruktion der Kathedrale, die zum Dank für den russischen Sieg über Napoleon von 1812 errichtet und 1931 unter Stalin zerstört wurde. Wer die Aussichtsplattform auf der Spitze des Gebäudes erklimmt, genießt beste Aussicht über das Moskauer Stadtzentrum.

Reiseplanung Die Kathedrale ist nur im Rahmen einer Führung zu besichtigen. Ein Museum dokumentiert ihre Geschichte. Die nächste Metrostation ist Kropotkinskaya. www.moscow.info

❹ Reichstagskuppel, Berlin

Das nach der Wiedervereinigung umgebaute Reichstagsgebäude ist seit 1999 Sitz des deutschen Bundestages. Aus seiner Kuppel können die Besucher auf die Abgeordneten im Plenarsaal hinabblicken, um sie daran zu erinnern, wen sie hier vertreten, oder den Panoramablick über die Stadt genießen.

Reiseplanung Wer nicht lange anstehen mag, kommt am besten kurz vor der Öffnung um 8 Uhr oder kurz vor Schluss um 22 Uhr oder reserviert einen Tisch im Dachrestaurant. www.bundestag.de, www.visitberlin.de

❺ Petersdom, Vatikanstadt

Wer die 320 Stufen zum Laternenaufsatz auf der von Michelangelo entworfenen Kuppel bewältigt, kann aus wahrhaft päpstlicher Perspektive über den Vatikan auf die Stadt Rom blicken.

Reiseplanung Zur Dachterrasse am Fuß der Kuppel fährt ein Aufzug. Sie können die Besucherschlangen umgehen, indem Sie online reservieren oder an einer Führung teilnehmen. www.vaticanstate.va

❻ Blackford Hill, Edinburgh, Schottland

Zu den schönsten Panoramen der Stadt gehört der Blick vom Ausguck des Royal Observatory auf dem Blackford Hill über den Vorort Blackford, die Braid Hills, die Hermitage of Braid und die Pentlands Hills, ganz zu schweigen von Edinburgh Castle, Royal Mile, St. Giles's Cathedral und Holyrood Palace.

Reiseplanung Blackford Hill liegt drei Kilometer südlich des Stadtzentrums. Mehrere Fußwege schlängeln sich hinauf. www.edinburgh.org

❼ Monument, London, England

Die gewaltige, von Sir Christopher Wren mitentworfene dorische Säule war als Mahnmal für den großen Stadtbrand von London (1666) und Ausguck über die mehr als 50 von ihm neu erbauten Kirchen konzipiert. Baubeschränkungen bewahrten seitdem den Blick auf sein Meisterwerk, die St. Paul's Cathedral. Die Aussicht lohnt die 311 Stufen allemal.

Reiseplanung Das Monument befindet sich 15 Gehminuten östlich von St. Paul's. Es gibt keinen Aufzug. www.themonument.info

❽ Cacilhas, Lissabon, Portugal

Lissabon hat viele berühmte Aussichtspunkte, aber einen besonders umwerfenden Blick auf die Stadt genießt man von Cacilhas, dem Flusshafen von Almada am anderen Ufer des Tejo. Am besten nehmen Sie die Fähre vom Terminal Cais do Sodré, die auch die beste Aussicht auf den 1445 Meter langen Ponte 25 de Abril bietet.

Reiseplanung Nehmen Sie sich ein bisschen Zeit für Cacilhas und bewundern Sie den Flussblick von einem seiner ausgezeichneten Fischrestaurants. www.lissabon.com

❾ Zitadelle, Kairo, Ägypten

Die Zitadelle von Kairo wurde im 9. Jahrhundert als luftiger Aussichtspavillon für den Statthalter erbaut. Heute bietet sie einen sensationellen Blick auf die Stadt und ihre mittelalterlichen Monumente.

Reiseplanung Zwei weitere Aussichtspunkte sind der Cairo Tower auf der Insel Gesira und das Minarett der Ibn-Tulun-Moschee in der Nähe der Zitadelle. www.egypt.travel

❿ Taj Talha Hotel, Sanaa, Jemen

Von dem Café im sechsten Stock des ehemaligen Palastes aus dem 18. Jahrhundert bietet sich ein architektonischer Augenschmaus: Die Altstadt von Sanaa, einer der am längsten bewohnten Städte der Welt, wimmelt von stuckverzierten „Hochhäusern" in Lehm- und Steinbauweise.

Reiseplanung Aufgrund der unübersichtlichen Lage im Jemen sollte man sich vor einer Reise über die aktuelle politische Situation informieren. whc.unesco.org/en/list/385

Gegenüber: Die von Norman Foster entworfene Glaskuppel des Berliner Reichstagsgebäudes bietet einen Rundumblick auf die Stadt.

Die schroffen Felszacken und -grate von Las Médulas sind eine Hinterlassenschaft des römischen Goldbergbaus.

SPANIEN

Las Médulas

Die gespenstisch zerklüftete Landschaft der bedeutendsten Goldmine des Römischen Reiches liegt glühend rot unter der Sonne.

Das einsame Bergdorf Las Médulas in der nordwestspanischen Region El Bierzo liegt inmitten einer dramatischen Landschaft aus roten Abbruchkanten, Tunneln und Felszacken, die die Römer hier vor über 2000 Jahren auf der Suche nach Gold herausarbeiteten. Im Zentrum der antiken Schutthalde befindet sich ein kreisförmiges *castro* oder Dorf, das die Asturier in der Bronzezeit erbauten. Der unbeugsame iberische Stamm der Asturier und die benachbarten Cántabros gehörten zu den letzten Bewohnern der Iberischen Halbinsel, die sich 25 v. Chr. den Römern unterwerfen mussten. 250 Jahre lang war das Gebiet in der entlegenen Kolonie Hispania Ulterior die größte Goldmine des Römischen Reiches. Dann gaben die Römer die Mine auf und ließen eine bizarre Landschaft aus rostroten Felswänden und -zacken zurück, die seit dem 3. Jahrhundert praktisch unverändert blieb. Den besten Überblick über das Gebiet gewährt der Aussichtspunkt im Dorf Orellán, das man nach einem steilen Anstieg durch einen Kastanienwald erreicht.

Beste Reisezeit Im Juni oder September sind die Temperaturen am angenehmsten.
Anreise Las Médulas liegt 20 Kilometer südwestlich von Ponferrada in El Bierzo, dem Ostzipfel von León. Nehmen Sie von Ponferrada die N-VI nach Westen und biegen Sie bei La Barrosa auf die N536 nach Süden ab. Folgen Sie ab Carucedo den Wegweisern nach Las Médulas. Sie können am Rand des Dorfes parken und Ihren Rundgang beim Besucherzentrum beginnen.
Reiseplanung Das Besucherzentrum am Ortsausgang des Dorfes (400 Meter vom Parkplatz) veranstaltet Führungen durch Las Médulas. Die Aula Arqueológica (Archäologisches Informationszentrum) am Ortseingang informiert über den Bergbau und hat Karten mit verschieden langen Wanderwegen durch die eindrucksvolle Landschaft. Bringen Sie solide Wanderschuhe und warme Kleidung mit.
Website www.fundacionlasmedulas.org

Die Kraft des Wassers

Die römischen Pioniere legten sieben Aquädukte an, um die Landschaft um Las Médulas mit ausgeklügelter hydraulischer Bergbautechnik abzutragen. Die Technik, die von dem römischen Geschichtsschreiber Plinius dem Älteren als *ruina montium* (Zerstörung der Berge) bezeichnet wird, nutzte die Wasserkraft, um Fels und Erde loszusprengen und auszuwaschen. Straßen, Dämme, Kanäle und Schleusen wurden gebaut, um Wasser in riesigen Staubecken zu sammeln und durch Kanäle zu den Minen zu leiten. Wenn die Schleusen am unteren Ende des Systems geöffnet wurden, schoss das durch die Schwerkraft angestaute Wasser mit genügend Druck heraus, um Erde, Felsgestein und das darin enthaltene Gold ins Tal zu spülen.

In über 250 Jahren trugen die Römer Millionen Tonnen Boden ab und gewannen dabei rund 1800 Tonnen Gold.

ÄGYPTEN
Das Old Cataract Hotel

Das traditionsreiche Luxushotel verwöhnt seine Gäste mit Postkartenblick auf einen der romantischsten Flüsse der Welt.

Es heißt, der Nilblick von der Terrasse des Old Cataract Hotel im südägyptischen Assuan habe Agatha Christie zu ihrem berühmten Krimi „Tod auf dem Nil" inspiriert. Auch wenn dieses Gerücht nicht zu belegen ist, bleiben zwei unbestreitbare Tatsachen: Die britische Krimiautorin hat auf dieser Terrasse gesessen, und der Blick von hier gehört zu den berühmtesten Panoramen Afrikas. Das Hotel (heute Teil der Sofitel-Kette) auf den Felsen am Ostufer des Nils, in der Nähe des ersten von sechs Katarakten zwischen Assuan und dem sudanesischen Khartoum, bietet ein Fluss- und Wüstenpanorama, das Ägyptens exotischen Zauber perfekt verkörpert. Das alte Gemäuer mit seinen maurischen Bögen mag heute romantisch antiquiert wirken, aber an dem Bild, das sich vor seiner Terrasse entfaltet, hat sich seit der Eröffnung 1899 kaum etwas verändert: Feluken mit weißen Segeln kreuzen auf dem blauen Wasser, und die Fellachen (Bauern) gehen auf der Insel Elephantine in der Flussmitte ihrer Arbeit nach, während sich am Westufer hinter dem Kuppelbau des Mausoleums von Mohammed Shah Aga Khan (gest. 1957) die Libysche Wüste ausdehnt. Ganz gleich, ob Sie Ihren Tee lieber nach englischer oder ägyptischer Art (mit einer dicken Schicht Zucker auf dem Tassenboden) genießen, dürfte die Teepause auf der Terrasse des Old Cataract Hotel auch Ihrer Fantasie reichlich Nahrung bescheren.

Beste Reisezeit Meiden Sie die heißen Sommermonate. Die milden, sonnigen Winter am Oberen Nil sind ideal, um Assuan und seine Umgebung zu Fuß oder auf einem Nil-Boot zu erkunden.

Anreise Das Old Cataract Hotel steht am südlichen Ende der Stadt. Hotelgäste haben unbeschränkten Zutritt zur Terrasse und der angrenzenden Bar; Nichtgäste dagegen müssen Eintritt zahlen.

Reiseplanung Assuan wird von den meisten Nil-Kreuzfahrten angelaufen, ist von Kairo aber auch mit dem Zug erreichbar. Es ist Ausgangspunkt für Touren nach Abu Simbel am Nassersee, zu den Assuan-Staudämmen und zum Tempel von Philae.

Websites www.sofitel.com, www.aegypten-guide.de

Agatha Christie in Ägypten

Agatha Christie kam erstmals in den 1920er Jahren nach Ägypten. Sie besuchte das Ägyptische Museum in Kairo und wohnte im Gezira Palace Hotel (heute Cairo Marriott). Reisen nach Ägypten und Syrien mit ihrem zweiten Mann, dem Archäologen Max Mallowan, entfachten in den 1930er Jahren ihr Interesse an Archäologie und dem alten Ägypten. Sie machten eine Kreuzfahrt auf dem Nil, besuchten die wichtigsten Sehenswürdigkeiten und nächtigten im Winter Palace in Luxor und im Old Cataract Hotel. „Tod auf dem Nil" handelt von einer Kreuzfahrt von Assuan flussaufwärts durch den ersten Katarakt nach Oberägypten, wie sie seit dem Bau des Assuan-Staudamms nicht mehr möglich ist.

Die Terrasse des Old Cataract Hotel ist ein angenehmer Ausguck, um zuzusehen, wie die Feluken über den Nil gleiten.

Im Enkongo-Narok-Sumpfgebiet unterhalb des Aussichtshügels lassen sich regelmäßig Elefanten blicken.

KENIA

Observation Hill

Der leicht zu erwandernde Hügel bietet den besten Blick auf die Tierwelt des Amboseli-Nationalparks in Südkenia.

Gerade einmal 30 Meter ragt der „Observation Hill" aus der Ebene, nicht eben imposant im Vergleich zum Kilimandscharo, der sich in der Ferne erhebt. Doch der abgeflachte Vulkankegel im Amboseli-Nationalpark verspricht die vielleicht beste Aussicht in ganz Ostafrika. Da nur ein Fußweg auf die Kuppe führt, ist dies zugleich eine der wenigen Gelegenheiten, in einem kenianischen Safaripark das Auto zu verlassen. Das Besondere an dem Hügel ist seine Lage am Rand des Enkongo-Narok-Sumpfgebietes, einer grünen Oase in der wüstenähnlichen Landschaft. Der Sumpf versorgt die Geschöpfe der Region mit lebenswichtigem Wasser, von Millionen Insekten und Zehntausenden Vögeln bis zu Elefantenherden. Mit einem Fernglas und etwas Geduld kann man unglaubliche Entdeckungen machen: Flusspferde, die sich in den Tümpeln aalen, äsende Giraffen und kleine Sandstürme, die über die Ebene wandern. Frühmorgens ist die beste Zeit, um Tiere zu beobachten und Fotos vom „Kili" zu schießen, bevor er hinter Wolken verschwindet. Aber auch das Sonnenuntergangspanorama ist traumhaft; bringen Sie Campingstühle und Cocktails mit, um es in vollen Zügen zu genießen.

Beste Reisezeit Der Amboseli hat zwei Regenzeiten: von April bis Ende Juni und von November bis Ende Dezember. Dann ist die Landschaft grüner und das Wetter kühler, aber die Trockenzeiten sind günstiger, um Tiere zu Gesicht und vor die Kamera zu bekommen.

Anreise Am schnellsten ist die Anreise mit Air Kenya (40 Minuten) von Nairobi zu der kleinen Piste am Empusil-Eingang des Amboseli. Die rund 240 Kilometer lange Anfahrt von Nairobi über Namanga zum Haupteingang des Parks (Meshanani) dauert etwa fünf Stunden.

Reiseplanung Drei volle Tage sollten Sie mindestens für den Park einplanen, davon auf jeden Fall einen Morgen auf dem Observation Hill.

Websites www.kws.go.ke/parks/parks_reserves/AMNP.html, www.oldonyowuas.com

Attraktiver Neuzugang

Der **Chyulu-Hills-Nationalpark**, nicht weit vom Amboseli, ist eines der jüngsten Naturschutzgebiete Kenias. Da alle seine Vulkankegel und -krater innerhalb der letzten 500 Jahre entstanden sind, ist er zugleich eines der jüngsten Gebirge der Welt. Wie beim Observation Hill liegt sein Hauptreiz in den unglaublichen Ausblicken über die weite Landschaft des südlichen Kenia. Außerdem lockt der Chyulu mit Naturwundern wie Vulkanhöhlen, 37 Orchideenarten, üppigem Bergwald und faszinierenden Tieren wie Steinantilopen und scheuen Leoparden.

MALI
Die Felsen von Bandiagara

Eine Wanderung durch das Land der Dogon verspricht spektakuläre Blicke von der rund 150 Kilometer langen Felskante des Plateaus.

Die Sonne brennt am wolkenlosen Himmel, aber oben auf den Felsen mildert eine Brise die Hitze. Von der fast 500 Meter hohen Felswand schaut man auf die sonnenversengte Savanne der Seno-Gondo-Ebene hinab. Sie erstreckt sich weiter, als das Auge blicken kann, bis ins Nachbarland Burkina Faso. Vereinzelt gedeihen Akazien auf dem roten Boden der Ebene; dazwischen erhebt sich hier und da ein majestätischer Affenbrotbaum. An den Fuß der Steilwand schmiegen sich die Lehmbaudörfer der Dogon, die für ihre kunstvoll geschnitzten Ritualmasken und ihren markanten Baustil berühmt sind. Dieser Anblick bietet sich auf der dreitägigen Wanderung durch das Land der Dogon immer wieder. Die Abbruchkante bildet den südöstlichen Rand des Bandiagara-Plateaus. Die Dogon bewohnen dieses Sandstein-Massiv etwa seit dem 15. Jahrhundert. Die Wanderung führt an der Abbruchkante entlang, mal am Fuß der Felsen und dann wieder oben auf der Felskante. Übernachtet wird in den Häusern der Dogon oder in Zelten in ihren Dörfern. Beim Aufstieg zum Plateau werden an die Felswand gelehnte Baumstämme als Leitern genutzt, wobei die Stümpfe der abgesägten Äste als Sprossen dienen. Falls Ihnen jemand einen Becher des von den Einheimischen gebrauten Hirsebiers anbietet, vergessen Sie nicht, einen Schluck als Opfergabe für die Ahnen auf den Boden zu gießen.

Beste Reisezeit November bis März, um die Regenzeit und die sengende Sommerhitze zu vermeiden.
Anreise Die meisten Besucher fliegen nach Bamako, in die Hauptstadt von Mali. Mopti, die nächste größere Stadt im Land der Dogon, liegt eine gute Tagesreise entfernt. Bani Transport betreibt anständige Busse. Wenn Sie es ruhiger angehen möchten, können Sie unterwegs in Ségou übernachten.
Reiseplanung Besucher brauchen ein Visum und eine Gelbfieberimpfung. Wenn Sie nicht zu den ganz abenteuerlustigen Individualreisenden gehören, buchen Sie die Wanderung bei einem Tourveranstalter.
Websites www.toungatours.com, www.ambamali-jp.org/en/e04-01.html, www.festival-au-desert.org

Die Dörfer der Dogon

Im Zentrum eines Dogon-Dorfes steht ein rundum offenes Gebäude mit einem reisiggedeckten Dach. In dieser niedrigen *toguna* (Versammlungshaus) setzt sich der *hogon* (Dorfälteste) mit den anderen Männern zusammen, um die Dorfangelegenheiten zu besprechen. Auffallend sind auch die vielen schmalen Speicherhäuser mit spitzen Reisigdächern. Es gibt „männliche" Speicherhäuser für Hirse und anderes Getreide, die erhöht gebaut sind, um ihren Inhalt vor Nagern zu schützen, und „weibliche" Speicherhäuser, in denen die Frauen ihre persönlichen Habe aufbewahren. Ihre Zahl verbildlicht den Reichtum des Dorfes oder der Familie.

Die Wohnhäuser des Dorfes Ende blicken vom Fuß der Steilfelsen über die weite, ausgedörrte Ebene.

2 Wunderbare Wildnis

Einst waren wir von Wildnis umgeben, doch heute ist es schon erstaunlich, dass es überhaupt noch wilde Naturlandschaften gibt. Die hier beschriebenen Reisen führen zu einzigartigen, schützenswerten Orten, an denen die Zeit stillzustehen scheint. Mitunter warten nur wenig abseits der ausgetretenen Pfade überwältigende Erlebnisse. Wer ahnt schon, dass es im Yellowstone-Nationalpark spektakuläre Landschaften gibt, die nur wenige Touristen zu sehen bekommen? Andere Reisen führen in entlegene Winkel der Erde – zu Islands Lavafeldern oder den Nistplätzen der legendären Albatrosse in Neuseeland. Manche wollen gut geplant sein, um etwa die jährliche Wanderung von 1,4 Millionen Gnus durch die Serengeti in Tansania mitzuerleben. Andere stoßen in Welten vor, die Außenstehenden sonst verschlossen bleiben, wie Ausritte mit den Nomaden der mongolischen Steppe oder eine Hausboot-Übernachtung in den Sümpfen von Louisiana zwischen Schlangen und Alligatoren. Erweisen Sie der Natur den gebührenden Respekt und lassen Sie sie stets so zurück, wie Sie sie vorgefunden haben.

Von Gletschern geformte Berge und stille Wälder umgeben den Lake O'Hara im Yoho-Nationalpark, tief in den kanadischen Rocky Mountains.

Ein Gestank nach faulen Eiern liegt über den farbenprächtigen Schwefelquellen rund um den Leirhnjúkur.

ISLAND

Die Leirhnjúkur-Lavafelder

In einer entlegenen Ecke Islands brodeln heiße Quellen und Schlammtöpfe, und flüssige Lava erstarrt zu bizarren Formationen.

Bei einer Wanderung um den Leirhnjúkur kann man sich fast auf dem Mond wähnen. Benachbarte Krater dienten sogar als Trainingsgelände für die Apollo-Astronauten der Nasa. Das Geothermiegebiet gehört zu einer 80 Kilometer langen Spaltenzone des alten Vulkans Krafla in Nordostisland. Der Hauptvulkan ruht derzeit, aber seine Ableger sind noch sehr rege. Hier gibt es blubbernde Schlammtöpfe, heiße Quellen, Schweißschlackenkegel mit pastelligen Ablagerungen, stinkende Schwefeldampffahnen und erstarrte Stricklava. Lavabänder ziehen sich durch die karge Landschaft. Auf den älteren gedeihen struppige Vegetation und stellenweise gar Blumen; die jüngeren sind schwarz und immer noch warm. Die erkaltete Lava schillert vielfarbig, von Eisenrot über Schwefelgelb und Sulfitblau bis zum Lila der Pottasche. Mancherorts ist sie in Blöcke zerbrochen; andere Formationen ähneln erstarrten Zungen. Alle diese Phänomene sind auf einem Rundwanderweg ab dem Leirhnjúkur-Parkplatz zu bestaunen. Er ist mit Pflöcken markiert, und Sie tun gut daran, den markierten Bereich nicht zu verlassen: Abseits des Weges lauern in der dünnen Erdkruste Spalten, an denen man sich ernsthaft verbrennen kann.

Beste Reisezeit Im Sommer ist es relativ trocken, und die Tage sind lang.

Anreise Leirhnjúkur liegt eine Autostunde östlich von Akureyri in Nordisland und 14 Kilometer nördlich von Reykjahlið, einem Dorf am Ufer des Mývatn. Das aktive Gebiet ist 20 Gehminuten vom Parkplatz entfernt. Im Sommer verkehren von Reykjahlið regelmäßig Busse; außerdem gibt es hier Autos und Mountainbikes zu mieten.

Reiseplanung Sie brauchen solide Wanderschuhe und Regenkleidung für das wechselhafte Wetter. Im Sommer ist ein Kopfnetz als Mückenschutz sinnvoll.

Websites www.icelandtouristboard.com, www.nat.is

Feuer und Wasser

■ Wenn Sie der Leirhnjúkur-Zufahrtsstraße weiter folgen, erreichen Sie einen Parkplatz, von dem ein Weg zum blauen See des **Víti-Kraters** (Höllenkraters) am Westrand der Krafla-Caldera führt. Zischende Spalten neben dem Weg erinnern daran, dass der Riesenvulkan nur schlummert.

■ Der südwestlich gelegene **Mývatn**, der nicht ohne Grund „Mückensee" heißt, ist ein Rastplatz für durchziehende Wasservögel, die sich von den Insektenlarven in seinem Wasser ernähren.

■ In der Gegend um den Mývatn können Sie hier und da in den Boden eingelassene Glastüren sehen. Sie gehören zu **unterirdischen Backöfen**, in denen mit vulkanischer Hitze ein pumpernickel-ähnliches Brot namens *hverabrauð* (Heißquellenbrot) 12 bis 24 Stunden lang gebacken wird.

KANADA
Nunavik

Die gespenstisch stille Felslandschaft im nördlichen Quebec bewahrt die Spuren der dramatischen Vergangenheit unseres Planeten.

Wenn Sie über das flache, von Felsbrocken übersäte Terrain des Pingualuit-Nationalparks zum Pingualuit-Krater (ehemals Chubb-Krater) wandern, sehen Sie unterwegs vielleicht Karibus auf dem Permafrostboden nach Moos und Flechten scharren, während ihre Kälber um sie herumtollen. Den ganzen Sommer über durchstreift die rund 600 000 Tiere starke Leaf-River-Herde den gut 1100 Quadratkilometer großen Park in der Nunavik-Region von Quebec. Die Inuit aus Kangiqsujuaq, dem nächstgelegenen Dorf, und anderen, mehrere Tagesreisen entfernten Dörfern jagen hier noch heute, wie es schon ihre Urahnen taten. Für sie hat die Region von alters her große spirituelle Bedeutung. Pingualuit heißt auf Inuktitut „wo sich das Land erhebt". Der Name bezieht sich auf den Krater von 400 Meter Tiefe und 3,5 Kilometer Durchmesser, den ein gewaltiger Meteoriteneinschlag vor 1,3 Millionen Jahren hinterließ. Der Kraterrand ragt mehr als 150 Meter aus der Tundra auf und wirkt aus der Entfernung wie ein Hügel am Horizont. Wer hinaufklettert, wird mit dem Blick auf den tiefblauen Pingualuksee in seinem Inneren belohnt, der sich im Lauf der Jahrtausende durch Regen- und Schmelzwasser gebildet hat.

Beste Reisezeit Der Park ist ganzjährig geöffnet. Von Mitte Juni bis Mitte September ist das Wetter am besten. März und April sind ideal für Touren mit dem Hundeschlitten oder auf Langlaufskiern über die Zugangsroute von Kangiqsujuaq.

Anreise Kangiqsujuaq liegt rund 1800 Kilometer nördlich von Montreal und hat regelmäßige Flugverbindungen nach Quebec, Montreal und Ottawa. Erfahrene Wanderer können die fast 90 Kilometer von Kangiqsujuaq zu Fuß bewältigen, aber die meisten Besucher fliegen vom Dorf zum Laflammesee. Von dort sind es noch 45 Minuten zu Fuß.

Reiseplanung Sie sollten Unterkünfte und Transportmittel mindestens sechs Wochen im Voraus reservieren. Machen Sie sich auf einen anstrengenden Fußweg zum Krater über den steinigen, mitunter auch nassen und glitschigen Untergrund gefasst.

Websites www.nunavikparks.ca/en/parks/pingualuit, www.cruisenorthexpeditions.com

Im Dorf der Inuit

Das Inuit-Dorf **Kangiqsujuaq** liegt am Ufer der Wakeham-Bucht, zehn Kilometer von der Hudsonstraße entfernt. Das 600-Seelen-Dorf hat viele moderne Einrichtungen, wie das Genossenschaftshotel der Inuit und die Parkverwaltung mit Informationszentrum, pflegt aber daneben seine alten Traditionen. Die Männer jagen Karibus und Weißwale, um die Gemeinschaft zu verpflegen. Die Frauen sammeln Muscheln, die im Winter unterm Meereis sitzen, und rupfen Eiderenten für die Winterkleidung. Die Mädchen lernen von ihren Müttern und Großmüttern den Kehlgesang *katajjaq*, der Vogellaute und andere Naturgeräusche nachahmt.

Der Pingualuit-Krater, dessen Rand steil aus dem felsigen Ödland aufragt, umschließt einen der größten Kraterseen der Welt.

ALASKA, USA/KANADA

Wrangell-Kluane-Wildnis

Die einsame Wildnis aus Wäldern, Bergen, Tundra, Gletschern und Meeresküste ist Heimat für Bären, Karibus, Wale und viele andere Tiere.

In weiten Teilen der riesigen Wrangell-Kluane-Region beiderseits der südlichen Grenze zwischen Alaska und dem Yukon-Territorium geht die Natur wie seit Urzeiten ihren Gang, ganz ohne menschliches Eingreifen. Ächzend schieben sich die größten Gletscher von Nordamerika voran und kalben gigantische Eisbrocken ins Meer. Die größte Bärenpopulation des Kontinents fischt nach Lachsen und stöbert nach Beeren. Glasklares Wasser braust naturbelassene Bäche und Flüsse hinab. Unzählige Bäume wachsen zu mächtiger Größe heran und stürzen schließlich wieder um, ohne dass je ein Mensch ihre Pracht zu Gesicht bekäme. Die Wrangell-Kluane-Region bildet das größte Naturschutzgebiet der Welt: Ihre fast 130 Millionen Quadratkilometer Wald, Berge, Tundra, Gletscher und Küste erstrecken sich über acht Schutzgebiete, zu denen der Wrangell-St.-Elias-Nationalpark in Alaska und der Kluane-Nationalpark im kanadischen Yukon gehören. Fast alles hier ist von atemberaubenden Dimensionen. Die Eisfelder, die die 2000 Gletscher der Region speisen, sind größer als mancher US-Bundesstaat. Das Gebiet umfasst mehr über 4800 Meter hohe Gipfel als irgendeine andere Region in Nordamerika, darunter Bergriesen wie Mount Logan und Mount St. Elias. Die Tierwelt der Region gehört zu den vielfältigsten der Erde. Hier sind mehr Grizzlybären und Buckelwale, Elche, Trompeterschwäne, Alaska-Schneeschafe und Timberwölfe zu Hause als irgendwo sonst auf dem Planeten.

Beste Reisezeit Von Anfang Juni bis Mitte September ist der Himmel oft blau und das Wetter trocken, aber selbst in dieser Zeit kann es schneien und nachts sehr kalt werden. Einige Einrichtungen sind auch im Winter geöffnet.

Anreise Die Hauptanlaufstellen für Besucher sind in Alaska die Orte McCarthy-Kennecott im Wrangell-St.-Elias-Nationalpark sowie Gustavus an der Glacier Bay und in Kanada das Dorf Haines Junction am Rand des Kluane-Nationalparks.

Reiseplanung Außer Aktivitäten wie Kajaktouren, Rafting, Mountainbiking, Rundflügen mit dem Buschflugzeug, Jagen und Fischen locken historische Sehenswürdigkeiten wie das stillgelegte Kennecott-Kupferbergwerk bei McCarthy.

Websites www.nps.gov/wrst, www.nps.gov/glba, www.pc.gc.ca, www.steliasguides.com

Reiseimpressionen

«Man sieht sich daran nie satt», sagt der altgediente Ranger Mike Thompson, während unsere Kajaks durch das spiegelglatte Wasser gleiten. «Die Gletscher, die Berge, das Wetter, das begeistert mich immer wieder von Neuem.» Wir paddeln durch die Icy Bay, einen imposanten Fjord an der Küste des Wrangell-St.-Elias-Nationalparks. Um uns herum nur ungezähmte Natur: der in der Nachmittagssonne rosig schimmernde Mount St. Elias, ein fast 200 Meter hoher Wasserfall, der nicht einmal einen Namen hat, und der eisblaue Guyot-Gletscher.
 Etwa einen Kilometer vom Guyot ziehen wir die Kajaks ans felsige Ufer, schlagen unser Lager auf und fangen an, das Abendessen zuzubereiten. Plötzlich durchbricht ein ohrenbetäubendes Krachen die Stille: Vom Gletscher plumpst ein stattlicher Eisberg in die Bucht, der eine mächtige Welle auslöst. Sie rollt mit Mordstempo aufs Ufer zu. «Weg hier!», brüllt Mike und drängt mich in Richtung der Moräne, wo wir unsere Zelte aufgeschlagen haben. Nur knapp retten wir uns auf sicheres Terrain, als der Mini-Tsunami über die Stelle schwappt, an der wir gerade noch gestanden haben.
**Joe Yogerst
Reiseautor**

Gegenüber: Die einsamen Berge des Wrangell-St.-Elias-Nationalparks. Oben: Weißkopfseeadler an der Küste von Alaska.

KANADA

Lake O'Hara

Der von Bergen und Lärchenwäldern umgebene O'Hara in British Columbia ist einer der schönsten Seen Kanadas.

Der Lake O'Hara im Yoho-Nationalpark an der Westflanke der Rocky Mountains ist ein gigantisches Felsbecken voll kristallklarem Wasser. Ringsum erheben sich mächtige, zerklüftete Gipfel mit lotrechten Felswänden, Bergkesseln und -tümpeln, donnernden Wasserfällen und uralten Gletschern. Das Gebiet ist ein Traum für Bergwanderer. Zahlreiche Wege unterschiedlicher Schwierigkeitsgrade zweigen vom Uferweg rund um den See ab. Die Bergpfade sind aber nur etwas für beherzte Wanderer. Sie erklimmen steile, rutschige Felsabsätze, führen auf messerscharfen Graten entlang und quer über Schutthänge und Geröllfelder. Hüten Sie sich vor Lawinen, Steinschlag und Grizzlybären. Je nach Jahreszeit werden bestimmte Gebiete für Besucher gesperrt, wenn die Bären dort auf Futtersuche unterwegs sind. Wachsame Pfeifhasen und Eisgraue Murmeltiere sonnen sich auf den Felsen, und hier und da begegnen Sie vielleicht einem Stachelschwein oder erspähen ein paar Schneeziegen weit oben auf einem Felssims. Im Juni und Juli überzieht ein farbenprächtiger Blütenteppich die Region. Im Herbst färben sich die Lärchen gelb, und im Winter liegt die Landschaft unter einer geschlossenen Schneedecke, die zu Ausflügen auf Langlaufskiern oder Schneeschuhen einlädt.

Beste Reisezeit Der Yoho-Nationalpark ist ganzjährig geöffnet; im Juli und August ist am meisten los. Wanderungen zum Burgess-Schiefer finden von Juli bis Ende September statt. Das Wetter ist sehr wechselhaft; in höheren Lagen ist sogar im Sommer mit Schnee zu rechnen.

Anreise Der nächste Ort ist Field, British Columbia, etwa zwei Autostunden westlich von Calgary. Von dort ist der elf Kilometer entfernte Lake O'Hara per Bus oder zu Fuß erreichbar.

Reiseplanung Für den Bus zum Lake O'Hara, der von Mitte Juni bis Anfang Oktober verkehrt, müssen Sie reservieren. Die Zahl der Tagesbesucher und Camper ist quotiert. Eine Lodge mit Hütten am Seeufer ist ganzjährig geöffnet. Die Wanderung zum Burgess-Schiefer und zurück dauert acht bis zehn Stunden.

Websites www.pc.gc.ca/eng/index.aspx, www.field.ca/yohonationalpark/lakeohara, www.burgess-shale.bc.ca

Der Burgess-Schiefer

Der Burgess-Schiefer im Yoho-Nationalpark, in der Nähe des Lake O'Hara, enthält versteinerte Lebewesen aus einer Zeit vor 500 Millionen Jahren, als die Region noch unter Wasser lag. Sie können die Fossilien-Fundstätten **Walcott Quarry** und **Mount Stephen** mit Führern der Burgess Shale Geoscience Foundation besuchen, sollten für die anstrengenden Wanderungen aber gute Kondition mitbringen.

Der Treffpunkt für beide Wanderungen ist der Yoho Trading Post in Field am Trans-Canada Highway. Der Weg zum Walcott Quarry beginnt in der Nähe des spektakulären Takakkaw-Wasserfalls.

Der Lake O'Hara wird von mehreren höher gelegenen Gletscherseen gespeist, die allesamt atemberaubende Panoramen versprechen.

WYOMING, USA

Unbekannter Yellowstone

Abseits des Geysirs Old Faithful lockt ein weniger besuchter Winkel mit reicher Tierwelt, Wasserfällen und heißen Quellen.

In der Südwestecke des Yellowstone-Nationalparks liegt Cascade Corner, ein verstecktes Paradies der Wiesen, Wälder und Wasserfälle. Es umfasst den Bechler und den Falls River und ihre vielen Nebenflüsse, die sich über die schroffen Madison und Pitchstone Plateaus schlängeln und in spektakulären Kaskaden von ihnen herabstürzen. Wer von der Bechler River Ranger Station dem Falls River folgt, vernimmt schon bald das Rauschen der Cave Falls. Hohe Küstenkiefern umrahmen den Wasserfall, und Fischadler stoßen herab, um Forellen aus dem Wasser zu greifen. Dann geht es am Bechler River entlang nach Nordosten. Auf dem Weg über die Bechler-Wiesen rückt die spektakuläre Teton Range weiter südlich ins Blickfeld. Eine sanfte Brise kühlt Ihr Gesicht und Kieferduft liegt in der Luft, während Sie den Canyon hinauf durch einen der grünsten Wälder der Region wandern. In der Ferne werden die donnernden Ouzel Falls sichtbar. Kurz darauf erreichen Sie die Colonnade Falls und dann die Iris Falls (14,5 Kilometer von der Ranger Station entfernt). Wenn Sie einige Kilometer weiter an der Ferris Fork des Bechler River haltmachen, um den Blick über die spektakuläre Landschaft zu genießen, sehen Sie den Dampf der brodelnd heißen Quellen aufsteigen. Kehren Sie auf demselben Weg zurück.

Beste Reisezeit Vom späten August bis Ende September. Im Frühsommer können die Bechler-Wiesen überflutet sein, und es wimmelt von hungrigen Mücken.
Anreise Die Bechler River Ranger Station liegt 32 Kilometer östlich von Ashton, Idaho.
Reiseplanung Im Yellowstone leben Bären und Bisons. Wandern Sie nie allein, und erkundigen Sie sich vorab bei der Ranger Station nach den aktuellsten Bären-Infos. Lesen Sie auf der Website nach, wie Sie sich bei Begegnungen mit Bären verhalten sollen. Bringen Sie Mückenschutzmittel und wasserdichte Schuhe mit. Es gibt Campingplätze im Bechler Canyon, für die Sie allerdings eine Genehmigung brauchen.
Website www.nps.gov/yell

Natur-Badewanne

Die Thermalquellen im Yellowstone mögen einladend aussehen, aber das Wasser ist brühheiß. Baden ist verboten und unter Umständen sogar lebensgefährlich. Aber etwa 26 Kilometer von der Bechler Ranger Station entfernt können Sie ein erlaubtes und ungefährliches Bad in einem „Hot Pot" nehmen (fragen Sie vorher bei den Rangern nach).

Übernachten Sie auf einem der Campingplätze am Bechler Trail. Wandern Sie am nächsten Tag auf dem **Ferris-Fork-Seitenweg** weiter bis zu einem großen, blubbernden Becken, aus dem Dampf aussteigt. Testen Sie die Wassertemperatur aber erst mit den Zehen, bevor Sie sich hineinwagen.

Die Colonnade Falls sind nur einer von vielen herrlichen Wasserfällen in Cascade Corner, fernab der Besucherströme des Yellowstone-Nationalparks.

Einst befuhren Dampfschiffe die Wasserstraßen der Atchafalaya-Bayous. Heute sind sie zugewuchert und bilden eine gespenstische Wasserwildnis.

LOUISIANA, USA

Der Atchafalaya-Sumpf

Eine große Vielfalt von Tieren bevölkert die verwunschene Wasserwelt im südlichen Louisiana.

Der Atchafalaya-Sumpf bei Lafayette, Louisiana, im Herzen des Cajun Country, ist mit gut 30 Kilometer Breite und 240 Kilometer Länge das größte Sumpfgebiet Nordamerikas. Er besteht aus einem Gewirr miteinander verbundener Süßwasser-Bayous, träge strömender Flüsse, düsterer Moorwälder und Salzsümpfe, wo der Atchafalaya-Fluss auf die Tidengewässer des Golfs von Mexiko trifft. Die Wasserwildnis ist ein magisches Wunderland voller Vögel und anderer Tiere, seltener Blumen und Pflanzen, die nur zu sehen bekommt, wer sich tief in die Sümpfe vorwagt. Eine Möglichkeit sind geführte Sumpfboottouren. Noch besser mieten Sie ein Hausboot, das an einen ruhigen Platz draußen im Sumpf geschleppt wird, wo Sie sich inmitten der unwirklichen Szenerie häuslich einrichten können. Setzen Sie sich aufs Vordeck, um den Sonnenuntergang zu genießen, während der Sumpf mit einem vielstimmigen Tierkonzert zum Leben erwacht. Rudern Sie bei Sonnenaufgang zum Angeln hinaus, oder beobachten Sie, wie die Reiher in der Morgendämmerung durchs Wasser staksen und schläfrige Alligatoren sich am Ufer aalen.

Beste Reisezeit Vom späten Frühjahr bis zum Frühsommer ist der Wasserstand hoch, die Tierwelt am aktivsten, die Temperaturen sind gemäßigt, und die Wildblumen blühen.
Anreise Der Sumpf ist über den Interstate 10 zu erreichen. Die meisten Bootstouren starten von den Anlegern am Lake Henderson, bei der Ortschaft Henderson.
Reiseplanung Hausboote vermietet Houseboat Adventures; reservieren Sie frühzeitig. Bootstouren auf dem Atchafalaya sind über McGee's Landing zu buchen. Der Sumpf wimmelt von Alligatoren und Schlangen, die aber scheu und keineswegs angriffslustig sind, solange sie nicht provoziert werden. Moskitos sind vor allem nachts eine Plage; bringen Sie ein gutes Mückenschutzmittel mit.
Websites www.houseboat-adventures.com/index.htm, www.mcgeeslanding.com, www.cafedesamis.com, www.lafayette.travel

Die Cajun-Kultur

■ Wenn Ihnen nach einer Dosis Zivilisation in Form von Cajun-Kultur zumute ist, werden Sie bei **McGee's Landing** in Henderson oder **Whiskey River Landing** im nahen Breaux Bridge sicher fündig. Hier pulsieren die Wochenenden im dynamischen Rhythmus der Zydeco-Musik, zu der Jung und Alt das Tanzbein schwingt.

■ Breaux Bridge ist ein kleines Cajun-Städtchen. Samstagmorgens gibt es im **Café Des Amis** ein Zydeco-Frühstück mit Livemusik, das Gäste jeden Alters anzieht. Alles tanzt und genießt Kaffee, Omeletts und frittierte Beignets mit Puderzucker – ein Gedicht.

KALIFORNIEN, USA

Das Mojave-Reservat

Hunderte Kilometer Staubpisten und Wanderwege führen durch die nahezu unberührte kalifornische Wüste.

Wie das Death Valley bietet das über 630 000 Quadratkilometer große Mojave National Preserve in Südkalifornien weiten Blick auf karge, erodierte Landschaften aus schroffen Gebirgszügen, Tafelbergen, Monolithen, Schlackenkegeln und ausgetrocknete Seen, in denen Kakteen sprießen. Sein Netz geteerter und ungeteerter Straßen bringt Sie zum Cima Dome, einer Granitkuppe im Norden des Reservats mit dem weltweit größten Wald aus Josuabäumen, zum Hole-in-the-Wall-Labyrinth mit Felswänden und -rinnen aus rotem vulkanischen Rhyolith und zu den Kelso-Dünen im Südosten, auf denen über 100 heimische Pflanzenarten gedeihen. Oft sieht man Rennkuckucke durchs Gestrüpp flitzen, während Steinadler und Rotschwanzbussarde am Himmel kreisen. Viele der hiesigen Säugetiere, zu denen Pumas, Kojoten, Dickhornschafe und Eselhasen zählen, sind wegen der Tageshitze nachtaktiv. Zudem sind in der Region Gopherschildkröten und mehrere Klapperschlangenarten heimisch. Um die Wüste ganz unmittelbar zu erleben, empfiehlt sich eine Campingübernachtung: Eine Nacht unter der hell glitzernden Milchstraße, weit weg von allen künstlichen Lichtquellen, ist eine Erinnerung fürs Leben.

Beste Reisezeit Das Frühjahr, wenn Wildblumen den Wüstenboden bedecken, oder der Spätherbst. Im Hochsommer kann es fast 50 Grad heiß werden.

Anreise Das Mojave-Reservat liegt rund 190 Kilometer nordöstlich von Los Angeles und ist gut über die U. S. Highways 15 oder 40 zu erreichen, die die Nord- und Südgrenzen des Reservats bilden.

Reiseplanung Planen Sie mindestens einen ganzen Tag für Ihren Besuch ein, sofern Sie im Auto und auf den Straßen bleiben wollen. Wanderungen oder Abstecher von der Straße dürften Ihren Aufenthalt auf zwei bis drei Tage verlängern. Zu empfehlen ist ein zuverlässiger Geländewagen mit Ersatzreifen und Ausrüstung zum Reifenwechseln. Nehmen Sie mindestens 5 Liter Wasser pro Person und Tag mit; außerdem Proviant sowie Kühlboxen und Eis, damit er essbar bleibt. Einigen Tieren sollte man aus dem Weg gehen. Der Biss der Mojave-Klapperschlange kann tödlich sein. Es gibt zwei Campingplätze und Stellplätze für Campingfahrzeuge am Straßenrand. Der kleine Ort Baker am Interstate 15 hat einige Motels.

Websites www.nps.gov/moja/index.htm, digital-desert.com/baker-ca

Eisenbahn-Geschichte

Die Geisterstadt **Kelso** im Südosten des Reservats ist ein Vermächtnis der wechselhaften Konjunktur des amerikanischen Westens. Kelso wurde 1905 als Bahnstation zwischen Los Angeles und Salt Lake City gegründet, weil es hier eine relativ gute Wasserversorgung gab. Zu ihrer besten Zeit hatte die Stadt über 2000 Einwohner. Mit der Einführung der Diesellokomotiven begann Kelsos Niedergang; 1986 wurde der Bahnhof stillgelegt.

Das 1924 im Missionsstil errichtete Bahnhofsgebäude ist inzwischen restauriert und dient als Besucherzentrum des Reservats. Die bröckelnde Eleganz der übrigen Gebäude verleiht der Stadt eine eindringlich melancholische Atmosphäre.

Josuabäume prägen die karge Landschaft um den Cima Dome im Mojave-Reservat.

COSTA RICA
Santa-Rosa-Nationalpark

Die Korallenriffe, Sümpfe, Wiesen und Wälder des ältesten Nationalparks von Costa Rica bewahren eine riesige Artenvielfalt.

Der amerikanische Abenteurer William Walker hätte sich 1856 nicht träumen lassen, dass sein gescheiterter Costa-Rica-Feldzug die Einrichtung eines der großartigsten Naturschutzgebiete der westlichen Hemisphäre nach sich ziehen würde. Für heutige Besucher wiederum ist kaum vorstellbar, dass in diesem tropischen Trockenwald die blutige Schlacht von Santa Rosa gegen Walkers Streitmacht ausgefochten wurde. Die siegreichen Costa Ricaner stellten das historisch bedeutsame Schlachtfeld unter Schutz und erklärten es 1971 zum Nationalpark. Das Kerngebiet wurde nach und nach zu einem Reservat ausgeweitet, das heute die ganze Santa-Elena-Halbinsel und die umgebenden Gewässer umfasst. Der Park ist 500 Quadratkilometer groß, von den Korallenriffen vor der Küste und kilometerlangen Naturstränden über Savanne und Mangrovensümpfe bis zu Buschland mit verstreuten Kakteen. Ebenso vielfältig ist seine Tierwelt: Jaguare und Ozelots, Klammer- und Brüllaffen, Tapire, Nasenbären und über 300 Vogelarten. Die Schlacht von 1856 tobte rund um La Casona Hacienda, die heute als Museum dient. Von dem halben Dutzend Wanderwegen, die sich durch die Wildnis von Santa Rosa schlängeln, ist der Sendero Palo Seco für Tierbeobachtungen am günstigsten. Zu den oft menschenleeren Traumstränden der Halbinsel gehört die Playa Naranjo, einer der besten Surfstrände der Region.

Beste Reisezeit Für Tierbeobachtungen ist die Trockenzeit (von November bis Ende April) am günstigsten; dann versammeln sich die Tiere an den Wasserstellen, und die Vegetation ist lichter.

Anreise Santa Rosa liegt 255 Kilometer nordwestlich der Hauptstadt San José an der Panamericana. Sie können von San José in etwa vier Stunden per Mietwagen anreisen oder einen Inlandsflug zum Internationalen Flughafen von Liberia nehmen, der etwa eine Autostunde vom Park entfernt ist.

Reiseplanung Campingplätze gibt es bei den Ranger-Stationen La Casona und Murciélago. Die nächsten Hotels sind in Liberia. Santa Rosa lässt sich auch als Tagesausflug von den Strandhotels der Papagayo-Halbinsel besuchen.

Websites www.costarica-nationalparks.com, www.monteverdeinfo.com, www.liberiacostarica.com

Der Nebelwald

Über ein Dutzend Nationalparks und Wildreservate säumen die Panamericana zwischen San José und Santa Rosa. Besonders faszinierend ist das intakte Nebelwaldgebiet des **Biologischen Reservats Monteverde,** das Sie auf rund 120 Kilometer langen Wanderpfaden erkunden können. Hohe Luftfeuchte, dauernder Niederschlag und die tief hängende Wolkendecke haben hier einen Lebensraum entstehen lassen, der eine unglaubliche Artenvielfalt beherbergt: 1200 Reptilien- und Amphibienarten, 100 verschiedene Säugetiere und über 400 Vogelarten. Zu Letzteren gehört der Quetzal, der den alten Maya heilig war.

Ein Weißschulterkapuziner-Weibchen mit Jungtier auf dem Rücken. Diese Affen bekommen Sie im Santa-Rosa-Nationalpark besonders häufig zu sehen.

Bootstouren bieten den besten Blick auf den schwelenden Vulkan von Montserrat und die weitgehend gesperrte Südhälfte der Insel.

MONTSERRAT

Soufrière Hills

Außerhalb der Zerstörungszone ihres Vulkans lockt die friedliche Karibikinsel mit Sonne, Meer und interessanter Tierwelt.

Die Katastrophe war fast so verheerend wie jene, die das antike Pompeji zerstörte. Im Sommer 1995 erwachte der seit mehr als 200 Jahren vor sich hin schlummernde Vulkan Soufrière Hills plötzlich wieder zum Leben. Die ersten Warnzeichen kamen früh genug, um die Anwohner rund um den 914 Meter hohen Vulkan zu evakuieren, bevor die Glutwolken seine Hänge hinabströmten. Doch die Inselhauptstadt Plymouth wurde größtenteils unter Vulkanschlamm und -asche begraben. Weitere Ausbrüche machten die gesamte Südhälfte der Insel unbewohnbar. Viele Bewohner, die ihr Zuhause verloren, wanderten nach Übersee aus. Die Bevölkerung der kleinen, birnenförmigen Insel ist seit dem Ausbruch auf ein Drittel geschrumpft. Dabei ist der schwelende Vulkankegel, der jederzeit wieder ausbrechen kann, heute die größte Touristenattraktion von Montserrat. Besucherscharen strömen zum Vulkanobservatorium, um mehr über den großen Ausbruch zu erfahren. Ausflüge zum Richmond Hill versprechen einen dramatischen Panoramablick über das zerstörte Plymouth. Bei Nacht wirken die glühenden Magmaströme, die die Hänge des Soufrière Hills hinabfließen, am eindrucksvollsten. Am besten lässt sich das Schauspiel von der Aussichtsplattform am Jack Boy Hill bewundern.

Beste Reisezeit Am St. Patrick's Day (17. März) herrscht auf Montserrat großer Trubel. Das übrige Jahr ist es eine typische Karibikinsel mit einsamen Stränden, entspannten Bars und Dschungelpfaden.

Anreise Sofern Sie kein eigenes Boot oder Flugzeug haben, erreichen Sie Montserrat nur per Linienflug über die Nachbarinsel Antigua. Winair fliegt mehrmals täglich.

Reiseplanung Es gibt nicht viele Hotels auf der Insel; zu den besseren Unterkünften gehören Gingerbread Hill und Tropical Mansions Suites. Der Abenteuersportausrüster Green Monkey organisiert Bootsausflüge zu den Ruinen von Plymouth sowie Tauch- und Kajaktouren, Schildkrötenbeobachtungen, geführte Naturwanderungen und Törns zum Hochseeangeln.

Websites www.visitmontserrat.com, www.divemontserrat.com, www.fly-winair.com, www.mvo.ms

Die andere grüne Insel

■ Wie schon an den Nachnamen zu erkennen, stammen viele der 4700 Inselbewohner von irischen Katholiken ab, die in den 1630er Jahren nach einer langen Atlantiküberfahrt hier landeten.

■ **Montserrat** ist außer Irland der einzige Ort der Welt, an dem der St. Patrick's Day ein offizieller Feiertag ist. Er bildet den krönenden Höhepunkt eines einwöchigen Festivals.

■ Die Harfe und der Union Jack auf der Flagge von Montserrat und das Kleeblatt, das bei der Einreise in Ihren Pass gestempelt wird, erinnern an die Zeit, als Montserrat und Irland zum britischen Weltreich gehörten.

Die gewaltigen Brettwurzeln der Bäume im Manú-Dschungel bilden einen fruchtbaren Lebensraum für die heimische Tier- und Pflanzenwelt.

PERU

Der Manú-Nationalpark

Die nur per Boot erreichbare Region im amazonischen Regenwald ist ein Paradies für Vogelfreunde und andere Tierkundler.

Der Manú-Nationalpark am Osthang der Anden, über 3200 Kilometer stromaufwärts vom eigentlichen Amazonas, liegt weitab vom Weltgeschehen. Man muss schon eine kleine Expedition organisieren, um das riesige Schutzgebiet am Río Manú zu erkunden, aber die Mühe wird belohnt: Das Programm reicht vom kühlen Nebelwald bis zum schwülen Tropentiefland, von luxuriösen Dschungelhütten bis zu spartanischen Zeltplätzen am Fluss, von Jaguaren und Riesenottern bis zu über einer Million Insektenarten. Nur ein schmaler Streifen des Parks, an den Ufern des Río Manú und des Río Alto Madre de Dios, ist für Besucher zugänglich. Der Rest ist für Forschung, Tierschutz und 2000 indigene Nomaden reserviert. Während weite Teile des Amazonasgebietes durch Holzfäller, Bergbau und Landwirtschaft verwüstet wurden, konnte der Manú-Nationalpark dank seiner Abgelegenheit praktisch unversehrt ins 21. Jahrhundert gerettet werden. «Hier kann man sehen, wie die Natur wirklich funktioniert», sagt die amerikanische Zoologin Mercedes Foster. «Nicht, wie sie funktioniert, nachdem die Hälfte der Bäume gefällt ist.»

Beste Reisezeit In der Amazonasregion regnet es das ganze Jahr. Selbst in den trockeneren Monaten Mai bis Ende September ist täglich mit Schauern zu rechnen. Die Tageshöchsttemperaturen liegen bei 29 bis 32 Grad. Im Juni und Juli sind die Nächte mit Tiefsttemperaturen von 15 bis 18 Grad am angenehmsten.
Anreise Die meisten Besucher starten von Cusco im Hochland. Sie können von Cusco zu der Dschungelpiste bei Boca Manú fliegen und dann mit dem Boot in den Park schippern oder mit dem Auto über den Andenkamm nach Atalaya hinunterfahren, wo Boote zur eintägigen Reise nach Boca Manú ablegen.
Reiseplanung Wenn Sie auf eigene Faust reisen, sollten Sie die Flussbeförderung arrangieren, bevor Sie Cusco verlassen. Im Park selbst können Sie nur im Zelt nächtigen; am Ostrand des Parks gibt es auch Lodges. In Cusco bieten verschiedene Ausrüster für Abenteuerurlaub Transportmöglichkeiten zum Park an.
Websites www.inkanatura.com, www.manuwildlifecenter.com, www.pantiacolla.com

Herz der Finsternis

In den 1890er Jahren fuhr der peruanische Unternehmer **Carlos Fermin Fitzcarrald** den Río Ucalayi hinauf und entdeckte eine Landroute zur Umgebung des Río Manú, wo Kautschukbäume gediehen. Er ließ Arbeiter und indianische Sklaven eine Schneise durch den Dschungel schlagen, ein Dampfschiff zerlegen, in Einzelteilen zum Manú schleppen und dort wieder zusammenbauen, um die Gegend zu erkunden. Später nutzte er die Route, um Kautschuk aus dem Dschungel zu schaffen. Fitzcarrald ertrank Jahre später. Der Kautschuk-Baron diente Werner Herzog als Inspiration zu seinem Film „Fitzcarraldo" (1982).

JAPAN
Akan-Nationalpark

Eine Vulkanlandschaft im Osten von Hokkaido bezaubert mit klaren Seen, Urwäldern, brodelnden Schlammtümpeln und heißen Quellen.

In Akan dreht sich alles ums Wasser, das stellenweise kochend heiß ist. Im Park liegen zwischen Vulkangipfeln drei große Kraterseen, eingebettet in wilde Wälder aus Hokkaido-Kiefern und Sachalin-Tannen, in denen Braunbären und Hokkaido-Sikahirsche zu Hause sind. Auch Riesenseeadler und seltene Riesen-Fischuhus besuchen die Seen. Die Akan-Caldera mit fast 20 Kilometer Durchmesser prägt den westlichen Teil des Parks. Der Akansee ist berühmt für seine Marimo-Algen: Sie bilden grüne Kugeln, die nach einigen Jahrhunderten Fußballgröße erreichen können. Steile Bergflanken umrahmen den See, und überall sieht man Zeichen vulkanischer Aktivität. Beim Thermalbad Akankohan Onsen führt ein Waldpfad zu blubbernden Schlammtümpeln, die hier *bokke* heißen. Wanderwege überqueren zwei Vulkane, den Oakan-dake oder „männlichen Berg" und den höheren Meakan-dake oder „weiblichen Berg" am gegenüberliegenden Seeufer. Der schwefeldampfende Meakan-dake hat einen Dreifachkrater mit zwei kleinen Kraterseen. Im östlichen Teil des Parks liegen zwei weitere Kraterseen. Das Ufer des Kussharosees, des größten Sees im Park, säumen heiße Quellen und Sandbäder. Der Masshusee gilt als der schönste. Sein tiefblaues Wasser soll das klarste der Welt sein.

Beste Reisezeit Im Sommer ist es hier trockener und kühler als im übrigen Japan; Juni, Juli und August sind ideal zum Wandern. Die Bergpfade sind von Juni bis Ende Oktober begehbar. Im Winter können die Temperaturen bis auf −30 Grad fallen.
Anreise Der Flug von Tokio nach Kushiro-shi dauert 90 Minuten. Von dort fahren nur gelegentlich Busse und Züge zum Nationalpark. Nehmen Sie besser einen Mietwagen; die Fahrt dauert etwa eine Stunde.
Reiseplanung Ein guter Stützpunkt für Besucher ist Kawayu Onsen, ein Thermalbad in der Nähe des Masshusees und Kussharosees. Die Wanderungen um den Oakan-dake und Meakan-dake dauern jeweils etwa einen halben Tag und sind relativ einfach; Sie brauchen aber solide Wanderschuhe. Holen Sie aktuelle Informationen ein, bevor Sie zum Meakan-Vulkan wandern – er ist 2006 das letzte Mal ausgebrochen.
Websites www.lake-akan.com, japan-infos.de

Tanzende Kraniche

Zwischen Kushiro und dem Akan-Nationalpark liegen die **Kushiro-Sümpfe.** Hier lebt die einzige bekannte Population von Mandschurenkranichen in Japan. Am besten sind sie im Winter an den Futterplätzen zu beobachten. Das spektakulärste Schauspiel bieten sie Mitte Februar, wenn sie in der Wintersonne tanzen. Die Kranichpaare biegen den Hals weit nach hinten, breiten die Flügel aus und führen eine Abfolge von Verbeugungen, Sprüngen und Tritten aus. Im Kushiro-Shitsugen-Nationalpark befindet sich das Internationale Kranichzentrum von Akan mit Zuchtstation und Museum; das benachbarte Tancho-Beobachtungszentrum hat eine winterliche Fütterungsstelle.

Der Winter ist die beste Zeit, um die gefährdeten Mandschurenkraniche in den Kushiro-Sümpfen zu beobachten.

CHINA

Die drei Parallelflüsse

In einem entlegenen Winkel von China fließen der Saluen, der Mekong und der Jangtse durch spektakuläre Gebirgsschluchten.

In Chinas subtropischem Südwesten, nahe der Grenze zu Birma, erstreckt sich eine weltabgeschiedene Wildnis entlang der Ausläufer des östlichen Himalaja. Zwischen smaragdgrünen Bergen und Dschungeln braust hier ein Triumvirat mächtiger Flüsse vom tibetischen Hochland herab durch tiefe Schluchten und dann nach Süden und Osten zu fernen Meeren. Die Region der „Drei Parallelflüsse von Yunnan" ist laut Unesco «vielleicht das biologisch vielfältigste Ökosystem der gemäßigten Klimazone weltweit». Die Schluchten verlaufen in Nord-Süd-Richtung auf rund 300 Kilometer Länge parallel. Drei große asiatische Flüsse, der Saluen (Nu Jiang) im Westen, der Mekong (Lancang Jiang) in der Mitte und der Jangtse (Chang Jiang) im Osten, verlaufen hier dicht beieinander. Allerdings werden die Schluchten durch die fast unüberwindlichen Kämme des mächtigen Hengduan-Gebirges getrennt, dessen Gipfel teilweise über 6000 Meter hoch aufragen. Um die landschaftliche Vielfalt der Region, von dramatischen Schluchten bis zu urzeitlichen Wäldern, von Karst bis zu vergletscherten Gipfeln, richtig würdigen zu können, müssen Sie sich zu Fuß aufmachen. Das ist auch die beste Möglichkeit, die bemerkenswerte Artenvielfalt zu erleben: rund 6000 Pflanzenarten und eine reiche Fauna, zu der Kleine Pandas, Schneeleoparden, Kragenbären und viele exotische Vögel zählen.

Beste Reisezeit Das Klima ist von einer Schlucht zur nächsten und von Norden nach Süden sehr unterschiedlich. Generell ist die Zeit von Oktober bis März am besten für Wanderungen in den tieferen Lagen geeignet. In den Gebieten unter 900 Metern ist es ganzjährig warm. Das Hauptwanderrevier im nördlichen Bereich der Saluen-Schlucht ist etwas kühler, aber in den Wintermonaten in den tieferen Lagen immer noch gut begehbar. Von April bis Ende September regnet es oft.

Anreise Die Anreise in die abgelegene Region ist nicht ganz einfach. Die bei Wanderern beliebte Saluen-Schlucht ist über Fugong zu erreichen, das eine zwölfstündige Busfahrt vom Flughafen in Dali entfernt liegt. Von Fugong verkehren Busse nach Norden über Holperpisten bis zu den Ortschaften Gongshan und Bingzhonglou, die als Ausgangspunkte für Wanderungen in die Schluchtenlandschaft dienen.

Reiseplanung Eine ähnliche, aber leichter erreichbare Landschaft bietet die Tigersprung-Schlucht am Jangtse bei Lijiang, die 140 Kilometer Luftlinie östlich des Saluen liegt.

Websites www.chinatrekking.com, chinafittours.com/chinatours/best-of-yunnan.htm

Rekordflüsse

Die drei Flüsse entspringen im trockenen Hochland des östlichen Tibet und schlängeln sich nach Süden und Osten, bevor sie in die tiefer gelegene Landschaft der Provinz Yunnan hinabfließen.

■ Der **Saluen** oder Nu Jiang (mit 3058 Kilometer Länge auf Platz 24 der längsten Flüsse der Welt) fließt durch eine Reihe von Schluchten südwärts nach Birma, wo er in den Golf von Bengalen mündet.

■ Der **Mekong** oder Lancang Jiang (mit 4345 Kilometer Länge die Nr. 11 der Weltrangliste) wälzt sich südostwärts durch Laos, Thailand, Kambodscha und Vietnam zum Südchinesischen Meer.

■ Der **Jangtse** oder Chang Jiang (mit 6276 Kilometern der drittlängste Fluss der Welt) schlägt einen Bogen nach Osten durch Zentralchina und mündet bei Schanghai ins Ostchinesische Meer.

Die Region ist Heimat verschiedener ethnischer Minderheiten, deren Lebensweise von der modernen Welt bislang weitgehend unberührt geblieben ist. Im Norden gibt es die tibetischen Gemeinden. In der Schluchtenregion liegen Dörfer der **Lisu**, **Dulong**, **Bai** und **Yi** auf Lichtungen am Flussufer verstreut, die oft nur über wackelige Holzbrücken zu erreichen sind.

Gegenüber: Eine Einheimische überquert den Saluen per Seilrutsche. Oben: Die erste Biegung des Saluen bei Fugong.

LAOS
Vieng Xai

Gut versteckt in den Kalksteinbergen des nordöstlichen Laos liegen die Vieng-Xai-Höhlen, die ideale Schlupfwinkel für Rebellen waren.

Die Vieng-Xai-Höhlen liegen in einem engen Tal in wildromantischer Berglandschaft, nahe der vietnamesischen Grenze und dem früheren Ho-Chi-Minh-Pfad. Sie waren das Hauptquartier der kommunistischen Widerstandsbewegung Pathet Lao im Ringen um die Herrschaft über Laos in den 1960er und 1970er Jahren. Jeder Anführer der Gruppe hatte seine eigene Höhle. Einige sind heute für Besucher geöffnet. Für ein Dschungelversteck sehr luxuriös ist die von Souphanouvong, dem Roten Prinzen, einem Angehörigen des laotischen Königshauses. Holzwände und -boden lassen vergessen, dass es sich überhaupt um eine Höhle handelt. Das Haus samt Pool und Garten wurde nach dem Friedensschluss von 1973 gebaut. Die größte Höhle war die des obersten Anführers Kaysone Phomvihane, der später erster Präsident der Demokratischen Volksrepublik Laos wurde. Sie reicht 150 Meter in den Berg hinein und verfügte über eine Bibliothek und einen Konferenzraum. Die Originalbetten, Kleidungsstücke und ein Porträt von Che Guevara sind noch zu besichtigen. Eine andere Höhle diente als Militärhospital; eine weitere beherbergte 2000 Soldaten und ein „Untergrund"-Theater, in dem Künstler aus Vietnam, China und Russland auftraten. Für den Fall eines Chemiewaffenangriffs konnten einige Bereiche mit Aluminiumtüren abgeriegelt werden und waren mit Sauerstoffpumpen ausgerüstet.

Beste Reisezeit Am besten kommen Sie in der Trockenzeit von November bis Ende Mai.

Anreise Die Stadt Vieng Xai ist vom Regionalzentrum Sam Neua in 40 Minuten per Bus oder Kleintransporter zu erreichen. Sam Neua wird täglich von Vientiane angeflogen. Die meisten Höhlen liegen nur einen kurzen Fußweg von der Stadt entfernt.

Reiseplanung Sie können in Sam Neua eine Tour buchen, oder Sie melden sich beim Besucherzentrum an, um die Höhlen zu besichtigen, und zahlen Gebühren für den Eintritt und den obligatorischen Führer. Zweistündige Führungen starten täglich von 9 bis 11 und 13 bis 16 Uhr. In Vieng Xai gibt es Gästehäuser.

Websites www.laotourism.org, www.bagsup.com/asia-tour-operators-to16421

Luftschutzbunker

Die Höhlen dienten nicht nur als Versteck, sondern auch als Luftschutzbunker. Von 1964 bis 1973 sollen die B-52-Bomber der U.S. Air Force rund zwei Millionen Tonnen Bomben auf das östliche Laos abgeworfen haben. Nicht nur die Anhänger von Pathet Lao, sondern insgesamt etwa 23 000 Menschen fanden Unterschlupf in den Höhlen.

Viele Bomben explodierten damals nicht, was Laos ein schauriges Vermächtnis hinterließ: Hochgehende Blindgänger töten und verstümmeln noch heute rund 300 Menschen im Jahr. Touristen sollten beim Besuch von **Vieng Xai** und anderen Gebieten nahe der Grenze zu Vietnam unbedingt auf den Wegen bleiben.

Das Theater in den Kalksteinhöhlen von Vieng Xai bot Unterhaltung für die Anführer und Soldaten der Widerstandsbewegung Pathet Lao.

Die Mongolenpferde sind etwas launisch, aber das ideale Transportmittel für die ausgedehnten Steppen der Mongolei.

MONGOLEI

Der Tsast Uul

Beim Ritt durch die einsamen Steppen der westlichen Mongolei begegnet man einem der letzten Nomadenvölker der Welt.

Die grüne Weite der Mongolei wird von Jeep-Reifenspuren durchzogen, die die Funktion von Straßen übernehmen. Abwechslung fürs Auge bieten nur vereinzelte Grüppchen von *ger*, den runden weißen Filzjurten, die den mongolischen Nomaden als Behausung dienen. Die Provinzhauptstadt Chowd ganz im Westen, in der Nähe der Grenzen zu China und Russland, ist eine Ansammlung von Gebäuden aus der Sowjetära in der gespenstisch leeren Landschaft zu Füßen des Altai-Gebirges. Von hier sind es 95 Kilometer bis zum Fuß des 4193 Meter hohen Tsast Uul am westlichen Ende des Tsambagarav-Massivs. Seine Ausläufer lassen sich am besten auf gemieteten Pferden erkunden, deren Besitzer als Führer mitreiten. Unter den Pferdehufen steigt der Duft wilder Minze- und Knoblauchpflanzen auf. Ferne Schneefelder scheinen zum Greifen nah, und Geräusche von weither dringen glockenklar ans Ohr: das Schnaufen eines Yaks, der Warnpfiff eines Murmeltiers, der Flügelschlag eines Vogels. Hier fühlt man sich wirklich wie mitten im Nirgendwo, bis plötzlich ein Kamelhirte mit seinen Tieren oder ein Trupp Murmeltierjäger mit langläufigen Flinten auftaucht. Am Himmel schwebende Drachen signalisieren oft eine Jurte, deren Bewohner heraneilen, um ihren knurrenden Mastiff zurückzuhalten und die Vorbeireitenden auf einen Schluck vergorene Stutenmilch einzuladen.

Beste Reisezeit Mitte Mai bis Ende September. Im Juli findet in den größeren Orten der Region das traditionelle dreitägige *naadam* statt, das Fest der „drei männlichen Sportarten": Pferderennen, Ringen und Bogenschießen. Von Oktober bis Ende April kann es extrem kalt werden.

Anreise Die Anreise in die westliche Mongolei führt normalerweise über Beijing und Ulan-Bator. Zwischen Ulan-Bator und Chowd gibt es regelmäßige Flüge.

Reiseplanung Spezialveranstalter wie Ethno Mongol oder Mongolei-Reise bieten organisierte Reisen und individuell zugeschnittene Touren an.

Websites www.mongoliatourism.gov.mn, www.ethno-mongol.de, www.mongolei-reise.de

Reiseimpressionen

Ein Reiturlaub in der Mongolei ist pure Wonne für Körper und Geist, wenn auch nicht fürs Sitzfleisch. Obwohl es vor 800 Jahren entscheidend zur Eroberung Chinas beitrug, ist das mongolische Pferd von heute eher launisch und mag es nicht, wenn sein Reiter ein Deodorant benutzt oder von seinem Rücken fotografiert. Nun waren Kameras im 13. Jahrhundert noch nicht so verbreitet, und es heißt, dass man die mongolischen Eroberer schon riechen konnte, bevor sie am Horizont auftauchten, aber es ist schwer vorstellbar, dass mit diesen sensiblen Tieren ein Reich erobert wurde, das sich vom Schwarzen bis zum Gelben Meer erstreckte.
Peter Neville-Hadley
Reiseautor

INDONESIEN
Kerinci Seblat

So sah die Erde vor Millionen Jahren aus: riesenhafte Pflanzen und Raubtiere inmitten von Dschungel, Sümpfen und Vulkanen.

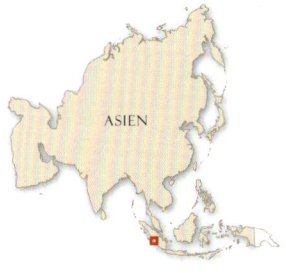

Der Kerinci-Seblat-Nationalpark erstreckt sich auf der indonesischen Insel Sumatra, einer der wildesten Regionen der Welt, über vier Provinzen und drei große Flussbecken. Im Herzen des Parks liegen drei große Täler zwischen mächtigen Vulkanen, zu denen der 3805 Meter hohe Kerinci, der höchste Gipfel von Sumatra, gehört. Hier gibt es zahlreiche Wasserfälle und Seen, wie den kajakfreundlichen Danau Kerinci im Haupttal und den hoch gelegenen Kratersee Gunung Tujuh. Doch trotz der eindrucksvollen Landschaft liegt die eigentliche Faszination des Kerinci Seblat in seinem Artenreichtum. Er ist fast dreimal so groß wie der Yellowstone-Nationalpark und beherbergt weitaus mehr Tier- und Pflanzenarten. Hier gedeiht sowohl die größte *(Rafflesia)* als auch die höchste Blume der Welt (Titanenwurz). Asiatische Elefanten, Schabrackentapire, Sumatra-Nashörner, Malaienbären und Nebelparder gehören zu den Großsäugern, die den Park bevölkern. Am bekanntesten ist der Kerinci Seblat aber als Revier des Sumatra-Tigers und einer sagenhaften Kreatur namens *orang pendek* (Kleiner Mensch), die, je nachdem, wen man fragt, entweder ein sehr seltener Primat oder Sumatras Version des geheimnisvollen Schneemenschen ist.

Beste Reisezeit Hier am Äquator herrscht ganzjährig tropisches Wetter. Selbst in der sogenannten Trockenzeit (Dezember bis Januar) regnet es fast täglich. Doch die Temperaturen sind oft angenehm, da die Höhenlage des Parks die schwüle Hitze mildert.

Anreise Fliegen Sie über Singapur nach Padang an der Westküste von Sumatra. Der Nationalpark liegt etwa sechs Autostunden südlich von Padang, egal ob Sie die Küsten- oder die Inlandsroute wählen.

Reiseplanung Die meisten Hotels und Gästehäuser gibt es in dem verschlafenen Ort Sungai Penuh mitten im Park. Das beste Hotel ist das Mahkota, das zwischen Reisfeldern am Ortsrand steht. Die beliebteste Tour des Nationalparks ist die zweitägige Wanderung auf den Gipfel des Vulkans Kerinci, aber es gibt noch viele andere Wanderrouten, wie den Regenwaldpfad zum Kratersee Gunung Tujuh. Da man sich im Kerinci-Dschungel leicht verirren kann, sollten Sie nicht ohne einheimischen Führer wandern. Führer können Sie beim Parkzentrum in Sungai Penuh oder in den Nachbardörfern anheuern.

Websites www.bahasa.net/kerinci/kerinci.html, www.fauna-flora.org/tigers.php

Reiseimpressionen

Ich klopfe an die Tür eines aus Betonsteinen gemauerten Hauses am Rand des Kerinci-Seblat-Nationalparks. Hier wohnt meine alte Freundin Debbie Martyr, die ein Naturschutzprogramm betreut. Die nächsten drei Tage erkunde ich den Kerinci mit Debbie und ihrem Team aus 20 jungen, sehr engagierten Indonesiern. Als örtliche Expertin einer britischen Umweltgruppe namens Fauna & Flora International (FFI) berät Debbie ihre Kooperationspartner vom indonesischen Ministerium für Nationalparks und Forstwirtschaft bei Tierschutzprojekten. Sie hat Elefantenwilderer verfolgt, verwaiste Malaienbärenjunge aufgepäppelt, bei Konflikten zwischen Tigern und Bauern vermittelt und (bislang ohne Erfolg) versucht, den orang pendek auf Film oder Tonband zu bannen. Ihre Bemühungen scheinen Früchte zu tragen: Die Zahl der Tiger im Park hat sich jedenfalls vermehrt.
Joe Yogerst
Reiseautor

Gegenüber: Der Dschungel von Kerinci beherbergt eine reiche Tier- und Pflanzenwelt. Oben: Gefährdete Sumatra-Tiger.

Ein Feuer hat den Stamm des riesigen Tingle-Eukalyptus im Walpole-Nornalup-Nationalpark ausgehöhlt.

AUSTRALIEN

WALPOLE-NORNALUP

Von Riesenbäumen bis zu einsamen Buchten und Stränden ist dieser Winkel Westaustraliens ein Paradies für Naturfreunde.

Die Einheimischen wissen, welchen Rang dieses Juwel unter den Naturwundern der Welt einnimmt: «*North Pole, South Pole, Walpole!*», zählen sie auf. Eukalyptusduft umweht den kleinen Ort an der Südküste Westaustraliens. Uralte Wälder bedecken die Hügel, über denen Vögel kreisen und herabstoßen, rufen und zwitschern. An der regenreichen Küste strömen zahlreiche Flüsschen ihren stillen Mündungen entgegen. Eine gute Möglichkeit zur Erkundung der Region ist ein geführter Naturausflug per Katamaran, der vom Dorfsteg ablegt und durch die kristallklaren Gewässer der Walpole- und der Nornalup-Bucht schippert. Zum Nationalpark gehören die Frankland- und die Deep-Rivers-Bucht. Später machen Sie an einem Holzsteg an der Halbinsel Nuyts Wilderness fest, um durch schneeweiße Dünen zu einem Traumstrand zwischen Granitfelsen zu wandern. Dann werden an Bord Tee und „Tingle"-Kuchen serviert, bevor es nach Walpole zurückgeht. Schwarze Schwäne schauen schweigend zu, wie das Boot vorübergleitet.

Beste Reisezeit Von September bis Ende November (Frühjahr) blühen die Wildblumen; im Januar (Hochsommer) beleben rot blühende *Corymbia-ficifolia*-Bäume das grüngraue Buschland. Das ganze Jahr über hallt die Region von den Rufen der Bienenfresser, Papageien und Schnäpper wider.

Anreise Walpole liegt am South Western Highway, 120 Kilometer westlich vom nächsten Flughafen in Albany. Reservieren Sie rechtzeitig für die Wow Wilderness EcoCruises, die von Walpole ablegen.

Reiseplanung In Walpole gibt es Unterkünfte und Cafés, eine Kräuterfarm und einen Papageiendschungel. Die Gegend ist beliebt bei Kanuten, Anglern und Buschwanderern. Direkt am Ort beginnen mehrere Wanderwege, wie der drei Kilometer lange Coalmine Beach Heritage Trail. Auch der Bibbulmun Track, mit fast 1000 Kilometern der längste Wanderweg in Westaustralien, führt durch Walpole.

Websites www.walpole.com.au, www.wowwilderness.com.au, www.bibbulmuntrack.org.au

Das Tal der Riesen

■ Erwachsene und Kinder klammern sich ans Geländer, während sie auf dem **Baumwipfelsteg** durch das Valley of the Giants im Walpole-Nornalup-Nationalpark wandern und über das im Wind wogende Baumkronendach spähen. Auch der Steg schwankt sanft hin und her, sodass die Besucher eins werden mit dem uralten Wald aus hoch aufragenden, duftenden *karri-*, *jarrah-* und *marri-*Eukalypten, in denen sich Vögel und andere Kleintiere tummeln.

■ Am berühmtesten ist der Wald für seine mächtigen, kerzengeraden **Tingle-Eukalypten**, die ausschließlich in dieser Region Australiens wachsen. Nur zehn Minuten von Walpole entfernt können Sie hier dem Vogelkonzert lauschen, während Sie auf dem geschwungenen Metallsteg 40 Meter über dem Boden wandeln.

■ Noch eine Möglichkeit, die Geheimnisse des Waldes zu erforschen, bietet der **Holzbohlenweg**, der auf Bodenhöhe durch den Ancient Empire Forest führt und auf dem ersten Abschnitt sogar rollstuhltauglich ist.

AUSTRALIEN UND OZEANIEN

AUSTRALIEN

Kamelritt durchs Outback

Reiten Sie auf den Spuren der frühen Entdecker durchs Outback und schlafen Sie unterm Sternenhimmel.

AUSTRALIEN UND OZEANIEN

Lichterfunkelnde Weltstädte säumen die australischen Küsten, aber das Landesinnere besteht größtenteils aus menschenleerer Wüste, durch die nur wenige Straßen führen. Die Regionen dazwischen lassen sich am besten mit einer Kamelkarawane erkunden, wie es schon die frühen europäischen Entdecker taten. Die weite, offene Landschaft aus rotem Sand, verstreuten Akazien und Salzseen rund um den Lake Eyre in Südaustralien ist reich an Outback-Historie. Hier können Sie auf Kamelen in die leere Weite hinausreiten und die Kängurus und Emus aufschrecken, die sonst die einzigen Bewohner dieser ausgedörrten Landschaft sind. Nur die Rufe von Fächerschwänzen und Flötenvögeln und das gelegentliche Brüllen eines missmutigen Kamels durchbrechen die Stille. Die Hufspuren wilder Esel haben flache Rinnen gegraben, in denen sich etwas Feuchtigkeit sammelt, sodass schmale Grasstreifen wachsen. Manche dieser Fährten entpuppen sich als lang vergessene Menschenwege: Das verraten Hinterlassenschaften wie ein altes Hufeisen, eine Spitzhacke oder Limonaden- und Schnapsflaschen aus Keramik, die vielleicht vor hundert Jahren geleert und weggeworfen wurden.

Beste Reisezeit Die Saison für Kameltouren ist der australische Winter von Ende April bis Anfang September; dann herrschen erträgliche Temperaturen.

Anreise Die Kamelsafaris starten oft von abgelegenen Orten. Sofern Sie keinen fahrbaren Untersatz haben, sind Sie auf Abholung durch den Veranstalter oder Fernbusse angewiesen. Die Veranstalter geben auf ihren Websites Tipps zur Anreise.

Reiseplanung Genächtigt wird unter freiem Himmel, im Allgemeinen in *swags*, das sind Außenhüllen für selbst mitzubringende Schlafsäcke. Alles andere wird normalerweise gestellt. Die erstaunlich leckeren Mahlzeiten am Lagerfeuer schmecken nach einem Tag an der frischen Luft umso besser, ganz besonders mit einem Becher gutem australischen Rotwein.

Websites www.austcamel.com.au, www.australia.com

Schiff des Outback

Das erste australische Kamel hieß Harry und kam 1840 von den Kanaren nach Australien. Der Siedler John Horrocks durchstreifte auf ihm das Landesinnere, um neues Weideland zu suchen, kam aber infolge eines durch Harry verursachten Jagdunfalls ums Leben. Doch bis auf diesen tragischen Zwischenfall bewährten sich die unermüdlichen Tiere als Pioniere des Outback. Sie schleppten Fracht zu den Eisenbahnstrecken und dienten als Reittiere für Postboten und Polizisten. Als der Verbrennungsmotor sie arbeitslos machte, wurden über 10 000 Kamele freigelassen und vermehrten sich zur größten wilden Population der Welt, die heute rund 200 000 Tiere zählt.

Kamelreiter in der typisch roten australischen Landschaft mit vereinzelten Eukalyptusbäumen.

Eine Vielzahl von Meeresvögeln, Pinguinen und Säugetieren bevölkert die Küstenfelsen und Gezeitenbecken von Taiaroa Head.

NEUSEELAND

Taiaroa Head

In dem Schutzgebiet brütet eine Kolonie der Nördlichen Königsalbatrosse, der größten Meeresvögel der Welt.

Die Straße zum Taiaroa Head an der Spitze der Otago-Halbinsel auf der neuseeländischen Südinsel windet sich an der Küste entlang und bietet immer wieder verlockende Blicke auf kobaltblaues Wasser und stille Buchten unter gewaltigen Küstenfelsen. In der Höhe segelt ein Nördlicher Königsalbatros auf drei Meter breiten Schwingen zu seinem im Gras verborgenen Nest zurück, wo ein flauschiges, schneeweißes Küken darauf wartet, mit Fisch aus dem kalten Pazifik gefüttert zu werden. Auf der Landspitze befindet sich die einzige Festlandbrutkolonie des größten Meeresvogels der Welt, geschützt durch das Reservat des Royal Albatross Centre. Etwas unterhalb klammert sich eine Kolonie von Stewartscharben an die Steilküste. Abends kehren an einem nahen Strand Gelbaugenpinguine nach ihrem Fischzug an Land zurück, ruhen sich im Sand aus und watscheln dann zu ihren versteckten Nestern davon, wo sie ihre Partner mit schrillem Trillern begrüßen. Am Pilots Beach, einer weiteren abgeschiedenen Bucht, trippeln Zwergpinguine an einer Schar Neuseeländischer Seebären vorbei, die kurz aus ihrem Schlummer aufschrecken, als sich ein großer Seebärenbulle auf die glitschigen Felsen wuchtet.

Beste Reisezeit Ganzjährig. Am meisten zu beobachten gibt es von Anfang November, wenn die Albatros- und Pinguinküken schlüpfen, bis Ende März.
Anreise Taiaroa Head liegt 40 Autominuten von Dunedin am Otago Harbor entfernt, der zweitgrößten Stadt der Südinsel.
Reiseplanung In Dunedin gibt es Unterkünfte und Mietwagen. Beobachtungen aus nächster Nähe sind beim Royal Albatross Centre oder dem Pinguinschutzzentrum Penguin Place (ganzjährig geöffnet) möglich. Das Albatros-Observatorium des Zentrums bleibt in der Brutzeit von Mitte September bis Ende November geschlossen. Mehrere Naturreiseveranstalter bieten Ausflüge an Land oder mit dem Boot an.
Websites www.otago-peninsula.co.nz, www.albatross.org.nz, www.penguinplace.co.nz

Neuseelands Burg

Auf dem Weg zur Halbinsel lohnt ein Abstecher zu Larnach Castle, der einzigen Burg des Landes. Der australische Unternehmer William Larnach ließ die 43-Zimmer-Villa in den 1870er Jahren aus importiertem Marmor, Fliesen und Glas sowie heimischem Holz erbauen und scheute dabei keine Kosten und Mühen. Allein die Schnitzereien der kunstvollen Holzdecken nahmen zwölf Jahre in Anspruch. In den 1930er Jahren ließen spätere Besitzer auf dem Gelände Figuren aus „Alice im Wunderland" aufstellen. Die Villa auf einem Hügel bietet von ihrem Turm einen Rundumblick über die Otago-Halbinsel, das Meer und die Stadt Dunedin.

INDIEN

DAS MANAS-WILDRESERVAT

In den Ausläufern des Himalaja in Assam locken Flusstouren, Elefantensafaris, und die Chance, seltene Tiere zu sichten.

Wer sich der Natur ganz nah fühlen möchte, sollte eine Nacht in den Waldbungalows von Mathanguri am Ufer des Manas-Flusses verbringen, inmitten des Manas-Wildreservats. Tigergebrüll, das Kreischen der nur in dieser Region heimischen Goldlanguren, unzählige Vogelstimmen, die aufgeregten Rufe der Weißbrauengibbons, die sich nur selten blicken lassen, und das stete Rauschen des Flusses sind nur ein kleiner Teil der exotischen Geräuschkulisse, die mit Einbruch der Nacht den Wald erfüllt. Früh am Morgen sehen Sie die meisten Tiere, vor allem, wenn Sie auf dem Rücken eines Elefanten unterwegs sind. Die Dickhäuter, die ihrem Mahut (Elefantenführer) aufs Wort folgen, stapfen durch das Grasland des Reservats, wo der Führer auf einige der 450 Vogelarten, wie den Doppelhornvogel und die Barttrappe, auf Zackenhirsche, Zwergwildschweine und Herden wilder Elefanten aufmerksam macht. Auch Panzernashörner sind häufig zu sehen, und wer Glück hat, sichtet sogar einen Nebelparder, eine Asiatische Goldkatze, eine Bengalkatze oder einen der scheuen Tiger. Später am Tag geht es per Boot flussaufwärts durch den dichten Wald, der Indiens Grenze zu Bhutan säumt.

Beste Reisezeit Von Oktober bis Ende April.

Anreise Die nächste Stadt mit Bahnhof ist Barpeta Road, 40 Kilometer südlich vom Parkeingang. Der nächste Flughafen befindet sich im 175 Kilometer entfernten Guwahati, der Hauptstadt von Assam. Zwischen Guwahati und Barpeta Road/Manas verkehren Busse und Taxis; die Fahrt dauert fünf Stunden.

Reiseplanung Eine Zugangsgenehmigung bekommen Sie von der Parkzentrale in Barpeta Road. Es gibt zwei Wald-Lodges in der Nähe des Parks, eine bei Barpeta Road und die Bansbari Lodge am Parkeingang. Die Bansbari Lodge organisiert auch Bootstouren auf dem Manas-Fluss. Die beiden Bungalows von Mathanguri werden von der staatlichen Tourismusbehörde betrieben. Wenn Sie dort übernachten, müssen Sie Ihre Lebensmittelvorräte selbst mitbringen, können aber für eine geringe Gebühr einen Koch engagieren.

Website www.assambengalnavigation.com

Für Naturforscher

■ Zu den seltenen Pflanzenarten des Manas gehören *Reinwardtia indica, Pueraria subspicata, Exacum teres, Pygmaeoprema herbacea, Chiloschiosta junifera* und *Mangifera sylvatica*.

■ Im Winter können Sie hier zahlreiche Zugvögel wie Rostgänse, Weißkopfschmätzer, Kormorane und Doppelhornvögel entdecken.

■ Von Dezember bis Ende März ist der Fluss ein Paradies für Angler. Lassen Sie sich gemütlich mit einem Buch nieder und warten Sie, bis ein Fisch anbeißt, während der Wald ringsum von exotischen Tierlauten widerhallt.

Nach der Elefantensafari durch das Manas-Wildreservat wartet ein erfrischendes Bad auf die Dickhäuter.

TOP TEN

Der Ruf der Wildnis

Begegnen Sie einigen der ungewöhnlichsten Tiere
der Welt in ihrer natürlichen Umgebung.

❶ Nordkaper, Bay of Fundy, Kanada

Die Atlantischen Nordkaper sind akut vom Aussterben bedroht. Einige überlebende Tiere gehen alljährlich von Mai bis Ende Oktober in der Bay of Fundy, östlich von Grand Manan Island, auf Futtersuche. Man erkennt sie an dem weißen Seepockenbewuchs auf ihrer Stirn.

Reiseplanung Walbeobachtungstouren starten von der Digby-Neck-Halbinsel in Neuschottland und Nachbarinseln wie Brier Island, St. Andrews und Deer Island. www.bayoffundytourism.com

❷ Grizzlybären, Alaska

Lachs ist eine Leibspeise der Grizzlybären, die sich Mitte Juli und von Mitte August bis September an Stromschnellen und Felsbecken der Flüsse in Alaska versammeln, wo sie manchmal um die besten Angelplätze raufen. Im MacNeil River State Game Sanctuary, am Brooks Falls im Katmai-Nationalpark und am Fish Creek bei Hyder gibt es Aussichtsplattformen.

Reiseplanung Die meisten Grizzly-Angelplätze sind mit kleinen Charterflugzeugen und anschließender Wanderung zu erreichen. Hyder liegt in der Nähe des Stewart-Cassiar Highway. www.explorenorth.com

❸ Monarchfalter, Sierra Chincua, Mexiko

Jeden Herbst fliegen Millionen nordamerikanischer Monarchfalter Tausende von Kilometer bis in die Urwälder auf den Vulkanmassiven des Bundesstaates Michoacán. Dort überwintern sie dicht gedrängt auf *oyamel*-Tannen, Sträuchern und am Boden der Sierra Chincua und vier weiterer Berge des Monarchfalter-Biosphärenreservats.

Reiseplanung Chincua ist von November bis Ende März für Besucher zugänglich. www.fs.fed.us/monarchbutterfly/index

❹ Community Baboon Sanctuary, Belize

Der bedrohte Guatemala-Brüllaffe wird in Belize „Baboon" genannt. 200 Landbesitzer haben sich verpflichtet, seine Population zu schützen. Das Schutzgebiet umfasst inzwischen über 50 Quadratkilometer Regenwald am Río Belice. Die Schutzgemeinschaft veranstaltet Führungen und Nachtwanderungen.

Reiseplanung Keine Autostunde nordwestlich der Stadt Belize oder per Boot von Cayo Ambergris oder Cayo Caulker. www.howlermonkeys.org

❺ Buckelwale, Rurutu, Französisch-Polynesien

Die Gewässer um Rurutu sind mit 30 bis 60 Meter Unterwassersichtweite ideal für Walbeobachtungen. Von Juli bis Oktober halten sich hier Buckelwale auf, um zu kalben, ihre Jungen aufzuziehen und sich zu paaren. Vom Dorf Moerai starten dreistündige Walbeobachtungstouren.

Reiseplanung Rurutu liegt 90 Flugminuten von Tahiti entfernt. Die Insel hat nur wenige Unterkünfte. www.tahiti-tourism.com

❻ Komodowarane, Komodo, Indonesien

Wer auf Komodo landet, fühlt sich in eine Zeit zurückversetzt, in der Dinosaurier die Erde beherrschten. Die Insel ist Heimat der größten lebenden Echsen der Welt. Sie können zu einem Aussichtspunkt am Banugulung wandern und bei der Fütterung der teils über drei Meter langen Komodowarane zusehen.

Reiseplanung Komodo ist mit dem Schiff von Bima (im Osten der Insel Sumbawa) oder von Labuan Bajo (im Westen der Insel Flores) zu erreichen. www.komodonationalpark.org

❼ Schneeaffen, Chubu-Region, Japan

Die Schneeaffen oder Japanmakaken baden im Winter in natürlichen Warmwasserbecken. Im Affenpark Jigokudani im zentraljapanischen Gebirge können Sie beobachten, wie die Affen in den dampfenden Mineralquellen planschen. Ein Wanderweg führt durch den Nagano-Wald zu den Quellen.

Reiseplanung Mit dem Zug bis Yudanaka, per Bus weiter nach Kanbayashi und dann 30 Minuten zu Fuß bis Jigokudani. www.jigokudani-yaenkoen.co.jp

❽ Glühwürmchen, Selangor, Malaysia

Wer den Fluss Selangor in einer klaren Nacht mit einem Sampan befährt, kann eine der größten Glühwürmchenkolonien der Welt bewundern. Die Leuchtkäfer in den *berembang*-Mangroven am Flussufer beim Dorf Kampung Kuantan wirken wie Weihnachtsbeleuchtung. Männchen und Weibchen erzeugen Licht, aber nur die Männchen blinken synchron im Takt.

Reiseplanung Kampung Kuantan liegt 56 Kilometer von Kuala Lumpur entfernt. www.virtualmalaysia.com

❾ Große Pandas, Provinz Shaanxi, China

Nachdem die Einrichtungen des Wolong-Naturreservats 2008 durch ein Erdbeben zerstört wurden, bietet sich als Alternative das Laoxiancheng-Naturreservat in Shaanxi an. Ein Ökotourismusprojekt veranstaltet Führungen in die Bambuswälder, wo Große Pandas, Goldstumpfnasen und Goldene Takine leben.

Reiseplanung Laoxiancheng liegt 105 Kilometer östlich von Baoji. www.wildgiantpanda.info/qinling.htm

❿ Gnuwanderung, Serengeti, Tansania

Die spektakulärste Tierwanderung der Welt ist der alljährliche Zug von 1,4 Millionen Gnus und 200 000 Zebras und Gazellen quer durch die Serengeti, immer dem Regen und dem frischen Gras nach. Viele fallen unterwegs Löwen und Hyänen zum Opfer, und auch Krokodile liegen auf der Lauer.

Reiseplanung Die Herden ziehen von Dezember bis Juli durch Tansania und dann im August und September durch die Masai-Mara in Kenia. www.tanzaniaparks.com

---

Gegenüber: Inmitten der schroffen Winterlandschaft wärmen sich diese beiden Schneeaffen in den heißen Quellen des Affenparks Jigokudani, Japan.

56 | 400 GEHEIMTIPPS FÜR REISEN, DIE SIE NIE VERGESSEN WERDEN

SRI LANKA

Der Yala-Nationalpark

Der zweitgrößte Nationalpark von Sri Lanka ist berühmt für seine exotische Tierwelt und seine unberührten Strände.

Selbst durchs Fernglas sehen Sie den Leoparden erst, wenn er sich bewegt. Die schwarzen Flecken seiner Tarnfärbung werden plötzlich vor dem Hintergrund des gesprenkelten Gestrüpps sichtbar, wenn die Raubkatze über eine Lichtung im Yala-Nationalpark schreitet. Der 1000 Quadratkilometer große Park im Süden Sri Lankas beherbergt vielfältiges Großwild, von Asiatischen Elefanten und Lippenbären bis zu Krokodilen und Wasserbüffeln. Vor allem ist er der beste Ort der Welt, um Leoparden in freier Natur zu beobachten. In Block 1 des Parks (der Hauptbesucherzone) lebt eine Gruppe von 30 bis 35 von ihnen, die nicht so scheu sind wie die Leoparden in anderen Regionen. Besucher können Geländefahrten unternehmen und in Zeltcamps oder Wildnis-Lodges schlafen. Die Landschaft erinnert an afrikanisches Buschland, eine Mischung aus Strauchwald, Savanne und Wasserstellen, an denen sich die Tiere zum Trinken und Baden versammeln. Darüber hinaus umfasst der Park kilometerlange unberührte Strände am Indischen Ozean zwischen Korallenriffen und Monolithfelsen. Bei dem Tsunami von 2004 kamen mehrere Dutzend Menschen ums Leben, und die Parkeinrichtungen wurden schwer beschädigt, doch die Tierwelt scheint die Katastrophe gut überstanden zu haben.

Beste Reisezeit Die Hauptregenzeit fällt in den April und Mai. Auch von November bis Januar regnet es viel. Die Trockenzeit von Januar bis April gilt als beste Zeit, um große Säugetiere zu beobachten, die Zeit von Oktober bis Dezember ist am günstigsten für Vogelbeobachtungen.
Anreise Der Yala-Parkeingang liegt knapp 20 Kilometer südöstlich von Tissamaharama, 306 Kilometer südöstlich von Colombo. Der Ort ist von Colombo mit dem Auto, per Zug oder Bus zu erreichen. Tangalle liegt zwei bis drei Autostunden westlich von Yala.
Reiseplanung Sie brauchen etwa drei Tage, um den Park zu erkunden, am besten mit Jeepsafaris am frühen Morgen und späten Nachmittag. Es gibt fünf Safari-Camps im Park und mehrere Wildnis-Hotels an seinem Westrand, wie das Elephant Reach Hotel und das Yala Village Resort.
Websites www.srilankaecotourism.com, www.elephantreach.com, www.amanresorts.com

Tangalle

■ **Tangalle** hat feinsandige, von Kokospalmen gesäumte Strände an saphirblauen Buchten, einen hübschen Fischerhafen und niederländische Kolonialbauten wie das Gerichtsgebäude und das alte Fort, das heute als Gefängnis dient.

■ In Tangalle bieten luxuriöse Hotelanlagen wie das **Amanwella** Unterkunft.

■ Landeinwärts von Tangalle liegt der Felsentempel von **Mulkirigala** mit fantastischen Wandgemälden, einer uralten Bibliothek und imposanten Buddhastatuen. Er erstreckt sich über acht Höhlen und geht auf das 3. Jahrhundert v. Chr. zurück.

Die Abenddämmerung ist eine gute Zeit, um die Leoparden im Yala-Nationalpark zu Gesicht zu bekommen.

Die Kurische Nehrung lockt mit kilometerlangen einsamen Sandstränden und mildem Klima.

LITAUEN/RUSSLAND

Die Kurische Nehrung

Die Wanderdünenlandschaft an der Ostsee ist für Strandfans ebenso reizvoll wie für Vogelfreunde.

Sobald Sie die schmale Wasserstraße von der litauischen Hafenstadt Klaipeda aus überquert haben, erstreckt sich die gesamte 98 Kilometer lange Kurische Nehrung vor Ihnen. Davon gehören 52 Kilometer zu Litauen und der Rest zur russischen Enklave Oblast Kaliningrad, fernab vom russischen Kernland. Der lange, schmale, gebogene Sandstreifen, der das Kurische Haff von der Ostsee trennt, ist an seiner breitesten Stelle vier Kilometer und an der schmalsten nur 400 Meter breit. Starke Winde türmen den Sand zu Dünen auf. Die zur Ostsee sind nur zehn bis zwölf Meter hoch, doch diejenigen am Haff ragen bis über 60 Meter auf. Viele Dünen wurden mit Kiefern, Tannen und Erlen bepflanzt, um sie so weit zu stabilisieren, dass sie die nahen Dörfer nicht unter sich begruben, andere sind noch immer in Bewegung. Die höchste Düne ist der Wetzekrug-Berg mit 67 Metern, etwa 1,5 Kilometer südlich des Dorfes Preila. Er ist von der einzigen Straße, die über die ganze Länge der Nehrung verläuft, auf einem Fahrradweg zu erreichen. Im Frühjahr und Herbst ist die Nehrung Rastplatz für Zugvögel auf der Weißmeer-Ostsee-Route. Andere Vögel leben das ganze Jahr über hier. Seeadler brüten in den abgelegeneren Bereichen, während im Wald Baumfalken und Schwarzmilane nisten. Beim Dorf Juodkrante ist die größte und älteste litauische Kolonie von Graureihern und Kormoranen zu beobachten.

Beste Reisezeit Die einsamen Strände, Dünen und Wälder der Kurischen Nehrung sind ganzjährig einladend. Die Sommer sind warm, die Winter schneereich, aber relativ mild.
Anreise Von Klaipeda verkehrt alle halbe Stunde eine Autofähre nach Smiltyne an der Nordspitze der Nehrung. Von Smiltyne gibt es eine Busverbindung nach Nida, der inoffiziellen „Hauptstadt" der Nehrung am Südende des litauischen Abschnitts.
Reiseplanung Eine Straße verläuft über die Länge der Nehrung, von Smiltyne nach Nida. In Klaipeda gibt es Mietwagen. Auch mit Fahrrädern kommt man hier gut herum.
Website www.nerija.lt

Der Bernstein-Schatz

In den 1850er Jahren entdeckte man im Kurischen Haff Bernstein. Innerhalb von 30 Jahren wurden über 2250 Tonnen ausgebaggert. Zwischen dem Rohbernstein fanden sich Bernsteinamulette, -figürchen, -perlen und -knöpfe, die Professor Richard Klebs von der Universität Königsberg auf die Jungsteinzeit und Bronzezeit datierte. Damit gehören sie zu den ältesten bekannten Bernsteinarbeiten.

Im Zweiten Weltkrieg wurde der größte Teil der Sammlung zerstört oder verschleppt. Einige gerettete Stücke werden von der Universität Göttingen verwahrt. Den Rest hatte Klebs so gut dokumentiert, dass Schnitzer Repliken anfertigen konnten, die im **Bernsteinmuseum** in Nida ausgestellt sind.

BULGARIEN

Bulgarische Berge

In den Rhodope-, Pirin- und Rila-Gebirgen gibt es schroffe Gipfel, Gletscherseen, Höhlen, seltene Blumen und Vögel zu entdecken.

Wer Berglandschaften abseits der ausgetretenen Touristenpfade sucht, dürfte in Bulgarien auf seine Kosten kommen. Die drei mächtigen Gebirge Rhodope, Pirin und Rila, die den Südwesten des Landes beherrschen, sind die ältesten Berge der Balkanhalbinsel. Die Rhodopen sind eine Karstlandschaft aus messerscharfen Graten und tiefen Flusstälern. Das Wasser hat aus ihrem Kalkstein fantastische Formen modelliert, wie die beiden „Wunderbrücken", zwei gewaltige Felsen im Erkiupria-Flusstal. Die spektakulärste Schlucht ist die sieben Kilometer lange Trigrad-Schlucht mit senkrechten Marmorwänden. Sie ist streckenweise 300 Meter breit, verengt sich aber am „Wolfssprung" bis auf 100 Meter, sodass der Himmel nur noch als schmaler Streifen sichtbar ist. In den Schluchten leben seltene Vögel wie der Mauerläufer. Westlich der Rhodopen erstreckt sich das Pirin-Gebirge. Ein großer Teil davon liegt im Pirin-Nationalpark, einer Gebirgsregion mit dichtem Wald aus Rumelischen Kiefern, Panzer-Kiefern und Bulgarischen Tannen. In ihm hausen Wölfe, Braunbären und praktisch jede europäische Raubvogelart. Das Nordende des Parks grenzt an das Rila-Gebirge. Es kann nicht nur mit Bulgariens höchstem Berg, dem Musala (2925 Meter), aufwarten, sondern auch mit Gletscherseen, heißen Quellen und dem Rila-Kloster, dem größten und prachtvollsten orthodoxen Kloster in Bulgarien.

Beste Reisezeit Im Frühling, nach der Schneeschmelze, ist der große Wasserfall in der Teufelsschlund-Höhle am eindrucksvollsten. Im Juni wiederum blühen die meisten Wildblumen auf den Bergwiesen. In den höheren Lagen liegt über sechs Monate lang Schnee. Im Sommer ist es warm.

Anreise Eine gute Ausgangsbasis zur Erkundung der Rhodopen ist Tschepelare, 230 Kilometer südöstlich von Sofia. Von hier sind es 50 Kilometer bis zur Trigrad-Schlucht mit der Teufelsschlund- und der Jagodinska-Höhle. Bansko bietet guten Zugang zum Pirin-Gebirge und hat eine Straßenverbindung nach Blagoewgrad. Die Wanderreviere im Rila-Gebirge sind über Samokow, südöstlich von Sofia, erreichbar.

Reiseplanung In allen drei Gebirgen gibt es ein Netz gekennzeichneter Wanderwege und eine Reihe von Berghütten zum Übernachten. Außerdem werden geführte Wander- und Reittouren angeboten. Für Höhlentouren sollten Sie sich warm anziehen, da in den Höhlen um 6 Grad herrschen.

Websites www.bulgariatravel.org, www.bulgarianmonastery.com/rila_monastery.html

Höhlenabenteuer

■ In der Trigrad-Schlucht taucht der Trigrad-Fluss in das weitläufige Höhlensystem des **Teufelsschlunds** ab. Der tosende Wasserfall, der dort 42 Meter tief in den Abgrund stürzt, ist der höchste unterirdische Wasserfall Europas. Der erste Abschnitt der Höhle ist für Besucher geöffnet.

■ Die **Haramiiska-Höhle** auf der anderen Straßenseite, gegenüber vom Teufelsschlund, ist eher etwas für erfahrene Höhlenforscher. Man erreicht sie, indem man einen 20 Meter hohen Spalt in der senkrechten Felswand erklimmt und auf der anderen Seite 43 Meter tief in die riesige Höhle von 160 Meter Länge und 60 Meter Höhe hinabsteigt.

■ Eine zweistündige Wanderung führt vom Dorf Trigrad zur acht Kilometer entfernten **Jagodinska-Höhle** in der benachbarten Buynovsko-Schlucht. Die mit zehn Kilometern längste Höhle des Landes wurde vor über 6000 Jahren von Steinzeitmenschen bewohnt. Die erste ihrer diversen Ebenen ist elektrisch beleuchtet. Hier gibt es 45-minütige Führungen zwischen Stalaktiten, die an steinerne Vorhänge und Orgelpfeifen erinnern, turmspitzenähnlichen Stalagmiten und Ansammlungen von „Höhlenperlen".

Gegenüber: Gletscherseen hoch oben im Rila-Gebirge. Oben: Seltsame Felsformationen in den Rhodopen.

Im Bialowieza-Nationalpark lebt die letzte Wisentpopulation von Europa.

POLEN/WEISSRUSSLAND

Die Bialowiezer Heide

Die ungezähmte Wildnis ist der letzte Überrest eines riesigen Urwalds, der einst von der Nordsee bis zu den russischen Steppen reichte.

Vereinzelte Sonnenstrahlen fallen durch das dichte Blätterdach auf die bemoosten Überreste umgestürzter Bäume, die auf dem Waldboden verstreut liegen. Rundum verlieren sich uralte Eichen, Ahornbäume, Hainbuchen und Fichten in den schattigen Tiefen des Waldes. Bis auf das gelegentliche Summen eines vorbeifliegenden Insektes herrscht tiefe Stille. Die Bialowiezer Heide, der letzte echte Urwald des europäischen Tieflands, erstreckt sich über sumpfiges Gebiet zu beiden Seiten der Grenze zwischen Polen und Weißrussland. Im Vergleich mit anderen Wäldern wirkt der Wald auffallend „unordentlich". Lichte Waldstücke wechseln sich mit dichtem Gehölz und luftigen Lichtungen ab. Hier wachsen Bäume jeder Form und Größe, ganz anders als in bewirtschafteten Wäldern. Manche Eichen im Bialowieza-Nationalpark sind über 400 Jahre alt und 35 Meter hoch. Das Schutzgebiet ist in eine innere und eine äußere Zone unterteilt. Die innere Zone, das „strenge Schutzgebiet", darf nur in Begleitung eines offiziellen Führers betreten werden, der Besuchern die Augen für den besonderen Zauber des uralten Waldes öffnet. Die äußere Zone mit ihren zahlreichen Rad- und Wanderwegen ist für alle Besucher frei zugänglich.

Beste Reisezeit Von Ende März bis Anfang Oktober, da die Winter sehr kalt und schneereich sind.
Anreise Die meisten Touristen besuchen die polnische Seite des Bialowieza-Nationalparks vom Dorf Bialowieska im Herzen des Waldes, rund 100 Kilometer südöstlich der Stadt Bialystok. Bialowieska hat mehrere Unterkünfte und eine tägliche Busverbindung nach Bialystok.
Reiseplanung Besonders beliebt sind Pferdewagen-Touren zum Wisentgehege und durch Teile der äußeren Zone des Bialowieza-Nationalparks. Im Sommer sollten Sie dafür frühzeitig reservieren.
Website www.bpn.com.pl

Der Wisent

Die Bialowiezer Heide ist Lebensraum der letzten wilden **Wisente** oder Europäischen Bisons. Schon 1914 war die Wisentpopulation der Region auf 700 Tiere geschrumpft. Die meisten davon wurden im Ersten Weltkrieg getötet; der letzte Wisent wurde 1919 von Wilderern erlegt. Ab 1929 wurden dann nachgezüchtete Wisente erfolgreich in dem Gebiet ausgewildert.

Heute beherbergt der Park rund 750 der bis zu 2,5 Tonnen schweren Wildrinder. In der inneren Zone des Parks haben Sie gute Chancen, einen wilden Wisent zu sichten. Ansonsten können Sie die Tiere im Wisentzuchtgehege bewundern.

Zur Tierwelt der Bialowiezer Heide gehören auch Elche, Wölfe und Biber sowie rund 240 Vogelarten, von denen etwa 175 hier brüten.

FRANKREICH
Der Marais Poitevin

Das ausgedehnte Sumpfland an der französischen Westküste
südlich der Bretagne lässt sich am besten mit dem Boot erkunden.

Ein Traum für Naturfreunde ist der Marais Poitevin in Westfrankreich, der aus rund 100 000 Hektar bewirtschaftetem Sumpfland *(marais)* besteht. Von der Stadt Niort an seinem Ostrand erstreckt sich der Marais über 65 Kilometer nach Westen bis zum Städtchen Marans nahe der Bucht von Aiguillon am Atlantik, nördlich von La Rochelle. Im Norden beginnt der grüne Marais bei Fontenay-le-Comte in der Vendée. Er umfasst rund 4000 Kilometer Wasserstraßen. Seit die Mönche der hiesigen Klöster im 11. Jahrhundert die ersten Entwässerungskanäle anlegten, hat sich in der einzigartigen Region ein kanalgestütztes Agrar- und Verkehrswesen entwickelt. Seit Jahrhunderten werden hier *barques*, hölzerne Flachbodenboote, zum Transport von Bauholz, Getreide und Vieh eingesetzt. Besucher können den Marais zu Fuß, mit dem Fahrrad oder mit einem Mietkanu erkunden. Am besten lernen Sie das Ökosystem kennen, wenn Sie eine *barque* mit Führer reservieren, um im frühen Abendlicht über die Kanäle zu gleiten: Dann kommen die tierischen Bewohner dieser grünen Welt aus ihren Verstecken, von Reihern und Eisvögeln bis zu Ottern und Bisamratten, und die Frösche stimmen ihren allnächtlichen Chor an.

Beste Reisezeit Boote gibt es von April bis Ende Oktober zu mieten. Im Frühjahr und Herbst rasten viele Zugvögel im Marais; dies ist die ideale Zeit, um den Parc Ornithologique (Vogelpark) in St-Hilaire-la-Palud, westlich von Niort, zu besuchen. Im späten Frühjahr blühen die Sumpfschwertlilien an den Kanälen.

Anreise Einen guten Zugang zum dichten Kanalnetz des Marais bietet das Dorf Arçais. An den Anlegern am Kanalufer können Sie ein Boot reservieren, bevor Sie ein gemütliches Mittagessen einnehmen. Bei der Touristeninformation gegenüber der Kirche gibt es Karten für Rad- und Bootstouren. Diese Gegend zwischen Niort und Maillé wird auch der „feuchte Marais" genannt.

Reiseplanung Mietwagen gibt es in La Rochelle und Niort. Planen Sie eine Woche ein, wenn Sie auch die Küstenregion und den trockengelegten Marais erkunden wollen.

Websites www.la-venise-verte.com, www.visit-poitou.com

Geschichtstour

■ Das Naturkundemuseum von **La Rochelle** zeigt Präsentationen und Videos zur Flora und Fauna des faszinierenden Ökosystems.

■ In **Coulon**, knapp westlich von Niort, informiert die Maison des Marais Mouillés über Geschichte, Handwerkszeug und Brauchtum der Region.

■ Besichtigen Sie in **Maillezais** die Ruinen der majestätischen Abtei St-Pierre, bevor Sie am frühen Abend zu einer Bootstour mit Führer aufbrechen, die überraschende Einblicke in die Tierwelt verspricht. Boote können am Embarcadère de l'Abbaye reserviert werden.

Auf dem Kanalnetz des Marais Poitevin kann man ganz gemächlich durch die grüne Wasserwelt gleiten.

Die malerische Mündung des Mawddach an der Barmouth Bay.

WALES

Die Mawddach-Mündung

Radtouren, Wanderungen, Vogelbeobachtungen und kilometerlange Sandstrände vor der Kulisse der Snowdonia-Berge.

Der mehr als 2000 Quadratkilometer große Snowdonia-Nationalpark in Nordwales umfasst eine wildromantische Landschaft. Zu den Attraktionen gehört die paradiesische Mawddach-Mündung, deren tiefblaue Gewässer von grünen Wiesen und zerklüfteten Bergen umrahmt werden. William Wordsworth nannte Mawddach „unvergleichlich", und die Region bezaubert Besucher bis heute mit ihren Sandstränden, die in der Sonne golden schimmern. Eine Weile wurde hier tatsächlich Gold gefördert, aber die Minen sind schon lange nicht mehr in Betrieb. Eine spektakuläre Wanderung an der Flussmündung entlang verspricht der Mawddach Trail im Süden des Snowdonia-Nationalparks. Die Route, die als einer der schönsten Wege Großbritanniens gilt, folgt einer stillgelegten Gleisstrecke und ist auch ideal für Radfahrer, weil sie größtenteils über ebenes Gelände führt. Von der Ortschaft Dolgellau schlängelt sich der Weg 15 Kilometer weit durch Felder und Blumenwiesen bis nach Barmouth. Jede Wegbiegung eröffnet neue Perspektiven. Eine salzige Meeresbrise umweht die Wanderer, die vor der Kulisse des schneegekrönten Cadair Idris dem Strand zustreben, an dem sich Watvögel und Möwen tummeln.

Beste Reisezeit Die Mawddach-Mündung ist ganzjährig reizvoll, ganz besonders aber im Frühjahr, wenn die Rhododendren blühen.

Anreise Sie können nach Birmingham fliegen und dann den Zug nach Machynlleth nehmen. Von dort fährt ein Bus nach Dolgellau. Oder Sie fahren mit dem Zug von Birmingham bis Barmouth. Herrliche Bergpanoramen begleiten die kurze Fährfahrt von Barmouth nach Fairbourne, quer über die Flussmündung.

Reiseplanung Auf dem Weg von der Mawddach-Mündung nach Portmeirion sollten Sie bei Harlech eine Pause einlegen, wo eine imposante Burg auf einem Hügel an der Küste thront.

Website www.travelwales.org

Das künstliche Dorf

Wie ein surrealer Italientraum wirkt das Dorf **Portmeirion** auf einer Halbinsel in Privatbesitz mit goldsandigen Stränden und subtropischen Gartenanlagen gut 20 Kilometer nördlich der Mawddach-Mündung. Der Waliser Architekt Clough Williams-Ellis schuf das Ensemble im italienischen Baustil, um zu zeigen, dass eine Landschaft von solcher Naturschönheit touristisch erschlossen werden könne, ohne ihre Wirkung zu beeinträchtigen. Zu seinen skurrilen Bauwerken gehört das Hotel Portmeirion mit extravaganten Zimmern wie einem Raum voller vergoldeter Spiegel. Sein Art-déco-Speisesaal verströmt das Flair eines luxuriösen Ozeandampfers.

SÜDAFRIKA

Coffee Bay

An der Südostküste von Südafrika wartet ein Paradies für Wanderer, Surfer, Abseiler und Vogelfreunde.

Coffee Bay liegt im Zentrum der Wild Coast, eines wenig erschlossenen Küstenabschnitts in der Transkei-Region der Provinz Ostkap. Angeblich bekam die Bucht ihren Namen, als hier im frühen 19. Jahrhundert ein mit Kaffeebohnen beladenes Schiff auf Grund lief. Einige der Kaffeebohnen schlugen Wurzeln, doch heute ist keine Spur der Kaffeesträucher mehr zu entdecken. Wer an dem traumhaften Sandstrand surft, nach Treibgut stöbert oder die Steilküste entlangwandert, darf damit rechnen, der einen oder anderen Kuh zu begegnen. Die Tiere gehören den Xhosa, die Besucher manchmal in ihre strohgedeckten Hütten auf den Hügeln einladen. Der Wild Coast Hiking Trail, der an der Bucht entlangführt, ist stellenweise durch weiße Fußspuren markiert, die auf den dunklen Fels aufgemalt sind. Von Coffee Bay können Sie in drei Stunden nach Süden durch Buschlandschaft mit Aloen und Euphorbien bis zum Hole in the Wall (Loch in der Wand) wandern, einem Felsbogen zwischen dem Ozean und einer Lagune an der Mündung des Mpako River. Unterwegs passieren Sie das Baby Hole in the Wall, einen kleineren Felsbogen am Fuß der hier 50 Meter hoch aufragenden Küstenfelsen, und den Hlungunwane-Wasserfall.

Beste Reisezeit Das subtropische Klima ist ganzjährig angenehm. Im Winter (April bis Ende August) liegen die Temperaturen zwischen sieben und 20 Grad, im Sommer zwischen 16 und 28 Grad, mit durchschnittlich sieben bis acht Stunden Sonnenschein pro Tag.

Anreise Coffee Bay liegt vier Autostunden von East London entfernt. Nehmen Sie die N2 nach Norden, biegen Sie dann kurz vor Mthatha (dem früheren Umtata) nach Viedgesville ab und folgen Sie der Küstenstraße 80 Kilometer weit bis Coffee Bay.

Reiseplanung Es gibt hier zwei kleine Hotels und zwei Backpacker-Hostels. Das Hluleka-Naturreservat 90 Kilometer südöstlich von Mthatha, an der R61, ist ganzjährig von Sonnenauf- bis -untergang geöffnet und bietet Übernachtungsmöglichkeiten in rustikalen Hütten.

Websites www.sa-venues.com, www.ecparks.co.za

Exotisches Eden

Ein Stück die Küste hinauf liegt zwischen Coffee Bay und Port St. Johns das **Hluleka-Naturreservat**.

■ Hier tummeln sich Impalas, Streifengnus und Zebras zwischen Korallenbäumen und anderen exotischen Gewächsen. Wer genau hinsieht, kann außer Kappapageien und Hornraben auch den grünen Federhelmturako entdecken, der im Flug seine roten Schwungfedern zeigt, oder gar den knallgelben Schnabel des seltenen Erzkuckucks.

■ An der Küste stehen die Chancen gut, Schreiseeadler und Fischadler zu sichten. Vor der Küste ziehen Wale und Delfine vorbei.

Die Brandung hat an der Wild Coast eine dramatische Steilküstenlandschaft mit schroffen Felsformationen, Meereshöhlen und abgeschiedenen Stränden geschaffen.

3 Trauminseln

Es gibt sie noch, die tropischen Paradiese, wo kristallklares, türkisfarbenes Wasser an schneeweiße Palmenstrände schwappt. Die abgelegenen, sonnenverwöhnten Eilande in den warmen Gewässern der Karibik, des Indischen Ozeans oder des Südpazifiks scheinen der Inbegriff des Himmels auf Erden zu sein. Doch Trauminseln haben viele verschiedene Erscheinungsformen. Das einsame, eisumhüllte Südgeorgien vor den Toren der Antarktis oder Spitzbergen, die Antwort der Arktis auf die Galapagosinseln, belohnen verwegene Reisende mit dem Anblick vitaler Natur. Wie aus einer anderen Welt erscheint die Insel Sokotra vor dem Horn von Afrika, wo in einer fremdartig wirkenden Landschaft ebenso merkwürdige wie schöne Pflanzen gedeihen, die es sonst nirgendwo auf der Erde gibt. In allen Teilen der Welt, von den Äußeren Hebriden bis zur Küste Südamerikas, sind es aber auch die Menschen, die ihre Insel mit ihrer einzigartigen Geschichte, Kultur und Folklore zu einem wahrhaft magischen und unvergesslichen Ort machen.

Silbrige Sandstrände, unberührter Regenwald und Meereslebewesen in einer üppigen Korallenlandschaft – der Archipel El Nido auf Palawan im Südchinesischen Meer hat alles, was eine paradiesische Tropeninsel ausmacht.

SOUTH CAROLINA, USA

St. Helena

Die idyllische und geschichtsträchtige Insel mit typischer Südstaaten-gastlichkeit ist die Heimat der afroamerikanischen Gullah-Kultur.

St. Helena, eine der Sea Islands vor der Küste von South Carolina und Georgia, unterscheidet sich in Kultur und Atmosphäre so sehr vom Festland, dass sie ein anderes Land sein könnte. Die Sea Islands gehören zum Lowcountry, einem weitläufigen Küstengebiet, in dem das Land selten mehr als sechs Meter über dem Meeresspiegel liegt. Verzweigte Wasserläufe durchziehen wie Adern eine tierreiche Landschaft aus Sümpfen und trockenen Erhebungen, den Sumpfinseln, wo große Virginia-Eichen voller Louisiana-moos Schatten spenden. Vor dem Sezessionskrieg gehörte die Gegend zu den reichsten Landwirtschaftsregionen Amerikas. Durch Sklavenarbeit auf den Reis-, Indigo- und später Baumwollfeldern wurde großer Reichtum angehäuft. Als der Boden erschöpft war, überließ man ihn befreiten Sklaven, die ihre eigene Kultur und Sprache namens Gullah entwickelten. Auf St. Helena wurde noch während des Sezessionskrieges die erste Schule für befreite Sklaven gegründet. Heute dokumentiert das Penn Center die Geschichte der Sea Islands und der Gullah-Kultur. Besucher können den alten Leuchtturm besteigen, den Strand im Hunting Island State Park erkunden, durch die Sümpfe paddeln oder Kunsthandwerk der Gullah, wie geflochtene Seegraskörbe, kaufen.

Beste Reisezeit Die beste Zeit ist im Frühjahr und Herbst. Im April und Anfang Mai ist es warm, aber nicht zu heiß, zudem blühen Azaleen, Magnolien, Glyzinien und andere Pflanzen. Im Herbst färbt sich das Sumpfgras golden, und Kajaktouren werden zum Vergnügen.

Anreise Die nächsten Flughäfen sind Savannah/Hilton Head (77 Kilometer) und Charleston (142 Kilometer). Die U. S. 21 verbindet St. Helena mit der Kreisstadt Beaufort.

Reiseplanung Gute Unterkünfte gibt es in Beaufort gleich vor der Insel. Auf Fripp Island, nahe dem Hunting Island State Park an der Atlantikseite von St. Helena, werden in einer exklusiven Ferienanlage noble Strandhäuser vermietet. Naturfreunde können sich bei Palm Key im tierreichen Feuchtgebiet des Broad River, 43 Kilometer landeinwärts von Beaufort, Ferienhäuser mieten.

Websites www.southcarolinalowcountry.com, www.beaufortsc.org, www.rhetthouseinn.com

Ein Antebellum-Juwel

Beaufort an der Küste des Intracoastal Waterway war einst Umschlagplatz für die Erzeugnisse der Plantagen. Heute säumen elegante klassizistische Villen mit imposanten weißen Säulen das Ufer. Der Charme der Stadt machte sie zum beliebten Drehort von Filmen wie „Forrest Gump" und „Der große Frust".

Vom späten Frühjahr bis zum Frühherbst fahren Pferdekutschen unter moosbewachsenen Eichen durch die historische Stadt. Ein echtes Südstaatenerlebnis ist der Sonntagsbrunch auf der Veranda des **Rhett House Inn,** eines eleganten Stadthauses, das der Plantagenbesitzer Thomas Smith 1820 erbauen ließ.

Frisch gefangene Krebse werden in der Saison von Mai bis Dezember direkt vom Boot verkauft.

Palmen säumen den fast leeren Strand in der über drei Kilometer langen Sun Bay.

PUERTO RICO

Isla de Vieques

Seit Abzug des Militärs hat sich die geruhsame Insel Vieques dem Ökotourismus verschrieben.

Das winzige Vieques, zehn Kilometer vor der Südostküste Puerto Ricos, wurde im Zweiten Weltkrieg als Testgelände der US-Navy ausersehen und blieb für lange Zeit Sperrgebiet. Ein unerwartetes Erbe der Navy ist die völlige Unberührtheit von etwa zwei Dritteln der Insel, die somit den größten, ökologisch vielfältigsten Lebensraum für Tiere der Karibik bilden. Hier gibt es Küstenlagunen, Korallenriffe, palmengesäumte Strände, Mangrovensümpfe und Wälder mit Bananen-, Mango- und Flammenbäumen. Wildpferde streifen frei umher. Das grandioseste Naturphänomen von Vieques ist jedoch die Mosquito Bay, die größte biolumineszente Lagune der Welt. In ihr leben Dinoflagellaten, ein Plankton, das zur Abwehr von Feinden Licht ausstrahlt. Selbst Hände fluoreszieren abends im Wasser. Die Geschichte Vieques' ist ebenso schillernd. Archäologen fanden in Puerto Ferro, einem kaum bekannten Mini-Stonehenge, ein paar der ältesten menschlichen Überreste der Karibik, die bewiesen, dass Menschen mindestens seit 1900 v. Chr. hier lebten. Als um 1500 die Konquistadoren eintrafen, unterjochten sie die eingeborenen Taíno, deren Kultur nahezu verschwand. Die Festung, die letzte, die von den Spaniern in der Neuen Welt errichtet wurde, und der Leuchtturm Punta Mulas erinnern an die 400 Jahre währende spanische Herrschaft.

Beste Reisezeit Vieques ist ganzjährig warm. Meiden Sie die Hochsaison von Mai bis August.
Anreise Fähren nach Vieques legen in Fajardo ab, Linienflüge gibt es ab San Juan und Ceiba, Charterflüge ab Culebra.
Reiseplanung Öffentliche Verkehrsmittel sind selten auf Vieques. Einige der schönsten Strände sind nur mit dem Jeep oder Pferd zugänglich. Die meisten Dienstleistungen befinden sich in Esperanza an der Südküste oder im Verwaltungszentrum Isabel Segunda an der Nordküste. Die Unterkünfte sind schlicht, außer im luxuriösen W Resort. Ultraschick ist das Hix Island House. Die Mosquito Bay lässt sich am schönsten auf einer abendlichen Tour mit Abe's Snorkeling erkunden.
Websites www.seepuertorico.com, www.vcht.org, www.vieques-island.com, www.isla-vieques.com

Kulinarische Höhen

■ Die Inselgastronomie hat sich rasant entwickelt und ist bekannt für „Nuevo Latino", eine Küche, die lokale Zutaten mit internationalen Rezepten verbindet. Typisch puertoricanische Gerichte sind *ceviche*, eine Art lateinamerikanisches Sashimi, *mofongo*, ein Kochbananenkloß, und *tostones*, frittierte Kochbananenscheiben.

■ Typisch für Vieques sind frittierte Maisfladen mit *arroz con habichuelas* (Reis und Bohnen) und gebratenem Fisch. Lokales alkoholisches Getränk ist *bilí* aus weißem Rum, Zucker und Früchten der Saison, wie *quenepa* (Honigbeeren), *pajuíl* (Cashewfrüchten), Tamarinden oder Passionsfrüchten.

TOP TEN
PARADIESISCHE INSELN

Die winzigen Punkte im Ozean mögen auf einer Karte kaum zu finden sein, aber wer sie erreicht, wird sich völlig abgeschieden von der Welt fühlen.

❶ Eleuthera, Bahamas
Englische Puritaner landeten 1648 auf der Insel und benannten sie nach dem griechischen Wort für „Freiheit". Ebendiese empfinden auch heutige Besucher, wenn sie die gleißend rosafarbenen und zuckerweißen Strände um den 177 kilometerlangen Landstreifen betreten. Frieden herrscht auf der farbenprächtigen Insel mit ihren Kolonialdörfern, Ananasplantagen, roten Felsklippen und Bougainvilleas in feurigen Farben.
Reiseplanung Es gibt hier keine Busse, am besten mieten Sie ein Auto an einem der drei Inselflughäfen. www.bahamas.com

❷ Bonaire, Niederländische Antillen
Taucher erleben hier eine traumhafte Unterwasserwelt mit Anglerfischen, Papageienfischen, Seegurken, Delfinschwärmen, Vulkanfelsen und Schiffswracks. Am passend benannten Pink Beach tummeln sich Hunderte Flamingos und große blaue Echsen. Die Lac Bay am Ostufer der Insel ist ein Mekka für Windsurfer.
Reiseplanung Taucher müssen eine Marine-Park-Karte kaufen, die ein Jahr gültig ist. www.tourismbonaire.com

❸ San-Blas-Inseln, Panama
In nur 20 Flugminuten sind von Panama City die Inseln der Kuna zu erreichen, die seit Jahrhunderten ihre Lebensweise beibehalten. Die Männer fischen in Einbäumen Krebse, Schnapper und Hummer, und die Frauen in den strohgedeckten Dörfern tragen Stoffe in allen Regenbogenfarben, die mit geometrischen Mustern, Fischen, und Vögeln verziert sind.
Reiseplanung Die Kuna sind sehr zurückhaltende Menschen, die ein Trinkgeld erwarten, wenn man sie fotografiert. www.visitpanama.com

❹ Ilha Grande, Brasilien
Beim Trekking im geschützten Regenwald begegnet man seltenen Tieren wie Braunen Brüllaffen, Kragenfaultieren, Granadaamazonen und Breitschnauzenkaimanen. Im Meer lassen sich Magellan-Pinguine und Südliche Glattwale blicken. Auf der autofreien Insel gibt es über 100 unberührte Strände, wie den Lopes Mendes mit guten Surferwellen.
Reiseplanung Die schönsten Unterkünfte liegen im Wald abseits der größeren Dörfer. www.ilhagrande.com.ar

❺ Rangiroa, Französisch-Polynesien
Hunderte kleiner Inseln umgeben wie eine Perlenkette eine große, tiefe Lagune. An den wenigen Straßen liegen kleine Dörfer, Korallenkirchen und Bungalows auf Stelzen im Wasser. Die türkisfarbene Lagune kann mit Glasbodenbooten erkundet werden.
Reiseplanung Machen Sie eine Perlenfarmtour oder probieren Sie den Inselwein auf dem Rangiroa-Weingut. www.tahiti-tourisme.com

❻ Koh Rong, Kambodscha
Einsame Strände, ein Fischerdorf und strohgedeckte Hütten säumen das klare Wasser der kaum besuchten Insel, die per Boot von Sihanoukville erreichbar ist. Der Sand in der „Schneewehenbucht" ist so fein, dass er unter den Füßen knirscht.
Reiseplanung Es gibt keine Unterkünfte auf der Insel, bringen Sie also Zelt und Proviant mit. www.tourismcambodia.com

❼ Kokosinseln (Keeling Islands), Australien
Die etwa 600 Einwohner europäischer und malaiischer Herkunft leben in absoluter Abgeschiedenheit im Indischen Ozean, und zwar nur vom Verkauf ihrer Kokosnüsse. Auf der North Keeling Island findet sich die letzte Kolonie der Keeling-Bindenralle, des einzigen einheimischen Vogels der Inseln.
Reiseplanung Mietfahrzeuge gibt es auf West Island. www.cocos-tourism.cc

❽ Lakshadweep, Indien
Lakshadweep, „1000 Inseln" in Sanskrit, besteht tatsächlich aus nur 36 Inseln, von denen zehn bewohnt sind. Die grüne Inselgruppe im Arabischen Meer vor der Küste Keralas ist Indiens einziges Korallenriff. Fischreiche Lagunen locken begeisterte Angler und Wassersportler an. Das unbewohnte Bangaram ist die ultimative einsame Insel abseits des Weltgeschehens.
Reiseplanung Beste Reisezeit ist von Oktober bis Mitte Mai. Besuchsgenehmigungen zu den Inseln gibt es in Kochi. Alkoholkonsum ist außer auf Bangaram verboten. www.lakshadweep.nic.in

❾ Sífnos, Griechenland
Bildschöne Dörfer mit blendend weißen Häusern klammern sich an Hänge oder schmiegen sich ans Ufer des kobaltblauen Meeres. Es gibt für jeden Tag des Jahres eine Kirche, darunter das Kloster Chrysopigi an einem Felshang außerhalb des Dorfes Faros. Lohnenswert ist das *paniyiri*, ein Fest zu Ehren des Namenstages eines Heiligen. Nach dem Kirchgang wird ausgiebig mit Essen, Wein, Musik und Tanz gefeiert.
Reiseplanung Die lokalen Busse verbinden die größeren Dörfer und fahren zu vielen Stränden. www.griechenlandreise.org

❿ Frégate, Seychellen
Geschichten von verborgenen Piratenschätzen tragen zur Romantik des Tropenparadieses mit nur 200 Einwohnern bei. Die Insel ist nach dem Fregattvogel benannt, der hier durch die Lüfte turnt. Faszinierend sind auch die Riesenschildkröten und die weltweit einzige Population von Riesenschwarzkäfern.
Reiseplanung Zum Baden und Schnorcheln sind speziell die Monate April/Mai und Oktober/November geeignet. www.seychelles.com

---

Gegenüber: Rangiroa, das größte Atoll Französisch-Polynesiens, ist eines der besten Tauchreviere der Welt.

KLEINE ANTILLEN

Saint-Barthélemy

Die kleine felsige Insel lockt mit ihrer französischen Raffinesse und Eleganz besonders Bonvivants an.

Die köstlichen Aromen von frisch gebackenem Brot und Kaffee werden von der warmen Brise durch die engen Straßen mit ihren Cafés, Bäckereien, schicken Boutiquen und Kunstgalerien getragen. Gustavia ist die Hauptstadt von St. Barth und, wie der Rest der Insel, unbestreitbar französisch. Nur der Name, nach Gustav III., ist ein Erbe der fast 100 Jahre währenden schwedischen Herrschaft ab 1784. Heute ist die Insel eine Gebietskörperschaft Frankreichs, und das Französische beherrscht Sprache, Kultur und Küche. Einige Insulaner sprechen uralte normannische oder bretonische Dialekte, und ältere Frauen im Fischerdorf Corossol tragen traditionelle weiße Sonnenhauben, die *quichenottes*. Die Baie de St-Jean auf der anderen Seite der Insel von Gustavia ist ein Paradies aus Designerboutiquen, niedlichen Häuschen, Strandbistros, leuchtend bunten Bungalows und Booten. Das Nachtleben der idyllischen Insel, auf der es keine Hochhäuser, großen Touristenanlagen und Kasinos gibt, besteht aus Strandspaziergängen unter dem Sternenhimmel, französischer Küche oder lokaler Beguine-Musik, die entweder mit Trommeln und Schlagstöcken oder mit Orchester und Gesang in kreolischer Sprache aufgeführt wird.

Beste Reisezeit St. Barth ist ganzjährig warm und nur selten bewölkt. Hochsaison ist von Mitte Dezember bis Mitte April und an großen Feiertagen. Im Sommer sind die Strände weniger überfüllt und Ferienhäuser günstiger. Ein paar Restaurants schließen im September. Juni und November sind etwas feuchter, aber Regenschauer gehen schnell vorbei.

Anreise Besucher treffen mit der Hochgeschwindigkeitsfähre von St. Martin, mit der Jacht oder mit dem Flugzeug in St. Barth ein. Es gibt Direkt- und Charterflüge von Europa nach Guadeloupe oder zum Flughafen auf der niederländischen Seite von Sint Maarten (St. Martin). Flüge von dort dauern zehn Minuten.

Reiseplanung Mieten Sie einen Jeep oder einen Roller für die engen, kurvigen Straßen der Insel. Gefahren wird auf der linken Seite. Serpentinen sind häufig und Leitplanken selten. Es gibt zwar 22 kleine Hotels, wie das schicke Eden Rock, aber die meisten Besucher mieten Häuser.

Websites www.franceguide.com, www.antilles-info-tourisme.com, www.st-barths.com

Holprige Landung

Flüge nach **St. Barth** können abenteuerlich sein. Die Landebahn des kleinen Flughafens ist lediglich 660 Meter lang und nur für maximal 20-sitzige Flugzeuge geeignet. Richtig aufregend wird es, wenn der Flieger fast eine Bergspitze berührt und dann sofort zur Landebahn absinkt. Wenn es windig ist, wackelt das Flugzeug.

Nachtflüge sind verboten und Piloten, die die Insel ansteuern, brauchen ein Spezialtraining. Aber selbst die besten Piloten schießen schon einmal über die Bahn hinaus und landen im flachen Wasser neben dem Flughafen. Passagiere bekommen zwar nasse Füße, aber ansonsten ist die Landung harmlos.

Traditionelle Fischerboote ankern neben Luxusjachten in dieser traumhaft schönen, entlegenen Ecke Frankreichs.

Eine Flussfahrt durch üppigen Regenwald ermöglicht einen Blick auf die erstaunliche Flora und Fauna Dominicas.

DOMINICA

Dominica

Abgeschiedenheit ist noch immer zu finden auf einer Insel, die sich seit der Ankunft von Kolumbus 1493 kaum verändert hat.

Es ist früher Morgen an einem strahlenden Wochentag, und niemand sonst ist auf dem gewundenen Pfad durch unberührten Regenwald zu sehen, der am Ufer des Emerald Pool endet. Dort angekommen, geht es hinein ins kühle Wasser, um zum anderen Ende des Teiches zu einem Wasserfall zu schwimmen, der vor dem Eingang einer Felsenhöhle hinabstürzt. Dominica besteht zu einem höheren Prozentsatz aus Nationalparks und Waldreservaten als jede andere größere Karibikinsel. Hinzu kommen einsame schwarze Sandstrände, Berge mit üppiger Vegetation, Thermalquellen und für jeden Tag des Jahres ein anderer Fluss zum Schwimmen oder Angeln – ein perfektes Tropenparadies. Auch gibt es eine reiche kreolische Kultur, die sich in der Küche und den Festen wie dem World Creole Music Festival im Oktober offenbart. Die Hauptattraktion ist jedoch die unberührte Natur, ob bei der Suche nach der gefährdeten Papageienart Kaiseramazone auf dem Syndicate Nature Trail, beim Aufstieg auf den Gipfel des Morne Trois Pitons oder bei der Begegnung mit Buckelwalen, die sich aus nächster Nähe beobachten lassen.

Beste Reisezeit Das tropische Klima bedeutet, dass Regenschauer jederzeit möglich sind. Die regenreichste Zeit ist von August bis Oktober. Pottwale tummeln sich das ganze Jahr in den Gewässern Dominicas, die wandernden Buckelwale lassen sich von November bis März blicken.
Anreise Es gibt von Europa keine Direktflüge nach Dominica. Die praktischsten Zwischenstopps sind San Juan in Puerto Rico, Antigua und St. Lucia. Die Hochgeschwindigkeitsfähren der französischen Firma l'Express des Isles legen in Martinique, Guadeloupe und St. Lucia ab.
Reiseplanung Das Fort Young Hotel liegt innerhalb der Ruine einer britischen Festung aus dem 18. Jahrhundert mit Blick auf den Hafen der Inselhauptstadt Roseau, das Beau Rive an der abgeschiedenen Ostküste. Ken's Hinterland Adventure Tours bietet Wanderführungen, Wasserfallsafaris und andere Aktivitäten in der Natur.
Websites www.dominica.dm, www.fortyounghotel.com, www.beaurive.com, www.express-des-iles.com

Reiseimpressionen

Auf einer von Ingwerlilien und leuchtend roten Flamingoblumen gesäumten Bergstraße im einsamen Osten von Dominica begegne ich einem halben Dutzend Kindern, deren hellbraune Haut und fast asiatische Gesichtszüge nichts ähneln, was ich zuvor in der Karibik gesehen habe.

Sie gehören einer kleinen ethnischen Gruppe namens Kalinago an, die letzten karibischen Indianer, die vor der Ankunft der Europäer die Inseln über dem Winde bewohnt hatten. Sie leben in acht Dörfern im Hochland an der Ostküste der Insel, etwa 2000 Menschen, die von der dominicanischen Regierung ein kleines Reservat erhielten.

Die Kinder nehmen mich zu ihren Strohhütten mit, die sich knapp zwei Kilometer weiter im dichten Dschungel verbergen. Die Kariben dort sind freundlich, aber scheu. Ihr Englisch mit kreolischem Akzent ist für mich kaum verständlich, aber mithilfe von Handzeichen lerne ich ein bisschen über ihr Leben: Sie weben, schnitzen Kalebassen, töpfern und jagen mit Pfeil und Bogen Vögel. Der spontane Abstecher zu den Kariben auf meinem Weg zur Ostküste zeigte mir eine Kultur, die sich seit präkolumbischer Zeit kaum verändert hat.
Joe Yogerst
Reiseautor

Angler und Taucher können auf gemieteten Booten auf das türkisfarbene Gewässer von Margarita hinausfahren.

VENEZUELA

Isla de Margarita

Perle der Karibik nennen die Venezolaner die Insel, wo die Sonne fast das ganze Jahr auf die weißen Strände strahlt.

Fotografen gehen in Stellung für einen weiteren unvergesslichen goldenen Sonnenuntergang, wenn sich am Himmel von San Griego an der Nordküste der Insel breite Streifen aus Goldgelb und ein Hauch von Rosa zeigen. Den besten Blick auf die malerische Bucht bietet La Galera, jene Festung, von der die Inselbewohner Anfang des 19. Jahrhunderts einen erbitterten Kampf um Unabhängigkeit gegen die Spanier ausfochten. Das reizende Dorf Santa Ana im Inland vermittelt einen Eindruck vom vergangenen und gegenwärtigen Leben. Dort weben Frauen an uralten Holzwebstühlen die traditionellen netzartigen Hängematten. Im nahen La Vecindad werden diese charakteristischen Hängematten aus bunten Stoffen hergestellt. Kunsthandwerker fertigen im Dorf El Cercado ihre typischen Töpferwaren. Karibisches Leben zeigt sich auch in Punta de Piedras, einem Fischerdorf mit schaukelnden Booten, aufgehäuften Netzen und bunten Häusern. An der Landenge zwischen der Insel und der trockenen, weitgehend unerschlossenen Halbinsel Macanao im Westen erstreckt sich der Nationalpark Laguna de la Restinga, ein Gebiet aus Sand, Sumpf, Mangroven und Korallensandstränden, in dem über 100 Vogelarten wie Flamingos, Scharlachibisse, Schneesichler und Pelikane leben.

Beste Reisezeit Hochsaison ist über Weihnachten und Ostern und von Juli bis Mitte September. Es gibt keine Regenzeit. Meist ist es sonnig, und die Temperaturen liegen bei 27 Grad.
Anreise Caracas wird von Europa direkt angeflogen, unter anderem von Frankfurt. Zwischen Caracas und der Insel verkehren Fähren, ein Flug dauert 30 Minuten. Die Expressfähre braucht zwei Stunden.
Reiseplanung Mieten Sie einen Kleinwagen oder Roller. Die Landstraßen sind schmal und voller Schlaglöcher. Die Siesta ist wichtig, die Läden sind also meist von 9.30 bis 13 und 15 bis 20 Uhr geöffnet.
Websites www.caribbeantravel.com, www.venezuelavisitorsbureau.com, www.margarita-island.com, www.insel-margarita-venezuela.de

Kreolische Flagge

Venezuelas Nationalgericht *pabellón criollo* ist eine deftige Mischung aus Rindfleisch, weißem Reis, schwarzen Bohnen und gebratenen Kochbananen, eine Kombination, die die Farben der Nationalflagge aufnimmt. Manchmal kommt noch ein Spiegelei obenauf, *pabellón a caballo* (zu Pferd) genannt. Als Beilage zu dem Gericht werden *arepas*, Maisfladen, gereicht. In der Fastenzeit steht außer Fisch auch *chigüire*, Fleisch vom Wasserschwein, auf der Speisekarte. Es heißt, dass die Kreolen im 17. Jahrhundert die katholische Kirche überzeugen konnten, dass das große Nagetier tatsächlich ein Fisch sei.

BRASILIEN
Fernando de Noronha

Der einzig sichtbare Teil eines Unterwasservulkans ist einer der verborgenen Schätze Brasiliens.

An der Küste schießen prachtvolle Fregattvögel aus der Luft hinab, um den Rotschwanz-Tropenvögeln ihre Beute abzujagen, die sie im Meer gefangen haben. Außer diesen Piraten der Lüfte leben hier Pelikane, verschiedene Seeschwalbenarten und Tölpel. Der Archipel im türkisfarbenen Atlantik, etwa 320 Kilometer vor der Nordostküste Brasiliens, besteht aus der namensgebenden Hauptinsel und 20 kleinen Inseln und ist Nistplatz für eine der größten Seevogelkolonien des tropischen Südens. Im November legen hier scharenweise Zugvögel auf ihrer Reise vom Norden nach Südamerika Rast ein. Der November ist auch Paarungszeit für die Suppenschildkröte vor dem Strand in der Leão-Bucht, und zwischen Dezember und Mai legen die Weibchen ihre Eier im Sand ab. In der Golphinos-Bucht ist Baden, Tauchen und Bootfahren verboten, da sie tagsüber ein Rastplatz für Spinnerdelfine ist. Richtig aktiv werden die Delfine am Spätnachmittag, wenn sie hoch aus dem Wasser springen und sich dabei einmal um sich selbst drehen, bevor sie zur nächtlichen Jagd aufs Meer hinausschwimmen. Schnorchler und Taucher erleben eine vielfältige Unterwasserwelt aus Korallen, Schwämmen und leuchtend bunten Fischen. Zitronen-, Ammen- und karibische Riffhaie scheinen recht zutraulich zu sein, und durch die Luft springen fliegende Fische.

Beste Reisezeit Regenzeit ist von Januar bis August, die heftigsten Regenfälle gibt es von März bis Juli. Der Oktober ist der trockenste Monat, von Januar bis März ist es am heißesten.

Anreise São Paulo hat tägliche Flugverbindungen zur Hauptinsel mit Zwischenlandung in Recife. Direktflüge gibt es ab Natal.

Reiseplanung Nur eine begrenzte Anzahl Touristen darf jeweils auf die Insel reisen. Alle Besucher müssen je nach Länge des Aufenthaltes eine Umweltschutzsteuer zahlen. Packen Sie unbedingt Insektenschutzmittel ein.

Website www.noronha.pe.gov.br

Bewegte Geschichte

Dem portugiesischen Seefahrer Fernão de Noronha wird die Entdeckung des Archipels 1501 zugeschrieben. Von seiner strategischen Lage im Südatlantik zeugen die vielen Invasionen. Engländer, Franzosen, Niederländer und Portugiesen hielten es im Laufe der Geschichte alle schon besetzt. Als Charles Darwin 1832 auf dem Archipel eintraf, fand er eine «Insel voller Bäume» vor. Später wurden alle Bäume gefällt, um Gefangene an der Flucht auf Flößen zu hindern.
Fernando de Noronha war nicht nur Festung und Strafkolonie, sondern auch Zwischenstopp früher Transatlantikflüge, Militärflughafen im Zweiten Weltkrieg und amerikanische Raketenradarbasis.

Eine Suppenschildkröte schwimmt zur Paarung in die Leão-Bucht, an den Strand, wo sie vor vielen Jahren als Jungtier ins Meer krabbelte.

In den Dünen entstehen durch Regenfälle Seen, wie der Lake McKenzie, dessen klares Wasser zum Baden einlädt.

AUSTRALIEN

Fraser Island

Unendliche weiße Strände, kristallklare Seen und Regenwald gehören zu den Attraktionen dieser einzigartigen Insel.

Die Fähre braucht nur zehn Minuten bis zu der flachen, grünen Insel vor der Hervey Bay an der Küste von Queensland. Die meisten Besucher treffen von Norden in der Ferienanlage Kingfisher Bay ein, aber bei einer Fahrt mit dem Stechkahn von der Tin Can Bay zum Hook Point an der Südspitze der Insel lässt sich die wilde Küste der Insel erleben. Eine Brise umweht das Fährboot, auf dem über ein Dutzend Jeeps samt Zelten und Angelausrüstung geladen sind. An Land geht es dann mit dem Jeep über den Sand, das heißt auf der dunstigen, 100 Kilometer langen „Straße" an der Ostküste der Insel zum Indian Head. Der Strand ist bewohnt, nämlich von Seeschwalben, die beim Eintreffen der Autos auf dem glitzernden Sand aufschrecken. Die Flaggen der Strandanglercamps wehen steif im Wind. Bei Ebbe dient der Strand als Landeplatz für Leichtflugzeuge. Fraser Island ist heute weitgehend ein Nationalpark und mit 120 Kilometer Länge die größte Sandinsel der Welt, eine der wenigen mit Regenwald. Die gewaltigen Dünen, von denen der Hammerstone Sandblow die größte ist, verändern ständig ihre Form. Surfen und Schwimmen ist wegen der Haigefahr und der gefährlichen Strömungen nicht erlaubt.

Beste Reisezeit Auf Fraser Island herrscht immer ein gemäßigtes Klima. Von Juli bis September blühen Wildblumen, von Juli bis Oktober kommen die Wale (Touren gibt es ab Hervey Bay und Kingfisher Bay).

Anreise Flüge von Brisbane zur Hervey Bay dauern 45 Minuten, die Autofahrt ab Brisbane 3,5 Stunden.

Reiseplanung Unterkunft bieten die Ökoferienanlagen Kingfisher Bay und Eurong Beach. Ein- bis dreitägige Touren schließen Regenwaldwanderungen ab dem Wanggoolba Creek, das alte Holzfällercamp in Central Station, den Lake McKenzie, den Eli Creek und die bunten Klippen namens Cathedrals ein.

Websites www.fraserisland.net, www.kingfisherbay.com, www.eurong.com, www.sunrover.com.au

Sanftes Gleiten

■ Der **Eli Creek** am Maheno Beach an der Ostküste südlich des Indian Head ist der größte Wasserlauf der Insel und bildet eine natürliche Wasserrutsche. Das flache, strömende Wasser ist so klar, dass der Sandboden wirkt, als wäre kein Wasser vorhanden, und es trägt Badende sanft bis zu einem breiten Meeresstrand. Zum Kopf des Wasserarms, wo die Rutschfahrt beginnt, führen an beiden Ufern Laufstege. Ein Stück dahinter bieten Schraubenpalmen und filigrane Kasuarinenbäume Schatten unter der Sonne von Queensland.

■ Gut drei Kilometer nördlich des Eli Creek liegt das Wrack der „**S. S. Maheno**", die 1905 als Luxusdampfer gebaut wurde. 1935 wurde sie bei ihrem Abtransport zur Verschrottung nach Japan von einem Zyklon getroffen und lief vor der Insel auf Grund, wo sie seither am Strand verrostet. Das Wrack ist eine Touristenattraktion, darf aber nicht betreten werden.

■ Ein Stück weiter nördlich stehen an der Küste die roten, braunen und ockerfarbenen Felsspitzen der **Pinnacles,** die von Wind und Wetter geformt wurden. Die Farben stammen vom Eisenoxid aus dem Felsen.

Königspinguine bevölkern den Strand der Salisbury-Ebene an der Nordküste der Insel.

ANTARKTIS

SÜDGEORGIEN

Reisende, die sich in das Eisparadies am Rand der Antarktis wagen, werden mit einem faszinierenden Naturschauspiel belohnt.

Die lange, schmale Insel im äußersten Süden des Atlantiks ist zusammen mit den umliegenden kleineren Inseln und Felsen eines der letzten wahrhaft unberührten Gebiete der Welt. Gewaltige Wellen brechen sich an der Küste, und Schneestürme können selbst an ruhigen Tagen wie aus dem Nichts entstehen. Die Insel mit ihren eisbedeckten Bergen ist nur mit Kreuzfahrtschiffen zu erreichen. Hier und da lugen schwarze Felsen aus dem grenzenlosen Weiß hervor. An der Küste ziehen sich Gletscher entlang, die wie bläuliche Diamanten glitzern, das Binnenland ist von schroffen und steilen Bergen geprägt. Es ist kaum zu glauben, dass in dieser abweisenden Landschaft Leben gedeiht, doch es blüht in einer Dichte, die ihresgleichen auf der Welt sucht. Königs-, Goldschopf- und Eselspinguine scharen sich in großen Kolonien, Seeelefanten und Seebären liegen zu Tausenden an den Stränden. Aus der Luft erschallt der Ruf von Seevögeln wie dem Wander- oder Königsalbatros, von denen einige eine Flügelspanne von 3,5 Meter haben. Rentiere, von norwegischen Walfängern im 20. Jahrhundert eingeführt, durchstreifen die Insel. Riesige Wale, die Anfang des 19. Jahrhunderts Glückssucher anlockten und damit eine längst vergangene Walfangindustrie begründeten, tummeln sich im tiefen Wasser vor der Küste.

Beste Reisezeit Kreuzfahrtschiffe fahren meist im südlichen Sommer von November bis Januar.

Anreise Die Stadt Ushuaia an der äußersten Südspitze Südamerikas ist der Haupthafen für Antarktiskreuzfahrten. Sie hat reguläre Flugverbindungen mit Buenos Aires und Santiago.

Reiseplanung Die Reise ist nichts für zarte Seelen. Sie führt durch extrem raues Gewässer, wo neun Meter hohe Wellen häufig sind und viele Passagiere seekrank werden. Auf der Insel gibt es weder medizinische Versorgung noch Rettungsdienste. Das Wetter ist harsch und unberechenbar. Einige Tiere, wie die Seebären, können aggressiv werden, halten Sie also Abstand. Tragen Sie wasserfeste, polartaugliche Kleidung und schwere Stiefel, und nehmen Sie Sonnencreme und -brille mit.

Websites www.hurtigruten.us, www.sgisland.org

Ernest Shackleton

Ein simpler Stein auf dem Walfängerfriedhof in **Grytviken** markiert das Grab eines der größten Forscher der Welt. Ernest Shackleton machte sich 1914 von Südgeorgien zur letzten Etappe seiner Expedition durch die Antarktis auf. Sein Schiff, die „H.M.S. Endurance", wurde im Weddellmeer vom Eis zerstört. Nach mehrmonatigem Aufenthalt auf dem Eis erreichte die Gruppe die unwirtliche Elephant Island. Von dort machten sich Shackleton und ein paar seiner Männer in einem kleinen Rettungsboot auf die 1290 Kilometer lange Rückreise nach Südgeorgien. Wochen später landeten sie an der unbewohnten Südküste der Insel. Nach einem 36 Stunden langen Marsch über Land erreichten sie schließlich die Walfangstation Stromness.

KIRIBATI

Kiribati

Nicht einmal eine ungewisse Zukunft angesichts steigender
Meere kann die Lebensfreude der I-Kiribati dämpfen.

Die Menschen «singen mit einer gewissen Lust und trunkenen Wonne», schrieb Robert Louis Stevenson über die Einwohner von Kiribati, einem weitläufigen südpazifischen Archipel, das sich über ein Gebiet von der Größe des Festlandes der USA erstreckt. Zu Stevensons Zeiten hießen die Korallenatolle die Gilberts und standen unter britischer Herrschaft. Der Fortschritt hat die isolierten Inseln zwar hier und da erfasst, aber sie behielten viel von ihrer Freundlichkeit und Unschuld bei, die damalige Besucher so erfreuten. Insgesamt gibt es 33 Atolle, darunter die Hauptstadt Tarawa, in der über ein Drittel der Bevölkerung des Archipels lebt. Hier fand eine der blutigsten Schlachten des Zweiten Weltkriegs im Pazifik statt. Rostige Panzer und andere Relikte sind noch heute zu sehen. Auf der Insel Makin weiter nördlich befindet sich der Legende nach das Tor zur Ewigkeit, durch das alle I-Kiribati auf dem Weg ins Jenseits schreiten müssen. Das Nationalgetränk ist der *kaokioki*, ein Schnaps aus Kokosnusssaft, dessen Rezept seit Hunderten Jahren von Generation zu Generation weitergereicht wird. Eine ebenso wichtige nationale Kunst ist der Tanz, wie der lebhafte *Te Buki* mit kreisenden Hüften in schweren Palmwedelröcken.

Beste Reisezeit Kiribati ist immer warm und sonnig, mit einer kühlenden Brise bei Tagestemperaturen von 25 bis 33 Grad. Der wichtigste Feiertag ist Mitte Juli, wenn eine Woche lang Festlichkeiten zum Kiribati-Nationalfeiertag am 12. Juli und zu drei weiteren Festen stattfinden.
Anreise Air Pacific fliegt zweimal wöchentlich zwischen Fidschi und Tarawa.
Reiseplanung Da Tourismus noch relativ neu auf den Inseln ist, gibt es nur wenige Unterkünfte. Mary's Motel in Tawara vermietet schlichte Zimmer mit Klimaanlage und hat ein gutes Restaurant. Das Otintaai Hotel mit 40 Zimmern in Tawara verleiht auch Autos und organisiert Bootsausflüge auf andere Inseln sowie den Transport zu Tanzaufführungen. Es wird weithin Englisch gesprochen.
Websites www.kiribatitourism.gov.ki, www.airpacific.com, www.otintaaihotel.com

In den Schlagzeilen

■ Da das Land nicht mehr als 1,8 Meter aus dem Meer ragt, wird **Kiribati** eines der ersten Länder sein, das bei steigendem Meeresspiegel verschwinden wird. Die Erosion der Küsten ist bereits ein schweres Problem, und die Regierung bespricht derzeit mit benachbarten Staaten wie Neuseeland die Aufnahme von Flüchtlingen aus Kiribati nach einem völligen Untergang.

■ Im Jahr 2000 begrüßte Kiribatis östlichste Insel Caroline, auch Millennium Island genannt, den ersten Sonnenaufgang des neuen Jahrtausends. Die Feiern auf der sonst unbewohnten Insel wurden weltweit im Fernsehen übertragen.

Wegen des warmen Klimas und der zahllosen Lagunen ist Kiribati wie geschaffen für die kommerzielle Aufzucht von Meeresfrüchten.

Die mysteriöse Ruinenstadt Nan Madol erstreckt sich über viele künstliche Inseln in einer flachen Lagune.

FÖDERIERTE STAATEN VON MIKRONESIEN

Pohnpei

Trotz ihrer Natur- und Kulturschönheiten ist die Vulkaninsel noch immer kaum berührt vom Südseetourismus.

Pohnpei ist groß, feucht und wild, die größte der vielen verstreuten Inseln der FSM. Der ausgedehnte Staat im Westpazifik erlangte 1986 nach über einem Jahrhundert Kolonialherrschaft unter Spanien, Deutschland, Japan und zuletzt den USA seine Unabhängigkeit. Die Insel hat die höchste Niederschlagsmenge der Welt: 7620 Millimeter pro Jahr. Der Regen sorgt für üppig grüne, paradiesische Landschaft mit über 40 Flüssen und Bächen und zahllosen Wasserfällen, die in kühle Badeteiche stürzen. Das schroffe Binnenland der weitgehend unerschlossenen Insel lässt sich am besten auf Wanderwegen erkunden, die sich durch dichten Tropenwald und über Bergrücken schlängeln und zu hohen vulkanischen Gipfeln führen. In den artenreichen Wäldern leben mehrere Vogelspezies, die es sonst nirgends auf der Welt gibt, wie der Kirschlori und der Fuchsfächerschwanz. Die Lagune rund um die Insel ist eine der ursprünglichsten der Region, und die fischreichen Gewässer vor Pohnpeis Küste sind ideal zum Tauchen und Fischen.

Beste Reisezeit Es ist das ganze Jahr relativ heiß, regnerisch und feucht, die Temperaturen liegen bei etwa 27 Grad. Die Surfsaison am Palikir-Pass, einer Hochburg für waghalsige Surfer, dauert von Oktober bis April, wenn gewaltige Brecher aus dem Nordpazifik anrollen.

Anreise Die Fluglinie Continental Micronesia landet auf Pohnpei auf ihrer „Flugbusroute" zwischen Honolulu und Guam. Die Flugzeit beträgt zehn bis elf Stunden.

Reiseplanung Nehmen Sie eine leichte Regenjacke und wasserfeste Schuhe mit, besonders wenn Sie viel wandern wollen. Die beste Unterkunft ist das Village Resort Hotel, ein Familienbetrieb mit strohgedeckten Hütten unter Kokospalmen auf einer der kleineren äußeren Inseln vor der Lagune von Pohnpei. Es gibt auf der Insel ein paar Restaurants und Bars.

Websites www.visit-fsm.org/pohnpei, www.continental.com, www.thevillagehotel.com

Das Venedig des Pazifiks

Mit dem Boot sind es von Pohnpeis Hauptort Kolonia 45 Minuten bis zur prächtigen Lagunenstadt **Nan Madol** mit Steinpalästen und Tempeln, die mit Kanälen statt mit Straßen verbunden sind. Laut einer alten Legende, die teilweise von jüngsten archäologischen Funden bestätigt wird, beteten die Einwohner heilige Aale an und opferten Meeresschildkröten.

Nan Madol wurde im 19. Jahrhundert von deutschen Forschern entdeckt, aber ihre Megalithbauten sind noch immer eines der großen Mysterien Mikronesiens. Niemand weiß, wo die gewaltigen Bausteine herkamen und wie sie zur Lagune transportiert wurden.

TOP TEN
KORALLENRIFFE

Um viele Inseln liegt eine schillernde Unterwasserlandschaft von unwiderstehlicher Schönheit, wo Fische und Meeresgetier sich in unglaublichen Korallengebilden tummeln.

❶ Andros Island, Bahamas

Das Barriereriff 2,5 Kilometer vor der Küste markiert den Rand eines 610 Meter tiefen Felssturzes in die Tiefen des Ozeans. Im Riff haben sich Höhlen und blaue Löcher zwischen riesigen Röhrenschwämmen, Horn-, Finger- und Sternkorallen und Seefächern von bis zu 1,5 Meter Höhe gebildet. Vorsicht vor Feuerkorallen und Nesselkorallen, die die Haut schädigen.

Reiseplanung Es gibt zweimal täglich Flüge von Nassau nach Andros, einmal wöchentlich ein Boot. www.bahamas.com

❷ Palancar-Riff, San Miguel, Mexiko

40 verschiedene Tauchreviere locken in die Schluchten, Felsspalten, Tunnel und Höhlen mit schwarzen und roten Korallen. Die hufeisenförmigen Korallenkolonien des Horseshoe gehören zu den beliebtesten.

Reiseplanung San Miguel liegt auf der Insel Cozumel 19 Kilometer östlich von Yucatán, auf der es einen Flughafen gibt. Von Oktober bis Juni ist die beste Reisezeit. www.visitmexico.com

❸ San Pedro, Belize

Hunderte Sandinseln, Mangroven, Lagunen und Meeresarme umgeben die Koralleninsel. Tauchzentren bieten Ausflüge zu 40 verschiedenen Stellen zwischen weichen und harten Korallen in Gold-, Rot-, Grün-, Braun- und Gelbtönen. Nachtaktive Meerestiere sorgen für spannende Nachttauchgänge.

Reiseplanung Die offizielle Sprache ist Englisch. Der Juni ist der regenreichste Monat. www.travelbelize.org

❹ Korallenriff im Cahuita-Nationalpark, Costa Rica

Zebrafische, filigrane Orgelkorallen und flatternde Seefächer gedeihen hier neben hellgelben Hirnkorallen und blauen Geweihkorallen. Zwei Schiffswracks samt Ladung, eines aus dem 18. Jahrhundert, warten auf Erkundung. An Land leben Kapuzineraffen, Faultiere und Leguane.

Reiseplanung Busse fahren täglich in vier Stunden von San José nach Cahuita. In Limón, etwa 48 Kilometer nördlich von Cahuita, gibt es einen Regionalflughafen. www.visitcostarica.com, www.tourism.co.cr

❺ Korallenriff Grand Central Station, Fidschi

Unterirdische Gärten aus zartlila, roten und leuchtend gelben Korallen, durch die Kraken, Tintenfische und Clownfische gleiten. Das Korallenriff Grand Central Station erhielt seinen Namen wegen der unglaublich vielen Meerestiere, von denen es hier wimmelt. Das flache Wasser lädt zum Tauchen, Schnorcheln und Faulenzen am Strand ein.

Reiseplanung Die beste Reisezeit sind die kühleren Monate von Mai bis August. www.fijime.com

❻ Ningaloo, Australien

Vom Strand kann man direkt zu dem Korallenriff vor der Westküste Australiens laufen – ein seltenes Vergnügen. 300 Korallenarten wie Lavendel-, Leder- und Hirnkorallen gibt es in der seichten, weißsandigen Lagune, in der 500 Fischarten in herrlichen Farben und Mustern umherschwimmen. In dem Meeresschutzgebiet leben auch Suppen-, unechte und echte Karettschildkröten.

Reiseplanung Unterkunft bieten die benachbarten Orte Coral Bay und Exmouth. www.australia.com

❼ Tubbataha-Riff, Philippinen

Gefährdete Arten wie Napoleon-Lippfische und Suppenschildkröten bewohnen das vielfarbige Korallenriff des Tubbataha-Naturparks. Da ein Boot zehn Stunden bis zu diesem Unterwasserpark braucht, lohnt sich eine Bootstour mit Kabine.

Reiseplanung Von Manila wird Puerto Princesa auf Palawan regelmäßig angeflogen. Dort legen die Boote zum Park ab. März bis Juni ist die beste Reisezeit. www.tubbatahareef.org, www.palawan.gov.ph

❽ Andamansee-Riff, Thailand

Hunderte Inseln vor der Westküste Thailands sind von Riffs umgeben. Um die Similan-Inseln können Taucher im Beacon Reef ein neueres Wrack unter dem Blick neugieriger Fledermausfische erkunden. Auf einer viertägigen Bootsfahrt erwarten Taucher klares Wasser, weiße Strände, Höhlen und Korallenwände.

Reiseplanung Je nach Boot dauert die Fahrt von Phuket zum Similan-Nationalpark 45 Minuten bis zu drei Stunden. Zum Tauchen ist die Zeit von Oktober bis Mai am besten. www.tourismthailand.org

❾ Malediven

Der Archipel aus etwa 1000 kleinen Koralleninseln und 26 Atollen bildet ein einziges Unterwassergebirge. Drei Viertel aller Rifffischarten der Welt tummeln sich um die Inseln. Einige Ferienanlagen besitzen ein Hausriff.

Reiseplanung Alle Anlagen haben eine professionelle Tauchschule. www.visitmaldives.com, www.themaldives.com

❿ iSimangaliso Wetland Park, Südafrika

Das Reservat wurde von Greater St. Lucia Wetland Park in iSimangaliso umbenannt, „ein Wunder" in der Zulusprache. Die Unterwasserwelt besteht aus Korallenschluchten, Tisch- und Pilzkorallen. Cape Vidal, Black Rock und die Kosi Bay eignen sich zum Schnorcheln, die Sodwana Bay zum Tauchen.

Reiseplanung St. Lucia liegt 3,5 Stunden Fahrt nördlich des Durban Airport. Die Trockenzeit von April bis September ist am besten. Unterkunft bieten Buschcamps und Lodges. www.stlucia.org.za

---

Gegenüber: Clownfische bewohnen eine farbenprächtige Welt in den Riffs der Andamansee, ein Paradies für Unterwasserabenteurer.

PHILIPPINEN
Palawan

Die Insel mit ihrer artenreichen Wasserwelt gilt als die letzte noch unentdeckte Region der Philippinen.

Für den Meeresforscher Jacques Cousteau war Palawan einer der schönsten Orte, die er je besucht hatte. Das kristallklare Wasser voller Meeresgetier ist ein wahres Paradies für Taucher. Aber auch auf dem Festland der langen, schmalen Insel wartet eine unberührte Wildnis mit uralten Wäldern, die einen Großteil der Insel bedecken, auf neugierige Wanderer. Das kleine, bildhübsche Dorf Sabang liegt etwa zwei Drittel die Westküste hinunter an einem Ort, wo der Dschungel auf das Südchinesische Meer trifft. Es ist der Startpunkt mehrerer Wanderwege zu Wasserfällen, Höhlen und durch urtümlichen Regenwald. Ein Stück östlich am Strand entlang führt ein gut markierter Weg in den Wald. Das Geräusch von Wind und Meer verschwindet rasch, das Licht wandelt sich von blendendem Gelbweiß zu gedämpftem Blaugrün, und die Luft duftet erdig. Der Weg steigt bergauf durch einen Wald aus gewaltigen Bäumen, die von Moos und Lianen behangen und ein Paradies für Tiere wie Affen, Warane und exotische Vögel sind. Ein paar Kilometer weiter führt der Eingang einer Höhle zum unterirdischen Fluss St. Paul hinab, der einer der längsten unterirdischen Flüsse der Welt sein soll. Die Bootsfahrt über den acht Kilometer langen Fluss durch kathedralenartige Höhlen und Gewölbe bis zu seiner Mündung ins warme, türkisfarbene Meer ist ein unvergessliches Erlebnis.

Beste Reisezeit Trockenzeit ist von Ende November bis Anfang Mai.

Anreise Anlaufpunkt ist die Hauptstadt Puerto Princesa, wo mehrmals täglich Flüge aus Manila landen. Busse und Jeepneys, Jeeps, die die Amerikaner nach dem Zweiten Weltkrieg zurückgelassen hatten, fahren von Puerto Princesa in die meisten Inselorte, auch nach Sabang. Die Straßen sind extrem holprig.

Reiseplanung Vor der Abfahrt muss am Kai in Sabang der Eintritt zum St. Paul's Subterranean River National Park bezahlt werden. Zwei markierte Wege führen zum unterirdischen Fluss, der Monkey Trail und der Jungle Trail. Sie können also einen Weg hin und den anderen zurück nehmen oder auf einer der Strecken mit dem Boot fahren. Nehmen Sie sich etwas Zeit für den großartigen Strand und die Tauchreviere von Sabang. Die Ferienanlage El Nido ist fast das ganze Jahr mit dem Boot (Bangka) von Sabang zu erreichen. Die Überfahrt dauert sechs bis acht Stunden. Von Puerto Princesa fahren auch Busse dorthin, und ab Manila gibt es Direktflüge. Malaria ist auf der Insel weit verbreitet, sorgen Sie also vor.

Website www.palawan.gov.ph

Bacuit-Bucht

Von Sabang die Westküste hinauf liegt das überwältigend schöne **El Nido**, eine kleine Ferienanlage um die Bacuit-Bucht mit zahlreichen Inseln.

■ An den schwindelerregend hohen Kalksteinklippen, die aus dem tropischen Meer um die Bucht emporragen, lebt eine Salanganenart, deren Nester, auf Spanisch *nido*, seit jeher für die berühmte chinesische Delikatesse, die Vogelnestsuppe, verwendet werden. Die schalenförmigen Nester, die aus Vogelspeichel gesponnen sind, sollen nahrhaft sein und aphrodisische Eigenschaften besitzen. Ihr Preis ist entsprechend hoch.

■ Die Gewässer um El Nido gehören zum größten Meeresschutzgebiet der Philippinen. In den Korallenriffen leben über 200 Fischarten sowie echte Karettschildkröten und Bastardschildkröten. Spektakuläre Unterwasserklippen sorgen für großartige Taucherlebnisse.

Gegenüber: El Nidos hohe Klippen überragen die Kirche des Heiligen Franz von Assisi. Oben: Morgenröte über der Bacuit-Bucht.

MALAYSIA

Perhentian-Inseln

Für Abenteurer gibt es Dschungeltrekking und Schnorchelreviere, Genießer finden ihr Paradies an den Stränden.

Das Paradies hat keine Straßen, nur Wege durch uralten Dschungel und an den warmen Küstengewässern einsamer Inseln. Echsen trotten durch weichen, heißen Sand, und Seeadler schweben über schroffe Klippen. Nachts, wenn mit der Flut eine willkommene Brise zurückkehrt, bleiben die Haustüren offen. Die einzige Geräuschkulisse stammt von den zirpenden Grillen und dem Plätschern der Wellen. Hier gibt es keine lärmenden Rucksacktouristen am nächtlichen Strand, wie auf einigen anderen Inseln der Region. Die Perhentian-Inseln, Perhentian Besar (Große Insel) und Perhentian Kecil (Kleine Insel), bieten Besuchern andere Freuden, zum Beispiel mit einem Buch oder bei einem Nickerchen in einer Hängematte. Wer es unternehmungslustiger mag, leiht sich einen Schnorchel und schwimmt mit Papageienfischen, die an Korallen knabbern. In einem kleinen muslimischen Fischerdorf, der einzigen Siedlung der Insel, wird Schafscurry mit gebratenen Kochbananen serviert. Eine Kajaktour kräftigt die Armmuskeln, und bei Windstille ist das Meer so spiegelglatt, dass eine farbenprächtige Unterwasserwelt mit Fischen und Anemonen sichtbar wird.

Beste Reisezeit Die Perhentian-Inseln sind zwar im Vergleich mit benachbarten Inseln relativ ruhig, aber der Tourismus wächst. Daher sollte in der Hochsaison von Juli bis August ein Zimmer reserviert werden. Kommen Sie nicht während des Monsuns von Oktober bis Februar, da dann alles geschlossen ist.

Anreise Die Inseln sind mit dem Schnellboot in 45 Minuten und mehrmals täglich ab Kuala Besut an der Ostküste der Halbinsel West Malaysia erreichbar. Reguläre Boote können auch von den benachbarten Inseln Redang und Lang Tengha gechartert werden.

Reiseplanung Auf Perhentian Besar gibt es klimatisierte Ferienhäuser, Perhentian Kecil richtet sich eher an Budgetreisende, die mit einem Moskitonetz zufrieden sind. Auf beiden Inseln gibt es Bungalows und Restaurants sowie einsame und kaum besuchte Unterkünfte. Die Perhentians sind Teil eines Meeresschutzparks, für den Besucher Eintritt zahlen müssen. Banken oder Geldautomaten gibt es hier nicht.

Websites www.perhentian.com.my, www.florabaydivers.com

Reiseimpressionen

Der Wecker klingelt um Mitternacht, rechtzeitig für eine Nachtwanderung durch den Wald zu einem Strand an der anderen Seite der Insel. Eine Spur wie von einem Traktor ist im Sand zu sehen. Wie jedes Jahr im Mai kriechen die weiblichen Suppenschildkröten an Land. Es kostet sie stundenlange Mühe, ihre Eier in einer Kuhle am Waldrand abzulegen. Sie grunzen und schnauben, werfen Sand umher und pressen die Eier aus ihrem Körper. Wenn sie fertig sind, ist Ebbe, und der Weg zurück ins Meer über scharfe Korallen und Felsen entpuppt sich als schwierig. Doch sie machen all das instinktiv, wie schon ihre Mütter und Großmütter.
**Karen J. Coates
Reiseautorin**

Bei stillem Wasser ist in der Coral Bay auf Perhentian Kecil der Meeresboden zu sehen.

Verschlafene Fischerdörfer und gelbe Sandstrände säumen die stille Ostküste von Koh Lanta Yai.

THAILAND
Koh Lanta Yai

Wenn die Touristen weg sind, wird eine Motorradfahrt zur Entdeckungsreise in einem Tropenparadies in der Andamansee.

Außerhalb der Saison gibt es auf Koh Lanta Yai im Südwesten Thailands nur ein paar einheimische Fans von Bob Marley und zahllose Motorräder. Nach der Ankunft im winzigen, staubigen Baan Saladan erfreut die Ting Tong Bar im Hotel Lanta Emerald mit einer kulturellen Mixtur. Dort kann man sich mit einer Flasche Leo-Bier zu den Insulanern gesellen und dem melodramatischen Gesang einer thailändischen Sirene lauschen. Frühmorgens weckt Vogelgezwitscher zur Motorradfahrt nach Süden. Nach 24 Kilometern taucht Baan Lanta auf, die „Altstadt" mit Pfahlhäusern über dem Meer. Sie diente einst als Hafen für arabische und chinesische Schiffe. Heute besteht die Bevölkerung des Ortes aus Muslimen, Thailändern und hier lebenden Ausländern, die der touristischeren Westküste entfliehen. Einer von ihnen betreibt das Hammock House mit Hängematten, die von den einheimischen Bergvölkern hergestellt werden. Er verteilt auch die kostenlose Karte für Motorradfahrer. Nach einer Teepause im Boutiquehotel Mango House sind es nur noch zehn Kilometer bis zum Sang Kha Ou Resort & Spa. Das Hotel ist zu dieser Jahreszeit offiziell nicht geöffnet, aber der Besitzer Dtong weist niemanden ab. Er vermietet Baumhäuser mit Blick aufs Meer und serviert zum Frühstück gebratenen Reis. Danach geht es weiter der Motorradkarte und der Nase nach.

Beste Reisezeit Regenzeit ist von April bis Juni sowie im September und Oktober. Die täglichen Regengüsse sind dann meist kurz und die Temperaturen niedriger. Zudem gibt es kaum andere Besucher.
Anreise Der nächste Flughafen ist in Krabi, 70 Kilometer nördlich. Außerhalb der Saison ist Koh Lanta von Krabi mit Minibus und Autofähre in drei Stunden zu erreichen.
Reiseplanung Außerhalb der Saison sind viele Hotels und Möglichkeiten zur Freizeitgestaltung geschlossen, aber die geöffneten Hotels bieten oft 50 Prozent Ermäßigung an.
Websites www.lantaoldtown.com, www.kolanta.net

Straßenimbiss

In Thailand begrüßen sich Leute auch mit der Frage «Haben Sie schon gegessen?». Essen ist in den Straßen Thailands allgegenwärtig, ob scharfer Hackfleischsalat, Nester aus Reis, Nudelsuppen oder Bratnudeln. Die Speisekarten sind in thailändischer Schrift, also muss man auf das deuten, was man essen möchte. Lernen Sie die Namen einiger Gerichte, selbst wenn Sie die Schrift nicht lesen können, wie *tom yam gai*, eine milde Hühnersuppe, *somtam*, ein scharfer Papayasalat mit Erdnüssen, und *phad thai*, die beliebten gebratenen Nudeln. Probieren Sie wenigstens eine der Süßspeisen, wie Eiscreme in Brötchen oder Reis in Kokosmilch mit Roter Bete oder Taro.

Der Turm der Markuskathedrale war für die Bewohner der Festungsstadt Korcula ein guter Aussichtspunkt.

KROATIEN

Korcula

Die geruhsame Adriainsel besitzt eine Altstadt, die der von Dubrovnik ähnelt, aber ohne die Menschenmassen.

Die Insel Korcula, nur etwa 1200 Meter vor der Küste Dalmatiens, besteht aus Pinienwäldern, stillen Stränden und Weingärten und hat eine der am besten erhaltenen Altstädte im Mittelmeerraum. Die Boote vom Festland, die in den Hafen der Stadt Korcula einlaufen, fahren an den Festungsmauern des historischen Zentrums vorbei. Die Altstadt auf einer kleinen Halbinsel stammt zum größten Teil aus dem 15. bis 18. Jahrhundert. Der einzige Zugang führt durch das einzige Festungstor, hinter dem sich die engen Straßen bergauf winden und die Sinne vom Duft der Pinien, der Wärme des ockerfarbenen Steins und dem leuchtenden Rosa und Lila der Blumen, die an Balkonen und Fenstern blühen, berauscht werden. Die Wände von Palästen, Häusern und Kirchen auf dieser Felsnase sind üppig mit Wappen, Muscheln, Fröschen, Gesichtern, Figuren und geflügelten Löwen geschmückt, die von einheimischen Steinmetzen gemeißelt wurden. Kleine Brücken über den Straßen verbinden die Häuser im ersten Stock. Überragt wird die Altstadt von der Markuskathedrale, deren eleganter Glockenturm auch als Wachturm diente. Um die Ecke befindet sich das Gebäude, in dem laut der Inselbewohner der Entdecker Marco Polo geboren wurde. Heute birgt es ein kleines Museum.

Beste Reisezeit Von Frühjahr bis Herbst. Selbst in den heißesten Monaten weht meist eine kühle Brise.
Anreise Das Tragflächenboot braucht von Dubrovnik nach Korcula etwa 2,5 Stunden. Es gibt auch eine Autofähre von Orebic und Split.
Reiseplanung Für die Stadt Korcula lässt sich in einem Tag erkunden. Sie können aber auch eine Woche lang die Weingärten um Vela Luka und die Strände genießen. Autos und Fahrräder werden am Hafen vermietet. Zu den Dörfern und Stränden fahren regelmäßig Busse.
Websites www.korcula-croatia.com, www.mediterano.hr

Schwerttanz Moreska

Seit über 400 Jahren wird auf der Insel der Moreska aufgeführt, ein Schwerttanz, der von einer Schlacht zwischen dem Roten und dem Schwarzen König erzählt, nachdem Bula, die Verlobte des Roten Königs von der Armee des Schwarzen Königs gefangen wurde. In der ritualisierten Schlacht mit echten Schwertern stehen sich die Gegner im Kreis gegenüber, die Roten im äußeren, die Schwarzen im inneren Kreis. Beide Kreise drehen sich immer schneller, wobei die Soldaten sich gegenseitig mit Schwerthieben angreifen. Zum Schluss ist der Schwarze König besiegt, und Bula kehrt zum Roten König zurück. Im Sommer wird der Tanz einmal wöchentlich in der Altstadt aufgeführt.

SCHWEDEN
SANDHAMN

Etwas Überirdisches umgibt diesen geruhsamen Ort, selbst wenn im Sommer die Stockholmer einfallen.

Die Segel- und Freizeitboote in Stockholms lebhaftem Hafen verschwinden allmählich aus dem Blick, wenn die Fähre sich ihren Weg durch die schwedischen Schären mit ihren über 20 000 Inseln bahnt. Möwen kreisen langsam über dem Schiff, und hinter jeder Ecke tauchen Inseln in allen Größen auf. Schließlich kommt am äußeren Rand der Schären die Insel Sandhamn (Sandhafen) in Sicht. Gegen Ende des 19. Jahrhunderts entdeckten Künstler und Schriftsteller sie für sich, darunter Carl Larsson und August Strindberg, der sie beschrieb als «Ort voller Naturschönheit, an drei Seiten von Wasser umgeben und an der vierten vom Meer». Sandhamn war schon immer eines der Segelzentren Schwedens. Seit Ende der 1890er Jahre finden hier Regatten statt, und im Hochsommer drängen sich die Boote im Hafen. Es gibt nur wenige Autos, die Menschen laufen oder fahren mit dem Fahrrad auf den sandigen Wegen der Insel, was ihr eine entspannte, unbeschwerte Atmosphäre verleiht. Im idyllischen Ortszentrum stehen pastellfarbene Holzhäuser und kleine Ufercafés. Nur ein paar Schritte weiter warten ein lauschiges Fichtenwäldchen und ein ruhiger, weißer Sandstrand mit unwiderstehlich blauem Wasser. Man versteht rasch, warum die Insel eines der bestgehüteten Geheimnisse Schwedens ist.

Beste Reisezeit Sandhamn ist zwar immer schön, aber im Sommer ist es sonniger und wärmer. Regenjacke, Schirm und wärmere Kleidung sollten für alle Fälle mitgebracht werden.
Anreise Von Stockholm aus fahren Fähren der Gesellschaften Waxholmsbolaget und Cinderella durch die Schären. Erstere bietet im Sommer auch die *Båtluffarkort*, eine fünf Tage gültige Karte zum Inselhüpfen.
Reiseplanung Das einzige Hotel der Insel, das Seglarhotellet, verfügt über Restaurant, Bar, Pool, Whirlpool und Fitnessräume.
Websites www.archipelagofoundation.se, www.waxholmsbolaget.se

Natur pur

Ein weiteres Juwel in den Schären ist die Insel **Idö**, wo die moderne Welt kaum vorhanden ist und die Natur herrscht. Mittlerweile sind hier keine Menschen mehr ansässig, auch gibt es keine Autos. Einige rote Hütten leuchten in der satten Landschaft, aber sie sind schon lange verlassen. Als Durstlöscher dient das Wasser aus den Pumpen bei den Hütten, aber Restaurants oder Läden gibt es nicht.

Spaziergänge auf den alten Pfaden, die quer durch Wälder, Moore und Wiesen führen, werden Naturfreunde begeistern. Im Frühling erblüht eine Fülle an Wildblumen, zarte, weiße Buschwindröschen bedecken die Waldböden, und Bärlauch und Schlüsselblumen wachsen im Überfluss.

Im Sommer ist Sandhamn ein Mekka für Freizeitkapitäne.

NORWEGEN

Spitzbergen

Der arktische Außenposten Nordeuropas mit majestätischen Landschaften und viel Natur ist einsam, aber keineswegs trostlos.

Spitzbergen liegt im Nordpolarmeer zwischen 74 und 81 Grad nördlicher Breite und ist die größte Insel der abgeschiedenen norwegischen Inselgruppe Svalbard. Im kurzen Sommer befreit der Golfstrom die Westküste der Insel vom Polareis und verwandelt sie zum „Galapagos des Nordens". Vor einer betörend schönen Kulisse aus Eisbergen, Fjorden und schneebedeckten Gipfeln sind unzählige Seevögel und auch Säugetiere wie Eisbären, Rentiere, Polarfüchse, Walrösser und Wale zu sehen. Es gibt keine Bäume, nur Büsche, Wildblumen, Moose und Flechten. Der nördlichste bewohnbare Ort der Welt birgt viele Rohstoffe, vor allem Kohle. Die Hauptstadt Longyearbyen ist nach dem amerikanischen Industriellen John M. Longyear benannt, der die Stadt 1905 als Betriebszentrale für sein hiesiges Kohlebergwerk gründete. Longyearbyen hat sich in den vergangenen Jahren vom eisigen Provinznest in eine hochmoderne Stadt mit Internetcafés, Satellitenfernsehen, Kunstgalerie und Schwimmhalle verwandelt. Zur Erkundung der wilden Seite Spitzbergens braucht man ein Boot. Einige robuste Seemänner fahren mit dem eigenen Boot über die tückische Barentssee, aber die meisten Leute ziehen eine Überfahrt auf den kleinen Kreuzfahrtschiffen vor. Wahrzeichen sind der spektakuläre Monacogletscher, die Ruine einer Walfangstation aus dem 17. Jahrhundert in Gravneset und der rostfarbene Bockfjord, wo die Nasa für zukünftige Marsmissionen trainiert.

Beste Reisezeit Der Sommer (Juli und August) ist mit langen Tagen, blauem Himmel und einer Höchsttemperatur von sieben Grad die angenehmste Saison. Juni und September sind auch schön, jedoch etwas kälter. Aber selbst im Hochsommer können die Temperaturen nachts unter den Gefrierpunkt sinken.

Anreise SAS Braathens, die Inlandsfluglinie der Scandinavian Airlines, fliegt mehrmals täglich zwischen Oslo und Longyearbyen über Tromsø im Norden Norwegens.

Reiseplanung Das Spitsbergen Hotel in der Hauptstadt ist ein großes Holzhaus, in dem einst die Bergwerksleiter lebten. Heimeliger ist Mary-Ann's Polarrigg, ein modernes B&B mit Gemeinschaftsbädern. Spitsbergen Travel bietet organisierte Aktivitäten, wie Fahrten mit Hunde- oder Motorschlitten, Wandern, Eishöhlenklettern, Camping und Kajakfahrten. Die Hurtigrutenschiffe „MS Nordstjernen" und „MV Polarstar" für 200 Passagiere unternehmen Rundfahrten um Spitzbergen.

Websites www.svalbard.net, www.spitzbergen.de, www.polarriggen.com, www.hurtigruten.com

Samen für die Zukunft

Am Rand von Longyearbyen liegt 130 Meter unter einem Sandsteinberg der wichtigste Bunker der Welt, der **Svalbard Global Seed Vault**. Die 2008 eröffnete und neun Millionen Dollar teure Pflanzensamenbank wird eines Tages Samen von Millionen Pflanzenarten aus der ganzen Welt beherbergen.

Die Anlage mit dem Ziel, die Artenvielfalt und Nahrungsquellen des Planeten zu bewahren, wurde mit norwegischen Staatsgeldern vom Nordic Genetic Resource Center (NORDGEN) als Bank für seltene und gefährdete Pflanzen, Nutzpflanzen und andere Pflanzen geschaffen, die für die Zukunft der Welt und der Menschheit lebenswichtig sind.

Spitzbergen wurde wegen der sauberen Umwelt, dem dicken Permafrost und geringer tektonischer Aktivität als Standort des Projektes ausgewählt. Die Samenbank ist wie ein antikes ägyptisches Grab angelegt. Sie enthält drei Kammern, die von oben durch einen langen, unterirdischen Gang zugänglich sind. Der Zutritt ist verboten, aber Besucher dürfen das moderne Eingangsgebäude betreten.

Gegenüber: Eine Jacht schneidet durch arktisches Eis. Oben: Glanzlicht auf Spitzbergen ist der Anblick von Eisbären.

NIEDERLANDE

TEXEL

Ebenso wie die unzähligen Zugvögel kehren die Besucher Jahr für Jahr zurück, um die Weite der Landschaft zu genießen.

Die Westfriesischen Inseln gehören zu den letzten Gebieten unberührter Natur in den Niederlanden. Die fünf langen, schmalen Inseln im Norden des Landes liegen in der flachen Waddenzee, dem Wattenmeer. Sie sind Reste einer Sanddünenkette, die sich einst von Frankreich bis Dänemark erstreckte. Die größte Insel ist Texel („Tessel" ausgesprochen), ein windiges, 160 Quadratkilometer großes Stück Land, dessen 13 000 Einwohner überwiegend in den sieben Dörfern der Inseln leben. Das höher gelegene Inselinnere besteht aus Schafsweiden, aber die Küstenlinie ist geprägt von Marschland, Poldern (neu gewonnenes Land) und hohen, weißen Sanddünen. Bei Ebbe kommt das weite *wadden* zum Vorschein, das nährstoffreiche Wattenmeer, in dem Fische, viele Muschelarten und Wattwürmer leben und eine ergiebige Futterquelle für Robben und Tausende See- und Watvögel bilden, die hier auf ihrer Wanderroute rasten und nisten. Auf Texel brüten Löffler, Säbelschnäbler und Uferschnepfen. Im 445 Hektar großen marschigen Naturreservat De Slufter strömt die Flut zweimal täglich durch die Priele, die gesäumt sind von salztoleranten Pflanzen wie Strandflieder, Grasnelken und Meerfenchel. Das Meer schwemmt beständig Sand von der Nordküste um den Leuchtturm aus und lagert es im Süden wieder ab. Dadurch wandert die Insel Stück für Stück nach Süden, ein Vorgang, den die Menschen mit Dämmen, Deichen und Wellenbrechern seit über 700 Jahren versuchen zu bekämpfen.

Beste Reisezeit Texel wird meist im Sommer besucht (Ende Mai bis Anfang September), Zugvögel sind im August am häufigsten. Die warmen Monate sind auch am besten für Naturaktivitäten, wie geführte Wattwanderungen, geeignet. Der Winter kann sehr kalt werden.
Anreise Eine Auto- und Passagierfähre verbindet Texel mit dem Festlandsstädtchen Den Helder. Die Fähre fährt von 6 bis 21.30 Uhr alle halbe Stunde ab. Reservierung ist nicht nötig.
Reiseplanung Es gibt eine breite Palette an Unterkünften wie Hotels, B&Bs, Ferienhäuser und Campingplätze. Autos sind erlaubt, aber viele Besucher sind mit dem Fahrrad, zu Fuß oder zu Pferd unterwegs.
Website www.texel.net/en

Die Lotsen von Texel

Jahrhundertelang fuhren Schiffe aus **Amsterdam** und anderen Hafenstädten nordwärts aus dem geschützten Binnenmeer **Zuiderzee** und warteten vor Texel auf günstige Winde. Die Lotsen von Texel errichteten Ausgucke auf der **Loodsmansduin** (Lotsendüne), der höchsten Düne mit Blick über die Fahrrinnen, und fuhren dann zu den einlaufenden Schiffen, um sie durch die Sandbänke der Waddenzee zu lenken.

Ein Aufstieg über 153 Stufen auf den Leuchtturm von Texel belohnt mit fantastischem Blick aufs Meer. Eine Ausstellung dokumentiert die Bedeutung des Leuchtturms.

Eine reetgedeckte Windmühle hält in der Landschaft von Texel Wacht.

Akkordeonspieler unterhalten Gäste während des Musikfestivals Barra Fest in einer Hotelbar in Castlebay.

SCHOTTLAND

Barra und Vatersay

Die schroffe und entlegene Ecke der Äußeren Hebriden mit ihren uralten gälischen Traditionen wird auch „Barradies" genannt.

Die Ankunft auf Barra mit dem Flugzeug ist ein echtes Erlebnis. Die Insel hat auf dem Strand Tràigh Mhòr die einzige Strandlandebahn für Passagierflugzeuge der Welt, die bei Flut unter Wasser liegt. Barra ist die größere der beiden südlichsten bewohnten Inseln der Äußeren Hebriden. Das kleinere Vatersay ist mit Barra über einen 1991 gebauten Damm verbunden. In Allt Chrisal nahe dem Damm wurden 4000 Jahre alte Wohnstätten ausgegraben. Auch darüber hinaus sind die Inseln voller archäologischer Stätten, darunter Burgen und Rundhäuser aus der Eisenzeit sowie Grabsteinhaufen und Radhäuser aus der Bronzezeit. Die Küste ist gesäumt vom *machair*, einem fruchtbaren, flachen Landstrich, auf dem im Sommer Wildblumen wie Orchideen und Labkraut blühen. Auf Vatersay wächst eine seltene rosa Winde, die Bonny Prince Charlie's Blume genannt wird, da der Prinz bei seiner Landung auf dem benachbarten Eriskay 1745 die Samen verstreut haben soll. Die Insel ist ein Paradies für Vogelfreunde. Auf der Fahrt nach Scurrival sind im Sommer Wachtelkönige zu hören, hinzu kommen Schnepfen, Regenpfeifer, Tölpel und Eider. Im Meer lassen sich Wale, Delfine und Riesenhaie blicken, in Ufernähe tummeln sich Otter und Robben. Die Seehunde werfen im Juni und Juli ihre Jungen, die Kegelrobben im Oktober und November. Die endlosen weißen Strände sind einsam, bis auf ein gelegentliches Schaf oder tief fliegende Twin-Otter-Flieger im Landeanflug.

Beste Reisezeit Das Wetter ist im Sommer am schönsten. Das Musikfestival Barra Fest findet Ende Juli statt.
Anreise Flüge gibt es täglich von Glasgow. Die Autofähre von Orban auf dem Festland braucht nach Castlebay, dem Hauptort Barras, fünf Stunden. Auf der Insel gibt es Busse sowie Auto- und Fahrradverleih.
Reiseplanung Auf den Inseln befinden sich Hotels, Pensionen und Ferienhäuser, alle mit großartigem Meerblick. Ein kleines Boot bringt Besucher zum Kisimul Castle, das je nach Wetterlage von April bis Oktober geöffnet ist. Mehrere markierte Wege führen zu den vielen archäologischen Stätten der Inseln.
Websites www.isleofbarra.com, www.calmac.co.uk

Spuren der Geschichte

Kisimul Castle auf einer Felseninsel vor Castlebay war über Jahrhunderte die Festung des Clan MacNeil. Wegen der strategischen Lage wurde die Burg nie erobert. Eine Fischreuse und Süßwasserquellen sorgten dafür, dass sich die Burginsassen im Fall einer Belagerung selbst versorgen konnten.

Kisimul wurde 1838 verlassen, aber der Amerikaner Robert Lister MacNeil kaufte die Burg 1937 und restaurierte sie. Zu sehen sind heute die Burgkapelle mit einem Taufstein aus irischem Sandstein, ein Wachturm und ein feuchtes Verlies, der Rittersaal, das Tanist House mit der Privatunterkunft des gegenwärtigen Clanchefs, der Hauptturm, der Küchentrakt und mittelalterliche Toiletten, die zweimal täglich von der Flut gespült werden.

TOP TEN
INSELN INMITTEN DER STADT

Viele Städte an Küsten und Flüssen haben Inseln, die eine Naturoase im Stadtgetriebe sind und nur ein paar Schritte über eine Brücke oder eine kurze Fährüberfahrt entfernt liegen.

❶ Georges und Spectacle Island, Boston, USA

Das 1847 als Teil der Bostoner Wehranlagen gebaute Fort Warren ist das Wahrzeichen von Georges Island in der Massachusetts Bay. Sie ist beliebt bei Frisbeespielern. Die Strömung ist zum Schwimmen zu stark, aber auf Spectacle Island ist ein Bad möglich. Hier gibt es acht Kilometer Wege, einen schönen Blick auf den Boston Harbor und im Sommer kostenlose Jazzkonzerte.

Reiseplanung Ein Fährticket gilt für beide Inseln; fahren Sie morgens, um beide zu besuchen. Es gibt fünf Fähranleger am Boston Harbor. www.bostonislands.org/georges

❷ City Island, New York, USA

Die 2,4 Kilometer lange Insel in der Bronx bringt mit ihren Jachthäfen und Fischrestaurants einen Hauch maritimes New England nach New York. Hier werden Jachten für den Americas Cup gebaut, Segelboote vermietet und Angelausflüge angeboten. Die kleinen Gassen mit ihren Holzvillen aus dem späten 19. Jahrhundert dienten schon in vielen Filmen als Schauplatz.

Reiseplanung Eine Autobrücke verbindet die Insel mit der Bronx. www.cityisland.com

❸ Bowen Island, Vancouver, Kanada

Die Fährfahrt von West Vancouver bis zu der bewaldeten Insel dauert nur 20 Minuten. Hier ist das Leben beschaulich. Es gibt keine Hotels und Campingplätze, nur B&Bs. Besucher können die Strände, Seen und den Bridal-Veil-Wasserfall genießen oder ein Fahrrad, Kajak oder Segelboot mieten.

Reiseplanung Fähren für Autos und Passagiere fahren stündlich von der Horseshoe Bay zur Snug Cove. www.bowenisland.org

❹ Ilha de Paquetá, Rio de Janeiro, Brasilien

Am Wochenende strömen die Einheimischen auf die beliebte romantische Tropeninsel mitten in der Baia da Guanabara von Rio. Werktags jedoch scheint sie weit entfernt vom Großstadtlärm zu sein. Die verblichenen Kolonialhäuser tragen zum Charme bei, und das Autoverbot sorgt für Gemächlichkeit: Fortbewegungsmittel sind Pferdekutschen und Fahrräder.

Reiseplanung Ab Praça Quinze de Novembro fahren Fähren (eine Stunde) und Tragflügelboote (25 Minuten). www.riodejaneiro-turismo.com.br

❺ Matiu Somes Island, Wellington, Neuseeland

Matiu Soomes Island in strategischer Lage im Wellington Harbour war eine befestigte Maori-Siedlung, Standort des ersten Leuchtturms Neuseelands und Militärstützpunkt. Heute ist die Insel unter der Royal Forest and Bird Protection Society reinste Natur. Hier leben unter anderem Zwergpinguine.

Reiseplanung Boote fahren 20 Minuten von Queen's Wharf in Wellington. Bringen Sie Proviant mit. www.wellingtonnz.com

❻ Cockatoo Island, Sydney, Australien

Wo sonst kann man mitten in der Stadt am Wasser zelten und den Sonnenauf- und -untergang über der Skyline beobachten? Cockatoo Island besitzt als ehemalige Strafkolonie und größte Werft Australiens alte Trockendocks, Industriebauten und Speicher, die ideal für Kunst und Bühnenaufführungen sind.

Reiseplanung Die Insel liegt zehn Minuten mit der Fähre vom Circular Quay entfernt. Ein Café serviert Essen. www.cockatooisland.gov.au

❼ Pulau Ubin, Singapur

Pulau Ubin ist das letzte ländliche Refugium in dem modernen Stadtstaat, bevölkert von Fischern und Garnelenzüchtern. Auf der acht Kilometer langen Insel gibt es Dschungel und Mangrovensümpfe mit einer reichen Tierwelt sowie Marschland, in dem gefährdete Fauna und Flora gedeiht.

Reiseplanung Boote vom Anleger am Changi Point brauchen 15 Minuten und nehmen zwölf Passagiere mit. www.wildsingapore.com/ubin

❽ Margareteninsel, Budapest, Ungarn

In der Hauptstadt Ungarns umfließt die mächtige Donau die Margareteninsel (Margitsziget), benannt nach einer Prinzessin aus dem 13. Jahrhundert. Die Insel zwischen den beiden Stadthälften ist ein Freizeitgebiet mit Joggingpfad, Theater, Restaurants und Thermalquellen. Klosterruinen tragen zum romantischen Flair bei, das Schriftsteller inspiriert hat.

Reiseplanung Die Arpád- und die Margaretenbrücke führen zur Insel. Dort dürfen nur Taxis und der Bus 26 fahren, aber Sie können Vierradfahrräder und Elektroautos mieten. www.budapest.com

❾ Kampa-Insel, Prag, Tschechien

Die Insel ist bei Tag und Nacht eine wunderbar stille Ecke in der tschechischen Hauptstadt. Ein paar Stufen die Karlsbrücke hinab führen auf die Insel inmitten der Moldau, wo der „Teufelsfluss" einst Getreidemühlen antrieb. Die Sova-Mühle ist heute ein Museum für moderne tschechische Kunst.

Reiseplanung Kampa ist über die Karlsbrücke von der Malá Strana, der Prager Kleinseite, zu erreichen. www.praguewelcome.cz/de

❿ Île aux Cygnes, Paris, Frankreich

Die Île aux Cygnes (Schwaneninsel) liegt nahe dem Eiffelturm in der Seine und ist ein Hort der Ruhe in Paris. Die schmale, knapp ein Kilometer lange Insel ist kaum breiter als ihr von Bäumen gesäumter Weg. Richtung New York blickt wie eine Galionsfigur eine Freiheitsstatue, die nur ein Viertel so groß ist wie das Original, das Frankreich einst Amerika schenkte.

Reiseplanung Die Île aux Cygnes ist über den Pont de Grenelle oder den Pont de Bir-Hakeim zu erreichen (Metrostation Bir-Hakeim). www.paris.fr

---

Gegenüber: Die Klostermühle auf der Kampa-Insel im Zentrum von Prag besitzt noch immer ihr acht Meter hohes Rad.

Great Sark und Little Sark sind über den schmalen Isthmus La Coupée miteinander verbunden.

KANALINSELN

Sark

Besucher auf dieser kleinen, aber wunderschönen Insel werden die Sorgen der modernen Welt bald vergessen.

Auf Sark dürfen keine Autos fahren, selbst Feuerwehr- und Krankenwagen werden von Traktoren gezogen. Das Leben auf der kleinsten der vier größeren Kanalinseln verläuft bedächtig, was dem Genuss der hinreißenden Natur nur förderlich ist. Wanderer auf den Felsen und Klippen der spektakulären, 65 Kilometer langen Küste begegnen Papageientauchern und anderen Seevögeln. Im Meer tummeln sich Delfine, Tümmler und Riesenhaie. In den Klippen liegen Meereshöhlen, wie die Jewel Cave mit ihren bunten Seeanemonen, Schwämmen und Seescheiden. Zahlreiche Sandbuchten, Meeresarme und Tidenbecken locken zur Erkundung, und im Frühjahr und Sommer erblühen in den Tälern und Wäldern Glockenblumen, Lichtnelken, Schlüsselblumen, Schöllkraut, Hundsveilchen und Margeriten. Auf den Klippen breiten sich Grasnelken, Thymian und Meerfenchel aus, dazwischen Fingerhut und Ginster, dessen süßer Kokosduft die Sommerluft erfüllt. Die Fische, Krebse und Hummer in den klaren Küstengewässern sorgen dafür, dass die Restaurants auf Sark frischeste Meeresfrüchte servieren können. Unterkunft bieten erstklassige Hotels und Pensionen sowie Campingplätze. Die auffallend gepflegten Hecken entlang der schmalen Straßen werden vom Inselpolizisten inspiziert. Sehen sie unordentlich aus, wird ein Bußgeld verhängt.

Beste Reisezeit Die „Wildblumenwochen" finden in der letzten April- und der ersten Maiwoche statt.
Anreise Flüge gibt es nach Guernsey und Jersey. Vom St. Peter Port auf Guernsey fahren täglich Boote nach Sark (45 Minuten), von St-Helier auf Jersey von April bis September fast täglich (50 Minuten).
Reiseplanung Kutscher transportieren das Gepäck für Übernachtungsgäste. Die Besucher werden auf einem Traktoranhänger den Harbour Hill hinauf zum Dorf gebracht.
Website www.sark.info

Die Herren von Sark

Bis 2008 war Sark eine der letzten Bastionen des Feudalismus in Europa, mit einem „Seigneur" als Landesfürst. Heute hat die Insel ein gewähltes Parlament, die Chief Pleas, aber immer noch den Seigneur, der sich das Recht auf ein Taubenhaus, eine unsterilisierte Hündin und alles Strandgut zwischen den Gezeitenmarken vorbehält.

Seit 1730 leben die Seigneurs von Sark in **La Seigneurie.** Der herrliche Garten ist für Besucher täglich geöffnet, außer im Winter. Die Bronzekanone im Park war ein Geschenk von Königin Elisabeth I. an den ersten Seigneur Helier de Carteret.

ITALIEN

PONZA

Die italienische Oberschicht, die hier ihre Ferien verbringt, hat die Insel seit jeher für sich beansprucht.

Ponza ist die größte der vulkanischen Pontinischen Inseln im blaugrünen Wasser des Thyrrenischen Meers. Kirke, die Zauberin, die die Männer von Odysseus in Schweine verwandelt hatte, soll sich hier verborgen haben. Später wurden römische Adlige auf die Insel verbannt, aber heute kommen sie auf Jachten und Segelbooten, um in den Buchten zu baden und die zahlreichen Grotten zu erkunden. Das einfache Volk trifft mit der Fähre in Porto ein, wo sich Häuser in Eiscremefarben bis an den sichelförmigen Strand ergießen. Die kleine Bucht Cala Frontone gegenüber dem Hafen besteht aus einem Sandstrand mit trendigen Strandclubs. Die Römer gruben einen 55 Meter langen Tunnel durch Felsgestein, der den Hafen mit der Spiaggia Chiaia di Luna verbindet, dem größten Strand der Insel, der von Klippen aus gelbem Tuffstein eingerahmt ist. Die meisten einsamen Buchten und Grotten der Insel sind nur vom Meer aus erreichbar. Wer keine Jacht besitzt, kann sich ein kleines Boot im Hafen für eine Inselrundfahrt mieten. Zum Baden laden die Grotte Azzure (Blaue Grotten) oder die Grotte di Pilato (Pontius-Pilatus-Grotten) ein oder ein Stück weiter bei La Forna die Piscine Naturali eine Bucht, die so still ist, dass das Wasser wie ein Schwimmbecken wirkt.

Beste Reisezeit Ostern bis Ende September ist die beste Reisezeit. Viele Restaurants und Hotels sind von Oktober bis kurz vor Ostern geschlossen. Die Fährverbindungen sind in dieser Zeit eingeschränkt.

Anreise Boote verkehren zwischen Ponza und Anzio (105 Minuten), Formia (Fähre 2,5 Stunden/Tragflächenboot 75 Minuten) und Neapel (Tragflächenboot zwei Stunden 50 Minuten).

Reiseplanung An den vielen Kiosken am Hafen werden kleine Motorboote vermietet. Die Cooperativa Barcaioli Ponzesi am Hafen bietet Rundfahrten um Ponza und Ausflüge zu den unbewohnten Inseln Palmarola und Zannone. Tische müssen in den meisten Restaurants reserviert werden, besonders im August.

Websites www.maredellazio.it, www.infoponza.it

Lokale Spezialitäten

■ **Linsen und Platterbsen**, eine Kreuzung aus Linsen und Kichererbsen, werden hier seit der Antike angebaut und in deftigen Suppen verwendet. Fleischige Muränen gibt es frittiert oder in Essig eingelegt. Fisch aus dem Thyrrenischen Meer wird einfach gegrillt.

■ **Da Gerardo** am Strand von Cala Frontone serviert in einem Laubengang authentische *cucina ponzese* (Ponza-Küche). Der Besitzer hat ein Museum zur Geschichte der Insel eingerichtet, von der er nach dem Essen stolz erzählt.

■ **Mariä Himmelfahrt** wird am 15. August mit der *sagra del pesce azzurro* (Blaufischfest) in Le Forna gefeiert.

In den sonnengeschützten Grotte di Pilato bei Porto schwamm einst der römische Adel, um „proletarisch" gebräunte Haut zu vermeiden.

JEMEN

Sokotra

Ein Besuch auf Sokotra ist wie eine botanische Odyssee durch einen der fremdartigsten Orte der Welt.

Die Insel vor dem Horn von Afrika und ihre kleineren Nachbarn sind die abgeschiedensten Inseln nichtvulkanischen Ursprungs der Welt. Sie entstanden, als der Superkontinent Gondwana vor 23 bis 34 Millionen Jahren in die afrikanische und die asiatische Landmasse aufbrach. Wissenschaftler nennen Sokotra das Galápagos des Indischen Ozeans, da ein Drittel der Pflanzenarten einzigartig auf der Insel sind. Im 1. Jahrhundert v. Chr. schrieb der griechische Historiker Diodoros über Sokotra, dass es die ganze Welt mit Duft- und Heilpflanzen versorge, was noch heute stimmt. Neben Aloe, Weihrauch und Myrrhe wächst hier auch der Drachenblutbaum, der wie ein hochgeklappter Regenschirm einschließlich Speichen aussieht. Der Name bezieht sich auf den hellroten Saft, der über Jahrhunderte zu Heilzwecken und als Farbstoff genutzt wurde. Das Aussehen des Sokotra-Maulbeerbaums kann am besten als das einer dicken Schnecke mit zipfeligem Kopfputz beschrieben werden, die einen steilen Felsen hinaufkriecht. Ebenso bizarr ist die flaschenförmige Wüstenrose, an deren geweihartigen Ästen rosa Blüten sprießen. Die Pflanzen haben sich so entwickelt, dass sie Wasser gut aufnehmen und speichern können. Auch ganz eigene Arten von Staren, Nektarvögeln, Spatzen, Cistensängern, Grasmücken und Kernbeißern leben auf Sokotra, wo sich zudem wichtige Nistreviere von Seevögeln befinden. Die Gewässer um die Insel locken Delfine, Meeresschildkröten, Wale, Haie, Mantarochen, Marline und unzählige kleine Fische an.

Beste Reisezeit Die Monate von Oktober bis April sind die beste Reisezeit, um starken Wind, raue See und die Sommerhitze der Monsunzeit zu vermeiden.

Anreise Es gibt einmal wöchentlich 50-minütige Flüge von Aden und Sanaa und fünfmal wöchentlich, außer mittwochs und sonntags, von Riyan Mukalla.

Reiseplanung Eine touristische Infrastruktur ist kaum vorhanden, Taxis und öffentliche Verkehrsmittel gibt es nicht. Camping wird empfohlen, und Jeeps können samt Führer, Fahrer und Koch gemietet werden. Respektieren Sie Traditionen und Kleidungsregeln. Aufgrund der instabilen politischen Lage im Jemen sollten vorher umfassende Informationen eingeholt werden.

Website www.socotraisland.org

Hoq-Höhle

In den ersten drei Jahrhunderten unserer Zeitrechnung war Sokotra eine wichtige Station für Kaufleute auf den östlichen Handelsrouten. Weihrauch, Zinnober, Aloe und Drachenblut (Harz) waren bedeutende Handelsgüter der Insel, die von Händlern aus dem Nahen Osten, Ostafrika und Indien gekauft wurden.

Belege für die einstige Bedeutung der Insel sind in der **Hoq-Höhle** zu entdecken, ein unterirdisches Labyrinth nahe der Nordostküste. In der Höhle, zwei Kilometer hinter dem Eingang, befindet sich eine Kultstätte, die bis in das 3. Jahrhundert n. Chr. genutzt wurde. Archäologen haben zwei Holztafeln mit aramäischer Schrift entdeckt, eine von 258 n. Chr., sowie Keramiken und Wandbilder und -schriften, die aus der Zeit um Christi Geburt stammen.

Die Gegenstände, die alle in der Atmosphäre der Höhle gut erhalten blieben, deuten darauf hin, dass hier einst geheime Zeremonien abgehalten wurden.

Die Höhle kann mit einem Führer besichtigt werden. Die Tour dauert etwa zwei Stunden.

Gegenüber: Wüstenrosen gehören zu den Kuriositäten der Insel. Oben: Drachenblutbäume können zehn Meter hoch werden.

SÃO TOMÉ UND PRÍNCIPE

São Tomé und Príncipe

Auf den beiden Vulkaninseln vor der Westküste Afrikas locken Regenwaldwanderungen ebenso wie einsame Strände.

Zwei Stunden dauert der Marsch durch den Regenwald … und plötzlich läuft man auf Wasser. Der Hochwald Obô bedeckt noch immer einen Großteil des Inselstaates São Tomé und Príncipe. Der Führer erläutert die wunderbare Pflanzen- und Tierwelt der Inseln, deren Lage und vulkanischer Ursprung ungewöhnlich viele einzigartige Arten hervorbrachten. Riesige Nektarvögel mit schillerndem schwarzen Federkleid flirren von Blüte zu Blüte und picken mit ihrem langen, gebogenen Schnabel nach Nektar. Schließlich ist São Tomés erloschener, wassergefüllter Vulkankrater Lagoa Amélia erreicht. Ein dichter Vegetationsteppich hat sich auf ihm ausgebreitet, der es ermöglicht, auf dem Wasser zu laufen, wenn auch etwas schwankend. Am nächsten Tag folgt ein Ausflug an die Ostküste von São Tomé, deren Sandstrände *(praias)* bis auf ein paar Fischer leer sind. In Água Izé lädt eine Kakaoplantage zum Besuch ein. An der Boca do Inferno (Höllenschlund) krachen die Atlantikwellen in Gischtfontänen durch eine Öffnung im Fels himmelwärts. Auf dem Gutshof Roça de São João mit einem Plantagenhaus aus der portugiesischen Kolonialzeit wird gezeigt, wie Kaffee angebaut und verarbeitet wird. Nach dem Besuch eines Wasserfalls in der Nähe des Fischerdorfes Riberia Peixe folgt ein Bad an der Praia das Sete Ondas (Strand der sieben Wellen), bevor es wieder zurück nach Norden geht.

Beste Reisezeit Zum Wandern und Beobachten der Tierwelt eignen sich die Trockenzeiten von Juni bis September und von Mitte Dezember bis Februar am besten.

Anreise TAP Air Portugal und die einheimische STP Airways fliegen zwischen Lissabon in Portugal und São Tomé. Fast täglich gibt es Flüge zwischen São Tomé und Príncipe.

Reiseplanung Das exzellente Reisebüro Navetur in der Hauptstadt São Tomé hilft gerne mit allen Buchungen, von Hotels bis Wandern. Unterkünfte bieten Pensionen in alten Plantagenhäusern und die komfortablen Häuser Omali Lodge auf São Tomé und Bom Bom Island Resort auf Príncipe.

Websites www.navetur-equatour.st, www.saotome.st, www.saotomeislands.com, www.africas-eden.com

Sehenswertes

■ Eine zweitägige geführte Wanderung geht bis zum **Pico de São Tomé**, mit 2024 Meter der höchste Punkt der Inseln. Der Blick von dort oben über die Insel am frühen Morgen lohnt den mühevollen Aufstieg.

■ Von September bis April legen die **Lederschildkröten** frühmorgens ihre Eier an den Praia Jalé im Süden von São Tomé. Besucher können mit den Wärtern, die den Strand bewachen, die Schildkröten beobachten.

■ Auf Príncipe lohnt sich unbedingt ein Besuch der **Praia Banana** und der **Baía das Agulhas,** zweier grandioser Strände an der Westküste, wo der Regenwald bis ans Ufer reicht.

Von Bananen bis zur Brotfrucht, alles stammt aus lokalem Anbau und ist herrlich frisch. Eine Spezialität ist Fisch, ob frisch, gesalzen, geräuchert oder getrocknet.

Traditionelle *ngalawas* aus Holz segeln durch die reichen Fischgründe vor Pemba.

TANSANIA

Pemba

Anders als die südliche Schwester Sansibar ist die ebenfalls exotische Gewürzinsel weitgehend von der Außenwelt unberührt.

Der schwere Duft von Gewürznelken, die auf Kokosmatten trocknen, weht durch die offenen Fenster des hölzernen Busses, der von Wete nach Chake Chake fährt. Arabische Seeleute nannten die Insel im Sansibar-Archipel einst Al Huthera (grüne Insel). Heute ist das fruchtbare, hügelige Land von Gewürznelkenplantagen und Kokoshainen bedeckt, während in den Niederungen Reis angebaut wird. Mangroven und Sandstrände säumen die Küste, wo in den klaren Gewässern des Indischen Ozeans eine andere Welt existiert. Lebensraum für zahllose Fische bieten die Korallenriffe um die kleineren Inseln im Westen von Pemba. Hier tragen gebauschte Segel die hölzernen Segelboote, die *ngalawas*, über das Riff. Die Fischer verkaufen den Tagesfang auf dem abendlichen Markt oder trocknen ihn in der Nachmittagssonne. Auf dem Marktplatz treffen sich Männer in bunten *shukas* (um die Hüfte geschlungene Tücher) in Teehäusern, um sich die Zeit bei einer Tasse süßem, milchigem Kardamomtee und *mandazi* (süße, gebratene Fladen) zu vertreiben. Wenn die Sonne hinter den Kokospalmen untergeht, ruft der Muezzin die Männer in den verwinkelten Gassen zum Gebet in die Moschee.

Beste Reisezeit Am besten ist die Trockenzeit von Dezember bis März.

Anreise Flüge gibt es meist täglich von Sansibar, Daressalam und Tanga zum Flughafen nahe der Hauptstadt Chake Chake. Die Flughafensteuer bei Abflug muss in tansanischer Währung bezahlt werden. Mit dem Boot von Sansibar dauert es zwischen drei und sechs Stunden, von Tanga setzen Daus zu unterschiedlichen Zeiten über.

Reiseplanung Essen gibt es an Straßenständen und in Cafés, wo die Speisen frisch zubereitet werden. Unterkunft bieten die Kervan Saray Beach Lodge im Norden der Insel mit großartigen Stränden, das preisgünstige Pemba Crown Hotel in Wete oder das luxuriöse Fundu Lagoon an der Westküste. Nehmen Sie Malariatabletten und Mückenschutz mit.

Websites www.kervansaraybeach.com, www.fundulagoon.com

Abseits des Rummels

Fragen Sie in Ihrer Unterkunft, auf dem Markt oder in einem Café, wo Sie ein kleines *piki-piki* (Motorrad) leihen können, um die Insel zu erkunden. Über Feldwege durch die Dörfer geht es dann in den Nordwesten der Insel zum **Ngezi-Wald**, wo die Pemba-Flughunde hausen. Der Sandweg durch den Wald führt zum **Verani-Strand** an der Bucht dahinter. Der lange Sandstrand ist kaum besucht und ideal zum Schnorcheln.

4 Entlegene Pfade

Die folgenden Seiten stellen große und kleine Straßen und Wege vor, Strecken, die jenseits ausgetretener Pfade Faszinierendes erzählen. Versteckt liegende Wasserstraßen, pittoreske Bahnreisen, gemächliche Wanderungen auf ruhigen Wegen und aufregende Expeditionen an abgelegene Orte dieser Erde. Roadmovie-Fans werden die Einsamkeit des wenig befahrenen Nevada-Abschnitts des U.S. Highway 50 genießen, auch genannt „die einsamste Straße Amerikas". Liebhaber von Bluegrass, Gospel und Old-Time Music stürzen sich vielleicht lieber in das gesellige Vergnügen am Virginia's Heritage Music Trail. Dieser windet sich mitten durch die Appalachen zu ländlichen Treffpunkten, wo Countrymusic in ihrer ursprünglichsten Form gespielt wird. Dänemarks Küstenstraßen sind ein Paradies für Radfahrer, während Wanderer im spanischen Baskenland die kulinarischen Highlights der Region erkunden. Unerschrockene Abenteurer durchqueren den guyanischen Dschungel bis zu einem der spektakulärsten Wasserfälle der Welt oder wandern über den Larapinta Trail ins Herz Australiens.

Eine einsame, unbefestigte Straße durch das Great Rift Valley in Kenia führt zu dem in der Ferne schimmernden Nakurusee. Millionen Flamingos und anderer Vögel machen den See zu einem der spektakulärsten Vogelparadiese der Welt.

Auf der Tour durch den Yukon erlebt man wilde Tiere und eine holprige Straße, Menschen dagegen nur wenige.

KANADA
Die South Canol Road

Sie ist kaum mehr als eine Schotterstraße, im Sommer aber bietet die Piste Zugang zur unberührten Wildnis des südlichen Yukon.

Vor der Abfahrt nach Norden in Johnson's Crossing warnt ein Schild, dass es keine Tankstelle mehr gibt bis Ross River, dem Endpunkt der 230 Kilometer langen South Canol Road. Auf der schmaler und teilweise holprig werdenden, einsamen Straße tauchen immer wieder Schlaglöcher auf. Die unbefestigte Fahrbahn führt mal durch dichte, dunkle Wälder, mal vorbei an hohen Bergmassiven mit einem atemberaubenden Blick auf selbst im Sommer schneebedeckte Gipfel und glitzernde Bäche, Flüsse und Seen. Immer wieder lädt die fesselnde Landschaft ein zu einem Stopp, eine gute Gelegenheit, um eine Ahnung von der reichen Tierwelt zu bekommen, darunter Schwarz- und Grizzlybären, Wölfe, Elche, Karibus, Füchse, Luchse und Weißkopfseeadler. Auf halber Strecke erreicht man den malerischen Quiet Lake, an dessen Ufer man zelten, wandern, fischen oder einfach nur die Stille genießen kann. Jenseits der Brücke über den Rose River führt die Straße am Rose River entlang, zu den Lapie Lakes, berühmt für die in ihrem kalten, klaren Wasser lebenden Forellen, und weiter zum wundervollen Lapie River Canyon, bis sie den Ort Ross River erreicht.

Beste Reisezeit Da der Sommer kurz ist, empfiehlt sich die Zeit zwischen Mitte Juni und Ende August.
Anreise Johnson's Crossing liegt etwa 129 Kilometer östlich von Whitehorse, wo man ein Allradfahrzeug mieten kann. Zurück geht es von Ross River nach Whitehorse auf dem Robert Campbell Highway über Carmacks (407 Kilometer) oder über den Watson Lake (814 Kilometer).
Reiseplanung Die South Canol Road ist an einem Tag zu bewältigen, sofern keine Wetterumschwünge dazwischenkommen. Es kann heiß sein, aber Schnee ist selbst im Juli in größeren Höhen nicht ungewöhnlich. Johnson's Crossing bietet eine Tankstelle, eine Bäckerei und einen RV Park für Wohnmobile, Ross River einen Lebensmittelladen und ein Hotel. Entlang der Strecke liegen einfache Campingplätze.
Websites www.naturetoursyukon.com, www.travelyukon.com, www.visitwhitehorse.com

Ölversorgung

Zur Sicherstellung der Öllieferungen während des Zweiten Weltkriegs wurden eine Pipeline und eine Versorgungsstraße zwischen **Whitehouse,** Yukon, und den Ölquellen in **Norman Wells,** Northwest Territories, errichtet.
Die Arbeitsbedingungen beim Bau der Canol Road – Canol steht für Canadian Oil – waren furchtbar, selbst die Anwerbeplakate warnten vor den Risiken. Ein Jahr lang, bis 1945, floss Öl. Danach wurde die Straße erst 1950 als Sommerzufahrtsweg wieder eröffnet. Verlassene Trucks aus den 1940er Jahren erinnern unterwegs an die Geschichte dieser Straße.

VIRGINIA, USA

DIE CROOKED ROAD

Die kurvige Straße führt durch die Berge des südlichen Virginias in das musikalische und kulturelle Herz des Bundesstaates.

Sobald die erste Banjosaite angeschlagen ist, hält es keinen Bluegrass-Fan mehr ruhig auf dem Stuhl, jeder klopft und wippt im Takt der Musik. Ein alltägliches Bild an der Crooked Road, Virginias Heritage Music Trail, der über eine Länge von 407 Kilometer Stätten und Veranstaltungen rund um traditionelle Mountain Music und Bluegrass verbindet. Ausgangspunkt ist in Ferrum das Blue Ridge Institute & Museum, eine Fundgrube für Mountain Music und deren Kultur. Danach geht es weiter ins verschlafene Nest Floyd, das aber am Freitagabend in Bewegung kommt, wenn sich Einwohner und Besucher im Floyd Country Store einfinden, um Gospel, Old-Time Music und Bluegrass zu hören. In Galax können Sie dabei sein, wenn die traditionelle Bluegrass and Country Music Radio Show aus dem historischen Rex Theater auf Sendung geht. Dann führt der Weg zum Blue Ridge Music Center und weiter nach Bristol, wo ein Besuch des Mountain Music Museums ansteht, eine Hommage an die Musikpioniere der Appalachen. Am Samstagabend wird in Hiltons die von A. P. und Sara Carter eingeführte Musiktradition lebendig gehalten. Den Abschluss der musikalischen Pilgerfahrt bildet in Clintwood, wo der legendäre Dr. Ralph Stanley und die Clinch Mountain Boys im Ralph Stanley Museum und im Traditional Mountain Music Center gefeiert werden.

Beste Reisezeit Infos zu den ganzjährig stattfindenden Musikveranstaltungen bieten die lokalen Veranstaltungskalender. Im August ist das Festival Old Fiddler's Convention in Galax.
Anreise Die Crooked Road ist von den Interstate Highways 81 und 77 gut erreichbar.
Reiseplanung Einige der Veranstaltungsorte, etwa das Carter Family Fold und der Floyd Country Store, haben nur an einem Abend in der Woche geöffnet. Für einen Sitzplatz muss man früh kommen. Eine Zimmerreservierung ist empfehlenswert, insbesondere im Sommer und an langen Wochenenden.
Website www.thecrookedroad.org

Talentsuche

Die Musik der Appalachen wäre vielleicht in ihren Tälern und Hügeln verborgen geblieben, wäre da nicht Ralph Peer gewesen. Im Juli 1927 kam der Talentsucher des Plattenlabels Victor Talking Machine Company nach Bristol, um Aufnahmen der lokaltypischen Musik zu machen, Melodien, die zum Teil über Generationen weitergegeben worden waren. Im Taylor-Christian Hat Company's Warehouse baute Peer seine Aufnahmeausrüstung auf und ermunterte die Einheimischen, ihre Lieder vorzutragen – dies wurde bekannt als die Bristol Session. Als er zwölf Tage später abreiste, hatte er mehr als 70 sogenannte Hillbilly-Musikstücke im Kasten.

Eine Jamsession ist in vollem Gang bei dem seit 1935 jährlich stattfindenden Wettbewerb Old Fiddler's Convention.

NEW MEXICO, USA

Salt Missions Trail

Reste von Lehmziegelkirchen erzählen von einer kurzlebigen europäischen Mission: der Bekehrung der Puebloindianer.

Von etwa 1600 bis 1675 errichteten Franziskanermönche Missionsstationen in dem salzreichen Tal, das die Spanier Salinas genannt hatten. Die rötlichen Ruinen der Kirchen stehen heute unter Denkmalschutz als Salinas Pueblo Missions National Monument, eines der kaum bekannten Schutzgebiete der USA. Der wenig befahrene Salt Missions Trail startet im östlich von Albuquerque gelegenen Bergdorf Tijeras. Die nördlichste Mission ist Quarai, einst Sitz der gefürchteten spanischen Inquisition in New Mexico. Die zwölf Meter hohen Sandsteinmauern der Kirche La Purísima Concepción vermitteln einen Eindruck davon, wie bedeutend die Mission in ihrer Blütezeit gewesen sein muss. Ein Besucherzentrum und ein Museum befinden sich in Mountainair, wo der Pioniergeist noch in alteingesessenen Lokalen fortlebt. Abó Mission mit der prächtigen Kirche liegt nur zehn Minuten westlich der Stadt; die Ruinen von Gran Quivira 40 Kilometer weiter südlich an der State Route New Mexico 55. Quivira, das größte der Salinas Pueblos, wurde 1672 infolge von Hungersnot, Trockenheit und Apachenüberfällen aufgegeben – eine Erinnerung daran, dass das Vordringen der Europäer nicht überall gelang.

Beste Reisezeit Eine ungeeignete Jahreszeit gibt es für das Salinas Valley eigentlich nicht. Im Frühling locken die Wildblumen, der Sommer kann sehr heiß werden und der Winter ein paar Schneeflocken bringen.

Anreise Folgen Sie der Interstate 40 östlich von Albuquerque bis zur Abzweigung nach Tijeras, wo die New Mexico 337 nach Süden zu den Missionen führt. Eine Alternative ist die Interstate 25 nach Süden durch das Rio Grande Valley nach Belen, von dort sind Mountainair und Besucherzentrum ausgeschildert.

Reiseplanung Das 1923 gegründete Shaffer Hotel in Mountainair ist eine der wenigen Übernachtungsmöglichkeiten unterwegs. Die meisten Reisenden besuchen die Missionen in Tagesausflügen von Albuquerque aus, wo beispielsweise das moderne, luxuriöse Embassy Suites im Zentrum der Stadt einladend ist. Sorgen Sie für ausreichend Wasser und Proviant.

Websites www.nps.gov/sapu, www.newmexico.org, www.shafferhotel.com

Testgelände

Etwa 80 Kilometer südlich von Gran Quivira liegt **Trinity Site**, wo am 16. Juli 1945 die erste Kernwaffenexplosion der Welt stattfand. Die im Rahmen des Manhattan-Projekts in den Laboranlagen von Los Alamos im nördlichen New Mexico entwickelte Plutoniumbombe war ein Prototyp der „Fat Man"-Bombe, die einen Monat später Nagasaki zerstörte. Heute ist Trinity als National Historic Landmark zweimal im Jahr zugänglich (jeweils am ersten Samstag im April und Oktober) und Bunker, Basislager und das alte Farmhaus, in dem der Plutoniumkern der Bombe gefertigt wurde, sind zu sehen.

In Abó stehen christliche Einrichtungen und Pueblobauten nebeneinander. Die kreisrunde Öffnung ist der Überrest einer *kiva*, ein Zeremonienraum der Pueblokultur.

Der Highway durchquert eine Reihe schneebedeckter Gebirgszüge, die die Wüste Nevadas aufbrechen.

NEVADA, USA
Highway 50

Auf dem abgelegenen Nevada-Teilstück des sich von Küste zu Küste erstreckenden Highways gehört einem die Straße ganz allein.

In den westlichen USA gibt es viele Gegenden, wo sich das Weite Land, das „Big Wide Open", erahnen lässt, am zugänglichsten aber ist die Etappe des U. S. Highway 50 durch Nevada, bekannt als „die einsamste Straße Amerikas". Der Highway 50 erstreckt sich über 4800 Kilometer über den gesamten Kontinent von Sacramento in Kalifornien bis nach Ocean City in Maryland. Auf der einsamen Fahrt über den 657 Kilometer langen Abschnitt durch die Mojavewüste Nevadas sind vermutlich mehr Hasen und Raben als Menschen zu sehen. Am Highway liegen nur vier kleine Städte, Fallon, Austin, Eureka und Ely, die mit ihren verlassenen Gebäuden und Abraumhalden etwas vom Wilden Westen bewahren. Der Highway folgt der einstigen Route des Pony Express Mail Service und liefert einen Einblick in die typische Topografie der Basin and Range Province: zerklüftete Höhenzüge im Wechsel mit parallel laufenden Gräben. Immer wieder verändern sich unterwegs Landschaft und Pflanzenwelt; von mit Pinyon-Kiefern bewachsenen Höhen geht es durch Wüstenbeifuß hinab in Bodensenken voller Weiden und weiter zu grellweißen Salzpfannen.

Beste Reisezeit Im Sommer ist Nevada ein wahrer Backofen, die Winter dagegen sind bitterkalt und oft schneereich; ideal sind der späte Frühling oder der frühe Herbst.

Anreise Der beliebteste Ausgangspunkt für die Nevada-Etappe ist Kalifornien. Von San Francisco aus geht es über die Bay Bridge nach Oakland zur Interstate 80. 145 Kilometer nördlich folgt man ab Sacramento dem Highway 50 noch etwa 160 Kilometer bis zur Grenze von Nevada.

Reiseplanung Die Strecke kann an einem Tag gefahren werden, entspannter ist sie mit einer Übernachtung in einem der Städtchen. Tankstellen sind rar. Für eventuelle Autopannen sollten Wasser und Decken dabei sein. Kleine mexikanische Lokale in Familienhand sind oft der beste Restauranttipp.

Websites www.byways.org/explore/byways/2033, www.nevadatravel.net

Ein kleines Juwel

In Nevadas abgelegener Mitte rollt der Highway 50 in **Austin** ein. Nach dem früheren Silber-Boom ist die Stadt heute ruhig, wirklich ruhig, aber schauen Sie sich ein wenig um, wenn Sie getankt haben. Die meisten der alten Gebäude sind erhalten, darunter das 1897 errichtete Stokes Castle, ein dreistöckiges Steinhaus, von dem man eine gute Aussicht hat.

In Austin wird hochwertiger Türkis aus den Minen der Umgebung zu Schmuck verarbeitet. Ein Bummel über die Main Street (Highway 50) führt vorbei an vielen Läden, die alles rund um Türkis anbieten – von unbearbeiteten Brocken des himmelblauen Steins in der Matrix bis zu geschliffenen Cabochons, von zierlichen Kinderringen bis zu schweren Broschen und Halsketten aus Silber und Türkis.

TOP TEN
STRÄNDE VOM FEINSTEN

Im Paradies gibt es kein Gedränge, nur menschenleeren, von der Sonne verwöhnten Sandstrand, soweit das Auge reicht.

❶ Coast Guard Beach, Massachusetts, USA

Der beliebte Abschnitt des Schutzgebiets Cape Cod National Seashore, wo die Pilgerväter der „Mayflower" 1620 erstmals Land sahen, bietet ausgedehnte Dünen, Sumpfland und wilde Cranberry-Pflanzenteppiche, wo die Nistplätze bedrohter Regenpfeifer naturinteressierte Wanderer locken.

Reiseplanung Ab Ende Juni bis Ende August tun Rettungsschwimmer Dienst. Eine Gebühr wird von Ende Juni bis in den September erhoben. www.capecodchamber.org

❷ St. Joseph Peninsula State Park, Florida, USA

Auf der Landzunge zwischen dem Golf von Mexiko und der St. Joseph Bay findet man hohe, mit Strandhafer bewachsene Dünen und meilenweit unberührten feinen, weißen Strand, an den im Sommer Meeresschildkröten zur Eiablage kommen. Die überwältigenden Sonnenauf- und -untergänge sowie die mehr als 240 Vogelarten sind unwiderstehliche Fotomotive.

Reiseplanung Im Park wird auf Insektenbekämpfung verzichtet, vergessen Sie nicht den Mückenschutz. www.floridastateparks.org/stjoseph

❸ Descanso Beach, Catalina Island, Kalifornien, USA

Nur einen Steinwurf von Los Angeles entfernt liegt dieses paradiesische Fleckchen Erde, an dem oft Wale und Delfine zu beobachten sind. Hier kann man schwimmen, wracktauchen, Kanu oder Kajak fahren und die Insel erkunden.

Reiseplanung Die Insel ist mit der Fähre von Los Angeles in einer Stunde zu erreichen. www.catalinachamber.com

❹ Grace Bay Beach, Turks- und Caicosinseln

Mehr als 16 Kilometer feinster, weißer Sand garantieren an dieser nordöstlichen Ecke der Insel Providenciales, kurz Provo, ein Bad in aller Ruhe. Ein Korallenriff säumt die Küste und sorgt für warmes, ruhiges Wasser in strahlendem Türkis. Wasserski oder Jetski ist nicht erlaubt. Dafür sieht man in den flachen Wellen Große Tümmler herumtoben.

Reiseplanung Von Miami dauert der Flug 1,5 Stunden, von New York 3,5. www.turksandcaicostourism.com

❺ Canouan, St. Vincent und die Grenadinen

Türkisblau schimmert das klare Wasser rings um diese kleine grüne Insel mit prächtigen Farbklecksen von Bougainvillea und wilden Orchideen. Bekannt ist sie durch das Raffles Resort und den Trump International Golf Club. Die abgeschiedenen Buchten sind Heimat unzähliger Meeresbewohner. Genießen Sie den Blick von Mount Royal, dem höchsten Punkt der Insel.

Reiseplanung Die Fähre von St. Vincent fährt etwa zwei Stunden. Flüge gibt es von San Juan, Barbados und Grenada. www.discoversvg.com

❻ Morro de São Paulo, Brasilien

Der Ort Morro de São Paulo auf der Insel Tinharé, etwa 1,5 Stunden mit dem Boot von Salvador entfernt, hat fünf durchnummerierte Strände, jeder mit ganz eigenem Charakter. Die Primeira Praia, ein feiner weißer Sandstrand mit Restaurants und *pousadas* (Gasthöfe) ist dem Ort am nächsten, der Vierte und Fünfte Strand sind sehr viel ruhiger.

Reiseplanung Inselbesucher zahlen eine Gebühr von etwa 5 Euro zur Erhaltung der Insel. www.morrodesaopaulo.com.br

❼ Cable Beach, Broome, Australien

Nur wenige Kilometer von der Perlenstadt Broome entfernt erstreckt sich der 22,5 Kilometer lange feine Sandstrand in Westaustralien. Eine der Attraktionen ist ein Kamelritt bei Sonnenuntergang. Bei Ebbe sind am Gantheaume Point mehr als 130 Millionen Jahre alte Dinosaurier-Fußabdrücke zu erkennen.

Reiseplanung Broome ist 2,5 Flugstunden von Perth entfernt; zum Strand führt eine gute Straße (sieben Kilometer). Vorsicht: Von November bis März gibt es Würfelquallen. www.westernaustralia.com

❽ Cala Luna, Sardinien, Italien

Überhänge und Kalksteinwände locken Kletterer an diesen wundervollen halbmondförmigen Strand an der Ostküste, während das flache, kristallklare Wasser mit seiner reichen Tierwelt beste Bedingungen zum Schnorcheln und sicheres Badeterrain für Kinder bietet.

Reiseplanung Der Strand ist mit dem Boot von Cala Gonone rasch zu erreichen. www.sardegnaturismo.it

❾ Agios Georgios, Korfu, Griechenland

Die ionische Insel hat einige der schönsten Mittelmeerstrände überhaupt, viele davon mit Blauer Flagge. Die Bucht von Agios Georgios am nördlichen Ende der Westküste, umgeben von nach Salbei und Zitrone duftenden Olivenhainen, ist ein abgeschiedenes Juwel mit einem Strand, der sich hufeisenförmig um die Bucht schmiegt. Beliebt auch bei Windsurfern.

Reiseplanung Agios Georgios erreicht man mit dem Bus von Korfu-Stadt in 45 Minuten. www.corfuvisit.net

❿ De Hoop Nature Reserve, Südafrika

Das etwa 260 Kilometer östlich von Kapstadt gelegene Schutzgebiet erstreckt sich an einem atemberaubenden Küstenabschnitt mit riesigen Sanddünen und ruhigen, von Felsen gerahmten Badebuchten. Vom Whale Hiking Trail kann man wunderbar die gigantischen Säugetiere beim Auftauchen beobachten, an Land die Paviane, Zebras, Fuchsmangusten und Leoparden.

Reiseplanung Die Walsaison geht von Juni bis November, die meisten Tiere sieht man im August und September. www.sa-venues.com

---

Gegenüber: Cable Beach in Westaustralien erhielt seinen Namen durch das in den 1880er Jahren von Broome nach Singapur verlegte Telegrafenkabel.

Die Kirche und der Glockenturm der Hacienda Santa Bárbara aus dem 17. Jahrhundert.

MEXIKO

Die Haziendas von Tlaxcala

Zwei Stunden vom Trubel in Mexiko-Stadt entfernt führt die Hazienda-Route zu den historischen Anwesen der Region.

Auf der anderen Seite der Berge östlich von Mexiko-Stadt liegt die Welt der spanischen Rancheros. In Tlaxcala, Mexikos kleinstem Bundesstaat, mit seinen großflächigen Farmen und Agaven- und Nopal-Kaktus-Feldern hatten die Haziendas 300 Jahre lang ihre Blütezeit. Herz der Hazienda war ein imposantes Haupthaus, in dem der *hacendado* mit seiner Familie lebte. Einige Haziendas sind heute verlassen und verfallen zusehends, in anderen leben noch Nachfahren der Familien, die Besucher oft an ihrer Geschichte teilhaben lassen. In den letzten Jahren wurden unbewohnte Haziendas zu Lodges ausgebaut, wo man heute regionale Küche, verfeinert mit Kräutern der Umgebung und Wildpilzen kosten kann. Die Hacienda Soltepec bietet Ausritte durch die von Wildblumen übersäte Landschaft vor dem Hintergrund schneebedeckter Gipfel. Verschiedene Haziendas züchten noch heute die edlen Tiere für den Stierkampf, für die Tlaxcala berühmt ist. Einige Haziendas, vor allem die Hacienda Xochuca, produzieren *pulque*, ein Getränk aus fermentierten Agavensaft, und bieten Vorführungen und Degustationen an.

Beste Reisezeit Das gemäßigte Klima macht Tlaxcala zu einem ganzjährig geeigneten Reiseziel. Mitte August ist zu Mariä Himmelfahrt die ganze Stadt mit Blumenteppichen geschmückt.

Anreise Zwischen Tlaxcala und Mexiko-Stadt verkehren häufig Busse (zwei Stunden Fahrzeit). Huamantla ist 26 Kilometer entfernt. Der beste Startpunkt ist die Hacienda Soltepec, fünf Kilometer von Huamantla.

Reiseplanung Die Hazienda-Route ist flexibel, man kann Tagestouren machen oder unterwegs kulinarische Genüsse erkunden und übernachten. Sie können ein Auto mieten oder im Fremdenverkehrsamt von Tlaxcala einen Führer/Fahrer buchen.

Websites www.descubretlaxcala.com, www.haciendasoltepec.com

Tlaxcala und Umgebung

■ Die kleine Hauptstadt des Bundesstaates, die ebenfalls **Tlaxcala** heißt, liegt rings um einen blumengesäumten Platz, der von modernen Gebäuden verschont blieb. Oberhalb der Plaza erreicht man den **Templo de San Francisco** aus dem 16. Jahrhundert mit maurischer Holzintarsiendecke und Taufbecken, an dem die früheren Häuptlinge getauft worden sein sollen. Gegenüber liegt die Stierkampfarena, eine der ältesten, noch aktiven Austragungsorte ganz Mexikos.

■ Nur 18 Kilometer außerhalb der Stadt liegt die bis in das Jahr 650 n. Chr. zurückgehende Ausgrabungsstätte **Cacaxtla**. Die farbenprächtigen Wandgemälde zeigen den Kampf zwischen Jaguarkriegern und Adlerkriegern, ebenso den „Vogelmenschen" und den „Skorpionmenschen".

■ Der **Altiplano Zoo** im Ort San Pablo Apetatitlan widmet sich der Erhaltung gefährdeter Tierarten. Ein spezielles Zuchtprogramm soll die Auswilderung fördern.

GUYANA

KAIETEUR-FÄLLE

Ein Pfad durch den üppigen Dschungel Guyanas führt zu einem der spektakulärsten Wasserfälle der Erde.

Es dämmert im Tukiet Camp, und rings umher sind nur die hohen, feuchten Wände der Kaieteur-Schlucht zu sehen. Der Lärm des in die Tiefe stürzenden Wassers reißt nicht ab, am Himmel fliegen Tausende von Mauerseglern, die wie Pfeile zu ihren Nestern hinter den Wasserfall schießen. Die Tour zu den Kaieteur-Fällen ist nichts für zaghafte Gemüter. Sie beginnt mit einer holprigen Fahrt von Guyanas Hauptstadt Georgetown durch die Bauxit-Abbaugebiete bis zum Fluss Potaro. Ab hier geht es mit einem Motorboot weiter durch undurchdringlichen Dschungel auf beiden Seiten bis zum Lagerplatz auf dem Sandstrand der Insel Amatuk. Hängematten werden zwischen Bäume gespannt, und während einige Mitreisende am Ufer baden, werden über offenem Feuer frischer Fisch und Maniokbrot gebraten. Der Pfad folgt dem Flusslauf durch dichten Wald, führt über Bäche und dunkle, rutschige Felsen. Der Endspurt des Tages ist ein steiler, vierstündiger Aufstieg zu den Kaieteur-Fällen, wo sich der Potaro hinab in die Tiefe stürzt. Mit 226 Meter ist der Wasserfall fünfmal höher als die Niagarafälle und zweimal so hoch wie die Viktoriafälle. Von einem kleinen Doppeldecker bietet sich ein letzter Blick auf die Fälle und den endlosen Regenwald, bevor es wieder nach Georgetown geht.

Beste Reisezeit Die Touren werden meist von Juli bis November durchgeführt.
Anreise Die drei- bis fünftägigen Touren starten in Georgetown. Am ersten Tag reist man per Bus, danach mit einem Allradfahrzeug bis zum Potaro.
Reiseplanung Das Gepäck wird die meiste Zeit der Tour mit dem Boot transportiert, nur bei dem Aufstieg am letzten Tag muss jeder sein Gepäck selbst tragen, was man beim Packen berücksichtigen sollte. Wichtig ist Kleidung mit langen Ärmeln, denn Moskitos und Sandfliegen sind hartnäckig. Der Flug zurück nach Georgetown dauert nur eine gute Stunde.
Websites www.wilderness-explorers.com, www.geographia.com/guyana

Wildbeobachtung

Guyanas Wälder strotzen vor Wildtieren. Flackert es bunt über Ihrem Kopf, sind dies Aras und Tukane. Die Balzlaute der Felsenhähne hingegen sind meilenweit zu hören. Diese Vögel mit leuchtend orangefarbenem Gefieder und markantem Kamm nisten gerne an steilen Felswänden. Halten Sie Ausschau nach dem wundervollen Sunset Morpho, *Morpho hecuba*. Er ist der größte Schmetterling des Kontinents, seine kaffeebraunen Flügel können bis zu 20 Zentimeter Spannweite haben. Mit ganz viel Glück erblickt man sogar im niedrigeren Geäst des Waldes einen schlafenden Ozelot.

Mit etwa 663 Kubikmeter Wasser, das pro Sekunde in einer einzigen Stufe herabstürzt, gehören die Kaieteur-Fälle zu den eindrucksvollsten Wasserfällen der Erde.

ARGENTINIEN/CHILE

Über die Anden

Die Busreise von Salta in Argentinien nach San Pedro de Atacama, einer Oase in der chilenischen Wüste, ist voller Gegensätze.

Sobald der Bus die Kolonialstadt Salta hinter sich gelassen hat, verdichtet sich die Vegetation mit Palmen und Bromeliengewächsen, das Ergebnis eines ungewöhnlichen subtropischen Mikroklimas auf etwa 1200 Meter Höhe. Die Vegetation nimmt ab, während man sich Purmamarca nähert, wo die Felswände in unterschiedlichen Farbtönen von golden bis rostrot leuchten. Von hier windet sich die Straße über Haarnadelkurven den steilen Hang Cuesta del Lipán in die Wolken hinauf, statt Bäumen gibt es hier oben stachelige Kakteen. Es ist neblig, und die Fahrt wird langsamer. Manch einer ist froh, nicht zu sehen, wie steil die Straße abfällt. Dann lichtet sich der Nebel und öffnet den Blick auf den riesigen, ausgetrockneten Salzsee Salar Grande. Weiß schimmert die rissige Fläche, soweit das Auge reicht. Die öde Landschaft wirkt grell unter dem klaren Himmel, während man sich der argentinischen Grenze nähert, einem kleinen Außenposten am Paso de Jama auf der Höhe von 4877 Meter. Je weiter man nach Chile hineinfährt, desto mehr erinnert die Umgebung an eine Mondlandschaft: saphirblaue und smaragdgrüne Lagunen mit einem Salzrand unterhalb rostig-roter Andengipfel und schneebedeckter Vulkane. Dann plötzlich, während man im Schatten des Vulkans Licancabur in die Atacamawüste hinabfährt, taucht in der Ferne die Oase San Pedro de Atacama auf, 2400 Meter über dem Meer.

Beste Reisezeit Am besten eignen sich die Monate April bis Oktober, wenn in Salta Trockenzeit ist.
Anreise Von Buenos Aires gibt es Flüge nach Salta. Die Busgesellschaft Nueva Chevallier bietet täglich eine Verbindung von der Hauptstadt (17 Stunden).
Reiseplanung Die Buslinie von Salta nach San Pedro de Atacama verkehrt zurzeit dienstags, freitags und samstags jeweils um 7 Uhr morgens. Die Fahrt dauert zwölf Stunden. Soll es entspannter zugehen, kann man die Fahrt auch privat organisieren und eine Übernachtung einplanen.
Websites www.welcomeargentina.com/salta, www.sanpedrodeatacama.com

Salta

■ Eine Alternative zum Bus ist der **Tren a las Nubes** (Zug in die Wolken), der dreimal wöchentlich von Salta in Richtung argentinisch-chilenische Grenze fährt, durch Tunnel, über Brücken, Haarnadelkurven und schwindelerregende Viadukte bis zum Endpunkt **La Polvorilla.**

■ Etwa vier Stunden von Salta entfernt liegt die Kolonialstadt **Cachi**. Sehenswert ist die Kirche aus dem 16. Jahrhundert.

■ Von Cachi wandert man durch eine Landschaft, die geradewegs einem Westernfilm entsprungen zu sein scheint. Die Camps sind spartanisch, und um nachts nicht zu frieren, gibt es am Lagerfeuer Matetee.

Der kleine Ort Purmamarca liegt am Fuß des in vielen Farben leuchtenden Cerro de los Siete Colores, des „Berges der sieben Farben".

Ein Shimenawa-Tau verbindet die Hatago Iwa, zwei malerische, als zwei Liebende angesehene Felsformationen an der Westküste der Halbinsel.

JAPAN

Noto-Halbinsel

Ein Stück Land, auf dem das Leben einen langsameren Rhythmus hat, ragt wie ein gekrümmter Finger in das Japanische Meer.

Vom Flughafen Noto im Zentrum der auf der Nordseite der Insel Honshu gelegenen Halbinsel ist es nicht weit bis zu der zerklüfteten Westküste, wo die Straße durch Tunnel verläuft und plötzlich auf aufregenden Felsklippen mit großartiger Aussicht wieder auftaucht. Kuriose Felsformationen und Inseln säumen die Küstenlinie, darunter die Hatago Iwa: Die beiden Felsen gelten als heilig und sind durch ein *shimenawa*, ein Tau aus Reisstroh, verbunden. Die Einheimischen leben in Einklang mit dem Meer, sammeln bei Ebbe Tang, bringen zur Salzproduktion Meerwasser auf Tonfelder auf und bauen an der Küste meterhohe Zäune, die *magaki*, um sich im Winter gegen Wind und Wellen zu schützen. In der kleinen Stadt Kamiozawa im Norden besteht der Magaki aus 10 000 Bambusstäben. Er soll die traditionellen Holzhäuser vor den aus Sibirien kommenden Stürmen schützen. Etwa 24 Kilometer von der Spitze der Halbinsel entfernt liegt Wajima, eine für ihre Lackarbeiten, die *Wajima-nuri*, bekannte Stadt, die diesem besonders haltbaren Herstellungsverfahren zwei Museen gewidmet hat. Auf dem seit mehr als 1000 Jahren stattfindenden allmorgendlichen Markt sind solche Lackerzeugnisse zu finden. Auch exotische Meeresfrüchte werden verkauft. Ein einmaliger Anblick sind etwas weiter an der Küste die terrassierten Reisfelder in Senmaida, wörtlich „tausend Reisfelder".

Beste Reisezeit Das Wetter ist im Sommer und Herbst am schönsten, aber der Winter bringt die besten Fische und Meeresfrüchte sowie Wellen und Stürme, die dramatisch an die Küste donnern.
Anreise Der Flughafen Noto ist eine Stunde Flugzeit von Tokio entfernt. Per Zug sind es sechs Stunden.
Reiseplanung Öffentliche Busse sind rar, besser ist es, ein Auto oder Fahrrad zu mieten, mit dem sich die Halbinsel erkunden lässt. Der Markt in Wajima ist täglich von 8 Uhr bis mittags geöffnet. Im Sommer finden Festumzüge statt mit hell erleuchteten hoch aufragenden *kirikio*-Festzugswagen.
Website www.jnto.go.jp

Reiseimpressionen

Sein Gesicht legt sich in Falten, er sucht nach den Jahre zuvor gelernten englischen Sätzen. Wir waschen unsere Hände und er bittet mich um eine Verbeugung, «nur zur Übung», bevor wir Keta Taisha, den Shinto-Schrein an der Südwestspitze der Insel, betreten. Der 77-jährige Oberpriester Guji ist gleichzeitig Wächter des Urwaldes. Nur Priester dürfen das Waldheiligtum betreten, aber er erzählt, wie er vor 27 Jahren den Kaiser in den Urwald geführt hat. «Er war so glücklich, dass er gedichtet hat!» Er steht auf und rezitiert das Haiku: «Wir fanden im Dickicht des heiligen Waldes – nicht häufig zu sehen – Kara-tachibana stehen».
Katrina Grigg-Saito
National Geographic Traveler

AUSTRALIEN
Der Larapinta Trail

Der großartige Fernwanderweg führt Sie mitten durch das raue Herz von Zentralaustralien.

Der Aufstieg über den rostroten Bergrücken lässt bald die ockerfarbenen Felsen, die spiegelnden Wasserflächen und die Vogelwelt des Orniston Gorge hinter sich und eröffnet einen weiten Blick über Hänge, die mit Mulga und Spinifex übersät sind, bis zu den violett leuchtenden Wänden des Mount Sonder. Dies ist einer der letzten Abschnitte (Nr. 10 von 12) des Larapinta Trail im Northern Territory, eines 223 Kilometer langen Fernwanderweges entlang der West MacDonnell Ranges von Alice Springs zum Mount Sonder. Jeder Abschnitt des Trails ist mit einem Fahrzeug erreichbar. Dennoch nimmt die Zahl der Wanderer nach Westen hin immer mehr ab; hinter Orniston Gorge begegnet einem oft niemand mehr. Das sandige Flussbett des Finke River (*lara pinta* in der Sprache der Arrernte) lädt zu einer Lunchpause ein. Für Tagesausflügler bietet sich ein Abstecher zur Glen Helen Lodge mit Essensangebot und kühlen Getränken an. Jahrtausendelang waren Wasserlöcher in den Spalten und Schluchten der Gebirgskette Oasen für Menschen und Tiere. Am Simpsons Gap, dem Endpunkt der ersten (zweitägigen) Etappe, sonnen sich Felskängurus, während Milane und Kakadus am Himmel ihre Kreise ziehen. Weiter westlich am Standley Chasm verengt sich der Pfad zwischen den kühlen Wänden der eindrucksvollen Schlucht. Am Ellery Creek Big Hole umgeben silbrige Eukalyptusbäume und steil aufragende rötliche Felsen ein tiefes Wasserbecken. Und am Serpentine Gorge finden sich Schwärme kleiner Zebrafinken zum Baden und Trinken ein.

Beste Reisezeit Wanderer sind angehalten, stets mindestens zu dritt und nur in den weniger heißen Monaten von April bis Oktober zu gehen. Die Nächte können kühl werden.
Anreise Flüge nach Alice Springs gibt es von allen größeren Städten Australiens. Alice Springs liegt auch an der Strecke des Fernverkehrszuges „The Ghan", der zwischen Adelaide und Darwin verkehrt.
Reiseplanung Für die gesamte Wanderung sollte man zwei Wochen einplanen. Die zwölf ein- und zweitägigen Abschnitte haben unterschiedliche Schwierigkeitsgrade. Örtliche Unternehmen bieten geführte Touren an. An verschiedenen Punkten des Weges gibt es Proviantversorgung sowie Transfermöglichkeiten zu anderen Ausgangspunkten.
Websites www.larapintatrail.com.au, www.treklarapinta.com.au

Albert Namatjira

In farbenfrohen Aquarellen hat der Künstler Albert Namatjira vom Stamm der Arrernte seine Heimatlandschaft festgehalten, die West MacDonnell Ranges. Der 1902 geborene Namatjira begann 1936 im „Western style" zu malen, inspiriert durch einen Besuch des Malers Rex Battarbee.

Zwei Jahre später war seine erste Ausstellung in Melbourne rasch ausverkauft, ebenso wie die folgenden in Adelaide und Sydney. Aber sein Erfolg hatte einen hohen Preis. Aborigines hatten damals nicht die volle australische Staatsbürgerschaft und waren Mündel des Staates. Nur ausnahmsweise erhielt Namatjira 1957 die vollen Bürgerrechte, wodurch er Immobilien und auch Alkohol kaufen konnte. Aufgrund von Stammesverpflichtungen erwarteten seine Stammesgenossen allerdings, dass er alles mit ihnen teilte. Aber es war illegal, Alkohol an Aborigines abzugeben, und so wurde Namatjira im Oktober 1958 zu zwei Monaten Gefängnis verurteilt. Diese Erfahrung nahm ihm den Lebensmut, und er starb im Jahr darauf.

Namatjiras Arbeiten werden an seinem Geburtsort **Hermannsburg** ausgestellt (etwa 124 Kilometer westlich von Alice Springs am befestigten Larapinta Drive) und in der Albert Namatjira Gallery im **Araluen Arts Centre** in Alice Springs.

Gegenüber: Wanderer im Standley Chasm. Oben: Ein einsamer Eukalyptusbaum mit Mount Sonder in der Ferne.

ÖSTERREICH

Alpine Seenlandschaft

Das Salzkammergut, eine Region mit Seen, Bergen und blumengeschmückten Bergdörfern, lädt zu einer gemütlichen Tour ein.

Von Mozarts Geburtsstadt Salzburg kommend gelangen Sie zuerst an den Fuschlsee, einen der kleinsten, aber auch malerischsten Seen der Region. Auf der Fahrt ins nächste Tal sind schon aus der Ferne die Segelboote auf dem weitaus touristischeren Wolfgangsee zu sehen. Genießen Sie diesen Anblick, aber fahren Sie gleich weiter in das eigentliche Herz Österreichs und der Alpen. Auf dem Weg nach Hallstatt am Hallstätter See, dem Ort, der der frühen Eisenzeit ihren Namen gab, kann man nachvollziehen, warum man noch bis Anfang des letzten Jahrhunderts nur mit der Fähre hierher gelangte. Die Straße wird enger, die Berge immer steiler, und im Winter ist der kleine Ort Hallstatt oft von der Außenwelt abgeschnitten. Heute führt ein Tunnel durch den Fels zum Ort, aber man kann den fjordähnlichen See immer noch mit der Fähre überqueren. Früh am Morgen ist es am schönsten, wenn der Nebel über dem Wasser aufsteigt und der Ort ein paar Stunden von der Sonne gewärmt wird. Die ursprünglichen Pfahlbauten stehen nicht mehr, aber die in den Hang gebauten Häuser sind einzigartig. Mit der Bergbahn oder zu Fuß über den steilen Bergpfad erreicht man die 7000 Jahre alten Salzminen. Nicht versäumen sollten Sie das Beinhaus an der katholischen Kirche mit Hunderten bemalter Schädel.

Beste Reisezeit Von Mai bis Oktober ist Hochsaison. Im Winter kann Hallstatt schwierig zu erreichen sein, und vieles, wie auch die Salzminen, ist dann geschlossen.

Anreise Wer nicht selbst Auto fahren möchte, kann sich einer Busreise anschließen. Ab Bad Ischl gibt es einen Zug zur Bahnstation Hallstatt, von dort setzt man mit der Fähre nach Hallstatt über.

Reiseplanung Vielleicht möchten Sie eines der vielen Feste der Region miterleben. Unvergesslich ist die auf Booten durchgeführte Fronleichnamsprozession über den See im Frühsommer und der Almabtrieb zum Wolfgangsee im Frühherbst.

Websites www.salzwelten.at, www.fuschlseeregion.com, www.wolfgangsee.at

Drei-Seen-Blick

Die **Bartl-Hütte** ist eine beliebte Jausenstation. Von hier genießt man einen wunderbaren Blick auf die kristallklaren, türkisfarbenen Seen der Umgebung. Auf der Speisekarte stehen typische Gerichte wie Klöße und Schweinerippen ebenso wie Kuchen, Germknödel und selbst gebrannter Holunderschnaps. Zu erreichen über die Straße von **Faistenau** aus (20 Kilometer östlich von Salzburg) – die Hütte ist fünf Gehminuten vom Parkplatz entfernt. Eine Alternative ist die **Zwölferhorn** ab **St. Gilgen** mit einem halbstündigen Abstieg zur Bartl-Hütte.

St. Wolfgang am gleichnamigen See gehört zu den beliebtesten Badeorten Österreichs.

Die gotische Marienkirche in Lübeck – ein Symbol für Macht und Wohlstand der „Königin der Hanse".

DEUTSCHLAND

HANSESTÄDTE

Gotische Kirchtürme, mittelalterliche Backsteingiebel und Häfen erinnern an den einst mächtigen Kaufmannsbund.

Von Bremen aus geht es in Richtung Ostseeküste nach Lübeck, wo das monumentale Holstentor davon zeugt, welche Bedeutung der Stadt in der Hanse zukam, dem mächtigen Handelsbund mittelalterlicher Städte. Lassen Sie die Stimmung in der Altstadt mit ihren Patrizierhäusern aus Backstein aus dem 15. und 16. Jahrhundert auf sich wirken, oder suchen Sie sich eine ruhige Ecke in einem der unzähligen versteckten Höfe, die zum Teil öffentlich zugänglich sind. Weiter östlich an der Küste liegt Wismar, sehenswert sind hier der „Alte Schwede", ein prächtiger Backsteinbau mit Stufengiebel, das klassizistische Rathaus und die Wismarer Wasserkunst, eine Art Pavillon im Stil der niederländischen Renaissance. Vorbei an zauberhaften Badeorten an der Ostsee erreicht man Rostock, ebenfalls eine bedeutende Hansestadt, mit mächtigen Stadttoren, Befestigungen und imposanten Giebelhäusern. Auch die von Wasser umgebene Stadt Stralsund ist durch das leuchtende Rot der Backsteingotik geprägt. Jeder einzelne Ziegel ist von Hand geformt. Zu den Highlights der Stadt gehören Kanäle, Hafenspeicher, ein mittelalterliches Kloster und natürlich das aus dem 13. Jahrhundert stammende Rathaus mit seinen markanten Giebeln.

Beste Reisezeit Jede Jahreszeit hat ihren Reiz. Farbenfrohe Weihnachtsmärkte hellen die Winterzeit auf, im Frühling locken typische Feste wie das Osterfeuer und das Kirschblütenfest. Im Sommer sind die Tage lang und warm, die Nächte kurz und kühl. Dann ist mehr los, und die Preise sind höher.
Anreise Alle Städte sind mit Zug oder Auto gut erreichbar.
Reiseplanung Für die beschriebene Route von etwa 500 Kilometern brauchen Sie mindestens drei Tage.
Websites www.eurob.org, www.norddeutschland-urlaub.com, www.hanse.org/de

Bauernhofcafés

■ Ein schöner Stopp für eine Tasse Kaffee ist eines der 90 Bauernhofcafés der Region, teilweise mit traumhaftem Blick auf die Ostsee. Zum frisch gebrühten Kaffee gibt es hausgemachten Kuchen, den die stolze Bäuerin nach Rezepten zubereitet, die oft über Generationen weitergereicht sind. Auf vielen Höfen kann man im Sommer selbst Himbeeren und Erdbeeren pflücken.

■ Ein kulinarisches Highlight Norddeutschlands ist die Rote Grütze. Früchte der Region, also rote und schwarze Johannisbeeren, Himbeeren und manchmal Kirschen oder Erdbeeren, werden im eigenen Saft gedünstet und eingedickt und dann mit Schlagsahne oder Vanillesauce serviert.

Das Louisiana Museum für Moderne Kunst ist das bedeutendste Kunstmuseum Dänemarks.

DÄNEMARK

Die Dänische Riviera

Der Küstenabschnitt von Seeland ist landschaftlich reizvoll und zudem sehr beschaulich und nahezu flach – kurzum, ein Radfahrerparadies.

Nördlich von Kopenhagen erstreckt sich ein ruhiger Küstenabschnitt, die Dänische Riviera, mit Rad- und Wanderwegen entlang herrlicher Sandstrände. Hat man Kopenhagen hinter sich gelassen, geht es ganz gemächlich durch Hafenstädte und Waldgebiete weiter. Immer wieder fängt man einen Blick auf saphirblaues Wasser auf, die Luft ist schwer vom Salz. Man radelt vorbei an exklusiven Strandhäusern, gemütlichen Lokalen und durch ruhige Dörfer. In Rungsted steht das Wohnhaus von Karen Blixen, der Autorin von „Jenseits von Afrika". Ein Abstecher ins Landesinnere führt zu den Gärten von Schloss Fredensborg, das im Frühjahr und Herbst von der dänischen Königsfamilie bewohnt wird. In Klampenborg lädt der Dyrehave, der Hirschpark, auf einen Besuch ein. Dieses frühere königliche Jagdgebiet ist heute ein ausgedehnter Naturwald, der mehr als 2000 Hirsche beheimatet. Zurück auf dem Radweg geht es weiter zum Ziel der Fahrt nach Helsingør. Auf einer Landzunge liegt das imposante Schloss Kronborg, bekannt als Schauplatz von Shakespeares „Hamlet".

Beste Reisezeit Die Sommer sind warm, aber nicht zu heiß. Dänemark ist auch im Frühling und Herbst schön, der Winter allerdings ist windig und kalt. Auf Regen sollten Sie sich immer einstellen.

Anreise Von Kopenhagen führt ein 40 Kilometer langer Radweg nach Helsingør. Eine andere Möglichkeit ist es, das Fahrrad im Zug von Kopenhagen nach Helsingør mitzunehmen, eventuell dort einmal zu übernachten und dann zurück nach Kopenhagen zu radeln.

Reiseplanung Praktisch für Kopenhagen ist die Copenhagen Card, sie bietet freien Eintritt zu den meisten Museen sowie freie Fahrt im öffentlichen Verkehrsnetz. In Kopenhagen stehen kostenlose Leihfahrräder zur Verfügung, die man gegen eine Kaution benutzen kann, allerdings nur innerhalb der Stadtgrenzen.

Websites www.visitdenmark.com, www.louisiana.dk

Louisiana

Hoch über dem Öresund liegt in Humlebæk, südlich von Helsingør, das **Louisiana Museum of Modern Art** mit Arbeiten berühmter Künstler wie Picasso, Warhol, Ernst und Giacometti. Der mehrflügelige Komplex inmitten einer großzügigen Parkanlage wurde ursprünglich 1855 als Landhaus für Alexander Brun, den königlichen Hofjäger, erbaut. Dieser war dreimal verheiratet, und da alle seine Frauen Louise hießen, wurde das Museum dann Louisiana getauft.

Machen Sie einen Spaziergang durch den Skulpturengarten und bewundern Sie die „Liegende" von Henry Moore. Wenn Sie über den Öresund schauen, sehen Sie in der Ferne Schweden.

EUROPA

ITALIEN

Valle d'Itria in Apulien

Eine jahrhundertealte Geschichte prägt die Landschaft dieses malerischen Tals im Stiefelabsatz von Italien.

Frühnebel hängt über den sanften Hügeln, die bewachsen sind von jahrhundertealten Olivenhainen und Weinbergen. Dazwischen stehen weiße, fast märchenhafte Rundbauten. Es sind Trulli, die typischen Bauten dieser Region, die bis hin zum Dach ganz aus Stein sind und so gegen Hitze und Kälte schützen sollten. Gleich südöstlich des sehr touristischen Ortes Alberobello führen ruhige Landstraßen vorbei an weiteren Trulli zu ursprünglichen, jahrhundertealten Dörfern. In Locorotondo schmiegen sich weißgetünchte Häuser kreisförmig um die Hauptkirche, eine wunderbare Mischung aus klassizistischen und barocken Stilelementen. Etwas weiter südlich liegt Martina Franca, eine einst unter spanischer Herrschaft stehende Stadt, deren elegante Altstadt von barocken Bauten geprägt ist. Die Gemeinde Cisternino hingegen mutet mit ihren labyrinthisch angelegten Gassen und spitzen Bögen eher orientalisch an. Die kurvenreichen Straßen und Wege des Tals führen durch wogende Landschaften, aufgebrochen durch kleine Feldwege, die zu Feldern und Wiesen führen, wo Schafe grasen, Bauern ihre Ernte einbringen und mal einzelne, mal mehrere Trulli beisammen stehen. Im Sommer und Herbst finden zahlreiche *sagre* statt, ursprünglich Kirchweihfeste, die sich heute vor allem den kulinarischen Spezialitäten der Region widmen: Nudeln, Käse und Weißwein aus Locorotondo.

Beste Reisezeit Juli und August sind zwar sehr heiß, aber es gibt viele interessante Veranstaltungen, darunter das Opernevent Festival della Valle d'Itria.
Anreise Die nächstgelegenen Flughäfen sind Bari und Brindisi. Die Region ist auch mit dem Zug gut zu erreichen.
Reiseplanung In der Region gibt es viele schöne B&Bs und *agriturismi*, ideal, um nahe gelegene Orte wie Castellana Grotte, Bari, Trani, Castel del Monte, Ostuni und Matera zu besuchen. Am bequemsten ist es, die Region mit dem Auto zu erkunden, denn Busse fahren selten und unzuverlässig.
Websites www.viaggiareinpuglia.it, www.apulienitalien.com, www.grottedicastellana.it

Grotte di Castellana

Etwa 18 Kilometer nördlich von Alberobello in der Valle d'Itria liegt ein drei Kilometer langes Höhlensystem, das sich über Jahrmillionen im brüchigen Karst der Gegend gebildet hat. Dieses Naturwunder zieht Wissenschaftler, Höhlenforscher und Touristen gleichermaßen an. Unzählige Stalaktiten und Stalagmiten befinden sich in dem ausgedehnten Höhlensystem, etwa die **Caverna della Torre di Pisa**, so genannt wegen ihres großen Stalagmiten, die **Caverna dei Monumenti**, und schließlich die schönste von allen, die **Grotta Bianca**, mit ihren alabasterfarbenen Kalksteinformationen. Es gibt täglich 50-minütige oder zweistündige Führungen.

Ein Meer aus Trulli in den verwinkelten Gassen von Alberobello, seit 1996 Unesco-Weltkulturerbe.

TOP TEN
BESCHAULICHE WASSERWEGE

Ob zu Wasser oder zu Land, friedliche Stille ist garantiert an diesen natürlichen oder von Menschenhand geschaffenen Wasserstraßen.

❶ Rideau Canal, Ottawa, Kanada

Über 200 Kilometer sind zwischen Kingston am Ontariosee und Ottawa mehrere Seen und Flüsse durch Kanäle verbunden. Vielleicht sieht man an einer der 45 mit Handkurbel betriebenen Schleusen eine Bisamratte oder Sumpfschildkröte oder hört nachts die Rufe von Seetauchern über dem Wasser hallen.

Reiseplanung Der Kanal ist von Ende Mai bis Mitte Oktober geöffnet. Die Strecke dauert mindestens drei Tage. www.rideau-info.com/canal

❷ Boundary Waters, Minnesota, USA

Entlang der US-amerikanisch-kanadischen Grenze umfasst diese von Wasserwegen und Sümpfen geprägte Wildnis auch die Boundary Waters Canoe Area im Superior National Forest im Nordosten Minnesotas. Hier gibt es mehr als 1000 Seen und 1600 Kanurouten. Viele der 2000 Campingplätze sind nur vom Wasser aus erreichbar.

Reiseplanung Die für Übernachtungen notwendigen Genehmigungen muss man im Sommer reservieren, da die Zahl der Kanus durch ein Quotensystem begrenzt wird. www.fs.fed.us/r9/forests/superior/bwcaw

❸ Anavilhanas-Archipel, Brasilien

Das Labyrinth aus Inseln und Kanälen am Rio Negro im Amazonasbecken ist eines der größten Flussinsel-Archipele der Welt. Wenn in der Regenzeit viele Inseln überschwemmt werden, schwimmen Flussdelfine in den Baumkronen, und die Fische fressen Nüsse. Eine in die Baumwipfel gebaute Attraktion ist das 39 Kilometer entfernte Ariaú Amazon Towers Hotel.

Reiseplanung Der Archipel liegt 80 Kilometer flussaufwärts von Manaus. www.ariautowers.com, www.anavilhanaslodge.com

❹ Myall Lakes, New South Wales, Australien

Die vier miteinander verbundenen Küstenlagunen sind durch Strände und Sanddünen vom Ozean getrennt. Im südlichen Teil des Parks sieht man manchmal Kängurus, Wallabys und Nasenbeutler oder Koalas. Wundervolle schwarze Schwäne zieren die Seen, während man an der Küstenlinie Seeadler und im offenen Meer Delfine und Buckelwale erblicken kann.

Reiseplanung Einstiegsstellen sind in Käkövesi oder in Kirkkoranta, bei Enonkoski. www.finland.fi, www.luontoon.fi

❺ Kolovesi National Park, Finnland

Unternehmen Sie eine 40 Kilometer lange Kanutour inmitten des riesigen Saimaa-Seenlands. Zum Schutz der bedrohten Saimaa-Ringelrobbe sind Motorboote verboten. Ein besonderes Ziel ist der Berg Ukonvuori im östlichen Teil des Parks mit 5000 Jahre alten Felszeichnungen.

Reiseplanung Einstiegsstellen sind in Käkövesi oder in Kirkkoranta, bei Enonkoski. www.finland.fi, www.luontoon.fi

❻ La Baïse, Lot-et-Garonne, Frankreich

Die Baïse fließt durch eine von Weinbergen und Obstgärten geprägte Hügellandschaft und mündet bei Buzet im Südwesten Frankreichs in die Garonne. Spezialitäten der Region sind der Likörwein Floq de Gascoyne, der als Aperitif genossen wird, sowie die älteste französische Spirituose, der Armagnac.

Reiseplanung Über den Kanal dauert die Fahrt von Damazan nach Valence-sur-Baïse und zurück etwa eine Woche. www.europa47.org

❼ Great Glen Way, Schottland

Von Fort William bis Inverness wird Schottland durch eine große Verwerfungslinie zweigeteilt, erkennbar an einer Reihe länglicher Seen, den sogenannten Lochs. Sie sind verbunden durch den Kaledonischen Kanal, der sich zu Fuß, mit dem Rad oder per Auto oder Boot erkunden lässt. Der erste Abschnitt des 117 Kilometer langen Wanderwegs von Old Fort in Fort Williams verläuft am Ufer der Lochs, spätere Abschnitte führen über die Hügel.

Reiseplanung Von Glasgow und Edinburgh gibt es Busse und Züge nach Fort William and Inverness. www.greatglenway.com

❽ South Oxford Canal, England

Von Oxford aus verläuft der Kanal vorbei an zahlreichen Schleusen und hölzernen Hebebrücken durch die wunderbare Landschaft von Cotswold mit ihren hübschen reetgedeckten Häusern, gemütlichen Pubs, Wäldern und Feuchtwiesen, bis die Windmühle auf Napton Hill in Sichtweite kommt.

Reiseplanung Die Bootsfahrt von Oxford nach Napton und zurück dauert etwa eine Woche. www.waterways.org.uk, www.waterscape.com

❾ Llangollen Canal, Wales

Die Aquädukte Chirk und Pontcysyllte – Letzterer ist 307 Meter lang und ruht auf schlanken Mauerbögen – sind architektonische Meisterleistungen entlang der 74 Kilometer des Kanals von Nantwich in Cheshire bis zum Fuß der Bergketten von Snowdonia.

Reiseplanung Jachthäfen in Llangollen, Chirk, Ellesmere, Wrenbury, Whitchurch und Whittington vermieten die für diesen Kanal notwendigen Narrowboats. www.waterways.org.uk, www.waterscape.com

❿ Der Fluss Gambia, Westafrika

Der Fluss ist die Lebensader Gambias und der beste Weg, das schmale Land zu erleben. Zu den Highlights flussaufwärts gehören Flusspferde, Guinea-Paviane, Rote Stummelaffen und Nilkrokodile.

Reiseplanung Touren im unteren Abschnitt starten in Banjul, die zu den Baboon Islands und den weiter oben gelegenen Gebieten in Janjanbureh (Georgetown) und Kuntaur. www.hi.accessgambia.com

---

Gegenüber: Vielen gilt er als schönste Wasserstraße Englands – der South Oxford Canal führt von der Themse ins Herz Englands.

FRANKREICH
Lavendelfelder der Provence

Der Anblick von blühenden Lavendelfeldern, über die eine Sommerbrise streicht, lockt unwiderstehlich zu einem Abstecher.

Scheinbar endlos erstrecken sich die violett-blauen Lavendelfelder im einsamen Hinterland der Provence, dem *arrière-pays de Provence*. Die Römer brachten die duftende Pflanze einst in diese sonnige, trockene Region, wo der Echte Lavendel heute nur auf großer Höhe gedeiht. Der Lavandin, eine trockenresistente Kreuzung, steht in endlosen Reihen östlich der Stadt Manosque und auf dem sonnenreichen Plateau de Valonsole. Von der Straßenkreuzung am Poteau de Telle aus sieht man in der Blütezeit Lavendel in allen Richtungen. Eine seltenere Art, der Speiklavendel, mit längeren Halmen und verzweigtem Blütenkopf, wächst nördlich von Grasse auf dem Plateau de Caussols. Um die verschiedenen Lavendelgebiete zu erkunden, startet man am besten in Apt im Tal des Luberon und fährt hoch in die Landschaft der Haute-Provence bei Sault, wo seit 1515 die Kunsthandwerker der Region dienstags auf dem Markt ihre Erzeugnisse anbieten. Dann biegt man von der Strecke nach Aurel ab und fährt zu den Ausläufern des Mont Ventoux, eine schwierige Etappe der Tour de France, bevor es weitergeht nach Buis-les-Baronnies in der Drôme. Vielleicht sehen Sie im Juli Felder, auf denen per Hand Lavendel für Duftsäckchen und Sträuße geschnitten wird. Ab Mitte August wird der Lavendel für die Destillation maschinell geerntet. Ob Sie mit Auto, Fahrrad oder zu Fuß unterwegs sind, atmen Sie tief durch, am besten kurz vor Sonnenuntergang, dann ist der Duft am intensivsten.

Beste Reisezeit Kurz bevor früh im Juni die Knospen aufbrechen, färben sich die Felder in wundervollem Silber, die eigentliche Blüte aber dauert vom späten Juni bis in den August.
Anreise Ein guter Ausgangspunkt ist Apt, 53 Kilometer östlich von Avignon, das auch mit dem Zug gut zu erreichen ist. Vom Bahnhof Avignon aus gibt es Busse nach Apt und Sault.
Reiseplanung Die Sommer können sehr heiß sein, ein Auto mit Klimaanlage ist eine große Erleichterung.
Websites www.provence.de, www.chateau-la-gabelle.com, www.simiane-la-rotonde.fr

Duft der Provence

■ Gönnen Sie sich eine Nacht oder auch eine Woche bei Marguerite Blanc im **Château de la Gabelle,** bei **Ferrassières**, am besten in der Zeit um den ersten Sonntag im Juli zum Lavendelfest.

■ Lohnenswert ist ein Ausflug zum mittelalterlichen Schloss in **Simiane-la-Rotonde** mit seinem beeindruckenden Donjon. Die hiesige Kooperative, die größte der Provence, veranstaltet Workshops zu Aromatherapie und ätherischen Ölen (Buchung empfehlenswert).

■ Ein schönes Erlebnis sind die Feste zur Lavendelernte mit Festumzügen, Tanz und allem rund um den Lavendel.

Ein einzelner Mandelbaum steht inmitten der Lavendelreihen. Nach der Erntezeit von Ende Juli bis August wird alles kahl sein.

Markante, tief unter die Wasseroberfläche reichende Klippen weisen auf Madeiras vulkanischen Ursprung hin.

MADEIRA
Auf der Ponta São Lourenço

Die zu Portugal gehörende Insel bietet von ihrer östlichen Spitze atemberaubende Panoramen.

Die in den Atlantik hinausragende Landzunge ist mit vulkanischen Kegeln und aufragenden Klippen gespickt. Sie ist der östlichste Punkt der Blumeninsel. Eine salzige Brise weht über die wilde Felslandschaft am Kap. Kein Baum wächst hier, nur Flechten klammern sich an den Stein, und aus den Felsspalten schauen kleinere Pflanzen hervor. Der Wanderweg führt über schmale Grate, vorbei an bizarren, malerisch gefärbten Felsformationen und steilen Klippen. An manchen Stellen ist er trotz der Sicherungsseile schwindelerregend. Wer sich trotzdem traut, einen Blick über die Steilklippe zu wagen, erblickt weit unten kleine Sandbuchten. Der gut markierte Pfad führt zum Ende der Landspitze und dem südlich herausragenden Pico do Furado. An klaren Tagen sieht man im Süden die Desertas Islas und im Norden Porto Santo, Madeiras kleine Schwesterinsel. Unten in der Bucht liegt das Fischerdorf Caniçal. Auf einer kleinen Insel vor dem Kap steht ein einsamer Leuchtturm. Manchmal sieht man eine der seltenen Mönchsrobben oder Eidechsen, die sich auf dem Fels sonnen. Seevögel gibt es in Hülle und Fülle, außerdem Bussarde, Turmfalken und bunte Schwärme zwitschernder Kanarienvögel.

Beste Reisezeit Das ganze Jahr ist mild, aber im Winter ist die Halbinsel grün, im Sommer karg. Der Frühling bringt eine wahre Blütenexplosion, im Hochsommer sorgt die stete Meeresbrise für angenehme Temperaturen.

Anreise Von der Hauptstadt Funchal fährt man bis zum Parkplatz in Baia da Abra, wo der Pfad beginnt. Von Funchal gibt es einen Bus nach Caniçal, Fahrzeit etwa 1,5 Stunden.

Reiseplanung Planen Sie drei bis vier Stunden für die acht Kilometer lange Strecke ein, mit viel Zeit zum Fotografieren und für ein Picknick auf der Landspitze. Feste Schuhe, Sonnenschutz und wasserfeste Kleidung sind wichtig für das wechselhafte Wetter. Wirklich schwierig ist nur der letzte Anstieg.

Websites www.madeiratourism.org, www.madeira-levada-walks.com, www.madeira-web.com

Weitere Wanderungen

■ Ein Wanderweg führt vom **Pico do Arieiro** zum höchsten Gipfel Madeiras, dem **Pico Ruivo** (1861 Meter). Eine anspruchsvolle, sieben Kilometer lange Tour durch raues Gelände mit schwindelerregenden Steilhängen, aber auch spektakulären Ausblicken.

■ Eine lange, aber recht leichte Wanderung überquert die Insel auf dem alten **Caminho Rea**, dem „königlichen Weg". Die einstige gepflasterte Hauptverkehrsader der Insel geht vorbei am **Curral das Freiras**, dem Nonnental, so genannt, weil hier Nonnen Zuflucht vor Piratenangriffen suchten, und durchquert den **Lorbeerwald**.

TOP TEN
BAHNREISEN

Auf der Fahrt durch atemberaubende Landschaften
eröffnen diese Zugreisen ein einzigartiges Fenster auf die Welt.

❶ Cass Scenic Railroad, West Virginia, USA

Der Dampfzug steigt von Cass 18 Kilometer weit auf den 1476 Meter hohen Knob Hill mit spektakulärer Aussicht und herrlicher Bergluft. Auf der 1901 für den Holztransport eingerichteten Bahnstrecke werden Getriebedampfloks eingesetzt, um die starke Steigung mit Haarnadelkurven zu überwinden.

Reiseplanung Reservierung ist empfehlenswert. Packen Sie warme Kleidung ein. www.cassrailroad.com

❷ White Pass & Yukon Railroad, Alaska/Kanada

Die 1898 während des Goldrausches am Klondike gebaute Schmalspurbahn WP&YR startet in Skagway in Alaska und steigt 878 Meter hoch über den White Pass bis in den kanadischen Yukon und einige der wildesten Landschaften des Nordens. Mit Diesel- und Dampfloks geht es nach Fraser oder bis Carcross.

Reiseplanung Verschiedene Übernachtungsmöglichkeiten gibt es in Skagway am South Klondike Highway. Eine Reservierung ist empfehlenswert. www.wpyr.com

❸ Der alte Patagonien-Express, Argentinien

Der als La Trochita (kleine Schmalspur-Eisenbahn) bekannte Zug fährt zweimal pro Woche von Esquel durch karge Landschaft zum Örtchen Nahuel Pan.

Reiseplanung Die Rundfahrt dauert 2,5 Stunden. Übernachtungsmöglichkeiten gibt es in Esquel, zu erreichen von Buenos Aires mit Flugzeug oder Bus. www.patagonia-argentina.com

❹ The Overlander, North Island, Neuseeland

Die wundervolle, 681 Kilometer lange Zugreise durch das Herz der neuseeländischen Nordinsel verbindet Auckland im Norden mit Wellington im Süden. Zu den Highlights an der Strecke gehören die Skigebiete im Tongariro-Nationalpark, der Vulkan Mount Ruapehu, die Raurimu-Spirale und der Hapuawhenua-Viadukt. An bestimmten Sonntagen wird der Zug auf einem Teil der fast zwölfstündigen Reise mit Dampf angetrieben.

Reiseplanung Der Zug fährt in der Sommersaison täglich außer an Weihnachten. www.tranzscenic.co.nz

❺ The Sunlander, Queensland, Australien

Der an der Küste von Queensland zwischen Brisbane und Cairns verkehrende Sunlander bietet einen großartigen Service inklusive Schlafwagen. Während die Landschaft vorüberrauscht, können die Passagiere die unterschiedlichsten Gerichte kosten. Je weiter der Zug nach Norden Richtung Cairns kommt, desto tropischer wird das Klima.

Reiseplanung Die Fahrt dauert 32 Stunden. www.australian-trains.com, www.railaustralia.com.au/sunlander.php

❻ Von Kandy nach Haputale, Sri Lanka

Der Zug von Kandy, im Herzen Sri Lankas, nach Haputale fährt vorüber an Teeplantagen, Wäldern, ursprünglichen Dörfern und Wasserfällen. Für die fünfstündige Fahrt lohnt sich der Aufschlag für den Erste-Klasse-Aussichtswagen.

Reiseplanung Unbedingt reservieren. Unterwegs kann es heiß und schwül werden. www.slrfc.org/railway-seat-reservation

❼ Malnad, Westghats, Indien

Shimoga in der indischen Provinz Karnataka ist der östliche Ausgangspunkt der Strecke nach Talaguppa in den Westghats. Drei Stunden geht es mit einem kleinen Schienenbus durch üppigen Regenwald. Von Talaguppa aus führt eine Straße zu den Jog Falls, Indiens höchstem frei fallenden Wasserfall.

Reiseplanung Da die Linie ausgebaut wird, sollten die Reisemöglichkeiten vorab geprüft werden. Ein Nachtzug verbindet Bangalore mit Shimoga. www.indiaprofile.com

❽ Von Sarajevo nach Mostar, Bosnien und Herzegowina

Durch eine wundervolle Balkanlandschaft erklimmt der Zug von Sarajevo seinen höchsten Punkt bei Konjic, wo er auf das Tal der Neretva trifft. Nach Herzegowina hinunter geht es durch beeindruckende Schluchten bis in die Stadt Mostar, deren berühmte Steinbrücke aus dem 16. Jahrhundert 1993 zerstört und dann wiederaufgebaut wurde.

Reiseplanung Die Fahrt dauert etwa 2,5 Stunden. Täglich fahren zwei Züge. www.bosnien.info

❾ The Romney, Hythe & Dymchurch Railway, England

Die 1927 eingeweihte Miniatur-Dampfeisenbahn (Schienenabstand nur 38 Zentimeter) fährt vom hübschen Seeort Hythe bis zur Landspitze von Dungeness, berühmt für seinen Leuchtturm, das Kraftwerk und die Tierwelt. Einer der Stopps auf der 22 Kilometer langen Strecke ist der Badeort Dymchurch mit seinem endlos langen Sandstrand.

Reiseplanung Im Bahnhof New Romney sind Modelleisenbahnen ausgestellt. www.rhdr.org.uk

❿ Welsh Highland Railway, Wales

Die Schmalspurbahn führt vom nordwalisischen Caernarfon im Snowdonia Nationalpark bis zum Hafen von Porthmadog durch eine der schönsten Landschaften von Wales. Unterwegs eröffnen sich schöne Ausblicke auf den 1085 Meter hohen Snowdon und über den steilen Aberglaslynpass.

Reiseplanung Sowohl in Porthmadog als auch in Caernarfon findet man Übernachtungsmöglichkeiten. www.welshhighlandrailway.net

Gegenüber: Mit der Dampflok unterwegs auf der Strecke der Cass Scenic Railroad in West Virginia.

Getaria der Provinz Guipúzcoa ist bekannt für eine große Auswahl an Restaurants.

SPANIEN

Baskische Küstenwanderung

Hungern muss man nicht auf einer Wanderung, die zu einigen der kulinarischen Highlights des Baskenlandes führt.

Drei Tage genügen, um an der nordöstlichen Küste des Baskenlandes nach Hendaye in Frankreich zu wandern. Ein guter Ausgangspunkt ist Zumaia, wo sich das frühere Wohnhaus des Malers Ignacio Zuloaga befindet. Markierte GR-Wanderwege (Gran Recorrido) führen zum Fischerort Getaria und zu Restaurants, in denen *besugo* (Meerbrassen) und *txuleta de buey* (Ochsensteaks) auf dem Grill liegen. Ein Weg durch die Weinberge führt weiter zum Küstenstädtchen Zarautz mit dem längsten Strand im Baskenland. Von hier nehmen Sie den Zug nach San Sebastián zu weiteren kulinarischen Highlights, vom Weltklasserestaurant Arzak bis zu Tapas in der Altstadt. Köstlicher Fisch und Meeresfrüchte warten im Fischerdorf Pasajes de San Juan, dessen einzige Straße mit historischen Gebäuden gesäumt ist, darunter das Wohnhaus von Victor Hugo. Die Nacht verbringen Sie in Caserio Artzu, einem typisch baskischen Landhaus oberhalb des Fischerdorfes Hondarribia an der Mündung des Bidasoa – der Grenze zwischen Spanien und Frankreich. Mit dem Boot, einer *navette*, setzen Sie über auf die andere Seite nach Hendaye zum Wanderweg GR 10 hoch nach Biriatour oberhalb des Bidasoa. Nach einer Nacht in der Auberge Hiribarren geht es wieder hinunter nach Hendaye zum Zug und zurück nach San Sebastián.

Beste Reisezeit Mai bis Juni und September bis November – so meiden Sie Regen und Sommerhitze.
Anreise Von Bilbao oder San Sebastián mit der Schmalspurbahn Eusko Tren nach Zumaia. Oder von Barcelona mit dem Nachtzug nach Zumarraga und dann mit dem Bus nach Zumaia.
Reiseplanung Die Wanderung ist angelegt für Tagestouren von Gasthof zu Gasthof. Wichtig sind gute Wanderschuhe, warme Kleidung, Rucksack und Regenschutz.
Websites www.spanien-aktuell.info/baskenland, www.sansebastianturismo.com

Baskischer Wein

In den Weinbergen oberhalb von **Getaria** wird *txakolí* hergestellt, ein trockener, leicht moussierender Wein mit geschützter Herkunftsbezeichnung aus der Rebsorte Hondarribi Zuria. Die Trauben für Txakolí wachsen auf hohen Rebstöcken, die früher durch Walrippen gestützt wurden. Die über dem regenreichen Golf von Biskaya angebauten Trauben bekommen wenig Sonne und werden meist vor der vollen Reife gelesen, weshalb der Wein viel Säure und einen geringen Zuckergehalt hat. Txakolí wird üblicherweise jung getrunken und als Aperitif zu herzhaften Vorspeisen wie Anchovis serviert. Der Wein wird aus einer Höhe von bis zu einem Meter effektvoll in hohe, weite Gläser gegossen, so kann sich der volle Geschmack entfalten. Der Txomin Etxaniz gilt allgemein als der beste Txakolí in Getaria.

SCHOTTLAND

Glen Affric

Die raue Schönheit der Highlands im Glen Affric besticht durch ihre einzigartigen Farben und die wild lebenden Tiere.

Touristen zieht es nach Loch Ness in der Hoffnung, das gleichnamige Ungeheuer zu erblicken. Nur wenige fahren in eines der Seitentäler nach Glen Affric, wo noch etwas von den ursprünglichen Highlands anzutreffen ist – ein mit kaledonischen Kiefern gesäumtes Tal voller Wildtiere und Bäche in Farben des Single Malt, für die diese Region zu Recht berühmt ist. Das Tal, das seit dem frühen 15. Jahrhundert Heimat des Chisholm Clans war, hatte bis zu den „Highland Clearances", der Vertreibung der Bevölkerung im Hochland im späten 18. Jahrhundert, viele Bewohner. Seine Abgeschiedenheit verschonte das Tal vor der landschaftlichen Ausbeutung im viktorianischen Zeitalter. Heute ist nur das untere Tal mit dem Auto zugänglich, Wanderer dagegen können die Region auf 15 verschiedenen Wanderwegen erkunden. Diese reichen von einem leichten, einstündigen Spaziergang vom Parkplatz am Fluss Affric entlang bis zu einem 29 Kilometer langen Rundweg zu den Gipfeln von Càrn Eige und Mam Sodhail, wo das Wetter ganzjährig windig und wechselhaft ist. Auf allen Wegen hat man gute Chancen, wild lebende Tiere zu sehen, vor allem bei Sonnenaufgang, wenn sie am aktivsten sind. Eine großartige Tour, entweder zu Fuß oder mit dem Mountainbike, ist der Rundweg um das wundervoll ruhige Loch Affric.

Beste Reisezeit Der Sommer ist die beste Zeit für längere Wanderungen, obwohl das Wetter wie überall im schottischen Hochland sehr wechselhaft ist.

Anreise Glen Affric erreicht man von Inverness aus auf den Highways A862 und A831 (über Beauly) oder von Drumnadrochit am Westufer von Loch Ness über die A831 nach Westen. Cannich ist das Tor zum Tal.

Reiseplanung Übernachtungsmöglichkeiten in der unmittelbaren Umgebung gibt es im Cannich Caravan & Camping Park, in der Jugendherberge Glen Affric und im historischen Tomich Hotel, einem ehemaligen viktorianischen Jagdschloss. Natural High Guiding bietet unter anderem geführte Tageswanderungen, Radtouren und Fahrradverleih.

Websites www.glenaffric.org, www.walkhighlands.co.uk/lochness, www.naturalhighguiding.co.uk

Die Applecross-Halbinsel

Westlich von Glen Affric, eingebettet zwischen den Bergpässen des Hochlandes und der Isle of Skye, liegt die **Applecross Peninsula,** eine der abgelegensten Gegenden Schottlands, in die bis in die 1970er Jahre keine Straße führte. Heute verbindet eine enge Uferstraße etwa ein Dutzend kleiner Fischerdörfer. Der spektakulärste Weg aber führt über den alten **Bealach na Ba,** einen früher für den Viehtrieb genutzten Weg, heute eine einspurige Straße, die sich mit einer Steigung von bis zu 20 Prozent den Berg hinaufschlängelt. Straßenschilder weisen die Autofahrer auf den Anstieg hin, nicht aber auf die atemberaubende Aussicht von oben.

Die Reste des Kiefernwaldes, der einst einen großen Teil Schottlands bedeckte, sind ein Paradies für Tiere.

WALES
Von Hay-on-Wye nach Abergavenny

Die sanfthügelige Landschaft der Black Mountains war schon immer spirituelle und kreative Inspirationsquelle.

Das malerische Städtchen Hay-on-Wye gleich hinter der walisischen Grenze im Brecon-Beacons-Nationalpark ist bekannt als weltweite Hochburg des Antiquariats. Besucher durchstöbern die vielen Buchläden, darunter auch den Honesty Bookshop, einen Buchladen im Freien, wo man das Geld für die gekauften Bücher einfach in eine Schachtel legt. Der Weg nach Süden von Hay nach Abergavenny bietet eine Vielzahl toller Ausblicke auf die atemberaubenden Black Mountains. Dies ist die östlichste Gebirgskette der Brecon Beacons, von Bruce Chatwin verewigt in seinem Roman „Auf dem schwarzen Berg", eine Geschichte über das Leben zweier Zwillingsbrüder an der walisischen Grenze. Sehenswert sind unterwegs in Tretower die imposante Ruine eines Schlosses aus dem 12. Jahrhundert und ein wiederaufgebauter Hof aus dem 14. Jahrhundert. Zum Mittagessen könnten Sie in Crickhowell einen Halt einlegen, einem Mekka für Wanderer, Kletterer und andere Outdoor-Fans. Im Ort steht ein normannisches Schloss mit einer herrlichen Aussicht über das Tal des River Usk, der südwestlich am Ort vorbeifließt. Dann geht es weiter nach Abergavenny, einem kleinen Marktflecken inmitten der herrlichen Naturlandschaft der Berge Blorenge, Skirrid Fawr und Sugar Loaf Sugar – alle drei gut zu erwandern.

Beste Reisezeit Jeweils im September findet dass Abergavenny Food Festival statt. Das Hay Festival liegt alljährlich an einem Wochenende gegen Ende Mai/Anfang Juni, dann füllt sich der Ort mit Besuchern.

Anreise Hay ist 32 Kilometer entfernt von Hereford mit seiner sehr alten Kathedrale. Von der A438 ist es ein kurzer Abstecher nach Hay. Zwischen London und Hereford verkehren Züge, von Hereford nach Hay-on-Wye gibt es Busverbindungen.

Reiseplanung Jeden Donnerstag ist in Hay-on-Wye Markt, wo man Brot, walisischen Käse und andere Erzeugnisse der Region kaufen kann.

Websites www.travelwales.org, www.hay-on-wye.co.uk, www.abergavenny.co.uk

Weinberge am Sugar Loaf

Weinfreunde sollten auf dem Weg von Hay-on-Wye nach Abergavenny am Fuß der Sugar Loaf Mountains eine Weinprobe einiger der besten in Wales produzierten Weine machen. Vier Sorten Weißwein werden hier produziert sowie ein Rotwein und ein Schaumwein.

Machen Sie einen schönen Spaziergang durch die grünen Weinberge, oder bleiben Sie eine Nacht in einem der Cottages und genießen Sie bei einem Glas Wein die Aussicht über das wunderbare Usk Valley.

Gegenüber: Ein zerfurchter Fußweg führt vom Sugar Loaf nach Crickhowell. Oben: Die Ruine von Tretower Castle.

NORDIRLAND

Die Causeway Coastal Route

Die traumhafte Strecke vorbei an der zerklüfteten Nordküste der Smaragdinsel verdient es, in aller Ruhe genossen zu werden.

An der schmalen Straße, die Belfast, den Giant's Causeway, Portrush und Londonderry verbindet, gilt es Vieles zu erkunden, so auch Carrickfergus Castle von 1177, eine der besterhaltenen normannischen Burgen Irlands. Die Straße führt durch einige der schönsten Wanderlandschaften Irlands, die Glens of Antrim, tief eingeschnittene Täler, entstanden durch riesige Gletscher am Ende der letzten Eiszeit. Mitten in den Glens besticht der Glenariff Forest Park mit Wasserfällen. Die Hängebrücke zur Insel Carrick-a-Rede, die ursprünglich nur ein paar Monate im Jahr ausgespannt war und den Fischern dazu diente, ihre Netze auf der Insel ohne Boot zu erreichen, ist heute dauerhaft gespannt. Die 18 Meter lange Stahlseilkonstruktion schwebt 24 Meter hoch über dem Atlantik. Ein Weg über die Inselklippen bietet umwerfende Aussichten. Einige Meilen weiter liegt der Giant's Causeway. Der Legende zufolge soll der Riese Finn McCool die ungewöhnlichen Basaltsäulen als Trittsteine gebaut haben, um einen schottischen Rivalen herauszufordern. Alte Geschichten ganz anderer Art findet man bei Bushmills, Irlands ältester Whiskeybrennerei, in der auch verkostet wird. Das über dem Atlantik thronende Dunluce Castle aus dem 17. Jahrhundert ist eine der schroffsten, düstersten Burgen Irlands. Schließlich führt die Straße hinauf nach Londonderry/Derry mit seinen bis heute erhaltenen Stadtmauern.

Beste Reisezeit Das beste Wetter bietet die Zeit von April bis Oktober. Die Hängebrücke nach Carrick-a-Rede ist bei entsprechenden Wetterbedingungen ganzjährig begehbar.

Anreise Flughäfen gibt es in Belfast und Londonderry/Derry. Vom Flughafen Dublin fahren Expressbusse nach Belfast. Von Stranraer in Schottland und Fleetwood in England gibt es Fähren nach Belfast oder Larne. Zurück kann man von Portrush oder Derry schneller über die Autobahn fahren.

Reiseplanung Unterwegs findet man zahlreiche Unterkünfte. Geführte Reisen gibt es mit Bus und Bahn, auf dem Wasser, auf dem Pferderücken und zu Fuß. Ein Dampfzug fährt vom Giant's Causeway nach Bushmills.

Websites www.causewaycoastandglens.com, www.discovernorthernireland.com, www.gotobelfast.com

Belfasts Revival

■ **Die Pubs in Belfast** bieten dieselbe Atmosphäre wie die in Dublin, *craic* wie die Iren sagen, nur mit weniger Touristen. Ob das John Hewitt, das Crown, Kelly's Cellars, die Whites Tavern, McHugh's, Bittles Bar, Muriels oder die Cocktail Bar – sie alle lohnen einen Besuch auf ein Guinness oder einen Irish Whiskey.

■ Etwas über die Schiffbaugeschichte der Stadt – unter anderem wurde die „Titanic" hier gebaut – erfährt man im **Titanic's Dock and Pump House**.

■ Eine Stadtrundfahrt führt an Orte, die mit dem Nordirlandkonflikt in Zusammenhang stehen, etwa zu den Wandbildern in **Falls Road** und **Shankill Road**. Besichtigt werden kann auch das **Crumlin Road Gaol**, wo politische Gefangene einsaßen.

Eine Kurve nach der anderen führt durch eine der spektakulärsten Landschaften Europas, mit geschichtsträchtigen Bauten am Wegesrand.

Unterwegs kommt man an einigen der schönsten Exemplare von Südafrikas Nationalbaum vorbei, dem Yellowwood.

SÜDAFRIKA

Der Tsitsikamma Trail

Ein sechstägiger Trip entlang der Garden Route bringt Sie mitten ins Herz der Tsitsikamma-Berge.

Tsitsikamma stammt aus der Sprache der Khoikhoi und heißt etwa „wasserreicher Ort" – dass der Name passt, merken Wanderer schnell auf diesem 64 Kilometer langen Weg. Erst ganz klein und leise und dann mit viel Getöse fließen aus den dunkelgrünen Bergen an Südafrikas südlicher Küste viele Flüsse zum Ozean. Der Tsitsikamma Trail führt quer durch die Berge, taucht ein in Granitschluchten, steigt auf grasige Bergsattel und überquert auf seinem Weg von West nach Ost zwischen Nature's Valley und Storms River Mouth zahlreiche Flüsse. Die Route ist alles andere als einfach, und das nicht so sehr wegen des Auf und Ab, sondern weil es Flüsse zu überqueren gilt – schnell fließende Gewässer, die oft bis an die Brust reichen. Der Weg führt durch dichten Urwald und die typische Fynbos-Vegetation, die im Frühling eine üppigen Blütenteppich bildet. Dies ist auch das Reich leiser Leoparden und lärmender Paviane, von Buschschweinen und Duckern. Selbst wenn man keines dieser Tiere zu Gesicht bekommt, ihre Spuren sieht man. Und oft hört man sie nachts vor einer der fünf Schutzhütten am Weg, die mit ihren holzbefeuerten Duschen wohl allen Wanderern am Ende des Tages hochwillkommen sind.

Beste Reisezeit Die trockensten und kühlsten Monate sind Juni und Juli.
Anreise Die Tsitsikamma-Region liegt östlich von Kapstadt, eine Tagesfahrt über die Garden Route entlang der Küste entfernt.
Reiseplanung Das nächstgelegene Hotel beim Ausgangspunkt liegt in Plettenberg Bay, viele Wanderer verbringen aber die erste Nacht in der Kalender Hut in Nature's Valley. Der Wanderweg und die Hütten werden durch eine Gesellschaft für Ökotourismus, MTO, unterhalten, die auch einen Gepäckdienst organisiert.
Websites www.mtoecotourism.co.za, www.sanparks.co.za, www.stormsriver.com, www.monkeyland.co.za

Am Weg

■ In Nature's Valley, dem Ausgangspunkt des Weges, wartet neben einem goldfarbenen Sandstrand auch das **Monkeyland Primate Sanctuary**, ein weitläufiges Gelände, wo Primaten und Affenarten der Neuen und der Alten Welt, darunter viele seltene und bedrohte Arten, gezüchtet werden. Geführte Safaris werden angeboten.

■ Auf dem kleinen Boot namens „Spirit of Tsitsikamma" können Sie eine herrliche Fahrt in die Schlucht **Storms River Gorge**, machen. Los geht es an der Brücke über die Mündung in den Indischen Ozean.

■ Nicht weit davon lädt **Stormsriver Adventures** schwindelfreie Besucher ein, sich mit einem Gurt gesichert an einem Stahlseil entlangzuhangeln, das 27 Meter hoch über dem Waldboden gespannt ist. Diese *canopy tour* dauert etwa drei Stunden mit Stopps auf Plattformen in den riesigen Yellowwood-Bäumen.

KENIA

GREAT RIFT VALLEY

Rosafarbene Flamingos am Ufer des Nakurusees sind nur einer der unvergesslichen Eindrücke im kenianischen Grabenbruch.

Das Great Rift Valley, der Ostafrikanische Grabenbruch, zieht eine riesige, stellenweise mehr als 60 Kilometer breite und bis zu 1800 Meter tiefe Narbe mitten durch Kenia, gesäumt von Vulkanen und Seen, an denen Millionen von Tieren Nahrung finden. Nairobi liegt östlich des Tals im kühlen Hochland. Hier beginnt die abenteuerliche Fahrt durch das Herz des Grabenbruchs. Über das Kikuyu Escarpment führt der Highway A104 hinunter zum Nakurusee, wo neben zwei Millionen Flamingos Fischadler, Heilige Ibisse und Hunderte anderer Tierarten leben. Bei Londiani geht es links über das Mau Escarpment zum Viktoriasee, geradeaus führt die Straße über den Äquator hoch nach Eldoret, Heimat des legendären Leichtathleten Kip Keino. Zwischen Eldoret und Kitale erstreckt sich grünes Hügelland, ein Patchwork aus Feldern und Wald mit dem schneebedeckten Mount Elgon in der Ferne. Schließlich geht es wieder hinunter in den Grabenbruch, die Zivilisation weicht hinter der Wildnis der nordwestlichen Region Kenias zurück. Bald verwandelt sich die Landschaft in eine von Akazien übersäte Wüste. Heute ist die früher nur mit dem Kamel passierbare Strecke dank der befestigten Straße kein Problem mehr. In Lodwar zweigt die Straße ab zum Turkanasee, dem größten kenianischen See im Grabenbruch. Ein Anblick, der sich für immer in Ihr Gedächtnis prägen wird.

Beste Reisezeit Das Klima im kenianischen Hochland ist fast das ganze Jahr über mild oder gemäßigt. In Nairobi beispielsweise steigt die Temperatur höchstens auf angenehme 27 Grad. Die Region um den Turkanasee ist immer heiß und trocken. Im Februar und März steigt das Thermometer auch einmal über 40 Grad.

Anreise Der südliche Teil der Route, von Nairobi nach Kitale, ist gut an das öffentliche Verkehrsnetz angebunden; es gibt Züge nach Naivasha, Nakuru und Eldoret. Zwischen Kitale und Lodwar sind Busse oder Sammeltaxis, die *matatus,* sehr viel seltener. Es empfiehlt sich ein eigenes Fahrzeug.

Reiseplanung Eine Strecke dauert mindestens zwei Tage. Das schön restaurierte historische Fairmont Norfolk Hotel in Nairobi strahlt eine koloniale Atmosphäre aus. Übernachtungsmöglichkeiten in der Turkana-Region sind das Lobolo Tented Camp am Westufer und die Oasis Lodge am Südufer des Sees.

Websites www.tourism.go.ke, www.fairmont.com/norfolkhotel, www.oasis-lodge.com

Reiseimpressionen

Ich öffne die Augen und sehe eine alte Frau, die mir direkt ins Gesicht schaut. Ihre Unterlippe ist durchstochen von einem knapp drei Zentimeter langen Metallstift, die Ohren von mindestens einem halben Dutzend Ringen; ihr Kopf ist bis auf einen geflochtenen Haarzopf kahl, und um den Körper trägt sie nur einen Hauch aus rotem Stoff und Gazellenhaut. Sie ist eine Stammesangehörige der Turkana-Nomaden, die erste, die mir begegnet. Und ihrem neugierigen Gesicht nach zu urteilen, bin ich wohl ihr erster Tourist.

Meine kleine Reisegruppe war in der Nacht zuvor in Eliye Springs am Westufer des Turkanasees angekommen. Mangels Alternativen rollten wir unsere Schlafsäcke im Sand aus – allerdings nicht ohne uns zuvor vergewissert zu haben, dass dort keine Krokodile waren.

Bei den ersten Sonnenstrahlen über den Bergen erblicke ich zum ersten Mal den See – eine schier endlose Fläche jadegrünen Wassers in einer ansonsten unerbittlichen Wüste. Einen kurzen Moment lang meine ich, auf einem anderen Planeten gelandet zu sein. Aber dann kommt die Turkana-Frau wieder ins Blickfeld, und ich weiß: Das kann nur Kenia sein.
Joe Yogerst
Reiseautor

Gegenüber: Die Patchworkfelder der Kikuyu. Oben: Die Flamingos ernähren sich von den blaugrünen Algen des Nakurusees.

5 GEHEIMNIS-VOLLE GESCHICHTE

Für historisch interessierte Reisende liegen jenseits der berühmten Stätten zahlreiche kaum bekannte Ziele, die einen Blick in längst vergangene Zeiten erlauben. Eine eindrucksvolle Begegnung mit solch versteckten Zeugnissen der Vergangenheit wartet nur wenige Stunden Fahrt von der südafrikanischen Metropole Kapstadt entfernt. Vor 800 bis 8000 Jahren entstanden hier 2500 eigentümlich anrührende Felsmalereien. Ebenfalls in Afrika liegt eine der faszinierendsten Hinterlassenschaften des Römischen Reiches, die prachtvollen Ruinen von Leptis Magna im heutigen Libyen. Manchmal überraschen schon die Orte, an denen solche Stätten zu finden sind. So gibt es in der schroffen Landschaft der ostchinesischen Provinz Zhejiang zahllose kunstvolle Gangbrücken, die sich wie gigantische Tausendfüßler über Wasserläufe wölben, und in den Katakomben des sizilianischen Savoca ruhen die Mumien örtlicher Würdenträger des 18. und 19. Jahrhunderts, die noch immer in ihre Amtskleidung gehüllt und mit detaillierten Lebensbeschreibungen versehen sind.

Die prachtvollen Ruinen der einst blühenden antiken römischen Hafenstadt Leptis Magna in Libyen erstrahlen vor dem tiefblauen Wasser des Mittelmeers.

VIRGINIA, USA

HIGH BRIDGE TRAIL

Ein Weg durch die stillen Berge im zentralen Süden Virginias erinnert an die blutigen letzten Tage des amerikanischen Bürgerkriegs.

Die High Bridge, eine Eisenbahnbrücke über den Appomattox östlich von Farmville in Virginia, war bei ihrer Vollendung mit 762 Meter Länge, 38 Meter Höhe und 21 Pfeilern aus Ziegeln und Bruchsteinen eine der größten Brücken der Welt. 13 Jahre später, im April 1865, zogen sich nach ihrer katastrophalen Niederlage am Sailor's (oder Saylers) Creek die geschlagenen, grau uniformierten Truppen der Konföderiertenarmee unter General Robert E. Lee über diese Brücke nach Osten zurück. In Farmville hofften sie auf dringend benötigten Nachschub. Lee gab seiner Nachhut den Befehl, die Brücke hinter sich niederzubrennen. Kaum hatten die erschöpften Konföderierten die hölzernen Stützpfeiler in Brand gesetzt, nahte bereits die Kavallerie der Unionsarmee und löschte die Flammen. Die Brücke war gerettet, und die Unionstruppen konnten die Konföderierten sofort aus Farmville vertreiben. Lees Armee kapitulierte zwei Tage später im Appomattox Court House. Heute folgt der 35 Kilometer lange High Bridge Trail State Park dem Verlauf der stillgelegten Bahnstrecke, ein herrlicher Wanderweg durch sanfte Hügel von Pamplin im Westen bis zur High Bridge im Osten. Der Weg steht Wanderern, Radfahrern und Reitern offen. Halten Sie am westlichen Ende der Brücke inne und stellen Sie sich die dramatische Szene vor, die sich am 7. April 1865 dort abspielte.

Beste Reisezeit Frühling und Herbst sind am besten. Die Winter sind oft kalt und verschneit und die Sommer heiß. Im April finden Gedenkfeiern zu den letzten Schlachten von General Lee statt.
Anreise Farmville liegt 105 Kilometer westlich von Richmond in Virginia und ist in 80 Minuten Fahrt erreichbar, die High Bridge ist zehn Kilometer östlich von Farmville entfernt.
Reiseplanung Der High Bridge Trail wird südöstlich bis nach Burkeville am Sailor's Creek Battlefield verlängert. Komfortable, moderne Hotels gibt es in Farmville.
Websites www.dcr.virginia.gov/state_parks, www.nps.gov/apco, www.civilwartraveler.com

Schlachtentour

■ Die „Lee's Retreat Driving Tour" folgt dem Marsch von General Lees Armee auf ihrem 160 Kilometer langen Rückzug westwärts von **Petersburg** zum Appomattox Court House. Über die Frequenz AM 1610 im Autoradio werden die Schlachten an dieser Strecke beschrieben.

■ Zu den restaurierten Gebäuden im **Appomattox Court House National Historical Park,** 48 Kilometer westlich von Farmville, gehört auch das McLean House, wo Lee am 9. April 1865 (Palmsonntag) seinen Gegenpart, General Ulysses S. Grant, traf, um die Kapitulation seiner Nord-Virginia-Armee zu verhandeln.

Die High Bridge war im amerikanischen Bürgerkrieg strategisch entscheidend. Heute ist sie der zentrale Punkt eines Wanderweges durch das Piedmont-Gebiet in Virginia.

Viele der mehr oder weniger verfallenen Häuser in Silver City stammen aus den 1860er Jahren.

IDAHO, USA

Silver City

Die Geisterstadt im Südwesten Idahos bietet einen
Blick in die wildeste Zeit des amerikanischen Westens.

Silver City ist unter den zahllosen Geisterstädten des amerikanischen Westens einzigartig, da sie weder gänzlich verfallen ist noch zur Touristenfalle verkam. Sie ist vielmehr ein inoffizielles Denkmal für die Zeit des Silberrausches in Idaho. Die meisten Häuser und Minenanlagen sind fast völlig verfallen, aber etwa 70 wurden erhalten und dienen als informatives Museum, für Kleingewerbe und als Sommerhäuser für ein paar Bewohner. Die Stadtgründung geht auf das Jahr 1864 zurück, als auf dem nahen War Eagle Mountain im Owyhee-Gebirge Silber entdeckt wurde und Bergarbeiter, Krämer, Huren, Straßenräuber und Sheriffs anlockte. Zur Blütezeit lebten in der Stadt 2500 Menschen, die alle nach dem Edelmetall gruben oder die erfolgreichen Silbergräber um ihren Gewinn brachten. An den staubigen Straßen stehen noch die Freimaurerloge, wo alljährlich ein Maskenball stattfand, und Häuser mit der einstigen Drogerie, dem Kramladen, dem Barbier und dem Badehaus. An den Hängen um die Stadt liegen mehrere Friedhöfe mit den Gräbern der Bergarbeiter, die ein hartes und oft kurzes Leben führten. In über 200 Minen wurde hier nach ergiebigen Silber- und Goldadern gesucht. Es ist jedoch nicht ratsam, sie heute zu erkunden, da sie voller offener Schächte und anderer unmarkierter Gefahren stecken.

Beste Reisezeit Am besten von Juni bis Mitte Oktober, bei Temperaturen zwischen drei und 27 Grad. Im Winter sind die Straßen oft aufgrund von Schnee unpassierbar.

Anreise Von Boise auf der Interstate 84 westwärts nach Nampa, dann nach Süden über die Idaho 78 nach Murphy. Nach acht Kilometern zweigt die Silver City Road ab, von da sind es noch 24 Kilometer.

Reiseplanung Es gibt in Silver City weder Strom noch Restaurants oder Tankstellen. Bringen Sie ausreichend Proviant mit. Das sehr schlichte Idaho Hotel ist nur zur Touristensaison geöffnet. Die Großstadt Greater Boise bietet reichlich Unterkünfte und viele gute Restaurants.

Websites www.historicsilvercityidaho.com, www.ghosttowns.com

Stadtrundgang

■ Die katholische Kirche **Our Lady of Tears** ist eines der besterhaltenen Gebäude in Silver City. Die neogotische Holzrahmenkirche steht auf einem Hügel und bietet einen weiten Blick über die Stadt. Gelegentlich finden auch Gottesdienste statt, Hochzeiten können über die Diözese Boise arrangiert werden.

■ Das **Idaho Hotel** von 1863 war die Postkutschenstation von Silver City und ist heute die einzige Unterkunft der Stadt.

■ Im ersten Stock des **Schulhauses** von 1892 befindet sich ein Museum.

TOP TEN
GEISTERSTÄDTE

Verlassene Städte vermitteln mit ihren stillen Straßen, verfallenen Gebäuden, Wohnungen und Werkstätten einen gespenstischen Einblick in das Leben einst blühender Gemeinden.

❶ St. Elmo, Colorado, USA

St. Elmo war einst eine blühende Goldgräber- und Handelsstadt an der Bahnlinie durch Colorado, wurde aber aufgegeben, als die Strecke 1922 stillgelegt wurde. Viele der Gebäude wie Läden, Wohnhäuser und die Kirche blieben intakt. Hier sind noch die Habseligkeiten der einstigen Bewohner zu sehen.

Reiseplanung St. Elmo liegt im Gunnison National Forest. Um die Stadt herum gibt es zahlreiche Wander- und Geländewagenwege. www.st-elmo-colorado.com, www.colorado.com

❷ Chaco Canyon, New Mexico, USA

Die Kultur der Chaco florierte von etwa 800 bis 1100 n. Chr. In jener Zeit war der Canyon ein zeremonielles, kommunales und gewerbliches Zentrum. Die Wohnstätten und rituellen Rundbauten, sogenannte *kivas*, aus Lehmziegeln, Sandstein und Holz, sind zum Teil noch heute erhalten.

Reiseplanung Durch den Canyon führt ein 14 Kilometer langer Rundweg. www.nps.gov/chcu/home.htm

❸ Bodie, Kalifornien, USA

1879 war Bodie eine belebte Goldgräberstadt mit 8500 schießwütigen und streitlustigen Einwohnern. Die Minen waren nach etwa zehn Jahren erschöpft, und die Bevölkerung verließ die Stadt. Die 150 erhaltenen Gebäude sehen noch genauso aus, wie ihre Bewohner sie hinterlassen haben.

Reiseplanung Bodie gehört zum California Historic State Park, elf Kilometer südlich von Bridgeport. www.parks.ca.gov

❹ Humberstone und Santa Laura, Atacamawüste, Chile

Die beiden Arbeitersiedlungen der Salpeterminen in Nordchile wurden 1958 verlassen. Zu den gut erhaltenen Gebäuden gehören ein Theater mit den originalen Sitzen, Wohnhäuser, ein gusseisernes Schwimmbad aus einem Schiffsrumpf, ein Hotel und Lebensmittelläden samt Preislisten.

Reiseplanung Humberstone und Santa Laura liegen nahe dem Ort Pozo Almonte, 48 Kilometer östlich von Iquique, der nächstgelegenen Stadt mit Unterkünften und einem Flughafen. www.chilecontact.com

❺ Bhangarh, Rajasthan, Indien

Der Radscha von Jaipur eroberte in den 1720er Jahren Bhangarh, eine Provinzhauptstadt in Nordwestindien. Schon bald wurde die Stadt aus dem 17. Jahrhundert aufgegeben. In den Ruinen, darunter Tempel und Pavillons, eine Festung und ein mittelalterlicher Basar, soll es spuken, und Aufstieg und Fall der Stadt sind von unheimlichen Legenden umwoben.

Reiseplanung Bhangarh liegt 29 Kilometer nordöstlich von Jaipur. Es gibt Führungen durch die „Spukstadt". www.rajasthantourism.gov.in

❻ Kayaköy, Anatolien, Türkei

Nach dem Ende des Griechisch-Türkischen Kriegs 1923 wurden etwa eine Million Griechen aus der Türkei umgesiedelt. Kayaköy, ein griechisches Dorf mit 2000 Einwohnern in der Westtürkei, wurde verlassen. Die Reste des Dorfes, Hunderte verfallene Häuser und zwei griechisch-orthodoxe Kirchen, sind als historische Stätte geschützt.

Reiseplanung Fethiye, etwa vier Kilometer nördlich von Kayaköy, ist die nächste Stadt. www.gofethiye.com

❼ Pyramiden, Spitzbergen, Norwegen

Die arktische Kohlebergbaustadt gehörte seit 1927 der UdSSR und war eine typisch sowjetische Siedlung mit Arbeiterbaracken, Sportzentrum und Leninbüste. Die Mine ist heute erschöpft, aber die Gebäude, darunter eine Bibliothek voller Bücher, ein Theater und ein Konzertsaal mit dem nördlichsten Flügel der Welt, blieben unverändert, als die Stadt 1998 verlassen wurde.

Reiseplanung Von Longyearbyen, der größten Stadt Spitzbergens, fahren Boote nach Pyramiden. Führungen werden angeboten. www.svalbard.net

❽ Herculaneum, Neapel, Italien

Im Sommer 79 n. Chr. brach der Vesuv aus und begrub den kleinen, wohlhabenden römischen Badeort Herculaneum unter heißer Asche und Gestein. Archäologische Ausgrabungen haben private Villen, Läden, Badehäuser und faszinierende Alltagsgegenstände zutage gefördert.

Reiseplanung Herculaneum, acht Kilometer südlich von Neapel, ist mit Bus oder Bahn zu erreichen (Bahnhof Ercolano). www.travelplan.it

❾ Belchite, Provinz Saragossa, Spanien

In Belchite tobte im Spanischen Bürgerkrieg (1936–39) eine besonders brutale Schlacht. Die von Francos Truppen 1937 besetzte Stadt wurde von den Republikanern angegriffen. Belchite wurde zerstört, aber die Häuserruinen erinnern gespenstisch an die brutale Gewalt, die hier wütete.

Reiseplanung Die Ruinen der alten Stadt liegen am Rand des modernen Belchite, südöstlich von Saragossa. www.aragonguide.com

❿ Kolmanskop, Namibia

Kolmanskop inmitten der Sanddünen der Namib wurde für die Arbeiter einer nahen Diamantenmine gebaut. Die Stadt wurde Mitte der 1950er Jahre verlassen und seither von der Wüste vereinnahmt, die viele der einst prächtigen Häuser mit Sand füllte. Die Innenräume einiger Gebäude sind jedoch in gutem Zustand.

Reiseplanung Lüderitz ist ein guter Standort zur Erkundung von Kolmanskop und anderen verlassenen Bergbaustädten im Umland. www.luderitz.info, www.encounter.co.za

---

Gegenüber: Die Goldminenstadt Bodie in Kalifornien lockte einst Abenteurer an. Die Ruinen der Gebäude sind heute als Denkmal geschützt.

NEW MEXICO, USA

Puebloruinen von Bandelier

Das Bandelier National Monument bei Santa Fe birgt die Behausungen einer alten Pueblokultur.

Das geheimnisvolle Volk des amerikanischen Südwestens, die Puebloindianer, lebte Jahrhunderte in dieser halbtrockenen Landschaft, bevor es vor 600 Jahren verschwand. In der Blütezeit ihrer Zivilisation bauten die Puebloindianer ausgeklügelte, mehrräumige Felswohnungen und meisterten die Kunst des Jagens und des Ackerbaus in einer feindseligen Umgebung. Heute sind ihre Ruinen überall im nördlichen Arizona und in New Mexico zu finden. Einer der besten Orte, um sie zu erleben, ist das Bandelier National Monument 48 Kilometer westlich von Santa Fe, eine 13 355 Hektar große Canyonlandschaft von rauer Schönheit. Eine Wanderung auf dem 2,4 Kilometer langen Main Loop Trail durch den Frijoles Canyon führt an der Ruine einer großen *kiva*, eines runden Steinbaus für rituelle Zeremonien, sowie an Felszeichnungen und künstlichen Höhlen, den *cavates*, vorbei, die von den Puebloindianern hoch oben in die Felswand als Winterbehausungen gehauen wurden. Auch die Ruinen von Tyuonyi befinden sich hier, ein Pueblodorf mit einst über 400 Zimmern. Der herrliche, vier Kilometer lange Falls Trail schlängelt sich an zwei Wasserfällen vorbei über 213 Meter in die Tiefe bis zum Rio Grande hinab. Auch eine schöne Wanderung ist der Weg zum Alcove House, einer auf 43 Metern Höhe gelegenen Felsbehausung, die nur über Leitern und Treppen zu erreichen ist. In der Stille der Wüste fragt man sich, wie die Menschen wohl vor Jahrhunderten in dieser Abgeschiedenheit gelebt haben mögen und was zum Ende ihrer Zivilisation führte.

Beste Reisezeit Der Herbst ist ideal, auch das Frühjahr ist mit kühlen Abenden und warmen, aber nicht zu heißen Tagen angenehm.

Anreise Der Eingang zur Stätte liegt an der New Mexico 4 zwischen White Rock und Jemez Springs. Eine Asphaltstraße führt zum Besucherzentrum im Frijoles Canyon, wo die Wanderwege beginnen.

Reiseplanung In der Wüste sind Hut, Sonnenbrille und Sonnenschutz nötig. Unterkünfte gibt es im nahen Los Alamos, doch ziehen die meisten Leute Santa Fe vor, das eine Autostunde vom Bandelier Monument entfernt liegt, aber berühmt für seine guten Restaurants und kulturellen Aktivitäten ist.

Websites www.nps.gov/band, www.lanl.gov/museum

Los Alamos

Nur 16 Kilometer vom Bandelier Monument entfernt liegt die Stadt Los Alamos, die um das streng geheime Manhattan Project im Zweiten Weltkrieg entstand. Hier arbeiteten Wissenschaftler unter J. Robert Oppenheimer am Bau der ersten Atombomben.

Das Los Alamos National Laboratory beschäftigt sich heute neben der Kernforschung auch mit globaler Erwärmung, Brennstoffzellentechnologie, Astronomie, Großrechnern und medizinischer Forschung, darunter auch der Suche nach einem Heilmittel für HIV/Aids.

Das erstklassige **Bradbury Science Museum** beschreibt Geschichte und Wissenschaft der Forschungsstätte mit faszinierenden Exponaten, die für Besucher jeden Alters konzipiert sind.

Gegenüber: Alte Wohnhöhlen durchziehen die Felswände. Oben: Tänzer der Zuni-Pueblo tanzen im Bandelier Monument.

Die massiven Mauern der Festung wurden aus lokalem Vulkanfels, dem Schwefelstein, errichtet und sind zwei Meter dick.

ST. KITTS UND NEVIS

Brimstone Hill Fortress

Die gut erhaltene Festung bietet neben Einblicken in die Kolonialgeschichte einen herrlichen Blick über die östliche Karibik.

Die strategische Lage auf dem Brimstone Hill im Norden von St. Kitts wurde 1690 von britischen Soldaten auf der Suche nach einer Erhöhung entdeckt, die von dort die Franzosen beschießen wollten, die sich unten an der Küste von St. Kitts verschanzt hatten. Die Rotröcke erkannten schnell das Potenzial des Hügels und bauten auf ihm eine Zitadelle, das „Gibraltar der Karibik". Brimstone wurde nur einmal erobert, als 8000 französische Soldaten während der Amerikanischen Revolution die Festung belagerten und die 1000 britischen Verteidiger sich nach einem Monat ergeben mussten. Die Insel fiel später an die Briten zurück, die die Festung Mitte des 19. Jahrhunderts schließlich aufgaben. In den vergangenen Jahren wurden die Zitadelle und viele der von Kanonen gesäumten Bastionen restauriert. Die Führungen umfassen auch das Munitionslager und das Lazarett. Andere Teile, wie das Offiziersquartier mit seinen hohen Bögen und Säulen, sind nur noch Trümmer. In der Zitadelle befindet sich das Fort George Museum mit Artefakten und Informationen zur Geschichte der Festung und von St. Kitts. Zum Schluss sollten Sie noch einen Blick nordwärts über das Meer auf die Insel Statia (St. Eustatius) in diesiger Ferne werfen.

Beste Reisezeit St. Kitts ist das ganze Jahr heiß und feucht, im Winter oft etwas kühler. Die Hurrikansaison reicht von Ende August bis Anfang November, und auch St. Kitts ist davon häufig betroffen.

Anreise Vom Flughafen Bradshaw auf St. Kitts gehen täglich Flüge von und nach Antigua, St. Martin, Nevis und San Juan (Puerto Rico). Eine Taxifahrt vom Flughafen zur Festung dauert eine halbe Stunde.

Reiseplanung Es gibt um Brimstone keine Hotels, die meisten liegen am schmalen Frigate Isthmus auf der Südseite der Insel oder in der Hauptstadt Basseterre. Die einzige Unterkunft an der Nordseite von St. Kitts ist das Ottley's Plantation Inn, eine zu einem Hotel umgebaute Zuckerplantage aus dem 17. Jahrhundert.

Websites www.brimstonehillfortress.org, www.stkittstourism.kn, www.ottleys.com

Inselgipfel

■ Dicht hinter dem Brimstone Hill erhebt sich der 1158 Meter hohe **Mount Liamuiga**. Der Vulkan ruht, und Wanderer können in seinen 1,6 Kilometer breiten Krater, die „Salatschüssel", hinabsteigen.

■ Weiter südlich auf dem Gipfel des Verchild's Mountain liegt noch ein Vulkanrest, der Kratersee **Dos d'Ane Pond**.

■ Das **Central Forest Reserve** umfasst beide Gipfel und birgt eine reiche Fauna und Flora, darunter Affen, Kolibris und riesige Helikonien.

HONDURAS
Die Mayastadt Copán

In dem Stadtstaat lebten einst 18 000 Menschen, und noch heute birgt er Schätze der Mayakunst.

Riesige Kapokbäume, in deren Blätterdach sich grellrote Aras tummeln, säumen den Pfad zum Parque Arqueológico Ruinas de Copán im westlichen Honduras. Hinter dem Eingang am Großen Platz stehen Dutzende Altäre in Tierform und gut erhaltene, große Steinstelen, von denen viele aus der Zeit des Mayakönigs Uaxaclajuun Ub'aah K'awiil (18 Kaninchen) aus dem 8. Jahrhundert stammen. Die aufwendig verzierten, drei bis fünf Meter hohen Gedenksteine beschreiben Leben und Macht der Mayakönige. Die von den Maya „Xukpi" genannte Stätte liegt elf Kilometer vor der Grenze Guatemalas und war vom 5. bis 9. Jahrhundert ein bedeutendes Zentrum der mesoamerikanischen Maya. Neben dem Großen Platz liegt ein üppig geschmückter Ballspielplatz. Seine schräge Wände sind mit Steinringen versehen, die den Köpfen eines Aras, des Nationalvogels von Honduras, gleichen. Glanzstück des Ortes sind jedoch die Hieroglyphenstufen, die einst zu einem strohgedeckten Tempel führten. Über 2000 Inschriften berichten auf 63 Stufen detailliert über das Geschlecht der Copán-Dynastie. Die prachtvollen Tempel in der Nähe wurden über älteren Tempelbauten errichtet. Wer neugierig ist, kann sich durch einen Tunnel zwängen, den Archäologen unter den neueren Tempeln gegraben haben. Dort ist der verborgene Rosalia-Tempel mit seiner kunstvollen, rosaroten Stuckfassade zu bewundern

Beste Reisezeit Die Stätte ist ganzjährig geöffnet. Die beste Reisezeit ist in der Trockenzeit von Dezember bis April. Meiden Sie die Mittagshitze.
Anreise Copán liegt 800 Meter östlich der Stadt Copán Ruinas, die wiederum 160 Kilometer vom nächsten internationalen Flughafen in San Pedro Sula gelegen und mit Bus oder Auto zu erreichen ist.
Reiseplanung Die Besichtigung dauert mehrere Stunden. Die Eintrittskarte gilt auch für die 1,6 Kilomter entfernten Ruinen von Las Sepulturas, einst der Sitz des Copán-Adels.
Websites www.copanruins.com, www.copanhonduras.org

Kaffeepause

■ Im Hochland um Copán Ruinas, einer Kolonialstadt mit Ziegeldächern und Pflasterstraßen gleich westlich der Ruinen, vermischt sich das Aroma von Röstkaffee mit dem Duft tropischer Blumen. In den Regenwäldern um Copán gibt es viele kleine *fincas*, Kaffeeplantagen. Nach dem Besuch der Ruinen veranschaulicht eine Führung, wie Kaffee mitten im Regenwald angebaut wird.

■ In Copán Ruinas können Sie bei einer Tasse in einem der kleinen Cafés die *tuk-tuks* (dreirädrige Taxis) und die Einwohner, von denen viele von den Maya abstammen, beobachten.

Die Statue des Regengottes Chac der Maya im Westhof hält als Symbol der Macht über den Regen eine brennende Fackel in der Hand.

PERU

Die Inkastadt Choquequirao

Ein anstrengender Marsch führt zum „anderen Machu Picchu",
einer Ruinenstadt, die von den Eroberern nie entdeckt wurde.

Die steilen Felswände der Cordillera Vilcabamba steigen 4572 Meter oberhalb des Gletscherflusses Apurímac zu einem schmalen Bergkamm empor, auf dem die Ruinen der Inkastadt Choquequirao liegen. Dort oben, wo Kondore über der Schneegrenze des schroffen Salkantay-Gebirges kreisen, ist die Luft klar und kalt. Hinter dem kleinen Grasstreifen, der einst der zentrale Platz war, stehen schlichte Tempel und Amtsgebäude, umgeben von den Resten der kleineren Arbeiter- und Handwerkerhäuser. In die Abhänge rundum wurden die komplizierten Zickzackmauern der traditionellen Inkaterrassen gebaut, und dahinter scheint im dichten Grün, das noch immer mehr als die Hälfte der Stätte bedeckt, graues Mauerwerk hindurch. Die Ruinen sind vom nächstgelegenen Dorf Cachora zu erreichen, ein anstrengender, 32 Kilometer langer und zweitägiger Marsch auf einem Pfad, der sich weiter unten durch Hügel und Dörfchen windet und nach Überquerung des Apurímac steil durch feuchten, dichten Regenwald in die Berge hinaufführt. Belohnt werden Sie mit einer Stätte, die oft touristenfrei ist und die Sie beim klaren Sonnenaufgang der Anden ungestört erkunden können.

Beste Reisezeit Die Stätte ist ganzjährig geöffnet, die beste Zeit ist die Trockenzeit von Mai bis Oktober.

Anreise Trekkingtouren nach Choquequirao werden in Cusco angeboten, Pauschalen enthalten meist die Fahrt nach Cachora, Unterkunft, Guide und ein Maultier. Man kann auch eigenständig mit dem Taxi von Cusco nach Cachora fahren (vier bis fünf Stunden) und dort einen Führer und ein Maultier mieten.

Reiseplanung Für die Tour sollten fünf bis sechs Tage ab Cusco und zurück eingeplant werden, einschließlich einer Übernachtung in Cachora und eines ganzen Tages bei den Ruinen. Es gibt ein paar billige Campingplätze und Buden für Getränke und Schokolade auf dem Weg von Cachora. Unterwegs geht es durch mehrere Klimazonen, in unteren Lagen ist es heiß und feucht, in den Bergen manchmal extrem kalt, besonders nachts. Entsprechende Kleidung gehört also ins Gepäck.

Website www.peru.info

Unbekannte Geschichte

■ Die Nischen in einem der Gebäude am zentralen Platz bargen einst die Mumien von Würdenträgern, die mit Blick auf den Platz ausgerichtet waren.

■ In die grauen Mauern der Lamaterrassen wurden Lamafiguren aus weißem Stein eingemauert.

■ Ein kurzer, steiler Marsch auf den flachen Berg hinter dem zentralen Platz verspricht einen Rundumblick über die Stätte, in die Schlucht des tosenden Apurímac und über die Gipfel des Salkantay.

Stufenterrassen, von den Inka zur Schaffung von schmalem, flachem Ackerland gebaut, bedecken die Hänge um Choquequirao.

Die Wenxing-Brücke aus der Ming-Dynastie nahe dem Dorf Xiao Cun hat eine Spannweite von etwa 30 Meter.

CHINA

Die Brücken von Zhejiang

In einem stillen Teil Ostchinas gibt es zahllose fantastische überdachte Brücken, die teils mehrere 100 Jahre alt sind.

Fünf Stunden westlich der Küstenstadt Wenzhou liegt, erreichbar über eine kurvige Bergstraße, der Bezirk Taishun, eine kaum bekannte Gegend mit steilen, gestuften Gehwegen zwischen alten Gangbrücken. Einige dieser Brücken wirken wie schlichte Häuser, die gerade erwacht sind, an beiden Enden gähnen und sich behäbig strecken. Andere, von den Einheimischen „Tausendfüßlerbrücken" genannt, bäumen sich dramatisch auf, sind rot gestrichen und haben einen goldenen Drachen oder Keramikfische auf dem zweistöckigen Mittelteil. Die Bei Jian Qiao (Bei-Jian-Brücke) im Dorf Sixi ist rot und hat spitze, aufwärts gebogene Dachtraufen. Obenauf stehen sich fauchend zwei lindgrüne Drachen gegenüber. Die Liuzhai Qiao in San Kui besteht aus zwei Giebelhäuschen mit nach oben gebogenen Traufen, die durch einen zweistöckigen Mittelteil verbunden sind. Auf ihm stehen gelbe Drachen mit blauen Köpfen, großen, spitzen Zähnen und zuckenden Schwänzen. Die spektakuläre Wenxing Qiao in Xiao Cun ist wahrhaftig ein Tausendfüßler in Bewegung. Steile Steinstufen führen hinauf, dann folgen ein sachter Anstieg, eine Abflachung, eine Krümmung nach oben und ein steiler Abfall zu den Steintreppen auf der anderen Seite. So hat der zweistöckige Mittelteil mit den gebogenen Traufen eine wackelige Schräglage.

Beste Reisezeit Frühjahr und Herbst sind die besten Zeiten, da der Hochsommer heiß und feucht ist.
Anreise Die Brücken liegen in der Nähe von Taishun. Die klimatisierten Busse von Wenzhou nach Taishun sind überraschend komfortabel und mehr als halb so breit wie die Bergstraße. Den Regionalverkehr bedienen klapprige Minibusse, die oft mit Bauern, ihrem Gemüse und Vieh geteilt werden müssen.
Reiseplanung Unterkünfte gibt es in jedem erwähnten Dorf. Sie sind meist sehr schlicht, dafür billig. Reservierung ist nicht nötig.
Websites english.ctrip.com/destinations/RegionDestinations.asp?region=65, www.newpaltz.edu/~knappr/Zhejiang.pdf

Reiseimpressionen

Die San Tiao Qiao, Drei-Straßen-Brücke, entstand in der Tang-Dynastie (618–906) und ist wohl die älteste der Region. Die Brücke nahe dem Dorf Zhouling, mit dem Minibus etwa zwei Stunden südlich von Taishun, ist über einen Feldweg zu erreichen, der sich um runde, steile Hügel windet und zu einer langen Steintreppe wird, die an Reisterrassen vorbei steil hinabführt. Die Brücke sieht wie ein langes, schmales Haus aus, das sich über einen Fluss spannt. Innen sind Bänke, wo Bauern auf dem Weg zum Markt ihre Bambusschulterstangen ablegen, sich im Schatten ausruhen und verblüfft beim Anblick eines Ausländers sind.
Peter Neville-Hadley
Reiseautor

INDIEN
Mandu

Die verlassenen Bauwerke, Moscheen und Paläste der einst blühenden Stadt Mandu liegen wie Juwelen in der grünen Landschaft.

Die einst prächtige Stadt mit Blick über die trockene Namar-Ebene Zentralindiens wurde gegen Ende des Mogulreiches verlassen. So wurde die von einer 45 Kilometer langen Mauer umgebene Innenstadt Mandus zur Geisterstadt. Abgesehen von den Gesichtern der 5000 Dorfbewohner und dem Anblick einiger Pensionen hat sich über die letzten Jahrhunderte wenig verändert. Die meisten Besucher betreten das einstige Shadiabad (Stadt der Freude) durch den Delhi Darwaza, den Hauptzugang mit mehreren Festungstoren. Die meisten Gebäude, Tempel, Paläste und Pavillons voller Spitzbögen, Kuppeln, filigraner Gitter und Steinreliefs stammen aus dem 15. und frühen 16. Jahrhundert, als Mandu noch die Hauptstadt des Sultanats Malwa war. Der Jahaz Mahal (Schiffspalast) in der königlichen Enklave liegt zwischen den künstlichen Seen Munj Talao und Kapur Talao und wurde nach dem Vorbild eines königlichen Vergnügungsbootes gebaut. Der nahe Schaukelpalast, Hindola Mahal, mit seinen schrägen Wänden und feinen Steinreliefs war die Audienzhalle. Die vielkuppelige Jama Masjid im Zentrum der Stadt ähnelt der Großen Moschee von Damaskus. Indiens erstes Marmormonument, das Kuppelgrabmal von Hohang Schah mit Marmorgittern, Türmen und Höfen, liegt am Basar. Schah Jahan hatte es von seinen Architekten als Vorbild für sein Taj Mahal nehmen lassen. Der Sunset Point bei den Lohani-Höhlen ist eine schöne Abrundung der Besichtigung.

Beste Reisezeit Von Dezember bis Anfang Februar, wenn die Tagestemperaturen bei 20 bis 30 Grad liegen. Wassermangel gibt es häufig in den heißen Sommermonaten (April und Mai) vor der Monsunzeit (Juni bis September).
Anreise Der nächste Flughafen ist in Indore, 98 Kilometer von Mandu entfernt. Mit dem Bus von Indore sind es drei Stunden Fahrt, mit dem Taxi etwa 2,5 Stunden.
Reiseplanung Für die Hauptsehenswürdigkeiten sollten Sie mindestens einen Tag einplanen, wenn Sie sich für Architekturgeschichte interessieren, auch länger. Fahrräder und Rikschas werden vor Ort vermietet. Es gibt verschiedene Unterkünfte in Mandu. Geldautomaten sind selten, und Hotels verlangen meist Barzahlung. Etwas Bargeld sollten Sie also mitbringen.
Website www.mptourism.com/web/explore/destinations/mandu.aspx

Tragische Liebe

Romantiker fasziniert an Mandu die Liebesgeschichte von Baz Bahadur, des letzten unabhängigen Sultans von Malwa, und der Schäferin Rupmati. Der Legende nach bezauberte ihn ihr Gesang, und er war von ihrer Schönheit so betört, dass er sie zu seiner Königin machen wollte. Rupmati willigte ein, unter der Bedingung, dass er ihr einen Palast am Fluss Narmada baute und ihr ihren Hindu-Glauben ließ. **Rupmatis Pavillon** liegt auf einem Hügelkamm mit spektakulärem Blick auf das Flusstal und den **Palast Baz Bahadurs**. Darunter wurde am Narmada ein Staubecken, der Rewa Kund, gebaut, der über einen Aquädukt den Palast mit Wasser versorgte, sodass Rupmati ihre Hindu-Riten verrichten konnte. Die Geschichte endete jedoch tragisch: Als 1561 eine Mogul-Armee Mandu einnahm, nahm sich Rupmati das Leben, und Baz floh.

Gegenüber: Die Kolonnaden um den Innenhof des Jama Masjid. Oben: Das Reservoir unter Rupmatis Pavillon.

INDIEN

Havelis von Shekhawati

Über Nebenstraßen im Nordosten Rajasthans geht es zu den wundervoll bemalten *havelis* (Villen) der Shekhawati-Region.

Bei einer Rikschafahrt durch die engen Straßen der Kleinstädte der Region kommen kunstvoll geschnitzte Holztore und lebhaft bemalte Fassaden der prachtvollen Villen in Sicht, für die diese Region berühmt ist. Die *havelis* in Nawalgarh, Dundlod, Mandawa, Fatehpur oder Lakshmangarh wurden von 1830 bis 1930 von Marwari-Kaufleuten gebaut und zeigen Erfolg und Wohlstand von Familien wie den Poddars und Goenkas, die mit Gewürzhandel reich wurden. Die Eingänge führen meist auf zwei Innenhöfe, einen äußeren für die Männer und einen inneren, der nur Frauen zugänglich ist. Die Räume sind mit filigranen Gittern und Balkonen ausgestattet, aber die wahren Prachtstücke sind die Fresken. Blau-, Rot-, Indigo-, Rotbraun- und Gelbtöne bilden ein Feuerwerk der Farben auf den Wänden. Sie stellen Hindugötter und -göttinnen, Legenden, Porträts, Tiere, Hochzeitszüge und Alltagsszenen dar, darunter auch Züge, Autos und frühe Flugzeuge. Hauptsächlich wurden sie mit Pflanzenfarben gemalt, aber einige *havelis* sind ganz mit Blattgold ausgeschmückt, da die Kaufleute um das jeweils luxuriöseste Haus miteinander konkurrierten. Die heutigen Besitzer der *havelis* leben in weit entfernten Städten, und viele der Häuser sind verfallen. Aber mehr und mehr von ihnen werden restauriert und bieten einen ungewöhnlichen Blick in eine exotische Lebensweise.

Beste Reisezeit September bis März, allerdings ist es nachts oft kalt, und Heizungen sind selten.
Anreise Die Provinzhauptstadt Jhunjhunu liegt 177 Kilometer nördlich von Jaipur. Die größeren Städte der Region haben gute Straßen- und Bahnverbindungen.
Reiseplanung Lokale Verkehrsmittel sind Taxis oder Rikschas, Regionalbusse verbinden viele der Städte und Dörfer. Die Festung von Mandawa mit ihrem prächtig geschnitzten und bemalten Tor und Fresken in den Räumen wurde restauriert und ist nun ein historisches Hotel.
Websites www.travelrajasthan.net, www.rajasthanindiatravel.com, www.mandawahotels.com

Haveli-Tour

■ Die Goenka-*havelis* sind die imposantesten in **Mandawa**. Im Murmuria-*haveli* sind Darstellungen von Krischna beim Kühehüten, von Nehru zu Pferd und von Venedig zu sehen.

■ In **Nawalgarh** gibt es eine prächtige Festung, *havelis* der Poddars, Bhagats und Dangaichs und schöne Tempel.

■ Das Modi-*haveli* im Basar von **Jhunjhunu** ist mit einigen der schönsten Bilder in Shekhawati bemalt.

■ **Ramgarh** hat mehrere Poddar-*havelis* und ein Poddar-Ehrenmal mit vorzüglich gemalten Szenen aus dem „Ramayana".

Am Goenka-*haveli* in Dundlod ist auch eine Dampfeisenbahn abgebildet, eine Neuheit, als das Bild im 19. Jahrhundert gemalt wurde.

Palmyras Hadriansbogen umrahmt die Kolonnaden der Prachtstraße. Über den Ruinen thront eine arabische Zitadelle.

SYRIEN

Palmyra

Besuchen Sie die erhabenen Ruinen einer einst reichen römischen Stadt an der alten Karawanenstraße durch die syrische Wüste.

Die Ruinen von Palmyra neben einer Palmenoase erstrecken sich über 1,5 Kilometer auf einer Sandebene. Kamele trotten zwischen den Resten aus Sandstein, Marmor und Granit der antiken Stadt, die einst eine der reichsten im Nahen Osten war. Das eindrucksvollste Bauwerk ist der Tempel des Baal, eines babylonischen Gottes, der als Herr des Universums und Erschaffer der Welt verehrt wurde. Innerhalb der gewaltigen Tempelmauern befand sich ein Kolonnadenhof mit einem Opferschrein in der Mitte. Der Tempel ist weitgehend zerstört, aber Opferschrein und Teile der Kolonnaden blieben erhalten. Das Haupttor der Stadt, der Hadriansbogen, führt auf die Prachtstraße, die auf ganzer Länge von Säulen gesäumt war. Beidseitig der Straße liegen die Trümmer von Läden, Märkten, Amtsstuben, Tempeln und Brunnen. Das besterhaltene Gebäude ist das Theater aus dem 2. Jahrhundert n. Chr. mit festem Bühnenbild und 30 halbrunden Sitzreihen, die vom Orchesterraum aufsteigen. Gleich hinter der Stadt liegt das Tal der Gräber, wo Mitglieder reicher Familien in mehrstöckigen Türmen bestattet wurden. Beenden Sie Ihren Besuch am frühen Abend mit einem Blick vom Hügel über das Tal: Dann nimmt das goldene Palmyra allmählich einen Bronzeton an, während die Sonne über der Wüste untergeht.

Beste Reisezeit In der Hitze des Sommers sollte Palmyra gemieden werden. Stadt und Nekropole sind immer, der Baal-Tempel täglich ab 8 Uhr bis eine Stunde vor Sonnenuntergang geöffnet.
Anreise Palmyra liegt 240 Kilometer nordöstlich von Damaskus, von wo aus Tagesausflüge angeboten werden. Um die Stätte voll auszukosten und Sonnenuntergang und -aufgang zu erleben, ist eine Übernachtung besser. Ein Bus fährt regelmäßig zwischen Damaskus und Palmyra und braucht 2,5 Stunden.
Reiseplanung Es gibt mehrere Hotels mit Restaurants bei den Ruinen. Aufgrund der politischen Situation sollten Sie sich vor einer Reise nach Syrien unbedingt über die Sicherheitslage informieren.
Websites www.syriatourism.org, www.abercrombiekent.co.uk, www.andantetravels.co.uk

Reiseimpressionen

Nach ein paar Tagen in Syrien begriff ich die Bedeutung von Geduld und Bakschisch, die zusammen Einlass zu Orten ermöglichen, die sonst nicht zugänglich sind. So geschah es bei den Grabtürmen im Tal der Gräber. Nachdem ich eine Weile um die verschlossenen Bauwerke herumgetrödelt war, kam ein Wächter vorbei und öffnete einige gegen ein Bakschisch. Die Wände im Inneren waren mit Fresken und mit Reihen von Nischen versehen, jeweils groß genug für einen Leichnam. Jede Nische war mit einer Steintafel mit der Büste des Verstorbenen verschlossen.
Katie Parla
Reiseautorin

TÜRKEI

TERMESSOS

Die Stadt in den oberen Regionen des Taurusgebirges wurde nie von Alexander dem Großen erobert.

Hoch in den Bergen nordwestlich von Antalya an der türkischen Südküste verteilen sich auf einem Gipfel die Ruinen einer einst prächtigen antiken Stadt. Doch schon weit unten gibt es einen ersten Hinweis auf sie. Beidseitig der kurvigen Straße durch steile Berge kommen Mauern und Türme in Sicht, die in der Sonne silbern aufleuchten. Es sind die Reste einer befestigten Mautstelle, mit der die Termesser vor etwa 2300 Jahren an diesem Teil des Mittelmeers den Handel kontrollierten. Die Anfahrt zur Stadt, die heute im Zentrum eines Nationalparks liegt, führt hinauf in die Wolken und auf Straßen entlang, die an der Seite steil abfallen. Die Strecke endet auf einer kleinen Lichtung neben einem Tempel mit einem verschnörkelten Eingang, der dem römischen Kaiser Hadrian gewidmet ist. Von hier sind es noch 40 Minuten zu Fuß auf einem felsigen Pfad unter dornigen, verkrüppelten Eichen bis zum Zentrum der antiken Stadt. Aus der dichten Vegetation ragen stumme Bauten hervor: Bäder, ein Rathaus und eine Sporthalle. Die Sitzreihen des Theaters am Rand eines Felsabhangs sind durch ein Erdbeben wellig verformt. Die Termesser waren berühmt für ihren Kampfgeist und trotzten 333 v. Chr. einem Angriff Alexanders des Großen. Heute umgeben Hunderte ihrer Gräber die Stadt, die von der Zeit zerfressen und zerrieben wurde.

Beste Reisezeit Am besten sind Frühling (April bis Anfang Juni) und Herbst (September bis Oktober).
Anreise Termessos liegt 39 Kilometer nordwestlich von Antalya und ist mit Taxi, Mietwagen oder im Rahmen einer Gruppentour zu erreichen. Busse fahren nicht zur Stätte.
Reiseplanung Es gibt keinerlei Einrichtungen, sodass Sie ausreichend Wasser und Essen mitbringen sollten. Auch gutes Schuhwerk ist nötig, da der Weg steil und holprig und nach Regen sehr rutschig ist. Die Pfade sind verworren und nicht gut markiert, auch gibt es keine richtigen Informationstafeln. Am besten ist ein Führer, der sich auskennt und Geschichte lebendig erklärt.
Website www.turkeytravelplanner.com

Die Geschichte des Alcetas

Ein Pfad führt zum **Grab des Alcetas.** Das prächtige Grabmal aus Kalkstein ist mit Statuetten, einem Begräbniswagen und einem Adler mit Schlange in seinen Krallen geschmückt. Alcetas, ein Soldat in der Armee Alexanders, verbarg sich hier 319 v. Chr. vor Antigonus dem „Einäugigen", einem General Alexanders. Um der Gefangennahme zu entgehen, verübte Alcetas Selbstmord. Antigonus raubte und verstümmelte seinen Leichnam, der aber von jungen Termessern zurückgeholt und in einem monumentalen Grab beigesetzt wurde. Die Figur des Alcetas in voller Rüstung und auf einem galoppierenden Pferd wurde in die Felswand gemeißelt.

Das Theater in der Bergstadt Termessos bietet einen scheinbar endlosen Blick über das Tiefland darunter.

Die verfallenen Bauwerke des antiken Messene liegen an den Hängen des Ithomi.

Einzigartiger Tempel

Der Apollo-Tempel von **Bassae** nördlich von Messene ist ein interessanter Abstecher. Er ist einer der am besten erhaltenen antiken Tempel Griechenlands und war zudem einer der abgeschiedensten. In der Antike wurde er als ein besonders schönes Heiligtum beschrieben. Und er ist auch einer der eigenwilligsten Tempel: Er hat eine unübliche Ausrichtung, zwei Eingänge statt wie sonst nur einen und weist gleich drei der wichtigsten antiken Baustile auf: dorisch, ionisch und korinthisch.

GRIECHENLAND
MESSENE

Die Ruinen der Festungsstadt blicken über den Messenischen Golf am Peloponnes.

Die Straße vom Dorf Meligalás zur antiken griechischen Stadt Messene geleitet auf ideale Weise zu dieser Stätte: Sie führt durch das einzige erhaltene Stadttor zwischen hohen Türmen in einen runden Innenhof und dann durch ein weiteres Tor in die eigentliche Stadt. Der Weg kann zu Fuß oder mit dem Auto zurückgelegt werden, aber Letzteres ist angenehmer, da es noch ein ganzes Stück bis zum Kern der antiken Stadt ist. Die Straße verläuft weiter nach Süden am kleinen Museum vorbei, das einige der schönsten hier ausgegrabenen Skulpturen ausstellt, und führt schließlich hinab zum archäologischen Areal. Die antike Stadt ist geruhsam, sorgfältig restauriert und eine der am gründlichsten erforschten antiken Stätten Griechenlands. Zudem ist sie frei von späteren Bauwerken. Die Hauptattraktion ist das große Heiligtum des Äskulap, des Gottes der Heilkunst, das von einem Bad, einem Senatshaus, dem Stadtplatz, weiteren Tempeln, einem Theater und einer Arena umgeben ist. Das gesamte Zentrum der einst reichen Stadt wurde freigelegt, und die meisterhaft konstruierten und ehrwürdigen Gebäude werden von einem weiten Blick über die Berge und Täler ringsum ergänzt.

Beste Reisezeit Der Frühling ist am besten, da dann die Wildblumen blühen und die Tage lang und hell sind.
Anreise Messene liegt neben dem Dorf Mavrommati auf dem Ithomi, etwa 21 Kilometer nördlich der modernen Stadt Messíni. Von der nächstgelegenen Stadt Kalamata verkehrt täglich ein Bus, aber sein Fahrplan erlaubt nicht genügend Zeit für eine gründliche Besichtigung. Ein Mietauto ist daher empfehlenswert.
Reiseplanung Die Stätte ist groß, allein die Besichtigung des Zentrums braucht ein paar Stunden. Die Gegend um Messene steckt voller historischer Bauten (das antike Olympia liegt nur eine Autostunde entfernt).
Websites www.ancientmessene.gr

TOP TEN
RÖMISCHE STÄTTEN

Rom ist überall ... Die Relikte entfernter Vorposten des großen Römischen Reiches sind überall am Rand Europas und Nordafrikas zu finden.

❶ Sarmizegetusa, Siebenbürgen, Rumänien
Die dakische Festung von Sarmizegetusa ist das Zentrum eines beeindruckenden Ringes aus sechs Festungen im Orastie- und Retezat-Gebirge. Der Ort wurde zu Beginn des 2. Jahrhunderts n. Chr. von den Römern erobert und hat ein Forum und ein Amphitheater, in dem Gladiatorenkämpfe stattfanden.

Reiseplanung Am besten im Sommer bei Temperaturen von 16 bis 20 Grad. Wanderschuhe gehören ins Gepäck. www.romaniatourism.com

❷ Amphitheater Pula, Istrien, Kroatien
Das sechstgrößte Amphitheater der Welt dient heute einem friedlichen Zweck: Hier finden große Konzerte, Ballett und das Internationale Filmfestival Kroatiens statt. In seiner Glanzzeit lieferten sich in der Riesenarena aus dem 1. Jahrhundert Gladiatoren vor 20 000 Zuschauern blutige Kämpfe.

Reiseplanung In der Gegend lohnen auch das Archäologische Museum Istriens oder der nahe Brijuni-Nationalpark mit einigen römischen Villen. www.pulainfo.hr/de

❸ Perge, Antalya, Türkei
Zu den gut erhaltenen Ruinen von Perge an der Küste bei Antalya gehören Bäder, eine Arena, ein Theater und ein *nymphaeum* (ein Brunnen mit der Statue eines Flussgottes). Die Reste eines gewaltigen hellenistisch-römischen Tores zeugen von den beiden Zivilisationen, die die Geschichte der Stadt prägten.

Reiseplanung Perge liegt 16 Kilometer östlich von Antalya. In der Nähe gibt es auch weitere römische Stätten. www.turkeytourism.org

❹ Celsus-Bibliothek, Ephesus, Türkei
Die Bibliothek wurde im 2. Jahrhundert n. Chr. zu Ehren von Celsus Polemaeanus, des römischen Statthalters der Provinz Asia, errichtet und barg einst in den Nischen von 30 Schränken etwa 12 000 Schriftrollen. Die Gestaltung der Fassade sollte die Höhe des Bauwerkes betonen, der Lesesaal war nach Osten ausgerichtet, um das beste Licht zu bieten.

Reiseplanung Ephesus liegt nahe dem Dorf Selçuk, eine Autostunde südlich von Izmir. Die zu griechisch-römischer Zeit reiche Stadt besitzt viele antike Ruinen, wie Tempel, Amtsgebäude und ein berühmtes Theater. www.ephesus.us

❺ Amphitheater, Trier
Römische Ruinen gibt es überall in Trier, aber im Amphitheater wird die Dramatik der Gladiatorenkämpfe anschaulich zum Leben erweckt. Zu besichtigen sind auch die großen Kellerräume, in der wilde Tiere, Gladiatoren und Verbrecher auf ihre Kämpfe oben in der Arena warteten.

Reiseplanung Trier liegt drei Zugstunden von Köln und Frankfurt entfernt. www.trier-info.de

❻ Villa Romana del Casale, Sizilien, Italien
Peristyle, Höfe und *thermae* (Bäder) zeugen vom Luxus der Villa Romana del Casale, aber am schönsten sind die Mosaike. Die Motive geben Einblick in das Leben der Antike und zeigen Turnerinnen, Jagdszenen mit Reitern, die fröhlich um die Wette galoppieren, gefangene wilde Tiere wie Antilopen oder Nilpferde.

Reiseplanung Die Villa liegt fünf Kilometer entfernt von Piazza Armerina auf Sizilien. www.regione.sicilia.it/turismo

❼ Hadrianswall, Northumberland, England
Der Stein- und Torfwall erstreckt sich von der Nordsee bis zur Irischen See quer durch England. Er sollte mit einem großen Graben und 80 Festungen, den „Meilenkastellen", die Nordgrenze des Römischen Reiches sichern und den Handel kontrollieren. Der mittlere Abschnitt ist mit seinen Kastellen gut erhalten.

Reiseplanung Von Newcastle-on-Tyne bis Bowness-on-Solway folgen die A69 und die B6318 dem Verlauf des Walls. Wanderer können den 135 Kilometer langen Hadrian's Wall Path National Trail nehmen, Radfahrer den Hadrian's Cycleway (NCN 72). www.hadrians-wall.org

❽ Aquädukt von Segovia, Spanien
Der 28 Meter hohe Aquädukt mit 166 Bögen überspannt die gesamte Stadt. Sein zentraler Abschnitt hat zwei Bogenreihen. Weder Mörtel noch Beton halten die großen Granitblöcke zusammen, stattdessen sorgt die sorgfältig konstruierte Spannung dafür, dass die Bögen seit dem Bau des Aquäduktes im 1. Jahrhundert n. Chr. noch stehen.

Reiseplanung Segovia ist in einem Tagesausflug ab Madrid zu erreichen. www.madridinfosite.com, www.spain.info

❾ Silbermine Las Matildes, Cartagena, Spanien
Aufzeichnungen belegen, dass die Minen einst ungeheuer reich waren und dem römischen Fiskus 25 000 Drachmen pro Tag einbrachten. Zu leiden hatten die 40 000 Sklaven, die unter grauenhaften Bedingungen arbeiten mussten. Besucher können zur Mine Las Matildes hinabsteigen, die restauriert worden ist.

Reiseplanung Die Mina de las Matildes liegt in El Beal, an der Autobahn von Cartagena nach La Manga. www.discoveringcartagena.com

❿ Villen in Bulla Regia, Tunesien
Die Villen in Bulla Regia hatten klimatisierte Kellerzimmer, in die sich die Bewohner vor der Sommerhitze zurückziehen konnten. Die Zimmer schützten auch großflächige Mosaike. Viele davon sind heute im Bardo Museum in Tunis, doch einige schöne Exemplare sind noch geblieben, darunter Jagdszenen im Jagdhaus sowie Venus und Amor auf Delfinen im Haus der Amphitrite.

Reiseplanung Bulla Regia liegt 169 Kilometer westlich von Tunis nahe Jendouba. www.tourismtunisia.com

---

Gegenüber: Der Hadrianswall verläuft nahe dem Kastell Housesteads bei Hexham in Northumberland durch eine hügelige Landschaft.

Die Mumie einer der einstigen Würdenträger Savocas, die im Convento dei Cappucini ruhen.

ITALIEN

Katakomben von Savoca

Die schöne Bergstadt birgt ein grausiges Geheimnis, nämlich eine Gruft mit vielen Mumien.

Savocas barocke, mehr oder weniger erhaltene Paläste und Kirchen klammern sich an einen vulkanischen Felsen im Nordosten Siziliens in Sichtweite des Ätna. Der Wohlstand der einst bedeutenden Stadt ist längst geschwunden, aber das Erbe ihrer reichen Bewohner blieb in einer makabren Gruft erhalten. Im Convento dei Cappuccini, einem Franziskanerkloster gleich vor den Toren der Stadt, führt eine wackelige Leiter hinab in eine Krypta mit den mumifizierten Leichen von 32 Würdenträgern aus dem 18. und 19. Jahrhundert. Priester, Ärzte, Äbte und Politiker hängen dort fragil in den Nischen, auf denen kurze Lebensläufe und die Namen angebracht sind. Sie sind zwar in ihrem vollen Ornat gekleidet, aber die Reste ihrer trockenen Haut bedecken kaum noch die verfallenden Knochen. Die Franziskaner bedienten sich der Tradition der Mumifizierung, um an die Vergeblichkeit von Eitelkeit zu gemahnen: «Was du bist, waren wir, und was wir sind, wirst du werden», schienen die skelettartigen Leichen der Mönche zu verkünden. Ironischerweise übernahmen die Adligen Savocas die Mumifizierung, um ihren ewigen Reichtum zu symbolisieren.

Beste Reisezeit Savoca kann das ganze Jahr besucht werden, aber im Sommer ist es oft sehr heiß. Der Herbst ist ideal, da dann Trauben- und Olivenlese ist und überall Erntefeste stattfinden. Der 13. Dezember ist das Fest der Santa Lucia, der Schutzheiligen der Stadt, mit aufwendigen Prozessionen.

Anreise Savoca liegt 20 Minuten nördlich von Taormina oder 40 Minuten südlich von Messina. Der Convento dei Cappucini befindet sich von Santa Teresa di Riva aus an der Hauptstraße SP 19 ins Dorf.

Reiseplanung Savoca und die Katakomben sind ein Halbtagesausflug von Taormina oder Catania. Die Öffnungszeiten sollten zuvor erfragt werden. Eine Spende wird erbeten. Zimmer gibt es im B&B Il Padrino, einem restaurierten Palast aus dem 17. Jahrhundert im Zentrum.

Website turismo.comune.savoca.me.it

Der Pate in Savoca

Francis Ford Coppola kam 1971 nach Savoca, um Szenen für den Film „Der Pate" zu drehen. In der **Bar Vitelli** im Erdgeschoss des eleganten Palazzo Trimarchi aus dem 18. Jahrhundert bat Michael Corleone, gespielt von Al Pacino, Apollonias Vater um ihre Hand. Die Kirche San Nicolò diente als Kulisse für den Festzug von der Kirchentrauung zum Hochzeitsempfang.

In der Bar Vitelli können sich Besucher an den Tisch setzen, an dem Al Pacino die Dorfspezialität aß, eine *granita di limone* (Zitronensorbet) mit *zuccherata* (ein Keks der Region).

FRANKREICH
Crypte Archéologique

Antike Fundamente, von der Römerzeit bis zum 18. Jahrhundert, warten unter den Straßen von Paris auf Entdeckung.

Wer das alte Herz von Paris, der Stadt des Lichtes, erkunden will, sollte in die dunklen, unterirdischen Straßen des antiken Lutetia hinabsteigen. Die Reste der Stadt, die der römische Kaiser Augustus 27 v. Chr. zur Verwaltung des Stammesgebietes der Parisier gegründet hatte, befinden sich nun in der größten archäologischen Krypta der Welt unter dem Vorplatz der Kathedrale Notre-Dame. Die römischen Stadtplaner vollbrachten Wunderwerke. Ein Straßen- und Kanalisationsnetz, Spuren von Monumenten und Bädern, sogar eine 1700 Jahre alte Heizung, ein Hypokaustum, mit unterirdischen Heizkesseln und Rohren wurden ausgegraben. Auch Alltagsgegenstände, von Weinkrügen, die aus Italien nach Nordgallien gebracht wurden, bis zu Terrakottatöpfen zum Kochen von Getreide, kamen zutage und werfen ein Licht auf das Leben der ersten Pariser. Daneben sind Fresken römischer Villen und Spuren von Kosmetikutensilien einer Adligen unter den Funden, die die Archäologen mit modernen Scannern analysierten. Auch die einzigen noch vorhandenen Steine des ersten Hafens von Paris sind zu sehen. Sie stammen aus römischer Zeit und zeugen von der wirtschaftlichen Bedeutung der Seine. Frühmittelalterliche Relikte belegen, dass die Straßen verbreitert wurden, um Baumaterial für Notre-Dame transportieren zu können. Schichten aus dem 18. Jahrhundert enthalten die Fundamente eines großen Hospitals für Findelkinder.

Beste Reisezeit Die Krypta ist immer geöffnet, außer montags und an Feiertagen.
Anreise Ein einzelner Marmorblock nahe dem Polizeipräsidium gegenüber von Notre-Dame kennzeichnet den Eingang zur Treppe, die hinab in die Krypta führt.
Reiseplanung Die Besichtigung dauert mindestens eine Stunde.
Websites www.carnavalet.paris.fr, www.urlaub-ist-frankreich.de

Place Lépine

■ Nach dem Besuch der Crypte Archéologique lohnt der kurze Weg zum **Blumenmarkt** auf der Place Louis Lépine. Im Dezember pulsiert der Markt, nicht nur wegen des Gesanges der Wintervögel, sondern auch wegen der roten und rosa Poinsettien und dem frischen Duft der Weihnachtsbäume. Viele Stände verkaufen auch ungewöhnlichen Christbaumschmuck.

■ Sehenswert auf dem Platz sind die anmutigen, grünen Figuren des **Wallace-Brunnens**, einer von 77 Trinkbrunnen in Paris, die vom englischen Wohltäter Richard Wallace im 19. Jahrhundert gestiftet wurden.

Zu den römischen Relikten in der Crypte Archéologique gehören auch Teile der Heizkessel und Rohre einer Zentralheizung.

Die zerstörten Häuser und die Kirche Oradours tragen die Spuren des Dorfmassakers vom Juni 1944.

FRANKREICH

Oradour-sur-Glane

Die Ruinen des einst lebhaften Dorfes in Zentralfrankreich erinnern an eine tragische Episode des Zweiten Weltkrieges.

Noch immer liegen die rostigen Relikte des Alltags aus den letzten Tagen der deutschen Besatzung Frankreichs auf den Straßen von Oradour: Fahrräder, Nähmaschinen und ein verbogener Kinderwagen wurden an einem Samstag im Sommer 1944 plötzlich liegen gelassen. Zu sehen sind auch die Scheunen, in die etwa 200 Männer getrieben wurden. Hier wurden sie erschossen, ihre Leichen aufgehäuft und verbrannt. Erschüttert blicken Besucher in der Kirche auf die Stelle, wo es mehr als 400 Frauen und Kindern ähnlich erging. In diesem französischen Dorf ohne spezielle Verbindung zur Résistance hatte kaum jemand je einen deutschen Soldaten gesehen, bis auf den Nachmittag des 10. Juni, als Offiziere der SS-Panzer-Division eintrafen und alle Menschen zum Dorfplatz befahlen. Zu den Einwohnern zählten auch über 100 Flüchtlinge aus Belgien und Ostfrankreich, die ein paar Jahre zuvor angekommen waren. Das Dorf wurde in Brand gesteckt, die Häuser wurden geplündert und insgesamt 642 Menschen ermordet. Nach der Befreiung Frankreichs beschloss die Regierung, das Dorf als Denkmal für all das Leid der Franzosen unter der Besatzung so zu erhalten wie nach dem Abzug der SS-Soldaten.

Beste Reisezeit An Wochentagen im Herbst und Frühjahr ist es ruhiger.

Anreise Oradour-sur-Glane liegt an einem Berghang 22 Kilometer nordwestlich von Limoges zwischen St-Junien und Belloc. Es ist am besten mit dem Auto zu erreichen.

Reiseplanung Eintritt wird nicht verlangt. Der Eingang ist durch das Besucherzentrum, das Centre de la Mémoire, zwischen dem neuen Ort und den Ruinen des zerstörten Dorfes. Auf dem Friedhof gibt es ein großes Mahnmal für die 642 Toten, deren Namen auf zehn schwarzen Marmortafeln eingraviert sind.

Website www.oradour.org

Ein unerklärliches Massaker

Der 10. Juni 1944 begann in Oradour ganz normal. Menschen saßen in Cafés, Kinder stellten sich zur Vorsorgeuntersuchung an, und krächzende Radios berichteten von der Landung der Alliierten in der Normandie am 6. Juni – nur vier Tage zuvor.

Am selben Tag wurde die **SS Division „Das Reich"** in die Normandie beordert. Mitglieder der französischen Résistance schossen auf ihre Panzer und Lastwagen und hielten so ihren Marsch auf.

Warum 200 SS-Soldaten Oradour-sur-Glane (dessen Name sich vom lateinischen *oratorium*, Ort des Gebets, ableitet) umzingelten und systematisch zerstörten, bleibt ein Rätsel. Das eigentliche Ziel war vielleicht **Oradour-sur-Vayres,** 56 Kilometer weiter südlich, wo vermutlich ein SS-Offizier gefangen war. Doch die Verwechslung der Dörfer kann die Brutalität des Überfalls nicht erklären.

ÄGYPTEN

Gräber von Beni Hassan

Die Felsengräber über dem Nil-Tal bieten einen seltenen Blick in das Leben zur Blütezeit des ägyptischen Mittleren Reiches.

Das Dorf Beni Hassan liegt 250 Kilometer südlich von Kairo. Es wird selten von Touristen besucht, dabei befinden sich dort 39 reich mit Fresken geschmückte antike Gräber, die in die Felsen geschlagen wurden. Die meisten Gräber stammen aus der 11. und 12. Dynastie (2125–1795 v. Chr.) und waren Ruhestätten von Provinzstatthaltern. Die Wände in den vier zugänglichen Gräbern sind mit Alltagsszenen bedeckt, die in lebhaften Farben Menschen darstellen, die jagen, fischen, Vögel fangen, Äcker bestellen, Papyrus sammeln, weben und spinnen. Hinzu kommen Bilder von Schlachten, Spiel und Sport sowie von Bestattungsritualen. Die Ocker- und Goldtöne sehen so frisch aus, als wären sie erst gestern gemalt, und im Halbdunkel kann man fast die Ernte riechen, das Leinen fühlen oder die Gazellen streicheln, so lebendig wirken die Darstellungen. Großartig sind die Ringkämpfer im Grab des Baqet, die Musik- und Tanzsszenen in dem seines Sohnes Khety und die aufwendige Decke in Amenemhets Grab. In Letzterem gibt es auch eine falsche Tür in der Westwand, der Richtung für das Tor zur Unterwelt. Khnumhoteps Grab ist mit schönen Familienszenen, Pflanzen, Tieren, Vögeln und am Fuß der Wand mit dem Lebenslauf des Toten geschmückt.

Beste Reisezeit Im Winter scheint die Sonne, aber die Temperaturen sind angenehm.

Anreise Beni Hassan liegt 19 Kilometer südlich von Minya. Man kann die Stätte zwar auch mit dem Taxi erreichen, aber am besten ist ein Besuch mit einer geführten Tour oder als Teil einer Nilfahrt.

Reiseplanung In Ägypten herrschen strenge Sicherheitsvorkehrungen, Besucher werden zu ihrer eigenen Sicherheit meist diskret von einem Wächter in Zivil oder in Uniform begleitet. Nilfahrten gibt es auf Luxusschiffen und auf traditionellen, schlicht ausgestatteten Feluken. In jedem Fall bieten solche Bootsfahrten die Gelegenheit, historische Stätten und das moderne Landleben am Fluss zu sehen, das eigentümlich an die alten Bilder in den Gräbern erinnert.

Websites egyptsites.wordpress.com/beni-hasan, www.aegypten-online.de

Stadt des Sonnengottes

Etwa 40 Kilometer südlich von Beni Hassan liegt die Stadt **Tell el-Amarna.** Sie war im 14. Jahrhundert v. Chr. die Hauptstadt des Pharao Echnaton und seiner Königin Nofretete. Teile des Tempels und des Palastes sind erhalten, ebenso 25 Felsengräber mit Wandbildern zum Leben in der Stadt des Sonnengottes. Die schönsten Gräber sind die von Echnatons Verwalter, des ersten Dieners, des Fächerträgers, des Polizeichefs und des Hohepriesters des Aton. Echnatons Grab liegt im Tal der Könige, wo die Sonne stets aufgeht. Von der Ausstattung ist kaum etwas übrig, und die Leiche wurde nie gefunden, aber es ist dennoch ein atmosphärischer Ort.

Alltagsszenen bedecken die Wände von Khetys Grab in Beni Hassan.

LIBYEN

Leptis Magna

In der antiken Stadt an Libyens Mittelmeerküste gewinnt man einen Eindruck davon, wie das Leben in römischer Zeit gewesen sein mag.

Sandstrände, Heilbäder, große Einkaufsstraßen, viel Unterhaltung und reichlich architektonische Pracht – Leptis Magna klingt wie der ideale Urlaubsort. Aber die labyrinthartige römische Stadt, 120 Kilometer östlich von Tripolis, liegt teilweise unter Wüstensand begraben und ist auf kaum einer Karte zu finden. Die von Säulen gesäumten Hallen der Heilbäder stehen nun unter freiem Himmel, die Blöcke des ursprünglichen Kuppeldachs, zwischen denen Wildblumen hervorlugen, sind an den Wänden aufgestapelt. In den marmorverkleideten Läden gab es verschiedenste Waren, manche Einwohner gingen einkaufen, andere tranken in der halbrunden Bar an einem Ende des Forums. Ein Stück weiter spielten Männer mit Murmeln auf Rastern, die in die Bodenplatten geritzt waren, während sie auf die Ankunft von Schiffen im Hafen gleich dahinter warteten. Die Lage von Leptis Magna war ideal für den blühenden Handel im Mittelmeerraum und der Sahara. Wen das alles langweilte, der konnte sich auch andere Vergnügungen kaufen, wie die Hochreliefs männlicher Geschlechtsorgane an einer Wand andeuten. Im Theater, wo die gebildeten Bürger von Leptis Konzerte besuchten, ist die Akustik der steilen, halbrunden Reihen aus 5000 Steinsitzen noch immer perfekt und verstärkt auch den Vogelgesang, der heute das lauteste Geräusch in Leptis ist.

Beste Reisezeit Die Lage Leptis Magnas an der Südküste des Mittelmeers sorgt für ganzjährig mildes Wetter. Besucher sind noch immer so selten, dass keine saisonale Überfüllung zu fürchten ist.

Anreise Bis zu Beginn der Unruhen hatten verschiedene Anbieter Pauschalreisen im Programm, die auch für Einzelreisende zusammengestellt wurden und Formalitäten wie die für ein Visum notwendige Einladung beinhalteten. Zur Zeit der Drucklegung waren diese Angebote aber aufgrund der aktuellen Lage in Libyen nicht verfügbar.

Reiseplanung Zuletzt warnte das Auswärtige Amt wegen der anhaltenden unübersichtlichen Lage im Land und bewaffneter Auseinandersetzungen vor Reisen nach Libyen. Daher sollten sich Reisende vorher eingehend über die aktuelle politische Situation informieren.

Websites libyen.com, www.alnpete.co.uk/lepcis

Antike Bräuche

■ Die Marmorverkleidung im Schwitzraum der **Hadriansbäder** ist abgefallen und hat die rissigen, zerbrochenen und orgelähnlichen Ziegelleitungen freigelegt, durch die in einem raffinierten Recyclingsystem heiße Luft strömte, aufstieg und kondensierte. Die Mächtigen von Leptis besprachen hier Tagesgeschäfte, während sie in verschiedenen Becken entspannten, sich mit Olivenöl massieren ließen und die hauseigenen Bibliotheken besuchten.

■ Ebenso wie die Bäder waren auch die Toiletten ein geselliger Ort. Diskussionen wurden oft in den luxuriösen öffentlichen Latrinen mit Marmorsitzen in Schlüssellochform fortgesetzt. Bei kaltem Wetter mussten Sklaven zuvor auf dem Stein sitzen, um ihren Herren Unbehagen zu ersparen. Musiker sorgten derweil für Hintergrundmusik.

Gegenüber: Die Relikte des Hafens von Leptis Magna. Oben: Statue im Severus-Forum.

Handfesseln an einer Wand in der Maison des Esclaves sind eine grausige Erinnerung an den Menschenhandel an dieser Küste.

SENEGAL
ÎLE DE GORÉE

20 Minuten mit der Fähre vom heißen, staubigen Dakar entfernt liegt eine geschichtsträchtige Insel.

Das Boot umrundet das nördliche Kap der Île de Gorée und gleitet in eine sandige Bucht, wo junge Leute fröhlich in den Wellen planschen. Das Ufer ist gesäumt von Kolonialhäusern, die in Pastell- und Ockertönen verputzt sind. Nach Verlassen der Fähre warten Straßen und Gassen mit leuchtend bunten Bougainvilleen, die von hohen Gartenmauern herabhängen. Auf der winzigen Insel, die vor der Macht des Atlantiks geschützt auf der meerabgewandten Seite der Halbinsel Cap Vert, Afrikas westlichstem Punkt, liegt, gibt es weder Autos noch Fahrräder. Alles und jeder scheint einen unbeschwerten Charme zu verströmen, der einer der *signares* würdig wäre, gemischtrassiger Matriarchinnen, die einst in den eleganten Häusern lebten und für ihre Schönheit, Anmut und Geschäftstüchtigkeit berühmt waren. Aber das tropische Paradies hat eine dunkle Seite, an die in der Maison des Esclaves (Slavenhaus) aus dem 18. Jahrhundert erinnert wird. Hier sollen Sklaven eingesperrt gewesen sein, bevor sie durch die Porte du voyage sans retour (Tor der Reise ohne Wiederkehr) auf die Schiffe nach Amerika getrieben wurden. Zur Insel kamen auch Nelson Mandela und Papst Johannes Paul II., der sich hier 1992 offiziell für die Mitverantwortung der katholischen Kirche am Sklavenhandel entschuldigte.

Beste Reisezeit Am besten von November bis Mai, außerhalb der heißen Regenzeit.
Anreise Fähren verkehren regelmäßig von 6 bis 23 Uhr vom Hafen in Dakar.
Reiseplanung Die kleinen Restaurants am Fähranleger servieren gute, einfache Fischgerichte. Auf dem Festungshügel stehen ein Denkmal für die afrikanische Diaspora und die Relikte eines französischen Gefechtsstandes. Es gibt drei Museen, darunter das Musée de la Femme (Frauenmuseum). Für eine Übernachtung empfiehlt sich die Hostellerie du Chevalier de Boufflers am Strand.
Websites www.senegal-online.com, www.senegal-tourism.com, webworld.unesco.org/goree

Die Ära der Signares

Die Île de Gorée hat zwei Geschichten. Die eine besagt, dass die Insel ein Teil des Sklavenhandels war, was aber viele Historiker bestreiten. Der Sklavenhandel war zwar eine unleugbare Realität an dieser Küste, aber Gorée soll nur eine kleine Rolle gespielt haben. Die andere Geschichte erzählt von den *signares*, portugiesisch *senhoras*, Damen. Die *signares* stammten von portugiesischen Händlern des 17. Jahrhunderts und einheimischen Frauen ab und bildeten den Kern einer matriarchalen Gemeinschaft, die den blühenden Handel mit Waren wie Indigo und Gewürzen kontrollierte. Eine von ihnen, Anna Colas Pépin, war die Besitzerin der heutigen Maison des Esclaves.

SÜDAFRIKA

Sevilla Rock Art Trail

Auf einer kurzen Wanderung in die Zederberge können alte Felszeichnungen der San besichtigt werden.

Der Ibis, der den Wanderweg kreuzt, gleicht einem prähistorischen Vogel, was durchaus passend ist, wenn der Weg zu Felsmalereien führt, die so alt wie die ägyptischen Pyramiden sind. Knapp drei Stunden von Kapstadt entfernt beginnt die Welt der San, nomadischer Jäger und Sammler, die lange vor dem Eintreffen der Europäer hier lebten. Sie hinterließen über 2500 Felsmalereien in der Zederberg-Region, von denen viele auf dem Sevilla Rock Art Trail zu besichtigen sind. Auf dem 6,4 Kilometer langen Streifzug entlang dem Fluss Brandewyn nahe der Kleinstadt Clanwilliam gibt es neun verschiedene Stellen mit 800 bis 8000 Jahre alten Felsmalereien. Ein Hauch von Übernatürlichkeit ist schon vor Erreichen der ersten Stätte zu spüren, wenn auf dem Weg rote Sandsteinformationen von schroffer Schönheit emporragen, wie der Wolfberg-Bogen, der jahrhundertelang von Wind und Sand geformt wurde. Und plötzlich steht man vor den überraschend lebhaften Malereien. Ein neugeborenes, staksiges Fohlen, ein zielender Bogenschütze, längst ausgestorbene Quaggas (eine Zebra-Art), Elefanten und eine Reihe tanzender Frauen erzählen über die Jahrhunderte hinweg die stumme Geschichte einer verlorenen Lebensweise.

Beste Reisezeit Der Weg ist ganzjährig zugänglich. Im Frühjahr erblühen die Wildblumen, für die die Gegend berühmt ist. Der Winter ist feucht und oft sehr kalt, kann aber auch von besonderer Schönheit sein, wenn die Zederberge von Schnee bedeckt sind.
Anreise Der Weg beginnt an der Traveller's Rest Farm, 35 Kilometer von Clanwilliam entfernt an der Straße nach Wupperthal.
Reiseplanung Campen und Wandern ist nur mit Genehmigung erlaubt. Genehmigungen, Wanderkarten und -broschüren gibt es in der Traveller's Rest Farm, die auch Selbstversorgerunterkünfte hat, die zuvor gebucht werden müssen. Das Living Landscape Craft Centre der Universität Kapstadt in der Park Street in Clanwilliam verkauft Bücher, Kunsthandwerk und eine CD über Felsmalereien.
Websites www.travellersrest.co.za, www.clanwilliam.info

Highlights

■ Der **Clanwilliam Dam** ist sehr beliebt für Wasserskisport. Hütten und Camps werden am Ufer vermietet, sei es zum Wasserskifahren oder zum Wandern durch das nahe Naturreservat Ramskop mit seiner Fülle an heimischen Pflanzen.

■ Das Grab des Arztes **C. Louis Leipoldt,** der zu einem der beliebtesten Dichter Südafrikas wurde, liegt am Pakhuis-Pass bei Clanwilliam unterhalb von weiteren San-Malereien und ist somit ein perfekter Vorwand für eine Fahrt über den malerischen Pass.

Eindrucksvolle Bilder von Menschen und Tieren wurden von Generationen von San übereinandergemalt.

STILLE OASEN

Alte Tempel, erhabene Kathedralen und andere religiöse Bauten sind stets beliebte Stationen auf den weltweiten Touristenpfaden. Aber es gibt noch immer geweihte Orte, die eine friedliche Aura verströmen – einige abgelegen, andere mitten in bevölkerten Städten. Wer hätte gedacht, dass eine der größten neogotischen Kathedralen der Welt, samt Rosettenfenster und Pfauen auf dem Rasen, nicht im mittelalterlichen Zentrum einer französischen Stadt, sondern im Herzen Manhattans steht? Ebenso erstaunlich ist die oft übersehene äthiopische Kirche inmitten des an Gotteshäusern nicht gerade armen Jerusalems. Der runde Grundriss und der mittig angeordnete Altar sind wie die aufwendigen Teppiche und Wandbilder von Heiligen einzigartig. Eine japanische Gebirgsregion mit Zedernwäldern und verborgenen Schreinen belohnt erschöpfte Wanderer mit einem Bad in Thermalquellen. Und inmitten der Bürohochhäuser der City of London stehen dicht gedrängt auf einer Quadratmeile 50 Kirchen, die jeweils ihre eigenen Überraschungen bieten.

Der kunstvoll verzierte kambodschanische Tempel Ta Prohm wurde vor über 800 Jahren von einem König errichtet, war Teil einer großen Stadt und versammelte Tausende buddhistischer Priester, ritueller Tänzer und Gläubiger.

Die Kathedrale wurde nach einem Feuer 2001 wunderschön restauriert.

NEW YORK, USA

St. John the Divine

Die Bischofskathedrale mit ihrem hohen Kirchenschiff ist eine Oase des Friedens im hektischen Manhattan.

Enorme Bronzetore schmücken die Front der Kathedrale St. John the Divine in der Amsterdam Avenue. Die Tore sind von 32 Kalksteinfiguren, Gestalten aus dem Alten und Neuen Testament, flankiert und bilden das monumentale Paradiesportal der Kathedrale. Innen überwältigt das riesige Kirchenschiff mit seiner schieren Größe – es ist 38 Meter hoch und 183 Meter lang. Die Kathedrale hat seit der Grundsteinlegung 1892 das Viertel Morningside Heights zweifellos geprägt. In einer Stadt, die heute berühmt für ihre Wolkenkratzer ist, steht die neogotische St. John the Divine, die auf einem der höchsten Punkte Manhattans gebaut wurde, den himmelsstürmenden Tempeln des Mammon in Sachen Erhabenheit in nichts nach. Dabei ist sie noch nicht einmal fertig. In der St. Savior Chapel lohnt ein Blick auf das schöne Altartriptychon aus Bronze von Keith Haring, das kurz vor seinem Tod 1990 vollendet wurde. Die Statuen am Paradiesportal stammen aus der Zeit von 1988 und 1997. An den Wänden unter ihnen sind Skulpturen der Brooklyn Bridge und der Zwillingstürme des World Trade Center zu entdecken.

Beste Reisezeit Die Kathedrale ist montags bis samstags von 7 bis 18 Uhr, sonntags bis 19 Uhr geöffnet. Gelände und Garten sind tagsüber zugänglich.

Anreise St. John the Divine liegt an der Amsterdam Avenue, Höhe 112th Street, einen Block östlich vom Broadway. Bus 4 und 104 halten am Broadway, Ecke 112th Street, Bus 11 in der Amsterdam Avenue, Ecke 112th Street. Mit der U-Bahn-Linie 1 geht es bis zum Bahnhof 110th Street/Cathedral Parkway.

Reiseplanung Die Rundfahrtbusse lassen nur Zeit für ein schnelles Foto. Am besten steigen Sie für ein oder zwei Stunden aus, um die einzigartige Mischung aus Pracht und Besinnlichkeit zu genießen.

Websites www.stjohndivine.org, www.sacred-destinations.com

Fenster zum Paradies

■ Eines der schönsten Prachtstücke der Kathedrale ist das **große Rosettenfenster** über dem Paradiesportal an der Westfassade. Die 10 000 Glasteile reflektieren jeden Ton des Farbspektrums.

■ Auf dem Rasen um die Kathedrale, schlicht **The Green** genannt, stolzieren drei Pfauen. Die Vögel sind ein Geschenk der Zoos von Philadelphia und der Bronx und entzücken und überraschen Besucher.

■ Der **Biblische Garten** hinter der Amsterdam Avenue ist mit seinen Sträuchern, Bäumen und anderen Pflanzen ein wahres Eden. Viele seiner Blumen und Früchte sind in der Bibel erwähnt.

In den Fluren des Tempels Rameshwaram stehen mehr als 4000 Säulen, jede 3,7 Meter hoch.

INDIEN

Rameshwaram

Vor der Südküste von Tamil Nadu liegt eine Tempelinsel, die an eines der hinduistischen Epen erinnert.

Rameshwaram, der Tempel des Herrn von Ramanatha oder Rama, steht auf einer Insel vor der Südostspitze Indiens und ist eine der bedeutendsten hinduistischen Pilgerstätten des Landes, gleich nach der heiligen Stadt Varanasi im Norden. In dem Tempel aus dem 12. Jahrhundert soll das „Ramayana", eines der heiligen Epen des Hinduismus, für Pilger lebendig werden. In alten Zeiten gingen die Pilger die 1000 Kilometer von Varanasi nach Rameshwaram zu Fuß. Hier soll Rama, eine Inkarnation des Gottes Vishnu, dem Gott Shiva gehuldigt und um Vergebung für die Ermordung des Königs Ravana von Sri Lanka gebeten haben, der Ramas Frau Sita entführt hatte. Rameshwaram war Ramas erste Station in Indien nach seinem Sieg über Ravana, und er wollte Shiva mit einem Symbol erfreuen, dem *linga*, einem stilisierten Phallus. Der Legende nach soll einer der zwei Lingas im Tempel von Sita aus goldenem Sand für ihren Mann geschaffen worden sein, der andere stammt vom Affengott Hanuman. Eine neunstöckige *gopura*, ein turmförmiger Bau mit Steinfiguren, steht am Eingang zum Tempel, der durch eine Brücke mit der farbenfrohen Festlandstadt Rameshwaram verbunden ist.

Beste Reisezeit Von Dezember bis Februar, wenn die Temperaturen bei 25 bis 30 Grad liegen.
Anreise Am Flughafen von Madurai, 171 Kilometer im Nordwesten, können Sie einen Wagen mieten. Züge nach Rameshwaram fahren von Madurai (sechs Stunden) und Chennai (18 Stunden).
Reiseplanung Rikschas und Stadtbusse sind in Rameshwaram allgegenwärtig. Regionalbusse fahren zu Orten in der Umgebung. Spaß machen Fahrten mit der zweirädrigen Pferdekutsche. Die nostalgisch anmutenden Vehikel gehören in Rameshwaram zum Alltag. In der Region werden viele Sprachen gesprochen, und die meisten Verkäufer, Rikscha- und Busfahrer verstehen Englisch.
Websites ww.india-tourism.de, www.tamilnadutourism.org

Legendäre Schauplätze

■ 60 Kilometer nördlich von Rameshwaram liegt **Devipattinam**. Bei Ebbe tauchen hier neun große Steine auf, die Navapashanam, die angeblich von Rama als Symbol für die neun heiligen Planeten aufgestellt wurden.

■ Der traumhafte Strand von **Dhanushkodi,** 18 Kilometer südöstlich von Rameshwaram, ist ideal für ein Sonnenbad. Riffe, Sandbänke und Inselchen bilden eine fast durchgängige Landverbindung mit Sri Lanka. Es sollen die Reste einer Brücke sein, die der Affengott Hanuman und seine Anhänger bauten, damit Rama nach Sri Lanka marschieren konnte.

JAPAN
Kumano-Kodo-Pilgerwege

Auf den Spuren von Kaisern zu den mystischen Bergen und heiligen Schreinen im spirituellen Herzen Japans.

In alten Zeiten reisten Japans Kaiser zur Halbinsel Kii-hanto, um sich zu läutern, zu den Geistern in den Felsen und Bäumen zu beten und um Gefälligkeiten zu bitten. Ihre Pilgerroute, ein Wegenetz namens Kumano Kodo, durchquerte wilde Berge voller Wasserfälle und Schreine, darunter insbesondere die drei großen Schreine Hongu Taisha, Hayatama Taisha und Nachi Taisha. Heute sind es Wanderwege, aber es führen auch Straßen zu den Schreinen. Eine beliebte Strecke ist der 6,4 Kilometer lange Weg vom Hosshinmon-oji zum Hongu Taisha. Er führt durch Zedernwälder und Bergdörfer und über Terrassen mit Teesträuchern und Mandarinenbäumen. Am Fushiogami-oji fielen die Pilger früher beim Anblick des Hongu Taisha tief unten im Tal – zu erkennen am größten *torii* (Schreintor) der Welt – auf die Knie. Die mystische Lage des Hongu Taisha wird als spirituelles Herz Japans erachtet, auf das viele andere Pilgerwege zulaufen. Nach dem Abstieg zum Hongu Taisha paddelten die Pilger auf dem Fluss Kumano zum Hayatama Taisha (heute zu erreichen per Boot ab Kawabune oder über die Straße) und von dort weiter zum Nachi Taisha an Japans höchstem Wasserfall. Die rot-weißen Bauten des Hayatama Taisha sind unverkennbar. Die Gebäude des Nachi Taisha zeigen eine Verbindung aus shintoistischen und buddhistischen Elementen.

Beste Reisezeit Am besten sind Frühling (April bis Mai) mit Kirsch- und Pflaumenblüten und Herbst (September bis Oktober) mit prächtigem Laubwerk. Lohnenswert sind das Frühlingsfest am Kumano Hongu Taisha (13. bis 15. April) oder das Feuerfest Nachi-no-Hi Matsuri am Kumano Nachi Taisha (14. Juli).

Anreise Takijiri-oji, der Start des Kumano Kodo, liegt ab der Küstenstadt Tanabe 23 Kilometer ostwärts Richtung Berge, zum Hosshinmon-oji sind es weitere 35 Kilometer. Busse fahren täglich vom JR-Bahnhof Kii-Tanabe zum Takijiri-oji (35 Minuten), Kumano Hongu Taisha (110 Minuten) und Hosshinmon-oji (zwei Stunden).

Reiseplanung Tanabe ist mit seinen Hotels und Restaurants ein guter Ausgangspunkt. In der Touristeninformation Nanki Tanabe vor dem Bahnhof erhalten Sie Wegekarten. Der Weg zwischen Takijiri-oji und Hosshinmon-oji ist recht anstrengend, der zwischen Hosshinmon-oji und Kumano Hongu Taisha ist leichter.

Websites www.tb-kumano.jp/en, www.spiritual-pilgrimages.net

Heiße Quellen

Am Ende einer langen Wanderung ist ein Bad in einer heißen Quelle wohltuend. Die Halbinsel Kii-hanto ist berühmt für ihre heißen Quellen, was zweifellos zu ihrem mystischen Flair beiträgt. Die Quelle **Yunomine Onsen** südwestlich des Hongu Taisha soll schon seit 1800 Jahren besucht werden. Dort führten Pilger ihre Reinigungsrituale durch. Es gibt in dem klassischen Bergdorf zwei Badehäuser neben einem plätschernden Bach. In der kleinen Hütte **Tsuboyu** ist ein Felsenbad, der einzige Ort der Welt, wo man in einer heißen Quelle baden kann, die zum Weltkulturerbe der Unesco gehört. Yunomine Onsen ist mit dem Auto oder in 70 Minuten zu Fuß vom Hongu Taisha zu erreichen.

Gegenüber: Ein Steinweg des Kumano Kodo führt durch grünen Wald. Oben: Eine Pagode am Nachi Taisha.

Ein buddhistischer Mönch meditiert in einer Nische des 800 Jahre alten Tempels Ta Prohm von Angkor.

KAMBODSCHA

TA PROHM

Die Ruine eines Khmer-Tempels, umschlungen von knorrigen Banyanbäumen, stammt aus einer goldene Epoche.

Ta Prohm im kambodschanischen Angkor gilt als einer der atmosphärischsten der alten Khmer-Tempel des Landes. Er wurde Ende des 12. Jahrhunderts von König Jayavarman VII. als buddhistisches Kloster errichtet und der königlichen Familie geweiht. Das Kloster erwarb rasch enorme Reichtümer, darunter zeremonielle Schirme, seidene Betten, Diamanten, Perlen und Goldplatten, die 500 Kilogramm wogen. In der Blütezeit Ta Prohms dienten dem König hier mehrere 1000 Priester und Beamte, 600 rituelle Tänzer und 80 000 Dorfbewohner. Heute geht es ruhiger zu, besonders wenn spätnachmittags die Reisegruppen verschwunden sind und Ta Prohm wieder dem Dschungel gehört, wo es 500 Jahre lang vergessen lag. Banyanbäume ragen aus den Ruinen, Sittiche krächzen im Laubwerk, und Schlingpflanzen klammern sich an die alten Steine wie geisterhafte Ranken aus der Vergangenheit. Es ist die beste Zeit für einen Besuch der inneren Anlage, zum Beispiel der Bibliothek oder des Feuerhauses, oder um an der Echowand zu stehen, den eigenen Herzschlag zu hören und dem Ende einer Vorstellung von Apsara-Tänzern zuzuschauen. Echsen huschen aus den Rissen, und die Steinfiguren werden im Glühen der untergehenden Sonne lebendig.

Beste Reisezeit Im Dezember und Januar sind die Temperaturen angenehm, und der Himmel ist blau.
Anreise Ta Prohm ist Teil des Archäologischen Parks Angkor, acht Kilometer nördlich von Siem Reap, und ist per Taxi oder mit einer organisierten Tour zu erreichen. In Siem Reap gibt es einen Flughafen mit Flügen aus Phnom Penh (50 Minuten), von wo auch Boote nach Angkor fahren (fünf bis sechs Stunden).
Reiseplanung Sonnenhut und festes Schuhwerk sind ratsam, da das Areal ungeschützt und uneben ist. Einen Blick von oben auf Angkor bietet der festgeleinte Heißluftballon. Eine Apsara-Tanzaufführung ist die ideale Ergänzung eines Tempelbesuches. Nützlich sind US-Dollar in kleinen Nennwerten.
Websites www.cambodia-travel.com, www.tourismcambodia.com, www.angkorwhat.net

Steinerner Gleichmut

Der buddhistische **Bayon-Tempel**, von König Jayavarman VII. erbaut, liegt vier Kilometer westlich von Ta Prohm im Herzen der alten Hauptstadt Angkor Thom. Seine drei Ebenen symbolisieren einen heiligen Berg. Die beiden ersten Ebenen sind viereckig und haben Basreliefs, die Schlachten und Alltagsszenen darstellen, wie Jongleure und Akrobaten, Schachspieler oder Militärparaden mit Elefanten und Ochsenkarren. Auf der runden oberen Ebene blicken riesige Steingesichter von den Türmen hinab. Sie sollen den Gott der Barmherzigkeit oder König Jayavarman selbst darstellen.

INDONESIEN
Dieng-Plateau

Im Hochland Javas lockt eine unwirkliche Caldera voller Tempelruinen und blubbernder Vulkanschlote neugierige Touristen an.

Das kalte Vulkanplateau ist das höchste bewohnte Gebiet der Insel und spielt eine gewichtige Rolle im spirituellen Leben Javas. Noch immer besitzt es die übernatürliche Atmosphäre einer Region, deren Name sich recht passend von dem Sanskrit-Begriff *Di Hyang*, „Sitz der Götter", ableitet. Die tiefe Stille, der Nebel und vereinzelt mysteriöse Todesfälle (verursacht durch vulkanisches Kohlendioxid, das sich in Senken sammelt) ziehen bis heute Schamanen, Pilger und Neugierige an. Im 7. Jahrhundert lebten in Dieng hinduistische Wanderpriester aus Indien, die 400 Tempel, die ältesten Javas, bauen ließen. Sie machten das sumpfige Plateau zu einem Wallfahrts- und Missionszentrum, von dem aus der Hinduismus auf der Insel verbreitet wurde. Nur acht der gedrungenen und weitgehend schmucklosen Tempel sind erhalten. Die meisten wurden von nachfolgenden islamischen Generationen zerstört und als Baumaterial verwendet. Weniger spirituell orientierte Besucher können auf den Wanderwegen durch das dünn besiedelte Plateau die blubbernden Fumarolen, die säurehaltigen Seen, die im Lauf des Tages ihre Farbe ändern, und ein faszinierendes Land erleben, das sich wenig verändert zu haben scheint, seit sich die Wanderpriester auf dem Sitz der Götter niederließen.

Beste Reisezeit April bis Oktober, die Trockenzeit, ist die beste Besuchszeit, da dann ergreifende Sonnenaufgänge zu erleben, aber kaum Hochlandregengüsse zu befürchten sind.
Anreise Wonosobo, ein hübscher Ort 69 Kilometer nordwestlich von Yogyakarta gelegen, ist über gute, aber verkehrsreiche Straßen, aber auch von Pekalongan an der Nordküste aus zu erreichen und gilt als das Tor nach Dieng. Mietwagen und Informationen zu öffentlichen Verkehrsmitteln nach Dieng gibt es in Yogyakarta. Eintägige Pauschaltouren erlauben allerdings nur etwa eine Stunde auf dem Plateau.
Reiseplanung Warme Kleidung ist bei Übernachtung in einer der schlichten Unterkünfte notwendig. Auch feste Schuhe sind bei einer Wandertour zu den Tempeln und Seen ratsam.
Website www.indonesia-tourism.com/central-java/dieng-plateau.html

Höhlenklause

In den Bergen der Umgebung liegt eine Höhle, die nach dem Diener Semar benannt ist. Diese scheinbar unbeholfene Figur des javanesischen Schattenpuppentheaters *wayang* ist tatsächlich einer der einflussreichsten Charaktere. In der Höhle meditieren gerne jene Mitglieder der javanesischen Oberschicht, die wie Semar Macht und Einfluss hinter äußerer Bescheidenheit und Demut verbergen. Die **Semar-Höhle** ist nichts für spirituelle Amateure, da die beißende Kälte in der langen Nacht nur mit ausreichend mentaler und physischer Kondition zu ertragen ist.

Die Hindu-Priester des 7. Jahrhunderts erkannten die außergewöhnliche Atmosphäre des Dieng-Plateaus, das zum religiösen Zentrum von Java wurde.

TOP TEN
SAKRALE KUNST

Die Kunst der religiösen Welt hält viele Überraschungen bereit: vom Meerschwein beim Abendmahl bis zu Gemälden, die vielleicht der echte Don Juan in Auftrag gab.

❶ Cusco-Kathedrale, Cusco, Peru
Cuscos majestätische Kathedrale aus dem 16. Jahrhundert birgt 400 Gemälde, aber eines ist recht ungewöhnlich. Marcos Zapata, ein Meister der Kunst der Kolonialzeit, porträtierte Jesus in seinem Werk „Abendmahl" vor einem gebratenen Meerschwein, Chilischoten und Papayas.

Reiseplanung Am Kartenschalter der Kathedrale gibt es auch Audioguides auf Englisch. www.cusco-peru.org

❷ Kumari Ghar, Kathmandu, Nepal
Der Tempel Kumari Ghar auf dem Gelände des Palastes Hanuman Dhoka in Kathmandu ist mit kunstvollen Holzstatuen und filigranen Fenstergittern geschmückt. Er ist Sitz der „lebenden Göttin", eines Hindu-Kindes, das eine alte nepalesische Gottheit repräsentiert. Manchmal schaut sie auch aus dem Fenster und winkt.

Reiseplanung Im September findet das Bijaya Dasami, das Erntefest, mit Umzügen und Tänzen statt. www.nepaltravelinfo.com

❸ Hadassah-Hospital, Jerusalem, Israel
Zwölf leuchtende Buntglasfenster von Marc Chagall schmücken die Synagoge des Hadassah-Hospitals im Ein-Kerem-Krankenhaus westlich von Jerusalem. Die Fenster waren ein Geschenk Chagalls von 1962. Sie beschreiben die biblische Geschichte von Jakob, der seine zwölf Söhne segnet.

Reiseplanung Der Besuch kostet Eintritt, und es gibt eine Führung zu den Fenstern. www.hadassah.org.il

❹ Scuola di San Giorgio degli Schiavoni, Venedig, Italien
Im trüben Saal einer Bruderschaft von Dalmatinern (Schiavoni), die in Venedig lebten, beschreiben neun Meisterwerke von Vittore Carpaccio bildhaft das Leben der Heiligen Georg und Hieronymus. Im Hintergrund porträtierte Carpaccio venezianisches Alltagsleben im frühen 16. Jahrhundert.

Reiseplanung Um die Details der Gemälde zu entdecken, ist eine Taschenlampe nötig. www.venedig.net

❺ Pieve di San Lorenzo, Borgo San Lorenzo, Italien
Die Kirche im Mugello-Tal nördlich von Florenz besitzt ein eindrucksvolles Fresko von Giotto aus dem 13. Jahrhundert, das eine Madonna mit dunklem Gesicht zeigt. Giotto nahm oft Menschen seiner Umgebung als Modelle, aber hier beeinflussten ihn vielleicht die dunklen byzantinischen Ikonen.

Reiseplanung Borgo San Lorenzo liegt 31 Kilometer von Florenz entfernt. Die Menschen auf dem dienstäglichen Markt ähneln vielleicht jenen, die Giotto vermutlich Modell standen. www.sieveonline.it

❻ Liebfrauenkirche, Brügge, Belgien
Michelangelos Madonna in der Brügger Liebfrauenkirche wurde ursprünglich für die Kathedrale von Siena geschaffen. Aber zwei reiche Kaufleute brachten sie 1506 nach Norden. Die Marmormadonna mit ähnlichen Gesichtszügen wie seine berühmte „Pietà" in der Peterskirche blickt auf das Christuskind herab.

Reiseplanung Das Groeninge Museum, vier Minuten zu Fuß von der Kirche, hat eine großartige Sammlung flämischer Sakralkunst, darunter auch Werke von Jan van Eyck. www.brugge.be

❼ Kirchen im Berry, Frankreich
Apfelbackige Engel und Madonnen in kraftvollen frühromanischen Fresken bedecken ganze Wände in den Dorfkirchen von Brinay, Avord, Chalivoy-Milon, Gargilesse und Nohant-Vicq im zentralfranzösischen Berry. Die Fresken wurden im 19. Jahrhundert entdeckt, und die Schriftstellerin George Sand, die in Nohant-Vicq lebte, setzte sich für ihren Erhalt ein.

Reiseplanung Die Dörfer liegen zwischen 16 und 73 Kilometer südlich von Bourges. In Nohant-Vicq kann auch das Haus von George Sand besucht werden. www.bourges-tourisme.com

❽ St. James's Church, Nayland, England
Die Kirche St. James im Suffolk-Dorf Nayland birgt ein seltenes Altarbild, eines von nur drei Sakralbildern des Landschaftsmalers John Constable. „Christus segnet die Elemente" gilt als sein bestes Altarbild und ist wegen des gequälten Gesichtsausdrucks von Christus ungewöhnlich. Es ist tatsächlich das Gesicht von Constables Bruder Golding, der ihm Modell stand.

Reiseplanung Durch das Stour Valley führen Wanderwege inmitten der Landschaft Constables. www.suffolkchurches.co.uk/nayland.htm

❾ Hospital de la Santa Caridad, Sevilla, Spanien
Mehrere Werke von Bartolomé Esteban Murillo schmücken die Barockkapelle des Hospital de la Santa Caridad in Sevilla. Die „Gnadengemälde" stellen biblische Szenen dar und wurden im 17. Jahrhundert von Miguel de Mañara in Auftrag gegeben, der die Geschichten über Don Juan inspiriert haben soll.

Reiseplanung Die Kapelle liegt in der Calle Temprado 3 im Altstadtviertel Arenal. www.sevillaonline.es

❿ Hallgrimskirkja, Reykjavik, Island
Die Hallgrimskirche von 1986 ist künstlerischer Ausdruck der isländischen Identität. Guðjón Samúelsson schuf den Turm in Anlehnung an die Basaltformationen der Küste. Im eispalastartigen Innenraum offenbart sich Islands Seele in Buntglasfenstern von Leifur Breiðfjörð und dem Christus von Einar Jónsson.

Reiseplanung An klaren Tagen lohnt die Liftfahrt auf den Turm mit Blick auf Küste und Stadt. www.iceland.de, www.visitreykjavik.is

---

Gegenüber: Das Motiv ist biblisch, aber die Kulisse unverkennbar venezianisch in Carpaccios „Berufung des Matthäus" in der Scuola di San Giorgio degli Schiavoni.

THAILAND

Sarghöhlen von Pang Mapha

In Höhlen und Felsnischen im Bergland Nordthailands liegen die Särge eines geheimnisvollen, längst verschwundenen Volkes.

Zerklüftete Kalksteinberge ragen hoch über den Reis- und Gemüsefeldern der Provinz Mae Hong Son im Nordwesten Thailands empor. In den Bergen von Pang Mapha an der Grenze zu Birma im Norden der Provinz liegen verzweigte Höhlen, in der ein altes, unbekanntes Volk seine Toten hinterlassen hat. In der Region gibt es über 60 Begräbnisstätten mit Särgen, die aus riesigen Teakholzstämmen gehauen wurden, manche davon neun Meter lang. Die meisten Särge – einige mit kunstvoll geschnitzten Enden, die dem Kopf eines Schweines oder einer Katze ähneln – sind 1200 bis 2100 Jahre alt. Das Gelände steht Abenteurern mit guter Kondition und ohne Platzangst offen. Für ein paar Dollar gibt es auch einen einheimischen Führer mit starken Taschenlampen. Nach einem steilen Aufstieg und ein wenig Kriechen geht es in die dunklen, staubigen Höhlen voll moderndem Holz, menschlichen Zähnen und Knochen. Hier herrscht völlige Stille. Die lokalen Bergvölker glauben, dass die Geister der Toten, die Phi Maen, in den Felsen leben. Einige Dorfälteste erinnern sich an Zeiten, als leise, flüsternde Stimmen der Phi Maen im Echo der Berge zu hören gewesen sein sollen.

Beste Reisezeit Eine Reise nach Nordthailand ist in der Trockenzeit (November bis Februar) am besten. Weihnachten ist es angenehm kühl. Ab März wird es heißer und die Luft rauchiger, wenn die Bauern ihre Felder abbrennen.

Anreise Viele Besucher mieten in Chiang Mai einen Jeep oder ein Motorrad und fahren die 206 Kilometer über die Bergstraße durch Mae Hong Son zu den Höhlen von Pang Mapha (auch Soppong genannt). Es fahren auch Busse die fünfstündige Strecke, die in der Regenzeit aber tückisch sein kann.

Reiseplanung Die Cave Lodge bietet Essen und einfache Unterkunft. Sie liegt nur ein kurzes Stück vom größten Höhlensystem entfernt, dem Tham Lod, wo Touristen in Holzbooten durch die Höhlen geführt werden. Im Dorf Ban Rai, 6,4 Kilometer westlich von Pang Mapha, starten Touren zu einer Sarghöhle.

Websites www.cavelodge.com, www.littleeden-guesthouse.com, www.gt-rider.com, highland.trf.or.th

Lokale Leckerbissen

■ Das Bergbauernvolk der **Shan** hat eine charakteristische Küche. Hackbällchen mit Shan-Gewürzen gibt es im **Little Eden Guesthouse** in Pang Mapha. Die **Cave Lodge** bei Tham Lod bietet eine Shan-Mahlzeit mit frischem Gemüse und scharfem Tomaten- und Sojabohnendip.

■ Auf den Märkten werden saisonale Produkte verkauft, in den Dörfern gibt es Nudelläden und bunte Reissorten.

■ Jeder Stamm feiert sein eigenes **Neujahrsfest** (meist zwischen Dezember und März), oft mit Tanz und Essen die ganze Nacht. Viele Dörfer begrüßen dazu auch Touristen.

Die Reste eines Sarges aus einem Teakholzstamm, der über 1000 Jahre alt sein soll, an einem Höhleneingang hoch an einem Berghang in Thailand.

Auf Frühjahrs- und Herbstfesten tanzen bhutanische Mönche mit Tiermasken und wehren mit Trommeln das Böse ab.

BHUTAN

Drametsi-Kloster

Flatternde Gebetsfahnen, tanzende Mönche und ein altes Kloster repräsentieren die buddhistische Spiritualität Bhutans.

Drametsi, eines der entlegensten Klöster im östlichen Bhutan, scheint mit seinen golden schimmernden Dächern auf einem steilen Berg zwischen Himmel und Erde zu schweben. Von der Talsohle dauert die Fahrt über 19 Kilometer auf holprigen, engen und steilen Straßen bis zum *gompa* (bewehrte Klosteranlage) hinauf über eine Stunde. Jede Kurve eröffnet einen anderen Blick auf den Fluss Gamri und auf Berge und Täler soweit das Auge reicht. Auf 2100 Meter liegt das vom Duft von Chilis und Zitronengras erfüllte Dorf Drametsi und zwischen hohen Zypressen das *gompa* mit seinen Gebetsfahnen. Das Kloster wurde im 16. Jahrhundert von einem Nachkommen des buddhistischen Heiligen Pema Lingpa gegründet. Im Tempel wabern Räucherschwaden um Banner und Bilder, und in dunklen Ecken flackern Butterlampen. Die riesige Gebetsmühle klappert zum Gesang der Mönche, der in den Mauern widerhallt. Drametsis Ruhm beruht auch auf dem heiligen Trommeltanz, der dem Sohn Pema Lingpas in einer Vision offenbart worden sein soll. Heute führen Mönche an Festtagen den Tanz in einem Wirbel aus gelben Röcken und Tiermasken auf den Steinplatten auf, während sie mit ihren gekrümmten Stäben die Trommeln schlagen, um das Böse abzuwehren.

Beste Reisezeit Das beste Wanderklima ist von März bis Mai und von September bis November.

Anreise Drametsi liegt bei Tashigang im Osten Bhutans, der internationale Flughafen in Paro im Westen. Druk Air bietet die einzige Flugverbindung nach Bhutan (zwei Stunden und 40 Minuten von Delhi).

Reiseplanung Unabhängige Reisen sind in Bhutan nicht erlaubt. Jede Reise muss über eine staatliche Reiseagentur gebucht werden. Das Reisen in den Bergregionen ist recht langsam. Der Besuch ist auf einer individuellen Tour ab Paro in drei Tagen zu schaffen, aber besser als Teil einer zweiwöchigen Tour zu bewältigen, von Anbietern wie Blue Poppy, die auch andere Sehenswürdigkeiten einschließt.

Websites www.bluepoppybhutan.com, www.kingdomofbhutan.com, www.tourism.gov.bt

Heilige Höhle

Der Tempel **Gom Kora**, ebenfalls im Osten Bhutans, liegt inmitten goldener Reisfelder neben der Höhle, in der Guru Rinpoche (einer der Begründer des Buddhismus) einen Schlangendämon bezwungen haben soll. Die Höhle liegt unter einem großen Felsbrocken, der laut Legende jedem, der ihn erklimmt, das Paradies verspricht. Ziegen stapfen auf den Tempelstufen umher, Kindermönche sitzen zum Unterricht im Gras, und Pilger kriechen durch einen engen Gang, der die Sünden jener preisgeben soll, die es nicht schaffen. Einmal im Jahr findet ein „Romantikfest" statt, auf dem Pilger die Liebe ihres Lebens umwerben dürfen.

Ein baumbeschatteter Platz ist die ideale Kulisse für ein Konzert des neuntägigen Festivals in Fès.

MAROKKO

Festival sakraler Weltmusik

Einmal jährlich ertönen in den engen Straßen und auf den Plätzen der Altstadt von Fès Klänge multikultureller sakraler Musik.

Fès ist das spirituelle und kulturelle Zentrum Marokkos, zudem eine der ältesten, ununterbrochen bewohnten Städte mit einer der ältesten Universitäten der Welt – der ideale Schauplatz für ein Festival sakraler Musik. Jedes Jahr Ende Mai und Anfang Juni strömen Künstler und Musikliebhaber in die Stadt und vereinen Islam, Judentum, Hinduismus, Taoismus, Christentum, westafrikanischen Animismus, karibischen Synkretismus und viele andere spirituellen Bewegungen aus der ganzen Welt. Aufgeführt werden die Konzerte in der Medina, der Altstadt Fès el Bali: in den andalusischen Gärten des Museums Dar Batha, auf der Freilichtbühne am Stadttor Bab Boujloud und am Palast am Bab Makina. Hier ertönen Folkloremusik, gregorianische Gesänge, Werke der europäischen Klassik und sakrale Lieder aus fernen Ländern von Finnland bis Vietnam. Musikalische und spirituelle Vorlieben, vom englischen Ensemble The Sixteen, dem katalanischen Hespèrion XXI von Jordi Savall bis zu wirbelnden Sufi-Derwischen aus der Türkei, verbinden sich hier im Geist der Brüderlichkeit und des ökumenischen Respektes.

Beste Reisezeit Das Festival findet in der Regel von Ende Mai bis Anfang Juni statt.

Anreise Der Flug von Casablanca dauert 30 Minuten, der Zug braucht 4,5 Stunden, der Bus 5,5 Stunden. Nach Meknès, eine Stunde Fahrt westlich von Fès, fahren Busse, Züge oder ein *grand taxi* (Preis sollte zuvor ausgehandelt werden). Es gibt Autovermietungen in Fès, aber in der Altstadt sind Fahrzeuge nicht erlaubt.

Reiseplanung Zum Festival müssen Unterkünfte früh gebucht werden. Das Fünf-Sterne-Hotel Palais Jamai Fes liegt nahe der Medina. Lokalkolorit bieten die kleinen *riad* (Gasthäuser) um einen kühlen, gefliesten Innenhof. Viele haben eine Dachterrasse und verbergen sich hinter den hohen Mauern in den Gassen der Altstadt. Konzertkarten sind online erhältlich. Feste Schuhe zur Erkundung der Fès el Bali sind ein Muss, luftige Kleidung ist ratsam.

Websites www.visitmorocco.com, www.fesfestival.com, www.fez-riads.com

Königsstadt

Meknès befindet sich 60 Kilometer westlich von Fès in zentraler Lage zwischen Rif-Gebirge, Mittlerem Atlas, Sahara und Atlantik. Ihre Bedeutung verdankt die Stadt dem marokkanischen Herrscher **Moulay Ismail**, der Meknès 1673 zu seiner Hauptstadt machte und sie mit einer 40 Kilometer langen Mauer umbaute. Er hielt sich hier 500 Konkubinen, 60 000 Sklaven und 12 000 Pferde. Das **Bab Mansour** ist noch heute eines der schönsten Tore Nordafrikas. Der **Souk** (Markt) und die **Bou Inania Medersa** (Schule) sind wunderschön, und die **Königlichen Kornspeicher** zeugen von der Pracht der Königsstadt des Moulay Ismail.

ISRAEL

JERUSALEMS ÄTHIOPISCHE KIRCHE

Die äthiopische Kirche mit ihren rosa Säulen ist einzigartig
unter den religiösen Bauwerken in Jerusalem.

Jerusalem steckt voller berühmter religiöser Sehenswürdigkeiten, aber die äthiopisch-orthodoxe Tewahedo-Kirche auf dem Gelände des Debra Gannet (Paradieskloster) in der Ethiopia Street gehört wohl kaum dazu. Wer seine Schuhe auszieht und das Gebäude betritt, findet sich in einem oft übersehenen Bauwerk wieder. Die pastellfarbenen Bögen und Pfeiler tragen zur Beschaulichkeit der Lage in einer Seitenstraße bei. Weltweit ungewöhnlich ist auch der runde Grundriss des Gebäudes mit dem Altar in der Mitte. Auf dem Boden liegen aufwendig gemusterte Teppiche, und die Wände sind von Wandbildern der bedeutendsten Heiligen der äthiopischen Kirche geschmückt. Die äthiopische Kirche, die eng mit der koptischen Kirche Ägyptens verbunden ist, war seit der Bekehrung Äthiopiens zum Christentum im 4. Jahrhundert ununterbrochen in Jerusalem präsent. Über Generationen gaben sich die Äthiopier mit einem bescheidenen Kloster auf dem Dach der Grabeskirche zufrieden, aber 1888 wurde das Debra Gannet in den Vierteln gebaut, die sich außerhalb der alten Stadtmauern ausbreiteten. Die Mönche und Nonnen von Debra Gannet sind selten auf den Straßen der Stadt zu sehen, denn ihre Tradition verlangt es, dass sie sich von ihren gastgebenden Kulturen fernhalten. Auch lernen sie weder Hebräisch noch Arabisch und sprechen untereinander nur Amharisch.

Beste Reisezeit Zweimal täglich, um 6 und 16 Uhr, finden zweistündige Gottesdienste statt.
Anreise Die Ethiopia Street verläuft von der HaNevi'im im Stadtzentrum Jerusalems nach Norden.
Reiseplanung Die Öffnungszeiten können sich kurzfristig ändern. Wer nicht an einem der beiden Gottesdienste teilnimmt, muss möglicherweise mehrmals versuchen, eingelassen zu werden. Der Eintritt ist frei, es wird eine Spende erbeten.
Websites www.gojerusalem.com, www.ethiopianorthodox.org

Straßenansichten

■ In der **Ethiopia Street** stehen etliche Häuser aus den 1880er Jahren, in denen zu verschiedenen Zeiten Künstler und Intellektuelle lebten, darunter der Holzschnittkünstler Jacob Pins und der hebräische Sprachforscher Eliezer Ben-Yehuda.

■ Die nahe **HaNevi'im** führt vom Davidka-Platz zur alten Stadtmauer am Damaskus-Tor. Sie durchquert die ultra-orthodoxe jüdische Enklave Geula, dann das Gelände des Krankenhauses Bikur Cholim und schließlich das angesagte Künstlerviertel Musrara.

Anders als andere westliche Kirchen hat die äthiopische Kirche kein Schiff, nur einen breiten Gang um den zentralen Altar.

JORDANIEN

GROSSER OPFERPLATZ VON PETRA

Ein steiler Weg führt hinauf in die Felsen oberhalb von Petra zu einem Opferaltar, dem Himmel so nah, wie die Nabatäer ihn nur bauen konnten.

Oft ist es selbst an den meistbesuchten historischen Stätten der Welt mit ein bisschen Mühe möglich, den übrigen Touristen zu entfliehen. Die breite Hauptstraße in der antiken nabatäischen Stadt Petra führt von der berühmten Schatzhausfassade an den massiven Mauern des sogenannten Palastes der Pharaonentochter vorbei. Kurz vor dem Amphitheater zweigt rechts ein schmaler Pfad ab. Er führt zunächst aufwärts, dann wieder zurück und verläuft parallel zur Hauptstraße an noch heute bewohnten Höhlen vorbei bis ins immer schmaler werdende Wadi Farasa (Schmetterlingstal) mit weiteren Felsfassaden und verfallenen Tempeln. Schließlich schlängelt er sich über mehr als 800 Stufen die Felswand hinauf. Beim Aufstieg begibt man sich vom Standort unter den hohen Fassaden der Stadt zunächst auf Augenhöhe mit ihr und schaut schließlich auf sie herab. Die Aussichtspunkte in der Höhe zeigen, wie gut verborgen die Gebäude sind und dass noch weitere versteckt in benachbarten Tälern liegen. Der Große Opferplatz ist ein felsiger Berggipfel mit abgeflachter Kuppe. Ein vertiefter Hof sorgte für Sitzplätze um einen aus dem Fels gehauenen Altar einschließlich Schüssel und Rinne für den Abfluss des Opferblutes. Den Rundumblick von dort oben werden vermutlich nur wenige Menschen genießen, die aber alle vor dem Ort in Ehrfurcht verstummen.

Beste Reisezeit Im Sommer ist es glühend heiß, im Winter sehr kalt, Frühjahr und Herbst sind daher am besten. Reisegruppen verbringen kaum einen Tag in Petra, aber zur Erkundung verborgener Täler, hier und im Kleinen Petra (Al Beidha), zehn Minuten Fahrt nach Norden, braucht es Wochen.

Anreise Petra (Wadi Musa) liegt drei Stunden Fahrt mit Auto oder Taxi auf dem Desert Highway südlich von Amman entfernt und sollte mindestens zweimal besucht werden.

Reiseplanung Wer im komfortablen Crowne Plaza nächtigt, das nur ein paar Schritte vom Haupteingang von Petra entfernt liegt, ist früher als die Massen da. Eintrittskarten werden ab 7 Uhr verkauft, wer sie vorher besorgt, kann eine Stunde früher eintreten. Somit läuft man den Weg über den breiten, kiesigen Bab al-Siq, das Tor zur Schlucht, vermutlich ohne andere Touristen entlang. Später ist der Siq gesäumt von Männern, die den Besuchern Zugang zu Pferd oder mit der Pferdekutsche anbieten.

Websites www.visitjordan.com, www.nabataea.net/highp.html

Petra bei Kerzenschein

An drei Abenden pro Woche wird Petra von Kerzenlicht erleuchtet. Um 20.30 Uhr laufen die Besucher durch die 1200 Meter lange Eingangsschlucht, den Siq, der von Kerzen hinter orangefarbenem Papier (als Windschutz) erleuchtet ist.

Wer von der Gruppe etwas zurückbleibt, wird fast allein durch den Durchgang laufen. Durch die Kombination aus Kerzenlicht und Mondschein, der durch den schmalen Himmelsspalt oben herabfällt, erscheinen die Wände des Siq noch rosiger als bei Tageslicht. Die gedämpften Stimmen und Schritte der anderen Besucher sorgen für eine kathedralenähnliche Atmosphäre.

Vor dem Schatzhaus spielen Beduinenmusiker mit Flöten und Streichinstrumenten eindringliche Melodien. Der Anblick der Fassade, die vom Blitzlichtgewitter der Besucher erstrahlt, ist großartig, aber man sollte noch vor den Massen zurückkehren.

Gegenüber: Die Reste eines Altars krönen den Großen Opferplatz. Oben: Die 2000 Jahre alte Stadt Petra.

TÜRKEI

KAPPADOKIENS VERBORGENE TÄLER

Tief in der Zentraltürkei verbergen sich in einer schroffen Vulkanlandschaft Felsenkirchen mit kunstvollen Fresken.

Südöstlich des kappadokischen Touristendreiecks Üçhisar, Göreme und Ürgüp liegen die abgeschiedenen Soğanlı-Täler und ein Ort gleichen Namens. Das Dorf am Hang eines Tafelberges ist vom Tourismus weitgehend unberührt und hat nur eine Pension und ein paar saisonabhängige Restaurants. Zu erreichen sind die Täler – das obere Yukarı-Tal im Norden und das untere Aşağı-Tal im Süden – zunächst durch üppige Apfelgärten. Danach folgt ein zerklüftetes Terrain, wo vom 9. bis 13. Jahrhundert Kirchen aus dem Fels gehauen und mit Fresken geschmückt wurden. Die Kubbeli Kilise (Kuppelkirche) im Yukarı-Tal ist ein zweistöckiger Bau, deren Kuppel aus einer natürlichen Felsspitze, einer vulkanischen Formation, gemeißelt wurde. Die Meryem Ana Kilisesi (Marienkirche) besitzt vier mit Fresken geschmückte Kapellen, die Yılanlı Kilise (Schlangenkirche) ein Fresko des heiligen Georg aus dem 11. Jahrhundert. In der Geyikli Kilise (Hirschkirche) im Aşağı-Tal gibt es ein Refektorium samt Stühlen und dem Tisch, an dem die Geistlichen ihre Mahlzeit einnahmen. Die Tahtali Kilise (Kirche der heiligen Barbara) liegt tiefer im Tal und besitzt die am besten erhaltenen Fresken Soğanlıs, die Szenen aus dem Leben der Heiligen darstellen.

Beste Reisezeit Die besten Jahreszeiten sind Frühjahr und Herbst, besonders der September, wenn die Äpfel reif sind. Im Winter behindert oft Schnee den Zugang.

Anreise Soğanlı liegt 40 Kilometer südöstlich von Ürgüp, das Dorf ist nicht mit öffentlichen Verkehrsmitteln angebunden. Nach Ürgüp, wo es Taxis und Autovermietungen gibt, fährt täglich ein Bus von Istanbul (elf Stunden). Nach Kayseri, 90 Minuten Fahrt von Ürgüp, gibt es Flug- und Zugverbindungen ab Istanbul.

Reiseplanung Eine Tour durch die Täler dauert mindestens zwei Stunden. Nehmen Sie ausreichend Wasser und Essen mit. Soğanlıs einzige Pension, Emek Pansiyon, liegt nahe dem Taleingang. Das Cappadocia Restaurant (April bis Oktober) serviert schlichte Mahlzeiten in einem Apfelgarten.

Websites www.cappadociaonline.com/soganli.html, www.reiseland-tuerkei-info.de, www.kultur.gov.tr, www.argeus.com.tr, www.kirkit.com

Unterirdische Stadt

Jahrhundertelang ließen sich die Menschen Kappadokiens in den Tafelbergen der Region nieder und meißelten ganze Städte auf mehreren Ebenen in die Felsen. In **Mazı,** 25 Minuten Fahrt von Soğanlı entfernt, befindet sich eine solche Siedlung aus der Römerzeit. Nehmen Sie eine Taschenlampe mit und fragen Sie nach dem Verwalter im Kiosk neben dem Eingang, der Besucher gegen eine kleine Spende durch den Wohnbereich und die Lagerplätze, zu den Weinpressen und durch die Straßen der antiken unterirdischen Stadt führt.

Das Innere der Yılanlı Kilise (Schlangenkirche) ist mit Schlangenmustern und Fresken von Heiligen geschmückt.

Die Wände und Decken der Stavropoleos-Kirche sind mit leuchtend bunten Fresken bemalt.

RUMÄNIEN

STAVROPOLEOS-KIRCHE

Die schmucke Kirche aus dem 18. Jahrhundert ist heute wieder das andächtige Herz einer Klostergemeinde.

Die winzige Stavropoleos-Kirche im byzantinischen Stil ist ein kostbares Überbleibsel im Bukarester Lipscani-Viertel. Vor dem Zweiten Weltkrieg war dieser Teil der rumänischen Hauptstadt das Geschäftszentrum. Heute ist Lipscani, nach den Bombenangriffen der Alliierten, mehreren Erdbeben und der „Systematisierung" des Diktators Nicolae Ceaușescu, verwahrlost, aber immer noch stimmungsvoll. Das trifft erst recht auf die winzige Gemeindekirche von 1724 zu. Hier scheint Rumäniens unruhige Vergangenheit beim Anblick der Ikonen mit Szenen aus dem Leben Christi und der Skulptur des zweiköpfigen byzantinischen Adlers zu verblassen. Es gibt kaum schönere Exemplare der rumänischen Orthodoxie, des ottomanischen Bukarest oder des Brâncoveanu-Stils. Dieser Stil, nach Constantin Brâncoveanu benannt, von 1689 bis 1714 Fürst der Walachei im heutigen Südrumänien, ist eine prachtvolle Verbindung aus Spätrenaissance- und byzantinischen Elementen mit rumänischer Volkskunst und aufwendigen steinernen Pflanzenmotiven. Ursprünglich gehörten zur Anlage auch ein Kloster und ein Gasthaus. Erhalten sind nur noch Kirche, Kreuzgänge und Garten. Seit 2008 gibt es hier wieder ein Nonnenkloster.

Beste Reisezeit Mai, Juni und September sind die besten Monate. Im Winter herrschen oft Minusgrade. Am Samstag des orthodoxen Osterfestes strömen die Rumänen zur Mitternachtsmesse.
Anreise Die Kirche liegt in der Strada Stavropoleos nahe dem Südende der Calea Victoriei und hinter dem Nationalmuseum für rumänische Geschichte einen Block südlich der Strada Lipscani.
Reiseplanung Bukarest hat keine Touristeninformation, aber Hotelrezeptionisten und Taxifahrer sind oft gute Informationsquellen. Vorsicht ist vor den streunenden Hunden in der Stadt geboten.
Websites www.stavropoleos.ro, www.romaniatourism.com, www.bukarest-info.de

Vergnügliches

■ Der 1994 gegründete **Stavropoleos-Chor** gibt Konzerte in vielen Ländern und hat bereits mehrere Alben veröffentlicht. Der mystische Gesang kann bei einem Gottesdienst erlebt werden – falls dann noch Platz ist. Der Chor führt „psaltische" Musik auf, die im 19. Jahrhundert in Rumänien entstand und von byzantinischen Gesängen inspiriert ist.

■ Die Restaurierung des historischen **Lipscani-Viertels** wurde nach archäologischen Entdeckungen gestoppt. Das Altstadtviertel wurde zu einer interessanten Mischung aus szenigen Straßencafés, Secondhandläden und Kunsthandwerksbetrieben, die eine Erkundung zu Fuß lohnen.

TOP TEN
BESINNLICHE KREUZGÄNGE

Die ersten Kreuzgänge wurden als stille Orte der Einkehr gebaut und bestanden aus einem Viereck überdachter Gänge an der Südseite einer Kirche oder Abtei.

❶ San Pedro Claver, Cartagena, Kolumbien

Der ungewöhnliche, intime Kreuzgang der Kirche San Pedro Claver liegt in einer ruhigen, von Palmen beschatteten Ecke gleich hinter der Mauer der Altstadt Cartagenas. Im frühen 17. Jahrhundert taufte der Jesuitenpriester Pedro Claver Tausende Sklaven, die aus Afrika in die Neue Welt gebracht wurden.

Reiseplanung Das angrenzende Museum erläutert den Sklavenhandel. www.cartagenainfo.net/saintpeterclaver

❷ Franziskanerkloster, Dubrovnik, Kroatien

Schlanke Säulen umgeben paarweise duftende Orangenbäume im Klostergarten des Dubrovniker Franziskanerklosters, das im 14. Jahrhundert nahe der Stadtmauer gebaut wurde. Neben der heiteren Schönheit des Kreuzganges können Sie auch Reste romanischer Fresken unter den Arkaden bewundern. Die Klosterapotheke ist die älteste noch tätige Apotheke Europas.

Reiseplanung Das angrenzende Museum mit Bibliothek zeigt mittelalterliche Apothekergerätschaften, seltene Manuskripte und Kunstwerke. www.dubrovnik-guide.net

❸ Allerheiligen, Schaffhausen, Schweiz

Der Garten des Klosters Allerheiligen aus dem 12. Jahrhundert in Schaffhausen, 52 Kilometer nördlich von Zürich, ist mit Würz- und Heilkräutern bepflanzt. Im Mittelalter wurden hier hochrangige Geistliche und andere Honoratioren bestattet.

Reiseplanung Der Garten gehört zum Museum zu Allerheiligen. Am 1. Mai öffnen die Weinkellereien von Schaffhausen ihre Tore für Weinproben des heimischen Pinot Noir. www.schaffhauserland.ch

❹ San Marco, Florenz, Italien

Im oberen Stock des Kreuzganges des Klosters aus dem 15. Jahrhundert, heute ein Museum, befindet sich in jeder Mönchszelle ein Fresko von Fra Angelico oder einem seiner Schüler. Die leuchtenden Werke des Mönches schmücken auch Wände, Lünetten und Medaillons im ganzen Gebäude. Fra Angelicos „Verkündigung" ist oben auf der Treppe zu den Zellen zu sehen.

Reiseplanung Um langes Anstehen zu vermeiden, sollten Karten für die Museen im Voraus gebucht werden. www.florence-tickets.com

❺ Santa Maria la Nuova, Monreale, Italien

Monreale bei Palermo an der Nordküste Siziliens hat wohl den besterhaltenen Kreuzgang Italiens. Er liegt neben der Kathedrale Santa Maria la Nuova und ist alles, was von einem Kloster aus dem 12. Jahrhundert erhalten ist. Jede der 228 Säulen (einige mit Mosaikintarsien) stützt ein verschnörkeltes Kapitell.

Reiseplanung Monreale liegt acht Kilometer südwestlich von Palermo. Von der Terrasse des Kirchgartens schweift der Blick über Palermo und das Tyrrhenische Meer. www.bestofsicily.com/monreale.htm

❻ Abbaye St-Pierre, Moissac, Frankreich

Jahrhundertelang bot die Abtei St-Pierre in Südwestfrankreich einen Ruhepunkt auf dem Pilgerweg ins spanische Santiago de Compostela. Die verzierten Kapitelle im Kreuzgang aus dem Jahr 1100 sind die weltweit ältesten und zahlreichsten ihrer Art. Jedes beruht auf einer biblischen Geschichte und zeigt verschlungene Muster aus wilden Tieren und Weinranken.

Reiseplanung Moissac liegt 69 Kilometer nördlich von Toulouse. Im Vergleich zur Schlichtheit des Kreuzganges ist die Kathedrale äußerst farbenfroh. www.moissac.fr

❼ The Abbey, Iona, Schottland

Die Abtei auf der stürmischen Insel vor Schottlands Westküste stammt größtenteils aus dem Mittelalter, die Reliefs im Kreuzgang sind jedoch modern. Sie sind von 1997 und stellen unter anderem Blumen aus der Bibel und aus Schottland, Vögel aus den West Highlands und Parabeln über Jesus dar.

Reiseplanung Von Fionnphort auf der Insel Mull fahren Fähren. Der Kreuzgang liegt nicht weit vom Hafen. www.isle-of-iona.com/abbey.htm

❽ Kathedrale von Gloucester, England

Der Kreuzgang der Kathedrale besitzt einige der ältesten europäischen Beispiele durchgängiger Fächergewölbe, deren graziles Bogenmaßwerk zart erleuchtet ist. Eine Reihe von Carrels, Arbeitstische für die Schreibmönche, umschließt einen stillen Garten. Szenen für einige Harry-Potter-Filme wurden in dem Kreuzgang aus dem 14. Jahrhundert gedreht.

Reiseplanung Die Kathedrale birgt das Grab von König Eduard II. www.gloucestercathedral.org.uk

❾ Convento de Cristo, Tomar, Portugal

Vier der acht Kreuzgänge des Christusklosters sind für Besucher zugänglich. Der Friedhofskreuzgang ist mit blauen Kacheln, *azulejos*, aus dem 16. Jahrhundert geschmückt, der Kreuzgang des João (Johann) III. ist mit kunstvollen Schnörkeln verziert.

Reiseplanung Tomar liegt 137 Kilometer nördlich von Lissabon. Dort steht auch Portugals einzige erhaltene mittelalterliche Synagoge. www.igespar.pt/monuments/15

❿ Santo Domingo de Silos, Spanien

Der romanische zweistöckige Kreuzgang in der Königlichen Abtei Santo Domingo de Silos in Nordspanien hat wunderschön verzierte Kapitelle auf ihren eleganten Doppelsäulen. Die Mönche des Benediktinerklosters sind berühmt für ihre gregorianischen Gesänge.

Reiseplanung Die Abtei liegt 69 Kilometer südlich von Burgos. Zur Vesper am frühen Abend singen die Mönche ihre gregorianischen Gesänge. www.spain.info

---

Gegenüber: Solche Fächergewölbe wurden vermutlich in den 1350er Jahren von Architekten und Steinmetzen der Kathedrale von Gloucester erfunden.

Türme aus dem 15. Jahrhundert wachen über die romanische Kirche St. Peter und Paul auf der Insel Reichenau.

DEUTSCHLAND

Kirchen der Insel Reichenau

Wandbilder aus dem 10. Jahrhundert zeugen von der Blütezeit Reichenaus als Zentrum der Kunst und Gelehrsamkeit.

Zur Zeit Karls des Großen und seiner Nachfolger als Herrscher des Fränkischen Reiches war das Benediktinerkloster Reichenau – 724 n. Chr. auf der gleichnamigen Insel im Bodensee bei Konstanz gegründet – eine der einflussreichsten Abteien Europas. Die Äbte waren Berater und Lehrer von Kaisern und Königen, und der Ruf ihrer Schule, des Skriptoriums und der Kunstwerkstätten reichte weit über das Bodenseegebiet hinaus. Angeblich gab es über 20 Kirchen und Kapellen auf der Insel Reichenau, die nur fünf Quadratkilometer groß ist. Heute befinden sich hier nur noch drei Kirchen, die aber reichlich Schätze zu bieten haben. Die Kirche St. Georg in Oberzell besitzt prächtige Wandmalereien, die vor dem Jahr 1000 entstanden sind – die ältesten Wandbilder nördlich der Alpen, die nahezu intakt erhalten sind. Die Kirche St. Peter und Paul in Niederzell wurde Ende des 18. Jahrhunderts im Rokokostil umgestaltet, aber in der Apsis wurden mittelalterliche Wandbilder entdeckt. Das Münster St. Maria und Markus in Mittelzell stammt aus dem 8. Jahrhundert. In seiner Schatzkammer befindet sich ein Krug, der bei der Hochzeit zu Kana benutzt worden sein soll, auf der Jesus Wasser in Wein verwandelt haben soll.

Beste Reisezeit Die Kirchen sind ganzjährig geöffnet, aber zu unterschiedlichen Zeiten. Die wichtigsten religiösen Feste sind das Markusfest (April), das Heilig-Blut-Fest (um Pfingsten) und Mariä Himmelfahrt (August). Sie werden mit wunderschönen Prozessionen und Zeremonien gefeiert.
Anreise Reichenau liegt elf Kilometer nordwestlich von Konstanz an der B33. Mit dem Festland ist die Insel über einen Damm und eine Brücke verbunden. Von Konstanz fährt der Bus 7372 oder eine Fähre.
Reiseplanung Erkundung ist mit Fahrrad oder zu Fuß möglich. Nicht versäumen sollte Sie den Blick vom Hochwart und ein Gläschen des Roten Gutedel, eine seltene Rebsorte von der Insel.
Websites www.schloesser-magazin.de, www.reichenau.de

Rund um den Bodensee

Drei Länder teilen sich den Bodensee: die Schweiz, Deutschland und Österreich.

■ Das schweizerische **Stein am Rhein** an der Westseite des Sees hat eine schöne Altstadt mit Gassen, kunstvoll bemalten Häusern und originellen kleinen Läden.

■ Die Wallfahrtskirche **Birnau** am deutschen Ostufer des Sees ist im Stil italienischer Barockkirchen gebaut. Sehenswert ist die Orgel in einem prächtigen Rokokorahmen.

FRANKREICH

Chapelle Expiatoire

Die Pariser Kapelle mit ihrer strengen, anrührenden Schönheit ist Ludwig XVI. und seiner Königin geweiht.

Die Chapelle Expiatoire, die Sühnekapelle, ist ein Juwel des französischen Spätklassizismus auf dem Square Louis XVI und durch Bäume vom belebten Boulevard Haussmann abgeschirmt. Der Architekt Pierre Fontaine entwarf das Gebäude 1816 als Gedenkstätte für Ludwig XVI. und seine Frau Marie-Antoinette. Die Leichname des 1793 guillotinierten Königspaares waren bis 1816 an diesem Ort beerdigt. Auf dem damaligen Friedhof waren in einer separaten Grube etwa 3000 weitere Opfer der Revolution begraben. Die Kapelle in Form eines griechischen Kreuzes wurde gebaut, nachdem die Gebeine des Paares in die Kathedrale von St-Denis im Norden von Paris umgebettet worden waren. Die lichte Eingangshalle führt zu einem Innenhof, der von Rosen und Grabsteinen gesäumt ist. Der Kuppelraum der Kapelle ist über zwölf Stufen zu erreichen und von weißen Marmorstatuen des Königs und der Königin geschmückt. Der kniende Ludwig lehnt sich an einen Engel, der ihn in den Himmel führen soll, Marie-Antoinette, deren Krone zu Boden gefallen ist, kniet zu Füßen einer Figur, die eine Allegorie der Religion darstellt. Unten in der Krypta steht ein einfacher Altar an jener Stelle, an der die Gebeine des Königspaares gelegen haben sollen und wo sie exhumiert wurden. Der Platz wird mit seiner klassischen Würde und wegen seiner Lage über einem Massengrab der Revolution als „traurigster Platz in Paris" bezeichnet.

Beste Reisezeit Ganzjährig, das Grün im Frühling verleiht der strengen Kapellenform jedoch mehr Milde.
Anreise Die Kapelle liegt im 8. Arrondissement. Die nächste Metro-Station ist St-Augustin.
Reiseplanung In der Kapelle finden ganzjährig Kammermusikkonzerte statt. Glühende Royalisten halten jedes Jahr am Jahrestag der Hinrichtung Ludwigs XVI. am 21. Januar 1793 eine Messe in der Kapelle ab.
Websites www.chapelle-expiatoire.monuments-nationaux.fr, de.parisinfo.com

Schweizergarde und Rosen

■ Zwei Reihen von Grabmälern mit Spitzdächern neben der Kapelle sind den vielen **Schweizergardisten** gewidmet, die 1792 bei der Verteidigung der **Tuilerien** von Revolutionären getötet wurden. Die Gräber hatten einst Inschriften, die aber während der Aufstände der Pariser Kommune 1871 beseitigt und nie wieder ersetzt wurden.

■ Im umschlossenen Innenhof der Kapelle erblühen im Frühling Rosen – ebenso wie in Marie-Antoinettes Garten ihres **Petit Trianon** in Versailles.

Der Bildhauer Jean-Pierre Cortot schuf die Statue von Marie-Antoinette, die Beistand von der Religion erhält.

ENGLAND

Kirchen der City of London

Inmitten von Londons Hochhäusern stehen 50 Kirchen, jede von ihnen ein architektonisches Schmuckstück und ein Ort der Ruhe.

Londons traditionelles Finanzzentrum war seit jeher reich und geschäftstüchtig. Einen Eindruck davon, welch gewerbliche Vielfalt hier herrschte, als die Gassen noch gepflastert waren und Geschäfte in Kaffeehäusern getätigt wurden, vermitteln die Kirchen. Allein die Namen sprechen Bände: All Hallows by the Tower, die am Tower of London liegt, St. Andrew-by-the-Wardrobe, deren Vorgängerbau sich nahe einem Speicher für die königliche Ausstattung von Eduard III. befand, und St. Boltolph without Bishopsgate außerhalb der alten Stadtmauern. Es gibt etwa 50 Kirchen in der „Square Mile", die meisten nach dem Großen Feuer von 1666 von Christopher Wren gebaut oder wiederaufgebaut. Wrens Stil war leicht und luftig mit schlichten Fenstern und das Gestühl wie in einem Salon arrangiert. Pomp bietet sein Meisterwerk, die St. Paul's Cathedral, aber intimer ist die St. Stephen Walbrook mit ihrem Altar, den Henry Moore 1972 aus römischem Travertin schuf. Viele der Kirchen in der City stehen in Beziehung zu Handwerkern und ihren Zünften: St. Sepulchre-without-Newgate beschützt Musiker, St. Bride's in der Fleet Street ist die Gemeindekirche der Drucker und Journalisten, hat ein Museum und in der Krypta ein Stück römisches Straßenpflaster. Auch einige Kirchen vor Wrens Zeit sind erhalten. Die älteste ist die St. Bartholomew the Great in West Smithfield von 1123. Ihr prächtiges Schiff tauchte schon in vielen Filmen auf, etwa in „Vier Hochzeiten und ein Todesfall".

Beste Reisezeit Die Kirchen sind meist tagsüber geöffnet. In vielen finden häufig kostenlose Konzerte statt, oft auch mittags. Dr. Johnson's House ist Montag bis Samstag von 11 bis 17 Uhr geöffnet (im Sommer bis 17.30 Uhr) und kostet Eintritt.

Anreise Zu erreichen über die U-Bahnstation St. Paul's, mit Bus 4, 11, 15, 23 und 26 oder mit dem Taxi. Informationen zu den Kirchen gibt es in der Touristeninformation im St. Paul's Churchyard, der auch ein guter Startpunkt für eine Tour ist. Die City of London ist leicht zu Fuß zu erkunden.

Reiseplanung Einige Kirchen, wie St. Mary-le-Bow in Cheapside, haben ein Café in der Krypta. Beim Besuch von Dr. Johnson's House lohnt eine Erfrischung im Pub Ye Olde Cheshire Cheese in der Fleet Street, wo einst die berühmten Literaten der Stadt tranken.

Websites www.london-city-churches.org.uk, www.drjohnsonshouse.org

Ein Mann des Wortes

In **Dr. Johnson's House** am Gough Square, einen Block nördlich der Fleet Street, muss es einst hoch hergegangen sein. Die Tür war innen mit einer massiven Kette mit Bolzenverhakung gegen wütende Gläubiger gesichert, und der Stacheldraht am Fenster über der Tür sollte verhindern, dass Einbrecher kleine Kinder zum Entriegeln der Tür hineinschoben.

Im prächtigen Salon im oberen Stock gibt es ein Buntglasfenster, das den Hausherrn Dr. Samuel Johnson abbildet. Er stellte das erste englische Wörterbuch zusammen (1755) und schuf das Sprichwort «Wenn ein Mann Londons überdrüssig wird, ist er des Lebens überdrüssig».

Freunden stand das Haus am Gough Square stets offen, manchmal auch Fremden. Trotz Dr. Johnsons gelegentlicher Streitsucht hallt in dem gastfreundlichsten aller alten Wohnhäuser Londons vor allem die gesellige und geistreiche Konversation nach.

Gegenüber: Der moderne Altar von Henry Moore in St. Stephen Walbrook. Oben: St. Bartholomew the Great.

Verborgene Schätze

Die Welt ist heute so gut erkundet, dass zufällige Entdeckungen kaum noch möglich scheinen. Aber die Reiseziele auf diesen Seiten zeigen, dass es immer noch Überraschungen gibt, die es aufzuspüren gilt. In den ruhigen Seitenstraßen alter Städte oder in entlegenen ländlichen Gebieten öffnen sich Tore zu vergangenen Lebensweisen und bislang privaten Orten. So offenbart das Atelier der Malerin Georgia O'Keeffe unter der glühenden Sonne der Wüste New Mexicos den Einfluss dieser spektakulären Landschaft auf das Denken der Künstlerin. In den grüneren Gefilden der Adirondack Mountains in New York State erlaubt der luxuriöse Landsitz eines Millionärs aus dem 19. Jahrhundert einen amüsanten Einblick. Wer sich nicht nur anschauen möchte, wie die Oberschicht lebt, sondern es auch selbst erleben will, kann dies in wunderbaren Schlosshotels. Auch im fernen Osten öffnen sich einst verschlossene Türen und laden Neugierige in die heimlichen Refugien indischer Handelsherren oder in die Festung von japanischen Samurais aus dem 17. Jahrhundert ein.

Schöne portugiesische Kolonialhäuser in leuchtenden Farben, wie der Gouverneurspalast aus dem 17. Jahrhundert (links), gehören zu den Schätzen in der Altstadt von Olinda im Nordosten Brasiliens.

CONNECTICUT, USA

GILLETTE CASTLE

Die pseudomittelalterliche Burg auf einem Steilufer am Connecticut River entstammt einer Laune des Schauspielers William Gillette.

Es war fast zu erwarten, dass Gillette Castle fantasievoll ausfallen würde. Gebaut hatte es ein Schauspieler, der seinerzeit berühmt für seine Bühnenrolle als Sherlock Holmes war. Die Festung aus groben Steinen inmitten eines 74 Hektar großen Waldes wurde 1919 bei East Haddam in Connecticut errichtet. Hier lebte William Gillette nach seinem Rückzug vom Bühnenleben und kümmerte sich persönlich um die skurrile Inneneinrichtung des Hauses. Erwartungsgemäß ist der Stil theatralisch: handgeschnitztes Gebälk aus Weißeiche, riesige Kamine aus Feldsteinen, Buntglasfenster und 47 individuelle Türen. Zu den kuriosen Details gehören raffinierte Türschlösser, handgefertigte Lichtschalter und Geheimgänge. Strategisch aufgehängte Spiegel ermöglichten Gillette, ahnungslose Gäste zu beobachten bei dem Versuch, seine trickreich verschlossene Bar zu öffnen. Auch konnte er sich über eine verborgene Treppe ungesehen in seiner Burg bewegen. Der Blick von der Südterrasse auf den Connecticut River ist spektakulär. Zudem gibt es Wanderwege durch den Wald am Granitufer des Flusses. Einige Wege folgen dem Verlauf der 4,8 Kilometer langen Schmalspurbahn, die Platz für 28 Passagiere bot. Der Bahnhof ist noch vorhanden, und der Elektromotor wird derzeit restauriert.

Beste Reisezeit Führungen gibt es in Gillette Castle vom Memorial Day Ende Mai bis zum Kolumbus-Tag am 12. Oktober. In dieser Zeit ist auch die Musical-Saison des Goodspeed Opera House. Sie sollten jedoch sehr früh Karten besorgen, da die Aufführungen meist schnell ausverkauft sind.

Anreise East Haddam liegt 55 Kilometer südöstlich von Hartford, Connecticut, entfernt.

Reiseplanung Die romantischste Form der Anreise ist per Essex Steam Train and Riverboat. Eine Dampflok mit restaurierten Waggons fährt bis zur Deep River Station, wo es mit dem Flussschiff auf dem Connecticut River nach East Haddam weitergeht. Von dort sind es noch 800 Meter zu Fuß bergauf.

Websites www.ct.gov, www.goodspeed.org, www.essexsteamtrain.com

Am Flussufer

■ Das **Goodspeed Opera House** in East Haddam ist ein viktorianisches Juwel unter Leitung von Goodspeed Musicals. William Goodspeeds Haus von 1877 am Connecticut River war einst Sitz seines Handelsgeschäftes und eines Theaters. Goodspeed Musicals restaurierte es und eröffnete es 1963 als Theater. Jedes Jahr werden drei Musicals aufgeführt.

■ Ein weiteres Highlight ist die Überfahrt mit der historischen **Chester-Hadlyme-Fähre** über den Connecticut River. Sie bietet einen wunderbaren Blick auf den Felsen mit Gillette Castle und auf das Goodspeed Opera House am Ufer.

Nach Gillettes Tod 1937 gingen Burg und Gelände an den Staat Connecticut über und bilden heute den Gillette Castle State Park.

Die Büsten von zwei jungen Frauen sind erstaunlich lebensechte mittelalterliche Schnitzereien.

NEW YORK, USA

The Cloisters

Ambiente und Exponate ergänzen sich perfekt in einem großartigen Museum für Prachtstücke mittelalterlicher Kunst.

The Cloisters liegt am oberen Ende des Fort Tryon Park am Hudson, nur 16 Kilometer vom Zentrum Manhattans entfernt, und ist doch eine ganz andere Welt. Das Museum, eine Zweigstelle des Metropolitan Museum of Art, besteht aus einem Kreuzgang, der aus einem Kloster in Frankreich stammt. Es ist zudem das einzige amerikanische Museum für europäische Kunst des Mittelalters. Kreuzgang, Galerien und rekonstruierte Kapellen verströmen eine besinnliche und friedliche Atmosphäre und bilden den Rahmen für die Kunst des 4. bis 16. Jahrhunderts, darunter Gemälde, Skulpturen, Werke aus Metall und aus Elfenbein. Glanzpunkte sind die flämischen Einhorntapisserien aus dem 16. Jahrhundert, österreichische Buntglasfenster aus dem 14. Jahrhundert und der Bonnefont Cloister Garden mit alten Nutzpflanzen. Der Kreuzgang diente einst als Hort der Ruhe und Meditation für Mönche und Nonnen. Das Gleiche gilt auch für heutige Besucher, die die Kunstwerke bewundern, an den Säulen innehalten und einen Kaffee im Trie Café trinken. Alles zusammen ist ein wunderbar entspanntes Erlebnis.

Beste Reisezeit Das Museum ist ganztägig dienstags bis sonntags geöffnet, außer an Neujahr, an Thanksgiving und Weihnachten.

Anreise The Cloisters liegt zehn Fußminuten vom U-Bahnhof 190th Street entfernt. Autofahrer nehmen den Henry Hudson Parkway nordwärts, dann die erste Ausfahrt nach der George Washington Bridge.

Reiseplanung Der Fort Tryon Park lohnt ebenfalls einen Besuch. Er wurde von Frederick Law Olmsted Jr., dem Sohn des Mitgestalters des Central Park, mit üppigen Blattpflanzen, Felsformationen, Pfaden und schönen Ansichten des Hudson angelegt.

Website www.metmuseum.org/cloisters

Die Einhornjagd

Die **sieben Tapisserien** des Museums, als „Jagd auf das Einhorn" bekannt, stellen detailliert Männer dar, die ein Einhorn durch einen dichten Wald voller Tiere verfolgen. Sie finden das mythische Tier und scheinen es zu töten, aber das letzte Bild zeigt das Einhorn lebendig in einem Gatter auf einer Blumenwiese.

Die Bedeutung kennt niemand genau. Man vermutet, dass der Fang des Einhorns entweder die Kreuzigung und Wiederauferstehung Christi oder das Einfangen eines Bräutigams in die Ehe symbolisiert. Der Künstler ist unbekannt, ebenso der oder die Empfänger der Tapisserien. Die Buchstaben „A" und „E", die mehrfach in die Landschaft eingewebt sind, tragen nur noch mehr zum Rätsel bei.

TOP TEN
KURIOSE MUSEEN

Besuchen Sie die skurrilsten Museen der Welt, darunter eine Ausstellung zu mittelalterlicher Hexerei in Island oder eine gerichtsmedizinische Sammlung in Bangkok.

❶ Museum of Bad Art, Massachusetts, USA

Die Kuratoren des MOBA durchsuchen Trödelläden und Müllcontainer nach Gegenständen, die bloße Talentlosigkeit übersteigen, um «dem größten Publikum die schlechteste Kunst» zu zeigen. Der Standort des Museums vor einer Männertoilette im Keller eines Kinos in Dedham, südwestlich von Boston, sorgt dafür, dass die Sammlung im Verborgenen bleibt.

Reiseplanung Der Eintritt ist frei, aber das Museum bietet scherzhaft „heftige Ermäßigungen" für Schüler und Senioren. www.museumofbadart.org

❷ Salt and Pepper Shaker Museum, Tennessee, USA

Geballter Kitsch in Form einer umwerfenden Ausstellung von über 20 000 Salz- und Pfefferstreuern drängelt sich meterweise auf beleuchteten Regalen in diesem Museum im Bergkurort Gatlinburg. Jede Form ist vertreten, von Pandas bis zu *moai* der Osterinseln und anderen, die schlichtweg unglaublich sind.

Reiseplanung Die drei Dollar Eintritt werden im Museumsladen verrechnet und verlocken Besucher, selbst zu sammeln. www.ludden.com/SandP

❸ Windmuseum Erimo, Hokkaido, Japan

Erimo im Osten der japanischen Insel Hokkaido ist für die fast ständig wehenden Winde berühmt. Das unterirdische Museum zeigt Musik- und Lichtvorführungen, die von Windmühlen betrieben werden, und an seltenen ruhigen Tagen einen Windtunnel, der Stürme von 90 Kilometer pro Stunde produziert. Einen windfreien Blick gibt es auch auf die Robben im Meer.

Reiseplanung Erimo ist vom Westen Hokkaidos nur mit der Bahn und zwei Anschlussbussen zu erreichen. www.jnto.go.jp

❹ Steuermuseum Beijing, China

Der prächtige, 350 Jahre alte Pudu-Tempel birgt sehr frühe Steuerpapiere mit dicken, roten Siegeln und krakeliger Kalligrafie. Alte Dokumente von erstaunlicher Schönheit enthalten manchmal Kommentare in der roten Tinte des Kaisers.

Reiseplanung Zum Museum führt ein Spaziergang durch restaurierte traditionelle *hutong* (Gassen). www.chinaheritagequarterly.org

❺ Songkran Niyomsane Museum, Thailand

Von den sechs Medizinmuseen im Bangkoker Siriraj Hospital ist das gerichtsmedizinische Museum Songkran Niyomsane bei Weitem das makaberste. Es zeigt Attraktionen wie die Leichen eines Kannibalen und eines Unfallopfers sowie Beweismittel von Mordtatorten und ist nichts für Zartbesaitete.

Reiseplanung Das Siriraj Hospital liegt westlich des Flusses Chao Phraya. www.si.mahidol.ac.th

❻ Birdsville Working Museum, Australien

Die Führung durch das Museum im Südwesten Queenslands durch den Besitzer John Menzies ist eine einzige Varieténummer. Er präsentiert äußerst kurzweilig verblüffende Dinge, wie explosive Dingoköder und einen Plattenspieler aus Pappe, mit dem Missionare einst Bibelgeschichten abspielten.

Reiseplanung Birdsville hat ein historisches Hotel mit exzellentem Restaurant. www.diamantina.qld.gov.au, www.outbacknow.com.au

❼ Nationalmuseum, Nuuk, Grönland

Nordische und Inuitgegenstände aus 4500 Jahren zeigen die Erfindungsgabe, die in einer entlegenen und gnadenlosen Lebenswelt zum Überleben nötig sind. Ausgestellt werden Kajaks und Schlitten, Kleidung und Essen sowie Exponate zum harten Leben der Einwohner vor und nach der Kolonisierung.

Reiseplanung Grönlands Hauptstadt Nuuk wird meist auf Arktikkreuzfahrten oder auf Pauschalreisen von Kopenhagen aus angesteuert. www.natmus.gl

❽ Hexereimuseum, Island

In Hólmavík, etwa 250 Kilometer nördlich von Reykjavík, ist alles über die originelle Hexerei im mittelalterlichen Island zu erfahren. Zaubertränke aus Menschenblut und Rabenhirnen sollten unsichtbar machen. Um reich zu werden, musste man ein Meerestier mit einem Netz fangen, das aus Jungfrauenhaar geknüpft war, oder eine Totenhose tragen, die aus der Haut eines Toten von der Taille abwärts gefertigt wurde.

Reiseplanung Icelandair verbindet Reykjavik mit mehreren Flughäfen in Deutschland, der Schweiz und Österreich. Alternativ können Sie mit der Fähre ab Dänemark anreisen. www.galdrasyning.is

❾ Lumina Domestica, Brügge, Belgien

Das Lampenmuseum ist in einem eleganten Haus aus dem 15. Jahrhundert im malerischen Brügge untergebracht. Die Sammlung umfasst über 6000 verschiedene Leuchten aus 40 000 Jahren Geschichte häuslicher Lichtquellen, vom primitiven Höhlenlicht bis zur Erfindung des elektrischen Lichts.

Reiseplanung Lohnenswert sind auch die Brügger Museen für Schokolade, Spitze und Armbrüste. www.brugge.be

❿ Museu de Carrosses Fúnebres, Spanien

Barcelonas Leichenwagenmuseum ist nicht leicht zu finden, aber lohnt sich wegen der schön beleuchteten und verschnörkelten Pferde- und Motorleichenwagen. Die Farbpalette reicht von Schwarz bis zum Weiß für Kinder und Jungfrauen, ergänzt von lebensgroßen Figuren und Pferden in Trauergeschirr.

Reiseplanung Die Carrer Sancho de Avila 2 liegt nahe der Metrostation Marina, der Eintritt ist frei. www.barcelonaturisme.com

---

Gegenüber: Nach dem Besuch des Salz- und Pfefferstreuermuseums in Tennessee bekommt das Würzen des Essens eine völlig neue Dimension.

NEW YORK, USA

LOWER EAST SIDE TENEMENT MUSEUM

Eine Zeitkapsel in einem der einst ärmsten Viertel New Yorks eröffnet einen Blick in das Leben gerade eingetroffener Einwanderer.

Von 1863 bis 1935 lebten in einem einzigen kleinen Mietshaus in der Orchard Street in der New Yorker Lower East Side 7000 Menschen aus 20 Ländern. Insgesamt hinterließen 74 verschiedene Immigrantengruppen ihre Spuren in den winzigen Wohnungen, wie auch in ganz New York. Die einstündige Tour „Getting by" durch das Museum vermittelt, wie zwei dieser Immigrantengruppen lebten. Schwerpunkte sind eine deutschjüdische Familie während der Finanzkrise des 19. Jahrhunderts, der „Panik von 1873", und eine italienisch-katholische Familie in der Zeit der Depression ab 1929. «Das Haus selbst erzählt uns Geschichten», sagt der Museumsführer, während er ein Stück freigelegte Wand mit mehreren Schichten Jutetapeten und Firnis zeigt. Eine andere Tour beschäftigt sich mit der irischen Familie Moore. Das Mietshaus hat wie seine einstigen Bewohner die Stürme der Zeit überstanden, und auch das Viertel erblühte. Vor 100 Jahren betrug die Miete einer 30 Quadratmeter großen Wohnung in diesem Haus in der Orchard Street sieben Dollar im Monat; heute kosten sie ab 1800 Dollar. Der Preisanstieg hat weniger mit der Inflation als vielmehr mit den Veränderungen der Gegend in den letzten 20 Jahren zu tun. Bis Ende der 1980er Jahre war sie unter New Yorkern für Drogen, Gangs und schmuddelige Läden berüchtigt. Heute ist das Viertel dank Kunst, Mode, Gastronomie und Nachtleben eines der quirligsten der Stadt.

Beste Reisezeit Das Haus hat weder Heizung noch Klimaanlage, Frühjahr und Herbst sind also am besten für einen Besuch. Das Museum ist ganzjährig geöffnet, außer an Thanksgiving, Weihnachten und Neujahr.
Anreise Der Eingang zum Museum führt durch den Museumsshop in 108 Orchard Street.
Reiseplanung Das Museum bietet mehrmals täglich verschiedene Führungen ab vormittags bis 17 Uhr an. Es gibt auch einen 90-minütigen Stadtspaziergang durch das Viertel zu wichtigen Orten der Immigranten.
Website www.tenement.org

Gestern und Heute

■ Planen Sie Zeit für den Bummel durchs Viertel um das Museum ein, da es einen Eindruck davon vermittelt, wie die Vergangenheit die spannende Gegenwart geprägt hat.

■ Am Tag locken die eleganten **Modeboutiquen** und minimalistischen **Kunstgalerien**, die längst vergangene Handwerksläden ersetzt haben.

■ Übernachten können Sie in trendigen Hotels wie dem angesagten **Blue Moon**. Einen Hauch der alten Lower East Side vermittelt **Katz's Delicatessen** in der East Houston Street.

Die Mietwohnungen wirken heute hell und sauber, wohl ganz anders als zu der Zeit, als Tausende in dem Mietshaus eingepfercht waren.

NEW MEXICO, USA

GEORGIA O'KEEFFES HAUS

Besuchen Sie das Haus der Künstlerin in Abiquiu und die karge Landschaft bei Santa Fe, die ihre Werke inspirierte.

Der Himmel, die Sterne, sogar der Wind ist anders im Norden New Mexicos, merkte die Künstlerin Georgia O'Keeffe einst an. «Die Felsen dort – schau … sie sind fast wie gemalt, glaubt man. Bis man es ausprobiert.» Heute pilgern die Fans von O'Keeffe zu ihrem Adobe-Haus aus dem 18. Jahrhundert in Abiquiu, das immer noch aussieht wie 1984, als sie aus gesundheitlichen Gründen auszog. Es ist spärlich möbliert, am schönsten ist der Blick über die Landschaft, die O'Keeffe so liebte, weil sie ihr die benötigte Freiheit gab. 1917 hatte die Künstlerin zum ersten Mal New Mexico besucht und erklärte später: «Als ich nach New Mexico kam, war es meins». Im Osten hatten sie die Blumen inspiriert, hier malte O'Keeffe die Tierknochen und Schädel, die in der Wüste verstreut lagen. Oft verließ sie das Haus um 7 Uhr und kehrte um 17 Uhr nach einem Tag des Umherschweifens oder Malens riesiger Bilder auf dem Rücksitz ihres Fords Model A zurück. Mehrere Jahre lang lebte sie auf der Ghost Ranch bei Abiquiu. 1945 schließlich kaufte sie das 465 Quadratmeter große Haus im Ort. Bei einem Besuch der Region wird man eine außergewöhnliche Landschaft erleben, deren Spektrum ausgedörrtes Gelände, rote und gelbe Felsen und Pappeln im Rio Chama Valley umfasst. Hier schuf O'Keeffe Werke, die eine scheinbar karge Landschaft in eine Kunst umsetzten, die asketisch und zugleich erhaben ist.

Beste Reisezeit Führungen durch O'Keeffes Haus in Abiquiu werden von März bis November dienstags, donnerstags und freitags angeboten, von Juni bis Oktober auch samstags.
Anreise Abiquiu liegt 97 Kilometer nordwestlich von Santa Fe.
Reiseplanung Die einstündige Führung gibt es nur nach Anmeldung. Unterkunft bieten das Abiquiu Inn, der Startpunkt der Tour, oder die Ghost Ranch, wo auch Campen möglich ist. Wer auf den Wegen durch O'Keeffes Landschaft wandern möchte, sollte feste Wanderschuhe, Wasser, Sonnenschutz und einen Hut mitbringen.
Websites www.okeeffemuseum.org, www.abiquiuinn.com, www.ghostranch.org

Museen in Santa Fe

■ Vor der Fahrt nach Abiquiu und Umgebung lohnt ein Besuch des **Georgia O'Keeffe Museum** in **Santa Fe,** das 1997 eröffnet wurde. Das Museum besitzt heute 2989 Kunstwerke, darunter 1149 Gemälde, Zeichnungen, Skizzen, Skulpturen und Fotografien von O'Keeffe.

■ Sehenswert ist auch einen Block weiter das **Forschungszentrum** des Museums. Im Garten wachsen Blumen wie die auf O'Keeffes Gemälden.

■ Eine Einführung in die indianischen Kulturen des Südwestens bietet das faszinierende **Museum of Indian Arts & Culture** in Santa Fe.

Das Licht der Wüste erfüllt die Zimmer von O'Keeffes Haus in Abiquiu und flirrt auf den Formen ihrer Skulpturen.

KENTUCKY, USA

Pleasant Hill

Lebendiger Einblick in die frugale Lebensweise einer Shaker-Gemeinde in der Bluegrass-Region Kentuckys.

Die Fremdenführerin durchbricht die Stille, als sie in die Mitte des Andachtshauses von 1820 geht oder eher wirbelt und dabei mit den Füßen stampft, in die Hände klatscht und singt. Sie demonstriert einen Gottesdienst der Shaker, der durch Gesang und Tanz angefeuert wurde. Mit einigen Tanzbewegungen sollte symbolisch die Sünde durch die Fingerspitzen aus dem Körper geschüttelt werden. Viele Menschen bringen die Shaker heute fast nur noch mit ihren Möbeln in Verbindung, doch ein Besuch im Shaker-Dorf Pleasant Hill in Harrodsburg in Kentucky vertieft das Verständnis für diese Menschen, ihren Glauben, Gemeinschaftssinn, Fleiß, ihre Fortschrittlichkeit und zölibatäre Lebensweise. In der Gemeinde von Pleasant Hill, die von 1808 bis 1910 existierte, lebten und arbeiteten zu ihrer Blütezeit fast 500 „Brüder und Schwestern" in 260 Gebäuden. Heute stehen noch 34 der Häuser auf 1214 Hektar hügeliger und mit Steinmauern abgegrenzter Landschaft. Die schlichte Eleganz der Shaker-Stühle und -Schachteln spiegelt sich auch in ihrer Architektur wider, von strohfarbenen Holzschindelhäusern, in denen heute Handwerker nach Methoden des 19. Jahrhunderts Shaker-Besen herstellen, bis zum stattlichen, backsteinernen Trustees' Office mit seiner großartigen Doppelspiraltreppe über drei Stockwerke. Letzteres diente als Gästehaus für Besucher aus der „Welt".

Beste Reisezeit Ganzjährig, aber bei einem Aufenthalt außerhalb der Hauptsaison lässt sich das Shaker-Dasein besser nachspüren. Im Sommer gibt es mehr Führungen, Vorträge und Aufführungen, im Herbst sind die Farben spektakulär. Eine besondere Veranstaltung ist die Segnung der Jagdhunde im November.
Anreise Pleasant Hill liegt knapp 48 Kilometer von Lexington entfernt.
Reiseplanung Es gibt Tageskarten, aber versuchen Sie, für mindestens eine Übernachtung im Dorf zu bleiben. Unterkünfte gibt es in Gebäuden wie der ehemaligen „Familienwohnstatt", in der Männer und Frauen im gleichen Stockwerk durch einen Flur getrennt lebten. Die Brüder und Schwestern benutzten jeweils eigene Eingänge und separate Treppen. Im Speiseraum des Trustees' Office werden Mahlzeiten mit Gemüse und Kräutern aus dem historischen Bauerngarten des Dorfes serviert. Die 64 Kilometer Wanderwege sind gut dafür geeignet, die Kalorien der Shaker-Zitronentorte zu verbrennen.
Websites www.shakervillageky.org, www.kentuckytourism.com

Die Shaker

Die Shaker nannten sich offiziell „United Society of Believers in Christ's Second Appearing", glaubten, dass Gott männlich und weiblich sei und Ann Lee, **Mother Ann,** die weibliche Form, also die Wiederkunft Christi sei. Die Engländerin Mother Ann stammte aus Manchester und emigrierte in den 1770er Jahren nach Amerika, wo sie in Niskayuna bei Albany in New York eine Glaubensgemeinschaft gründete.

Die Shaker glaubten fest an Gleichberechtigung, in die sie, nach Gründung von Gemeinschaften in den Südstaaten Anfang des 19. Jahrhunderts, auch Afroamerikaner einschlossen. Ab 1811 nahmen sie diese auch in ihren Gemeinden auf, ein radikaler Schritt zu einer Zeit, als Afroamerikaner in den Südstaaten noch als Sklaven gehalten wurden.

Die Shaker in Pleasant Hill hatten in den 1820er Jahren 491 Mitglieder. In den Jahrzehnten nach dem Amerikanischen Bürgerkrieg nahm die Gemeinde rasant ab. 1910 schließlich gab es keine Gottesdienste mehr. Die letzte Shaker-Bewohnerin, Sister **Mary Settles,** starb 1923.

Gegenüber: Lampen weisen den Weg zu einem der Häuser, die Zimmer vermieten. Oben: Hauben der Frauen.

Der Architekt Biltmores, Richard Morris Hunt, ließ sich von den Loire-Schlössern des 16. Jahrhunderts inspirieren.

NORTH CAROLINA, USA

BILTMORE HOUSE

Das schlossartige Anwesen der Vanderbilts ist weithin bekannt, aber einige Touren führen zu verborgenen Schätzen.

Biltmore House, für George Washington Vanderbilt II. Ende des 19. Jahrhunderts gebaut, ist das größte private Wohnhaus Nordamerikas und eine beliebte Touristenattraktion. Viele Besucher wissen gar nicht, dass sie nur knapp zehn Prozent dieses unglaublichen Anwesens mit über 250 Zimmern zu sehen bekommen. Zwei kaum bekannte Führungen ermöglichen den Besuch von Teilen, die ansonsten unzugänglich sind. Die Tour „Behind-the-Scenes" eröffnet einen Blick in das Innenleben des Hauses. Sie führt durch die schmalen Flure der Personalunterkünfte und zeigt die erstaunlich moderne Maschinerie, die das Haus am Laufen hielt. Gezeigt werden auch die privaten Wohn- und Ankleideräume der Vanderbilts sowie unveränderte Gästezimmer, die seit Jahrzehnten leer stehen. Die zweite Führung, die „Rooftop Tour", geleitet ebenfalls durch originale Teile des Hauses, aber im Obergeschoss. Hier führen Treppen zu versteckten Dachterrassen mit prachtvollen Steinfiguren. Dutzende Wasserspeier und Statuen, jede mit anderem Gesicht, sind hier versammelt. Von George Vanderbilts privatem Arbeitszimmer eröffnet sich ein weiter Blick über das Anwesen und die herrlichen Gärten.

Beste Reisezeit Der Sommer ist in den Blue Ridge Mountains mild, die Zeit von April bis Ende Oktober ist also immer gut. Am schönsten sind der Frühling (Mai bis Mitte Juni) und der Herbst (Mitte Oktober).
Anreise Biltmore liegt etwa vier Kilometer südlich des Zentrums von Asheville in North Carolina.
Reiseplanung Die kleine Stadt Asheville ist bekannt für ihre lebendige Kunstszene und ihre Restaurants, die Wert auf Speisen aus regionalem Bioanbau legen. Das preisgekrönte Biltmore Inn auf dem Biltmore Estate ist eine exzellente Unterkunft.
Websites www.biltmore.com, www.exploreasheville.com, www.asheville-mountain-magic.com

Ein Mustergut

George Vanderbilt machte sein prunkvolles Haus, das von 1889 bis 1896 erbaut wurde, zum Mittelpunkt eines Landguts, das ein Muster der Wirtschaftlichkeit war.

Vanderbilt mied das rege gesellschaftliche Leben an der Ostküste und beschäftigte sich lieber mit Reisen, Kunst und Bildung. **Biltmore** war sein größtes Unterfangen.

Das ausgedehnte Anwesen von 50 586 Hektar umfasste Landwirtschaft, Viehzucht und Molkereibetriebe, für die Hunderte von Menschen der Umgebung arbeiteten. Vanderbilt trug dazu bei, landwirtschaftliche Methoden zu entwickeln, die Farmern in der ganzen Region zugutekamen, und er förderte den Aufbau der ersten Forstwirtschaftsschule.

Vanderbilts Frau **Edith** half bei der Gründung von Handwerksschulen, auf der Frauen Fertigkeiten zum Broterwerb lernen konnten. Das Anwesen gehört noch immer den Nachkommen von George und Edith Vanderbilt.

BRASILIEN

OLINDA

Die einstige Provinzhauptstadt Olinda ist heute ein bezauberndes Nest, das Brasiliens Kolonialvergangenheit bewahrt.

Es könnte die fiktive Stadt Macondo aus dem Roman „Hundert Jahre Einsamkeit" von Gabriel García Márquez sein. Vom Alto da Sé, einem kurzen, steilen Weg von Olindas Zentrum aus, schweift der Blick über die Terrakottadächer der Stadt mit den hohen Türmen der Barockkirchen, alles eingerahmt von üppiger tropischer Vegetation, hinter der das türkisfarbene Wasser des Atlantiks blinkt. Olinda war einst die Hauptstadt der brasilianischen Nordostprovinz Pernambuco und ist zweifellos das koloniale Schmuckstück des Landes. Die Stadt wurde 1537 von den Portugiesen gegründet, und der Geist der ersten Siedler ist noch immer in den verwinkelten Kopfsteinpflastergassen und den Häusern mit vergitterten Balkonen und bunten Fassaden zu spüren. Dank einer Künstlerkolonie gibt es in Olinda heute zahlreiche Galerien und Ateliers mit regionalem Kunsthandwerk, wie farbenprächtigen Terrakottafigurinen. Zurzeit wird die ganze Stadt saniert, aber noch sind viele Gebäude verfallen, auch wenn sie einen maroden Charme besitzen. Von den vielen Kirchen an den Straßenecken und Plätzen ist das Convento de São Francisco wohl die interessanteste. Hinter der abblätternden Farbe an seiner schlichten Fassade verbirgt sich ein Innenraum mit vergoldetem Stuck und einigen der schönsten und kunstvollsten *azulejos* (blau-weiße portugiesische Kacheln) ganz Brasiliens.

Beste Reisezeit Das Klima in Olinda ist ganzjährig heiß und feucht. Der Karnevalstermin hängt auch in Brasilien vom Osterdatum ab. Die vorkarnevalistischen Feiern beginnen in Olinda früher als die in Rio de Janeiro und Salvador.
Anreise Olinda liegt nur acht Kilometer nördlich von Recife, der heutigen Hauptstadt Pernambucos, entfernt. Flüge von Rio de Janeiro landen in Recife. Von dort fahren Busse und Taxis nach Olinda.
Reiseplanung Ein paar Tage in Olinda lohnen sich für einen Stadtbummel und Ausflüge zu den Stränden, wie dem Janga weiter nördlich. Die Strände in Stadtnähe sind verschmutzt.
Websites www.recifeguide.com, www.virtourist.com

Karnevalfieber

Der Karneval in Olinda ist ungezähmt. Anders als bei den berühmteren Karnevals in Rio de Janeiro und Salvador gibt es kein *sambódromo,* eine spezielle Gegend für Sambaparaden, keinen kontrollierten Zugang oder andere Sperrgebiete. Die Feiernden von Jung bis Alt breiten sich über die ganze Stadt aus.

Riesige Figuren aus Pappmaché von Politikern und Prominenten werden durch die kurvigen Straßen getragen, begleitet von wirbelnden Feiernden und den Trommelrhythmen der Musik. Geschlafen wird nicht, aber darum ging es ja schon immer im Karneval.

Tropische Üppigkeit und barocke Pracht vereinen sich beim Blick auf den Convento de São Francisco in Olinda.

TOP TEN

HÄUSER MIT LEBENDIGER GESCHICHTE

In Farmhäusern von New Mexico bis Westengland und in stattlichen Villen von Colorado bis Südschottland wird die Vergangenheit lebendig.

❶ Joseph Schneider Haus, Ontario, Kanada

Das ehemalige Farmhaus in Kitchener wurde so restauriert, wie es wohl in den 1850er Jahren aussah, und gehörte einst Joseph Schneider, einem deutschen Mennonitenpionier. Es gibt interaktive Veranstaltungen wie „Entdeckungstage" für Erwachsene oder Unterrichtseinheiten für Schüler.

Reiseplanung Kitchener hat eine große deutsche Gemeinde, die auch das Oktoberfest feiert. www.explorewaterlooregion.com

❷ The Norlands, Livermore, Maine, USA

Das Washburn-Norlands Living History Center gehörte den Washburns, einer Politiker- und Industriellendynastie des 19. Jahrhunderts. Auf der Farm wird noch heute nach Methoden jener Zeit gearbeitet. Zur Tour gehören auch ein Besuch in der Bibliothek, in der Schauspieler die Washburns darstellen, und die Nachstellung einer Unterrichtsstunde von 1853 im Schulhaus.

Reiseplanung Mutige Zeitreisende können zweitägige thematische Pauschalen buchen. www.norlands.org

❸ Living History Farm, Bozeman, Montana, USA

Im Zentrum der Farm steht das Tinsley House, ein Wohnhaus im Zustand von 1889. Führer in historischer Kleidung erläutern das Leben der Siedler im Gallatin Valley in Montana. Die Farm gehört zum Museum of the Rockies der Montana State University und zeigt ländliches Handwerk.

Reiseplanung Geöffnet von Ende Mai bis Anfang September mit zahlreichen Veranstaltungen. www.museumoftherockies.org

❹ Molly Brown House Museum, Denver, Colorado, USA

Die „Titanic"-Überlebende Molly Brown war eine Millionärin, deren Mann eine reiche Goldader entdeckt hatte. Das Haus von 1889 sieht noch fast genauso wie zu Beginn des 20. Jahrhunderts aus. Molly Brown war mehr als nur eine Überlebende der „Titanic". Das Museum ehrt auch ihre Rolle als Wohltäterin, Aktivistin gegen Armut und Gesellschaftsdame.

Reiseplanung Täglich außer Montag geöffnet. www.mollybrown.org

❺ Rancho de las Golondrinas, New Mexico, USA

Die „Schwalbenranch" von 1710 war die letzte Station auf dem Camino Real, dem Königsweg von Mexiko-Stadt nach Santa Fe. Heute ist sie ein Museum, das das Landleben in der spanischen Kolonialzeit zeigt. Auf dem 81 Hektar großen Gelände stehen noch viele Originalgebäude, in denen Personen in historischer Kleidung Mehl mahlen, Brot backen und Hufeisen schmieden.

Reiseplanung Die Ranch ist von Juni bis September mittwochs bis sonntags frei zugänglich. www.golondrinas.org

❻ Dennis Severs' House, London, England

In dem Haus im Londoner East End ist jedes Zimmer ein Schaustück vergangener Zeiten, einschließlich tickender Uhren und dem Duft von Gewürznelken und Orangen. Der amerikanische Künstler Dennis Severs füllte das Haus vom Keller bis zum Dachboden mit Artefakten aus dem Leben einer erfundenen Seidenweberfamilie namens Jervis.

Reiseplanung Im Haus wird Ruhe erwartet, Kinder sind nicht gern gesehen. www.dennissevershouse.co.uk

❼ Mr. Straw's House, Worksop, England

Das einfache Vorstadthaus in den englischen Midlands ist eine Zeitkapsel der 1930er Jahre und eines der ungewöhnlicheren Gebäude im Besitz des National Trust. Die Brüder William und Walter Straw erbten das 1905 erbaute Haus von ihrem Vater, einem Lebensmittelhändler. Die sparsamen Erben ließen es, wie es war, kauften weder Fernseher, Telefon noch Radio. Sogar eine der Glühbirnen von 1932 funktioniert noch.

Reiseplanung Vorherige Buchung ist nötig. www.nationaltrust.org.uk

❽ Acton Scott Historic Working Farm, England

Das Museum in idyllischer Landschaft in Westengland stellt das Leben auf einem viktorianischen Bergbauernhof mit Pferden, Milchmädchen und Schmieden nach. Die Farm gehört seit dem zwölfte Jahrhundert zum Anwesen der Actons. Es gibt Kurse und Veranstaltungen zu ländlichen Berufen und Handwerk.

Reiseplanung Zimmer und Ferienwohnungen gibt es in modernen Gebäuden auf dem Anwesen. www.actonscottmuseum.com

❾ Traquair House, Innerleithen, Schottland

Der Landsitz, dessen früheste Teile von 1107 stammen, ist das älteste bewohnte Schloss Schottlands und gehörte über 500 Jahre derselben Familie. Attraktionen sind eine Hausbrauerei, ein Bett der Maria Stuart und eine Geheimtreppe, die von katholischen Priestern in Zeiten protestantischer Verfolgung genutzt wurde.

Reiseplanung Das Haus ist täglich von Ostern bis Oktober und im November am Wochenende geöffnet. www.traquair.co.uk

❿ Llancaiach Fawr Manor, Wales

Das Herrenhaus in Südwales führt zurück ins Jahr 1645 und in den Englischen Bürgerkrieg. Hausherr war Colonel Edward Pritchard, der von den Royalisten zu den Roundheads wechselte. Kostümierte „Diener" erzählen von ihrer Arbeit. Und wenn das Rascheln von Unterröcken zu hören ist, ist es wohl Mattie, der Geist einer Haushälterin aus dem 19. Jahrhundert.

Reiseplanung Von November bis Februar ist das Haus montags geschlossen. www.caerphilly.gov.uk/llancaiachfawr

Gegenüber: Im Dennis Severs' House lassen sich beim Gang durch die Räume aus der Zeit von 1724 bis 1914 die Geschicke der Familie Jervis verfolgen.

Vier Jungen hüpfen die Treppe eines bunten Hauses hinauf, das typisch für die Altstadt Granadas ist.

NICARAGUA

Die Altstadt von Granada

In der drittältesten europäisch geprägten Stadt der Neuen Welt geht das Leben noch seinen gemächlichen Gang.

Jeden Abend ziehen die Einwohner Granadas Schaukelstühle auf den Gehsteig und schwatzen mit ihren Nachbarn. Dazu läuten Glocken von den alten Kirchtürmen, und von einer Zigarrenfabrik weht Tabakduft durch die Straßen. Granada wurde 1524 gegründet und ist die drittälteste europäische Stadt in der Neuen Welt. Aus dem ganzen spanischen Reich wurden Handwerker und Architekten bestellt, um Kirchen, Plätze und Paläste zu bauen, während die Kaufleute der Stadt mit dem Handel zwischen Karibik und Pazifik reich wurden. Die Blütezeit endete 1852, als Managuas zur Hauptstadt Nicaraguas wurde. Granada verfiel in einen Winterschlaf, der Gebäude und Bräuche bewahrte. Zu den Schmuckstücken der Stadt gehört die Casa de los Leones, eine Villa aus dem 18. Jahrhundert, die heute als Kulturzentrum dient. Etwas weiter liegen Kirche und Kloster San Francisco. Wie in vielen spanischen Städten spielt sich das Leben in Parks und auf Plätzen ab, besonders um den Parque Central mit seinen schattigen Bäumen und Straßenverkäufern. Der Tourismus brachte schicke Cafés und Hotels mit sich, ohne der Authentizität zu schaden.

Beste Reisezeit Die beste Besuchszeit ist zwischen Weihnachten und der Karwoche, also die kühlere Trockenzeit zwischen Dezember und Mai. Ansonsten ist es hier heiß und schwül.
Anreise Granada liegt eine Stunde Fahrt auf der Panamericana südlich von Managua. Zwischen dem internationalen Flughafen der Hauptstadt und Granada verkehren häufig Busse; Taxis fahren ebenfalls.
Reiseplanung Granada besitzt über ein Dutzend guter Hotels. Das alte Alhambra könnte eine Renovierung gebrauchen, ist aber wegen seines kolonialen Charmes, der Lage am Parque Central und des exzentrischen Swimmingpools im Hof unschlagbar. Modernere Zimmer gibt es im schicken Boutiquehotel La Bocona.
Websites www.visitanicaragua.com, www.granada.com.ni, www.thehotelalhambra.com, www.hotellabocona.com

Baseball in Nicaragua

Es gibt wohl kaum einen dramatischeren Schauplatz für ein Baseballspiel als das **Estadio Roberto Clemente** in **Masaya**, etwa 20 Minuten westlich von Granada. Das Heimatstadion der **Fieras del San Fernando** liegt am Rand einer steilen Klippe am **Masayasee** mit einem aktiven Vulkan am gegenüberliegenden Ufer.

Seit der Einführung durch amerikanische Marinesoldaten 1912 hat sich **Baseball** zu Nicaraguas Nationalsport entwickelt. Jede Großstadt hat eine Profimannschaft. Einzigartig ist dabei weniger das Spiel selbst, sondern was am Spielrand vor sich geht.

Der Balljunge der San Fernandos in Masaya bestreut Schläger, Bälle und Handschuhe mit einem magischen Pulver, auf dass die Mannschaft besser spiele. Eine Sambaband trommelt jedes Mal, wenn ein lokaler Batter auf die Home Plate tritt. Verkäufer mit Tabletts und Plastikeimern rufen diverse Snacks aus – frittierte Käsestangen, Fleischpasteten, gesalzene Orangenscheiben, sogar Gläser mit Rum. Die San-Fernando-Fans scheinen Essen und Musik ebenso zu genießen wie das Spiel.

Der nächtlich beleuchtete Burgturm ist ein spektakulärer Blickpunkt in Kumamoto.

JAPAN

Shogun-Burg in Kumamoto

Die mächtige Festung auf der Insel Kyushu
im Süden Japans grenzt an technische Perfektion.

Ein Sprichwort besagt, dass nicht einmal eine Maus die Mauern der Kumamoto-Burg erklimmen könne. Die Festung, die der mächtige Krieger Kato Kiyomasa bauen ließ, wurde 1607 nach fast sieben Jahren Bauzeit fertiggestellt. Sie gilt als eines der herausragenden Exemplare vormoderner Architektur Japans. Die originalen Mauern mit 49 Türmen und 47 Toren erstreckten sich über fast 13 Kilometer. Der Wohnturm selbst hatte oben hölzerne Auskragungen, die den Aufstieg praktisch unmöglich machten, selbst für die listigen *ninja*, die Spezialisten für ausgefallene Kriegskunst. Gegen Verrat war Kumamoto jedoch nicht gefeit. Im letzten japanischen Bürgerkrieg, der Satsuma-Rebellion von 1877, wurde die Burg vom abtrünnigen Samurai Saigo Takamori in Brand gesetzt. Verschont blieb lediglich der Uto-Yagura-Turm. Der Rest lag bis zur Restaurierung, die in den 1960er Jahren begann, in Trümmern. Historiker und Architekten setzen die legendäre Bastion noch immer Stück für Stück zusammen. Der Palast Honmaru Goten wurde 2008 nach jahrelanger Restaurierung als Erstes eröffnet. Ein Museum zeigt Waffen und Rüstungen der Samurai sowie ein maßstabsgerechtes Modell der Kumamoto-Burg, wie sie wohl ursprünglich ausgesehen haben mag.

Beste Reisezeit Kumamoto liegt ganz im Süden Japans und hat subtropisches Klima mit lauen Sommern und relativ milden Wintern. Auf dem Kumamoto-Burgfest im Oktober finden in der Burg Vorführungen von Yabusame (Bogenschießen zu Pferd), No-Theater und Konzerte statt.
Anreise Die Anreise von Tokio nach Kumamoto dauert mit dem Flugzeug etwa zwei Stunden, mit dem Hochgeschwindigkeitszug sechs Stunden. Die Burg liegt im Stadtzentrum.
Reiseplanung Das Kumamoto Castle Hotel bietet einen großartigen Blick auf die Burg. Neben Zimmern in westlichem Stil gibt es auch traditionell japanische mit Futons und niedrigem Mobiliar. Die Stadt Kumamoto ist berühmt für ihre Pflanzenmärkte im Frühjahr (Februar und März), besonders für die Bonsai-Bäumchen.
Websites www.jnto.go.jp, www.hotel-castle.co.jp, www.visitkumamoto.com

Reiseimpressionen

In seinem Studio in Tokio gab **Tetsuro Shimaguchi,** *der etliche Kampfszenen für die Filmreihe „Kill Bill" choreografierte, einen Workshop für* **Samurai-Schwertkämpfe.** *In einem zweistündigen Unterricht lernte ich die Grundzüge des Schwertkampfes und auch die choreografierten Bewegungen. «Geschwindigkeit und Timing sind beim Schwertkampf wichtiger als Kraft», sagt Shimaguchi. «Es braucht Ausdauer, da Schwert und Rüstung sehr schwer sind. Balance ist ebenso wichtig, auch eine gute Koordination von Auge und Hand». Danach fühlte ich mich gewappnet für einen Besuch der Samurai-Burg in Kumamoto.*
Joe Yogerst
Reiseautor

TOP TEN

SCHLAFEN IM SCHLOSS

Mein Haus ist meine Burg – aber wie wäre es mit einer Nacht im Luxus einer echten Burg, eines Châteaus, Schlosses, Castellos oder Palastes?

❶ Shiv Nivas Palace Hotel, Udaipur, Indien

Die 17 großen Suiten bieten einen herrlichen Blick über Udaipur, die Stadt der Seen. Die Zimmer sind mit antiken Möbeln und Porträts von Generationen der königlichen Familie Udaipurs ausgestattet. Das prachtvolle Palastrestaurant Paantya erstrahlt im Glanz goldenen Gitterwerks und antiker Kronleuchter.

Reiseplanung Udaipur liegt in Rajasthan, von Delhi und Mumbai jeweils 700 Kilometer entfernt. www.eternalmewar.in

❷ Schlosshotel Hirschhorn, Neckar-Tal

Unvergleichliche Aussichten auf den Odenwald und das Neckar-Tal bilden das Ambiente für ein geruhsames Frühstück auf der Terrasse oder beim Abendessen mit Kerzenlicht. Erbaut wurde die gotische Burg von den Herren von Hirschhorn, die hier 400 Jahre bis 1632 lebten. Schön ist auch eine Bootstour auf dem Neckar oder ein Bummel durch das Städtchen Hirschhorn.

Reiseplanung Das Hotel ist von Mitte Dezember bis Mitte Februar geschlossen. www.schlosshotel-hirschhorn.de

❸ Schlosshotel Rosenau, Österreich

Das Hotel aus dem späten 16. Jahrhundert wurde im 18. Jahrhundert in barocker Pracht umgebaut und scheint für Romantik wie geschaffen. Eine Pferdekutsche bringt Hochzeitspaare zur Schlosskapelle, wo zu diesem Anlass die Hochzeitsglocken läuten. Im Zimmer voller Antiquitäten und Orientteppiche ist das Himmelbett mit Rosen bestreut.

Reiseplanung Im Schloss befindet sich auch das einzige Freimaurermuseum Österreichs. www.schlosshotels.co.at

❹ Castello di Ripa d'Orcia, Toskana, Italien

Der Bergfried der Burg ragt vor dem Hintergrund steiler Hügel empor, und zu seinen Füßen breiten sich die Wälder und Weingärten des Orcia-Tals aus. Die Pentinis leben hier seit 400 Jahren, und die großen Gästezimmer mit Balkendecken wirken wie eine Reise zurück ins Mittelalter. Stapelweise Bücher locken in die gemütliche Bibliothek mit flackerndem Kaminfeuer.

Reiseplanung Florenz liegt zweieinhalb Stunden, Rom drei Stunden entfernt. www.ripadorcia.it

❺ Château d'Hassonville, Ardennen, Belgien

Das einstige Jagdschloss des Sonnenkönigs Ludwig XIV. liegt in einem 55 Hektar großen Park. Wanderwege führen durch die Landschaft, und Pfauen stolzieren auf dem Gelände. Das Restaurant bietet ein erstklassiges kulinarisches Erlebnis mit Wein aus dem schlosseigenen Cellier de Bacchus.

Reiseplanung Das Schloss liegt in den reizvollen Ardennen bei Aye in Belgien. www.hassonville.be

❻ Château des Briottières, Loire-Tal, Frankreich

Die Gästezimmer in Rot-, Gold- und Blautönen sind mit Möbeln aus dem 18. Jahrhundert, Blumen und Kerzen ausgestattet. Aperitifs werden im blassgrünen Salon serviert. Das Schloss in einem englischen Garten ist kinderfreundlich und bietet den Kleinen Spiele, Pingpong, Badminton, Tennis und Reiten.

Reiseplanung Das Schloss liegt nahe Angers, mit dem TGV zwei Stunden bis zur Gare Montparnasse in Paris. www.briottieres.com

❼ Swinton Park, North Yorkshire, England

Roter Wein bedeckt das Haus der Familie Cunliffe-Lister. Das 80 Hektar große Anwesen hat mehrere Ökotourismuspreise gewonnen, was man im großen Garten, wo Unmengen Gemüse für das Restaurant angebaut werden, zu schätzen weiß. Kinder zieht es in das Zimmer voller Spielzeug, zum Raubvogelzentrum und zum Kochkurs nur für kleine Gäste.

Reiseplanung Das Haus liegt etwa 50 Kilometer von der historischen Stadt York entfernt. www.swintonpark.com

❽ Dromoland Castle, County Clare, Irland

Im neogotischen einstigen Sitz der O'Briens, Nachfahren mittelalterlicher Hochkönige Irlands, verbindet sich Fünf-Sterne-Luxus mit einer über tausendjährigen Geschichte. Der Spa verwöhnt mit leiser Musik, sanftem Licht und frischen Blumen; es gibt einen geheizten Pool und einen Golfplatz der Meisterklasse.

Reiseplanung Die Burg liegt 13 Kilometer vom Shannon Airport und nicht weit von Limerick und Galway entfernt. www.dromoland.ie

❾ Parador de Jarandilla de la Vera, Spanien

Kastanien und Eichen, Terrassenhänge und Steinhäuser umgeben die Burg an den Südhängen der zentralspanischen Sierra de Gredos. Der Parador (staatliches Hotel in einem historischen Gebäude) ist ein Hort der Ruhe, wo Sie wandern, Tennis spielen, mit dem Kanu paddeln oder auf ein Mountainbike steigen können. Das Restaurant serviert lokale Gerichte wie Rebhuhntopf.

Reiseplanung Kaiser Karl V. verbrachte nach seiner Abdankung 1556 seine letzten Tage im nahen Kloster Yuste. www.paradores-spain.com

❿ Pousada Castelo de Óbidos, Leiria, Portugal

Festungsmauern umgeben das Dorf Óbidos, in dessen Mitte ein fast perfekter mittelalterlicher Bergfried emporragt. Die Pousada befindet sich im Nordteil der Burg aus dem 16. Jahrhundert. Die Zimmer haben Steinmauern und dicke Holzbalken, die Dorfstraßen sind von weißen Häusern gesäumt, und die Landschaft lädt zu Wanderungen ein.

Reiseplanung Óbidos liegt gut 80 Kilometer nördlich von Lissabon entfernt. www.pousadas.pt

---

Gegenüber: Die Pracht der Zimmer im Shiv Nivas Palace in Udaipur zeigt Luxus in nie gekanntem Ausmaß.

Eine Mischung aus indischen und europäischen Architekturstilen ist typisch für die Villen der Chettiar.

INDIEN

Villen der Chettiar

Ein Besuch der üppigen ländlichen *havelis* (Villen) einer Kaufmannskaste im südindischen Tamil Nadu.

Tamil Nadu ist berühmt für seine Dravidentempel, aber wer Architektur mag, wird in den *havelis* der reichen Schicht der Nattukottai Chettiar eine faszinierende Alternative finden. Die großen Häuser stammen meist aus dem späten 19. und frühen 20. Jahrhundert und verteilen sich auf 75 Dörfer um die Stadt Karaikudi im Süden Tamil Nadus. Ihre Erbauer gehörten zu einer Kaufmannskaste, den Nattukottai Chettiars oder Nagarathars, von denen viele ein Vermögen mit ihren Handels- und Bankgeschäften in Süd- und Südostasien verdient haben. Die Villen, die durch schwere Holztüren betreten wurden, waren Familiensitz und Geschäftshaus zugleich. Daher schmückt Lakshmi, die Hindugöttin des Reichtums, viele der Eingangstore. Innen befindet sich ein Gewirr aus Höfen und schattigen Arealen unter Dächern, die von Teak- oder Rosenholzsäulen getragen werden. Das Vermögen vieler Chettiar-Familien ist geschrumpft, und mehrere dieser grandiosen Villen in Privatbesitz sehen vernachlässigt aus. Aber der Raja-Palast in Kanadukathan, acht Kilometer von Karaikudi entfernt, ist immer noch prachtvoll. Das Gebäude wurde 1912 gebaut, hat 126 Zimmer und umfasst eine Grundfläche von 3716 Quadratmetern.

Beste Reisezeit Die gemäßigten Monate Januar und Februar eignen sich am besten für Reisen im Süden Tamil Nadus. Die Tagestemperaturen liegen dann bei 21 bis 32 Grad.

Anreise Der nächstgelegene Flughafen zu Karaikudi ist in Madurai. Karaikudi liegt an der Bahnstrecke zwischen Chennai und Rameshwaram.

Reiseplanung Eine Reservierung ist ratsam bei Übernachtungen in einem der Boutiquehotels der Gegend, wie dem Bangala oder der Chettinadu Mansion, die auch traditionelle Chettinad-Küche serviert. Mieten Sie sich für die Dauer Ihres Aufenthaltes ein Auto mit Fahrer, um die Region zu erkunden.

Websites www.tamilnadutourism.org, www.tamilnadu-tourism.com, www.thebangala.com, www.deshadan.com

Feurige Küche

Die Chettinad-Küche ist eine der feurigsten Indiens. **Pfeffer** und **Chili** sorgen für die Schärfe der aromatischen, ölreichen Speisen, **Zimt, Kardamom** und **Sternanis** fügen Intensität hinzu. Chettinad-Huhn mit Biryani ist sehr beliebt. Auch Lamm und Meeresfrüchte werden häufig in den Küchen der Chettiar-Villen verwendet.

Mitglieder der Nattukottai-Chettiar-Kaste nahmen auf ihren Geschäftsreisen stets ihre Küchenutensilien mit, damit sie das Essen so zubereiten konnten, wie sie es schätzten. Eine solche Garnitur ist im **Chettinad Museum** in Kanadukathan ausgestellt.

LITAUEN
Wasserburg Trakai

Wie eine Märchenburg ragt der einstige Herzogspalast auf einer Insel inmitten eines litauischen Sees empor.

Die außerhalb des Baltikums kaum bekannte Burg Trakai aus dem 14. Jahrhundert ist eine der fotogensten Festungen Europas. Die Türme mit ihren roten Dächern spiegeln sich im See wider, der als natürlicher Burggraben dient, und wirken fast, als ob gleich eine Rapunzel ihr Haar herabließe. Trakai liegt 27 Kilometer westlich der litauischen Hauptstadt Vilnius und war im Mittelalter deren Vorgängerin. Die Burg war ein schwer befestigter Palast und Residenz der Fürsten des einst mächtigen Großherzogtums Litauen. Der backsteinerne Oberbau wurde bis in die 1960er Jahre sorgfältig im Stil des 15. Jahrhunderts rekonstruiert. Mit seinen steilen, roten Ziegeldächern vermittelt er den Eindruck von Eleganz und Behaglichkeit, auch wenn er auf einem massiven Unterbau aus unansehnlichen, grauen Feldsteinen hockt. Viele der Außenfenster wirken wehrhaft, aber das von Galerien umgebene Innere der Anlage vermittelt das Flair eines herrschaftlichen Landhauses. Nach der Besichtigung geht es über eine lange, schmale Brücke zurück an das andere Seeufer. Genießen Sie dort den schönsten Blick auf die Burg bei Sonnenuntergang an einem Tisch im Apvalaus Stalo Klubas (Club des Runden Tisches), vielleicht mit einer Hasenbratenterrine mit Armagnac-Pflaumen, Gänsebrust und Honigeis.

Beste Reisezeit Das Wetter ist von Ostern bis September am angenehmsten, bis in den April kann es jedoch Frost geben.
Anreise Züge und Busse verkehren regelmäßig zwischen Vilnius und Trakai.
Reiseplanung In Vilnius gibt es etliche Hotels in historischen Gebäuden, wie das Shakespeare Hotel in einem ehemaligen Palast und das Stikliai Hotel in einem Kaufmannshaus, beide aus dem 17. Jahrhundert. Bei ausreichend Zeit lohnt ein Flug in die estnische Hauptstadt Tallinn, um von dort die 595 Kilometer südwärts durch die kaum besuchte estnische und lettische Landschaft nach Vilnius zu fahren.
Websites www.tourism.lt, www.muziejai.lt, www.stikliaihotel.lt

Kirchen in Vilnius

Die Kirchen von **Vilnius** sind architektonisch höchst beeindruckend, besonders zwei davon:

■ Die **St.-Annen-Kirche** aus dem 16. Jahrhundert ist ein Meisterwerk der Spätgotik. Ihre türmchenverzierte Fassade besteht aus 33 verschiedenen Ziegelsorten, die ein verwirrendes Muster aus Rippen, Firsten und drei Bogenarten bilden.

■ Mit der Kuppelkirche **St. Peter und Paul** schufen die Jesuiten ein Bauwerk, in dem selbst Analphabeten das Leben der Heiligen lesen konnten. Der prächtige barocke Innenraum ist mit etwa 2000 lebensgroßen, cremig-weißen Stuckreliefs bedeckt, die tagelange Erforschung lohnen.

Die heute beschauliche Burg Trakai war einst der Mittelpunkt eines der mächtigsten Staaten Nordeuropas.

UNGARN
Béla-Bartók-Gedenkhaus

Einer der größten Komponisten des 20. Jahrhunderts wird auf dem beschaulichen Burgberg am Stadtrand Budapests geehrt.

Ein Besuch in Béla Bartóks letztem Wohnsitz in Budapest, hoch oben in den Budaer Bergen, vermittelt noch immer das Gefühl von Abgeschiedenheit und Ruhe, die er hier fern vom Trubel und den neugierigen Augen des Stadtzentrums gesucht hatte. Bartók war nicht nur einer der beliebtesten Komponisten Ungarns, sondern begründete auch mit seinem Freund Zoltán Kodály die Musikethnologie. Er reiste unter anderem durch die Karpaten, um die Ursprünge osteuropäischer und nahöstlicher Volksmusik zu dokumentieren, die seine eigenen Kompositionen stark beeinflussten. Im Gedenkhaus spiegeln sich beide Leidenschaften in Exponaten wie einem Edison-Fonografen, einem Bösendorfer-Flügel oder einer großartigen Volkskunstsammlung aus seinen Forschungsreisen wider. Bartók lebte und arbeitete von 1932 bis 1940 in der dreistöckigen, 1924 erbauten Villa und komponierte in einem Arbeitszimmer, das mit Polstertüren schalldicht isoliert war. Angesichts des Faschismus wanderten er und seine Frau widerwillig in die USA aus, wo er 1945 an Leukämie starb. Das Haus in Budapest wurde 1981, dem 100. Geburtstag Bartóks, als Gedenkmuseum eröffnet und sieht dank der Restaurierungen fast genauso aus wie zu seinen Lebzeiten. Gezeigt werden auch Briefmarken und Kunstwerke, die in Bezug zu dem Komponisten stehen. Das Haus ist auch, wie zu Bartóks Lebzeiten, ein intimer Schauplatz für Konzerte im Musikzimmer oder im Garten.

Beste Reisezeit Am mildesten ist das Wetter in Budapest von Mitte April bis Anfang Juni und im September. Das Haus ist täglich außer montags geöffnet. Konzerte finden meist werktags um 18 Uhr und manchmal samstags und sonntags um 11 Uhr statt.

Anreise Das Gedenkhaus liegt in der Csalán út 29 und ist mit dem Bus 21 ab der Moszkva tér, dem Bus 5 ab der Pasaréti tér oder dem Bus 29 ab der Szépvölgyi út zu erreichen.

Reiseplanung Die Budapest Card für 48 oder 72 Stunden lohnt für einen längeren Aufenthalt. Sie bietet kostenlose Nutzung der öffentlichen Verkehrsmittel, freien oder ermäßigten Eintritt in viele Museen (auch in das Béla-Bartók-Gedenkhaus) und Ermäßigungen in Restaurants, für Führungen und Veranstaltungen. Das Budapester Frühlingsfest präsentiert Konzerte ungarischer und internationaler Musiker. Im Juli findet in Szombathely, 227 Kilometer westlich von Budapest, ein zweiwöchiges Bartók-Festival statt.

Websites www.bartokmuseum.hu, www.budapestinfo.hu, www.hilton.com

Das Burgviertel

■ Das Burgviertel erstreckt sich am rechten Ufer der **Donau** hoch über dem Stadtzentrum Budapests und ist ein stimmungsvoller und stiller Stadtteil, der im Vergleich zur übrigen Stadt dünn besiedelt ist. Es besteht aus einem Gewirr kleiner Häuser und enger Gassen und auch einigen Prachtbauten, allen voran dem **Burgpalast.**

■ Das **Hilton Hotel** im Burgviertel ist selbst eine Touristenattraktion, da es über und um die Ruine eines Dominikanerklosters aus dem 13. Jahrhundert gebaut wurde. Das Hilton bietet einen großartigen Blick über die neogotische **Fischerbastei** bis hin zur Donau.

■ Im Burgviertel gibt es zudem zahlreiche historische Cafés, darunter das winzige und altmodische **Ruszwurm**, das seit 1827 in einem mittelalterlichen Raum seine berühmten Kuchen und Torten serviert.

Gegenüber: Bronzestatue von Bartók im Garten des Gedenkhauses. Oben: Sein Arbeitszimmer im Haus.

Sonnenstrahlen fallen auf die backsteinernen Stufengiebel im Beginenhof von Kortrijk.

BELGIEN

Beginenhof in Kortrijk

In der abgeschlossenen mittelalterlichen Wohnanlage für Frauen herrschen noch immer Ruhe und Beschaulichkeit vor.

Hinter einem Torbogen in Zentrumsnähe des flandrischen Kortrijk verbirgt sich ein kleiner Platz, der von Giebelhäusern aus dem 17. Jahrhundert und einer Kapelle gesäumt ist. Um sie herum verläuft eine Kopfsteinpflasterstraße mit kleinen Reihenhäusern und einem Garten: ein Beginenhof. Die ersten Beginenhöfe wurden Ende des 12. Jahrhunderts als Kommunen für unverheiratete Frauen gegründet, da die Kreuzzüge zu einem Männermangel führten. Viele der Frauen waren Witwen, andere fanden keinen Ehemann, wollten aber nicht mit Verwandten leben oder einem Kloster beitreten. Als Beginen legten sie ein Gelübde der Frömmigkeit und des Gehorsams gegenüber einer Mutter Oberin ab. In Kortrijk trugen sie schwarze Tracht mit weißer Haube, waren aber keine Nonnen. Sie konnten jederzeit gehen und auch heiraten, lebten ein ruhiges Leben in der Gemeinde und taten gute Werke. Der Beginenhof in Kortrijk ist einer der schönsten, in dessen 40 Häusern einst über 130 Beginen lebten. Im ehemaligen Haus der Mutter Oberin befindet sich heute ein Museum, in dem Leben und Werk der Beginen erläutert werden.

Beste Reisezeit Wie die meisten Beginenhöfe Flanderns ist der Beginhof in Kortrijk täglich tagsüber geöffnet. Besucher werden nur darum gebeten, die Stille des Ortes und die Privatsphäre der Bewohner zu respektieren. Das Museum ist täglich außer montags von 14 bis 17 Uhr geöffnet.
Anreise Kortrijk liegt etwa 80 Kilometer von Brüssel im Nordwesten Belgiens.
Reiseplanung Sehenswürdigkeiten in Kortrijk sind das spätgotische Rathaus, interessante Kirchen, das Broelmuseum und das neue und eindrucksvolle Museum Kortrijk 1302 zur Sporenschlacht von Kortrijk, einer entscheidenden Wende in der flämischen Geschichte. Es gibt viele gute Restaurants und Hotels.
Websites www.kortrijk.be, whc.unesco.org/en/list/855, www.visitflanders.com

Vier schöne Höfe

In den Beneluxstaaten wurden zahlreiche Beginenhöfe gebaut, praktisch in jeder Stadt. Heute werden viele als Privat- oder Sozialwohnungen genutzt.

■ In der Brüsseler Vorstadt **Anderlecht** lebten in einem winzigen Beginenhof von 1252 nur acht Beginen. Die zwei Backsteinhäuschen mit Möbeln, Bildern und Artefakten dienen heute als Museum zu ihrem Leben.

■ Der Beginenhof von **Brügge**, ursprünglich von 1244, besteht aus weißen Häusern aus dem 17. und 18. Jahrhundert um eine Grünfläche. Zum Ensemble gehören eine Barockkapelle und ein kleines Museum. Heute leben hier Benediktinerinnen.

■ Der **Klein Begijnhof** in Gent ist heute eine Wohnanlage, aber man kann durch die stillen Straßen und den Garten um die Barockkirche streifen. Die meisten Häuser stammen aus dem 17. Jahrhundert, doch der Beginenhof wurde schon 1235 gegründet.

■ In **Diest** führt ein barockes Tor in eine große Anlage aus Kopfsteinpflasterstraßen und Reihenhäuschen aus dem 16. Jahrhundert. In dem Hof von 1253 lebten zu seiner Blütezeit im 17. Jahrhundert etwa 400 Beginen.

Eine Statue des Apis, des heiligen Bullen Ägyptens, ist eines von Tausenden spektakulärer Exponate des Museums.

ITALIEN

ÄGYPTISCHES MUSEUM

Eine der vielen Überraschungen im norditalienischen Turin ist die weltweit zweitgrößte Sammlung altägyptischer Artefakte.

Beim Eintritt in das klassizistische Gebäude des Turiner Museo Egizio (Ägyptisches Museum) fallen als Erstes die monumentalen Exponate auf, darunter der rekonstruierte Tempel von Ellesija. Dann bezaubern entzückende Alltagsdinge, wie Schminksachen oder die Zeichnung einer Tänzerin. Skulpturen, Weberei, Landwirtschaft oder Schreibkunst, alle Aspekte des Lebens im alten Ägypten werden thematisch geordnet dargestellt. Der raffinierte Einsatz von Punktstrahlern lässt die Dunkelheit erahnen, in der viele Schätze über Jahrtausende verborgen waren. Die gewölbten Decken, die Beleuchtung und das Wissen, dass das Leinenbündel im Raum den Leichnam einer Frau namens Merit birgt, schaffen das Gefühl, um 6000 Jahre zurück in die Vergangenheit versetzt worden zu sein. Die Sammlung ist die zweitgrößte nach der im Museum von Kairo und enthält über 30 000 Stücke, von denen 6500 gezeigt werden. In einer Stadt der innovativen Technologie erinnert das Museum an die ersten Jahrtausende menschlicher Zivilisation. Nach all diesen Eindrücken wird ein Spaziergang unter den berühmten Arkaden Turins zu einem völlig neuen Erlebnis.

Beste Reisezeit Das Museum ist täglich außer montags geöffnet. Der Herbst ist ideal für die Erkundung der renommierten Weinbaugebiete um Turin, wie Langhe, das Land des Barolo und Barbaresco.

Anreise Das Museum liegt in der Via Accademia delle Scienze, auf halber Strecke zwischen dem Palazzo Reale und der eleganten Piazza San Carlo.

Reiseplanung Turin verdient einen mindestens zweitägigen Besuch. Die Stadt hat gute Restaurants und fantastische Weinbars. Im März findet die Schokoladenmesse CioccolaTÓ statt, der Salone del Gusto von Slow Food alle zwei Jahre, jeweils in dem mit geraden Zahlen Ende Oktober.

Websites www.museoegizio.it, www.visitatorino.com, www.turismotorino.org, www.langhevini.it

Mystisches Turin

Grimmige Wasserspeier, Freimaurersymbole und düstere Engel schmücken die Altstadt Turins, die voller esoterischer und okkulter Legenden steckt. Selbst für hochrationale Skeptiker bieten die Legenden einen faszinierenden Einblick in Turins Geschichte.

■ Laut mystischer Überlieferung Turins konzentriert die **Piazza Castello** die positiven Energien der Stadt, besonders wegen der Nähe des Platzes zum Turiner Grabtuch, das sich im nahen Dom befindet.

■ Negative Energien soll die **Piazza Statuto** haben, die über einer römischen Nekropole und der labyrinthischen Kanalisation Turins mit dem berüchtigten „Tor zur Hölle" gebaut wurde.

■ In der Renaissance engagierte die Königsdynastie Savoyen, die auch die Sammlung des Ägyptischen Museums begann, Alchemisten aus ganz Europa, um nach dem Elixier für Jugend und Weisheit zu suchen. Der Legende nach soll der Stein der Weisen in der **Grotte Alchemiche** (Höhle der Alchemisten) zwischen Palazzo Madama und Piazza Castello verborgen sein.

MALTA
Zitadelle von Rabat

Die Zitadelle aus dem 16. Jahrhundert ist eine verborgene Stadt in der Stadt auf Maltas kleiner Schwesterinsel Gozo.

Die Cittadella auf einem Hügel mitten auf der Insel Gozo wacht mit ihren massiven Mauern aus honigfarbenen Kalksteinblöcken über die Inselhauptstadt Victoria. Die Stadt erhielt ihren Namen 1887 zum goldenen Regierungsjubiläum der britischen Königin Victoria, Einheimische benutzen aber noch immer den ursprünglichen Namen Rabat. Die Ritter des Malteserordens bauten die Festung im 16. Jahrhundert auch als Zufluchtsort für die Inselbewohner gegen räuberische Piraten. Der Weg zu ihr führt bergauf durch die engen Gassen von Victoria. Oben geht es durch den gewaltigen Eingang der Cittadella auf einen Platz, der von der barocken Kathedrale Mariä Himmelfahrt dominiert wird. Aus Geldmangel erhielt die Kirche bei ihrem Bau 1697 keine Kuppel, stattdessen wurde später der italienische Künstler Antonio Manuele damit beauftragt, an die flache Decke ein detailreiches Trompe l'œil zu malen, das die Illusion einer prachtvollen Kuppel schuf. In einigen der alten Steinhäuser der Zitadelle sind kleine Museen untergebracht, die jeweils die Archäologie, Geschichte, Folklore und Natur Gozos präsentieren. Ein Bummel durch die engen Gassen, die über die Jahrhunderte blank getreten wurden, führt am alten Gericht und am Gefängnis vorbei. Von der Festungsmauer schweift der Blick über die ganze Insel und ihre verstreuten Dörfer mit hohen Kirchenkuppeln und grünen Feldern. Dahinter blitzen die schroffe Küste und blau schimmernde Buchten auf.

Beste Reisezeit Ganzjährig, der Frühling (April bis Juni) hat jedoch das angenehmste Wetter.
Anreise Malta ist per Flugzeug zu erreichen. Von Cirkewwa im Norden Maltas fahren Fähren nach Mgarr auf Gozo. Der Bus 25 verkehrt zwischen dem Hafen von Mgarr und Victoria und ist zeitlich auf den Fahrplan der Fähre abgestimmt.
Reiseplanung Für die Zitadelle sollten Sie mindestens zwei Stunden einplanen, beim Besuch aller Museen auch länger. Der Eintritt in die Zitadelle ist frei, aber für die Museen muss bezahlt werden. Sinnvoll ist ein Cittadella-Kombiticket für das Alte Gefängnis, das Archäologische Museum, das Naturkundemuseum und das Volkskundemuseum.
Websites www.islandofgozo.org, www.visitmalta.com

Schlemmermarkt

■ Die **Pjazza Indipendenza**, der Hauptplatz Victorias, liegt außerhalb der Cittadella. Hier findet der Markt **It-Tokk** statt, ein schillerndes Kaleidoskop aus Baumwolle und Seide, wo die Stoffballen mit bauschigen Wollteppichen und dicken Wollpullovern konkurrieren.

■ Hinzu kommen Stände, die mit tiefroten Eiertomaten, violetten Auberginen und grünen Paprikaschoten beladen sind. Frauen feilschen mit den Fischhändlern um den Preis von *lampuki* (Doraden), die kurz zuvor im Mittelmeer gefangen wurden. Andere Stände verkaufen Gozo-Honig und *gbejniet*, einen weichen Ziegenkäse, den es frisch, gereift oder eingelegt gibt.

■ Jenseits des Marktplatzes gibt es Läden, die traditionelles Kunsthandwerk anbieten, und Spitzenklöpplerinnen, die komplizierte Muster nach alter Tradition herstellen.

Gegenüber: Der Turm der Kathedrale überragt die engen Gassen der Zitadelle. Oben: Blick auf die Zitadelle.

TOP TEN
MUSEALE GEHEIMNISSE

Jedes Museum birgt ein Geheimnis. So gibt es beispielsweise ein „Maushaus" in Bangkok, einen Astrologen in Jodhpur und verschollene Meisterwerke in Boston.

❶ Isabella Stewart Gardner Museum, Boston, USA

Anfang des 20. Jahrhunderts machte die reiche Bostoner Witwe Isabella Stewart Gardner ihre Villa zum Museum. 1990 stahlen dort Diebe Kunst im Wert von 300 Millionen Dollar. Da laut Gardners Testament die Kunstwerke nicht umgehängt werden dürfen, gibt es 13 leere Rahmen anstelle der gestohlenen Kunst.

Reiseplanung Trotz der fehlenden Werke hat das Museum eine exzellente Sammlung europäischer Gemälde. www.gardnermuseum.org

❷ Metropolitan Museum of Art, New York, USA

„Washington überquert den Delaware" ist ein Kernstück der kulturellen Identität der Vereinigten Staaten, aber das Gemälde im Met ist nicht das Original. Die erste Version des deutsch-amerikanischen Malers Emanuel Leutze wurde in seinem Studio in Düsseldorf durch Feuer beschädigt. Daher schickte er eine Kopie über den Atlantik. Das Original blieb in Deutschland und wurde 1942 durch einen alliierten Bombenangriff zerstört.

Reiseplanung Täglich außer montags geöffnet. www.metmuseum.org

❸ Jim Thompson House, Bangkok, Thailand

In den 1940er Jahren traf der amerikanische Geheimagent Jim Thompson in Bangkok ein, verließ aber den Geheimdienst und arbeitete als Seidenhändler. Viele Jahre war er der soziale Mittelpunkt der Ausländergemeinde. Für Kinder bot sein Haus eine besondere Attraktion: ein „Maushaus" mit Glasfassade, in dem einst Dutzende Mäuse durch winzige Zimmer und Flure liefen.

Reiseplanung Das Jim Thompson House hütet auch eine Sammlung antiker Seide aus Südostasien. www.jimthompsonhouse.com

❹ Stadtpalast, Jaipur, Indien

Die Maharadschas von Jaipur waren seit jeher Förderer lokaler Künstler und Kunsthandwerker. Das Ergebnis ist im Palast und Museum zu bewundern, aktuelle Beispiele finden sich ganz in der Nähe: In einem hallenartigen Gebäude auf dem Palastgelände kreieren, zeigen und verkaufen Künstler ihre Werke.

Reiseplanung Der architektonisch atemberaubende Stadtpalast hat eine große Kunstsammlung. www.rajasthantourism.gov.in

❺ Mehrangarh-Festung, Jodhpur, Indien

Die nie eroberte Felsenfeste bietet einen Blick in die Zukunft. Der Astrologe und Handleser Mr. Sharma praktiziert im Moti Mahal Chowk, einem Empfangssaal der Festung. Astrologie war eine Leidenschaft vieler Rajasthani-Herrscher, Mr. Sharmas Gewerbe erinnert also an die Geschichte der Festung.

Reiseplanung Eine Beratung von Mr. Sharma kann telefonisch über die Festung gebucht werden. www.mehrangarh.org

❻ Katharinenpalast, Puschkin, Russland

Prunkstück des Katharinenpalastes ist das Bernsteinzimmer, das über und über mit Bernsteintafeln bedeckt ist und ein Geschenk des preußischen Königs im Jahr 1716 war. Das heutige Zimmer ist jedoch eine Replik von 2003. Im Zweiten Weltkrieg demontierte die Wehrmacht die Originale, die kurze Zeit darauf verschwanden.

Reiseplanung Der Palast mit seinem Blattgold, Spiegeln und Marmor liegt vor den Toren St. Petersburgs. www.tzar.ru

❼ Prager Burg, Tschechien

Das sogenannte Defenestrationsfenster bietet keine schöne Aussicht, aber spielte eine Rolle in der europäischen Geschichte. Als 1617 katholische Beamte protestantische Kirchen in Prag schlossen, stürzten einige Protestanten zwei von ihnen zur Strafe aus einem Burgfenster. Sie fielen zwar unverletzt auf einen Misthaufen, aber der Prager Fenstersturz löste den Dreißigjährigen Krieg aus.

Reiseplanung Die Prager Burg bietet viele Attraktionen, für deren Besuch mindestens ein halber Tag nötig ist. www.hrad.cz

❽ Vasarikorridor, Florenz, Italien

Der Gang wurde 1564 als Verbindung zwischen den Uffizien (damals Verwaltungsgebäude) mit dem Palazzo Pitti gebaut, dem Sitz der Florentiner Herrscherfamilie Medici. Er führte durch Kirchen und über die Dächer der Läden auf dem Ponte Vecchio und diente als privater und schneller Weg der Medici durch die Stadt. Geschaffen hat ihn der Künstler und Architekt Giorgio Vasari.

Reiseplanung Touristen können den Gang nur im Rahmen einer gebuchten Führung betreten. www.polomuseale.firenze.it

❾ Stanza della Segnatura, Vatikan

Viele Renaissance-Künstler erhielten Aufträge, im Vatikan Fresken zu malen. Zwei Künstler sind in der „Schule von Athen" von Raffael in der Stanza della Segnatura verewigt. Der Künstler selbst blickt in der unteren rechten Ecke aus dem Bild, während Michelangelo, der damals nebenan an der Decke der Sixtinischen Kapelle arbeitete, im Vordergrund eifrig skizziert.

Reiseplanung Wer um 9 Uhr, wenn das Museum öffnet, erscheint, kann lange Wartezeiten des vielbesuchten Vatikans vermeiden. mv.vatican.va

❿ Victoria & Albert Museum, London, England

Studiensäle in Museen sind eigentlich nur für Wissenschaftler zugänglich, aber der Studiensaal für Drucke und Zeichnungen des V&A ist öffentlich und bedarf keiner Anmeldung. Jeder Besucher kann die außergewöhnliche Sammlung Hunderttausender Fotos, Drucke und Zeichnungen besichtigen und sogar anfassen.

Reiseplanung Der Studiensaal liegt im vierten Stock des Henry Cole Wing. www.vam.ac.uk

---

Gegenüber: Das Jim Thompson House in Bangkok besitzt eine Sammlung mit seltener Kunst, Antiquitäten und Raritäten aus Südostasien.

FRANKREICH
Toulouse-Lautrec-Museum

Ein einstiger Bischofspalast in Südwestfrankreich ist überraschender Schauplatz für Werke des Chronisten der Pariser Halbwelt.

Die Räume sind groß und luftig, die hohen Fenster sorgfältig abgeblendet, damit das helle Sonnenlicht nicht den Zeichnungen und Gemälden in einer der angesehensten Kunstsammlungen Frankreichs schadet. Es ist das Palais de la Berbie, ein festungsartiger ehemaliger Bischofspalast am Ufer des Tarn in Albi. Beim Blick über die formal angelegte Gärten am Fluss kann man sich gut vorstellen, wie hier einst geheime Kirchenangelegenheiten diskutiert wurden. Heute hingegen birgt das imposante Gebäude die lebhaften Werke des beliebten französischen Malers der Pariser Bohème des 19. Jahrhunderts. Henri de Toulouse-Lautrec wurde nicht weit von hier in der Altstadt von Albi geboren. Als er 1901 im Alter von 36 Jahren starb, stiftete seine Mutter, die Gräfin Adèle de Toulouse-Lautrec, den gesamten Inhalt seines Ateliers. Die vielfältige und sehr persönliche Sammlung besteht aus über 1000 Zeichnungen und Gemälden, von Kinderzeichnungen über steife Porträts bis zu den farbenfrohen Plakaten der Moulin-Rouge-Tänzerinnen Jane Avril und Louise Weber (La Goulue, die Unersättliche), für die Toulouse-Lautrec am bekanntesten ist. Die Bilder beschwören das frivole Milieu der Pariser Lokale von Pigalle und Montmartre herauf, die Welt der Prostituierten und Unterhaltungskünstler, die den exzentrischen Provinzadligen faszinierten. Etwa 40 Bilder stellen Zirkusartisten dar.

Beste Reisezeit Im Frühjahr, Herbst und Winter kommen weniger Touristen.
Anreise Albi liegt 77 Kilometer nordöstlich von Toulouse.
Reiseplanung Albi hat eine gute Küche und renommierte Weine der nahen AOC Gaillac: leichte Rote, Rosés und ein halbsüßer, leicht schäumender Wein, ein *perlé*. Le Vieil Alby, ein kleines Hotel in der 25 rue Henri de Toulouse-Lautrec, besitzt auch ein gutes Restaurant.
Websites www.albi-tourisme.fr, www.aveyron.com, www.musee-toulouse-lautrec.com

Château du Bosc

Henri de Toulouse-Lautrec verbrachte als Kind seine Sommerferien auf dem Château du Bosc in **Naucelle** zwischen Albi und Rodez. Das Schloss gehört noch immer den Nachfahren von Henris Cousin Raoul und steht Besuchern ganzjährig offen (im Winter nach Anmeldung). Zu sehen ist unter anderem ein Boot, das Henri baute, als er sich von einem seiner beiden Stürze als 13- und 14-Jähriger erholte. Interessant ist auch die Wand, an der die Körpergrößen der Kinder markiert wurden. Henri war aufgrund einer Erbkrankheit mit 18 Jahren nur 150 Zentimeter groß. Während der Kuraufenthalte in Sanatorien entwickelte er sein Talent fortwährend weiter.

Besucher des Museums in Albi bewundern Toulouse-Lautrecs berühmte Werbeplakate für La Goulue, die Cancantänzerin des Moulin Rouge.

Eine Fontäne plätschert im Becken des prachtvoll gekachelten arabischen Saals von Leighton House.

ENGLAND

Leighton House

Hinter der Backsteinfassade des Londoner Hauses schuf ein viktorianischer Maler, Sammler und Orientalist seinen „privaten Kunstpalast".

Der arabische Saal entführt in eine Welt orientalischer Exotik. Die Wände sind mit über 1000 syrischen Kacheln aus dem 17. Jahrhundert in herrlichen Blau- und Grüntönen bedeckt, Sonnenlicht fällt durch holzgeschnitzte Fenstergitter aus Kairo, eine kleine Fontäne plätschert. Ein Mosaikfries aus Venedig verläuft am oberen Teil der Wand und stellt Meerjungfrauen, Schiffe und Pfauen auf vergoldetem Hintergrund dar. Auch die Kuppeldecke ist mit Blattgold geschmückt. Das schmucke Haus am Rand des Holland Park wurde vom Maler Lord Frederic Leighton als Arbeitsstätte, als Hort seiner Kunstsammlung und zur Bewirtung seiner vielen Freunde geschaffen, zu denen die Künstler Dante Gabriel Rossetti, John Everett Millais, William Morris sowie der Dichter Robert Browning gehörten. Die opulente Ausstattung mit tiefblauen Kacheln, Blattgold, Marmor, Mosaikböden und orientalischen Keramiken findet sich auch in den Zimmern im Erdgeschoss wieder. Der eigentliche Mittelpunkt des Hauses liegt jedoch oben. Hinter dem Seidenraum, einem zwanglos gestalteten Zimmer mit Leightons Gemäldesammlung, befindet sich sein geräumiges Atelier, in das Licht durch ein großes Fenster über dem Modellpodest strömt und wo Leighton tagsüber arbeitete. Abends gab er hier musikalische Soireen für seine Freunde.

Beste Reisezeit Täglich geöffnet außer dienstags, an den Weihnachtsfeiertagen und Neujahr.
Anreise Leighton House liegt in der Holland Park Road am Westrand des Holland Park nahe der Kensington High Street.
Reiseplanung In Leightons Atelier finden regelmäßig Kurse und Vorträge statt.
Websites www.rbkc.gov.uk/museums, www.londontown.com

Ein viktorianisches Wohnhaus

18 Stafford Terrace, das Linley Sambourne House am Ostrand des Holland Park, war Ende des 19. Jahrhunderts das Haus des *Punch*-Karikaturisten Edward Linley Sambourne und seiner Familie. Das liebevoll restaurierte viktorianische Haus ist immer noch original mit wunderschönen historischen Möbeln, Textilien, Ornamenten und Bildern eingerichtet, die Linley Sambourne und seine Frau über Jahre sammelten. Die Karikaturen, Zeichnungen, Fotos und Glasnegative des begeisterten Fotografen Linley Sambourne bedecken die Wände des zauberhaften, kaum bekannten Schatzhauses.

Es gibt Führungen mit kostümierten Schauspielern in Gestalt von Marion Sambourne und ihrem Personal sowie konventionelle mit unkostümierten Experten.

TOP TEN

SKULPTURENPARKS & –WEGE

In Wäldern und Dschungeln, an Küsten und auf Bergen wurden Parks und Wege geschaffen, die Kunst und Natur verbinden.

❶ DeCordova Sculpture Park, Massachusetts, USA

Über 40 großformatige, bunte Skulpturen verteilen sich in einem schönen Waldgebiet mit Wanderwegen und Picknicktischen. Die Skulpturen, überwiegend von Künstlern aus New England, sind eine Mischung aus Auftragsarbeiten und Leihgaben.

Reiseplanung Der Park mit Kunstmuseum liegt 24 Kilometer westlich von Boston. Ganzjährig geöffnet. www.decordova.org

❷ Stone Quarry Hill Art Park, New York State, USA

Durch 42 Hektar sanften Hügellands ziehen sich 6,4 Kilometer Wanderwege mit Werken von Nachwuchs- und etablierten Künstlern, die in Bezug zu ihrem Standort stehen. Die Skulpturen in Wäldern, auf Wiesen und an Teichen sind von der Beziehung zwischen Kunst und Umwelt inspiriert.

Reiseplanung 40 Kilometer südöstlich von Syracuse und ganzjährig geöffnet. www.stonequarryhillartpark.org

❸ Poustinia Land Art Park, Belize

Der Park verbirgt sich neben Mayaruinen im Regenwald. Eine Tageswanderung durch den Dschungel führt an über 30 Kunstwerken vorbei, wie „Returned Parquet", ein Teil eines 100 Jahre alten Parkettbodens aus Mahagoni aus Belize, der im Dschungel wieder ausgelegt wurde, und „Downtown", eine Ministadt aus Beton. Der Dschungel hat alles wieder überwuchert.

Reiseplanung Der Park liegt 129 Kilometer von Belize City entfernt. Besucher müssen sich vorher anmelden. www.poustiniaonline.org

❹ Insel Naoshima, Japan

Die kleine Fischerinsel im Seto-Binnenmeer ist eine Fundgrube moderner Kunst, darunter auch der riesige „Rote Kürbis", der Ankömmlinge am Hafen begrüßt. 200 Jahre alte Dorfhäuser wurden zu zeitgenössischen Installationen umgebaut. Ein Shinto-Schrein erhielt eine Treppenflucht aus Glas, die von einem unterirdischen Wasserbecken nach oben führt.

Reiseplanung Naoshima liegt sechs Stunden mit Bahn und Fähre von Tokio entfernt. www.naoshima-is.co.jp, www.go-japan.de

❺ Connells Bay Sculpture Park, Neuseeland

Auf der Insel Waiheke bei Auckland verteilen sich etwa 25 Skulpturen neuseeländischer Künstler auf Weideland und zwischen einheimischen Bäumen. Zu den Arbeiten gehören „Hüter der Pflanzung", zwei Köpfe, die an jene auf den Osterinseln erinnern, und Jeff Thomsons „Drei Kühe blicken aufs Meer".

Reiseplanung Die Insel liegt 30 Bootsminuten von Auckland entfernt. Der Park ist von Oktober bis April geöffnet und nur mit Führung und vorheriger Buchung zu besichtigen. www.connellsbay.co.nz

❻ Artscape Nordland, Norwegen

Signalfeuer, Unterstände, Hütten, menschliche Gestalten, Pyramiden und andere monumentale Skulpturen von internationalen Künstlern, wie Anish Kapoor und Antony Gormley, wurden auf Felsen, Stränden, Klippen und Feldern an der schönen und dünn besiedelten Atlantikküste Nordnorwegens installiert.

Reiseplanung Die Skulpturen stehen in 33 Gemeinden von Nordland. Zu erreichen sind sie mit einer Kombination aus Auto, Fähre und Flugzeug. www.visitnordland.com, www.skulpturlandskap.no

❼ Parco Sculture del Chianti, Italien

Baumstümpfe aus Marmor, eine Zypresse aus Glasschichten, die in der Sonne glitzern, ein Glaslabyrinth und die Spanten eines Schiffs sind nur einige der Skulpturen an einem Waldweg in den Hügeln der Toskana. Sie wurden so geschaffen, dass sie mit Farben, Licht und Bäumen ihres Umfelds harmonieren.

Reiseplanung Der Park liegt nahe dem Dorf Pievasciata, elf Kilometer nordöstlich von Siena. www.chiantisculpturepark.it

❽ Refuges d'Art, Frankreich

Hoch in den Bergen der Haute Provence können kunstliebende Wanderer die hinreißende Landschaft und Kunstwerke des britischen Landschaftskünstlers Andy Goldsworthy genießen. Er hat an 160 Kilometern alter Pfade drei „Sentinelles", Steinhaufen, geschaffen und mehrere Unterstände in verlassenen Gebäuden renoviert, in denen sich ebenfalls jeweils ein Kunstwerk befindet.

Reiseplanung Der Rundweg beginnt in Digne-les-Bains nordwestlich von Nizza und dauert etwa fünf Tage. Etoile Rando bietet Wanderführungen. www.provence-netz.de, www.etoile-rando.com

❾ Forest of Dean Sculpture Trail, England

Ein sieben Kilometer langer Waldweg führt zu Skulpturen, die Leben und Geschichte dieses alten Waldes in Gloucestershire feiern. Dort stehen Schaukeln, Aussichtstürme und riesige Eicheln, und die Werke, die Grubenschächten, Eisenbahnschienen und Holzkohleöfen gleichen, erinnern an die industrielle Vergangenheit des Waldes, die bis in vorrömische Zeit zurückreicht.

Reiseplanung Der Weg beginnt an der Beechenhurst Lodge westlich von Cinderford. www.forestofdean-sculpture.org.uk, www.forestry.gov.uk

❿ North Mayo Sculpture Trail, Irland

Die Entdeckung der größten steinzeitlichen Stätte der Welt, der Céide Fields an der Nordküste Mayos, hat den Skulpturenweg an der Küstenstraße westlich von Ballina inspiriert. Die 15 Skulpturen, die Figuren und Hütten darstellen, feiern die wilde Schönheit der Gegend und ihre lange Geschichte.

Reiseplanung Der Weg kann mit dem Auto ab Ballina befahren werden. www.mayo-ireland.ie

---

Gegenüber: Am Ende des Kais auf Naoshima steht der legendäre, 1,8 Meter hohe „Gelbe Kürbis" aus Fiberglas, einer von zweien des japanischen Künstlers Yayoi Kusama.

SPANIEN

Santa María la Real

In einem Kloster in der nordspanischen Stadt Burgos liegen erstaunliche Schätze der Kunst und Geschichte.

Die überwältigende Mischung architektonischer Stile aus Romanik, Gotik und Renaissance ist das Glanzlicht der Klosteranlage Santa María la Real de las Huelgas in Burgos. Nirgends wird das deutlicher als im Kloster San Fernando, das König Ferdinand III. von Kastilien Ende des 13. Jahrhunderts errichten ließ. Das Tonnengewölbe des Klosterbaus besitzt großartiges Mudéjar-Maßwerk, ein dekorativer maurischer Stil, der in der christlichen Architektur Verwendung fand. Das Schmuckwerk besteht aus arabischer Schrift, Burgen, Pfauen und Greifen. König Alfons VIII. und seine Gemahlin Eleonore gründeten das Kloster 1187 als Klausur für Frauen königlicher und adliger Abstammung sowie als Begräbnisstätte der kastilischen Könige. Die Äbtissinnen waren hochrangige Frauen, die enorme rechtliche und kirchliche Macht hatten. Diese Privilegien wurden ihnen erst 1873 von Papst Pius IX. aberkannt. Im Kloster leben heute, über 800 Jahre nach der Gründung, noch immer Zisterziensernonnen, die einen Besuch nur umso interessanter machen. Das Museo de Telas Medievales (Museum für mittelalterliche Kleidung) zeigt die Roben verschiedener Mitglieder der königlichen Familie Kastiliens vom 12. bis zum 14. Jahrhundert. Sämtliche Gegenstände sind präzise datiert, da sie alle aus königlichen Gräbern stammen.

Beste Reisezeit April bis Juni und September bis Dezember sind eine gute Zeit. Der Sommer ist heiß, der Winter oft bitterkalt. Das Kloster ist montags geschlossen.

Anreise Das Kloster ist über die N120 ab Burgos Richtung Westen zu erreichen und liegt nahe der Straße am westlichen Rand der Stadt.

Reiseplanung Interessant ist die drehbare Kanzel des Klosters, die dem Priester ermöglichte, auch Gläubige im Chorraum zu erreichen. Burgos war eine der reichsten Städte des mittelalterlichen Kastilien und hat viele Sehenswürdigkeiten. Für die ganzjährig kühlen Abende sollten Sie warme Kleidung mitbringen.

Websites www.turismoburgos.org, www.spain.info

Sehenswertes Burgos

■ Die **Kathedrale von Burgos** ist einer der größten und schönsten gotischen Bauten Spaniens. Hier wurde der Leichnam von Rodrigo Díaz de Vivar, besser bekannt als **El Cid** Campeador, bestattet.

■ Die achteckige **Kapelle des Condestable** aus dem 15. Jahrhundert ist ein großartiges Beispiel des spätgotischen platereksen Stils.

■ Auf der Plaza del Rey San Fernando vor der Kathedrale steht der schnörkelige **Arco de Santa María**, eines der zwölf alten Tore von Burgos. Die innere Sala de Poridad hat eine schöne Mudéjar-Decke.

Der Hauptturm überragt das Gebäudegewirr der Klosteranlage Santa María la Real.

Jeder der Museumssäle offenbart verschiedene Aspekte des erstaunlichen historischen Erbes Tunesiens.

TUNESIEN

NATIONALMUSEUM VON BARDO

Die großartigen Museumssäle stecken voller Schätze aus der karthagischen und römischen Vergangenheit Tunesiens.

Die renovierten Räume im einstigen Palast der Beys von Tunis bilden eine spektakuläre Kulisse für Exponate aus ganz Tunesien. Unter den ornamentalen Decken, Kuppeln und Bögen mit ihrem grazilen Stuckwerk werden Relikte aus etwa 40 000 Jahren Geschichte ausgestellt, vor allem aus punischer und römischer Zeit. Karthago, der große Gegner Roms, lag an der Peripherie des heutigen Tunis. Seine Kultur wird in den punischen Sälen des Museums anhand von Amuletten, Schmuck, Totenmasken und Stelen mit geheimnisvollen Inschriften erfassbar. Hier erwacht der Geist von Hannibal und seinen Elefanten, mit denen er die Alpen überquerte, und der Karthagos, das 146 v. Chr. schließlich von den Römern zerstört und mit Salz unfruchtbar gemacht wurde. Zu den römischen Artefakten gehören Amphoren, Urnen und Statuen, die Prachtstücke sind jedoch die Mosaike. Sie stammen überwiegend aus dem 3. und 4. Jahrhundert n. Chr. und stellen Alltagsleben, Feste oder Gottesdienste im römischen Tunesien dar. Die berühmtesten Mosaike zeigen Vergil bei der Verfassung der Äneis, die neun Musen und die badende Venus. Leuchtende Farben und fließende Bewegungen zeugen vom Können der unzähligen Künstler, deren Vermächtnis über 2000 Jahre erhalten blieb.

Beste Reisezeit Der Frühling ist angenehm warm und trocken und daher am besten geeignet. Das Museum ist montags geschlossen.
Anreise Das Museum liegt im Vorort Le Bardo, etwa vier Kilometer westlich des Zentrums von Tunis. Zu erreichen ist es mit der Straßenbahn.
Reiseplanung Sie sollten mindestens einen halben Tag für das Museum einplanen. Die Ruinen von Karthago liegen am Nordrand von Tunis. Taxis fahren meist zu allen Stätten. Wer weiter rausfahren möchte, sollte ein Sammeltaxi nehmen, das billig, schnell und bei Einheimischen beliebt ist.
Websites www.tunesien.info, www.thomascook.de/reise-angebote/tunesien

Die Ruinen von Karthago

■ Die malerische TGM-Bahnstrecke zu den Ruinen **Karthagos** führt am See von Tunis vorbei, wo Tausende Flamingos überwintern.

■ Die Ruinen erstrecken sich vom Nationalmuseum Karthago auf dem Byrsa bis zu den römischen Relikten am Meer. Interessant sind das restaurierte **Hadrianstheater**, die **Gargilius-Bäder** und die **Antoninischen Bäder** inmitten von Oleander.

■ Die Ausgrabungsstätte der **römischen Villen** mit Säulen, Statuen und Mosaiken bietet wunderbare Aussichten auf den Golf von Tunis.

8 UNENTDECKTE DÖRFER

Manche sind nur ein winziger Punkt auf der Karte irgendwo an einer Landstraße ins Nirgendwo. Andere liegen mitten im tiefsten Wald oder hängen an Felsen. Solche Dörfer und Städtchen stehen für etwas Besonderes. Sie sind die letzten, kompromisslosen Überbleibsel einer verlorenen Welt, Erinnerungen an ein ländliches Leben vor Globalisierung, Zersiedelung und Breitbandinternet. Menschen mit romantischer Ader zieht es auf einer Reise durchs ländliche England zu Orten wie dem malerischen Lavenham, dessen Fachwerk- und Landhäuser schon seit Shakespeares Zeiten den Lauf der Welt erlebt haben. Wer abgeschiedene Wildnis vorzieht, kann eine Tour durch die chilenische Wüste nach San Pedro de Atacama unternehmen, das umgeben von Vulkanseen auf einem Plateau liegt. Eine Begegnung mit einer verblüffenden Dorfgemeinschaft ist ein Besuch in Hukeng in Südostchina. Dort bilden gewaltige, ringförmige Bauten jeweils ein Dorf für sich, in dem Hunderte Angehörige der Hakka leben.

Ein Häusergewirr drängt sich an den Hang, als wollte es die Kirche abstützen, die hell über Maratea erstrahlt. Das Dorf liegt auf dem letzten Felshang, bevor die Berge zum Golf von Policastro an der italienischen Südwestküste abfallen.

KANADA
Der Osten Quebecs

Köstliches aus der Region und bildschöne Dörfer erwarten die Besucher in Quebecs östlichen Kantonen.

Die Landsträßchen der Cantons d'Est (östliche Kantone) von Quebec führen durch sanft hügeliges Ackerland, vorbei an Weinbergen mit prallen, tiefroten Reben und durch winzige Dörfer. Die Region erstreckt sich über die Ausläufer der Appalachen an der Grenze zu Vermont, New Hampshire und Maine in New England und ist fast ebenso von ihren US-amerikanischen Nachbarn im Süden wie von den Frankokanadiern und Europäern geprägt, die sich hier im 19. Jahrhundert niederließen. Sherbrooke ist das kulturelle Zentrum mit verschiedenen Museen, Kunstgalerien und historischen Vierteln. Traditionen und kulinarische Köstlichkeiten erinnern an die Heimat der französischen Pioniere. Savon des Cantons bei Magog, 27 Kilometer Richtung Südwesten, stellt handgemachte Seife her. Die Firma Bleu Lavande verwandelt üppige Lavendelfelder in kosmetische Produkte. Weiter Richtung Südwesten liegt der Ort Sutton mit seinen kleinen Läden, wie La Rumeur Affamée mit einer unendlichen Auswahl an Broten, Käse und Schinken oder auch Ente vom Lac Brome. Am Ufer des Lac Memphrémagog weiter im Osten begleiten die Benediktinermönche der Abbaye de St-Benoît-du-Lac bei Austin ihre täglichen Gottesdienste mit gregorianischen Gesängen. Im Klosterladen wird der klostereigene strenge Schimmelkäse L'Ermite verkauft.

Beste Reisezeit Die Region ist zu jeder Jahreszeit sehenswert, aber im Sommer und Herbst herrscht mehr Betrieb. Im Winter ist mit Schnee zu rechnen.
Anreise Vom Flughafen Montreal ist es mit dem Mietwagen nur etwa eine Stunde Richtung Norden nach Sherbrooke. Viele Dörfer sind per Bus erreichbar, ein Mietwagen garantiert mehr Flexibilität.
Reiseplanung Nehmen Sie sich eine Woche Zeit. Unterkunft bieten Hotels, B&Bs und sogar Jurten.
Websites www.easterntownships.org, www.laroutedesvins.ca, www.bonjourquebec.com

Weinstraße

La Route des Vins führt auf einer 132 Kilometer langen Strecke zu Weingütern und anderen kleinen landwirtschaftlichen Familienbetrieben im Westteil der östlichen Kantone.

■ **Vignoble de L'Orpailleur** in Dunham erzeugt einen köstlichen süßen Eiswein aus Reben, die im Winter gefroren geerntet werden.

■ Die Obstplantage und Cidrekellerei **Domaine Pinnacle**, bei Frelighsburg, stellt den himmlischen Pinnacle Ice Cider her, und **La Girondine**, verkauft Entenpâté und andere Fleischprodukte.

Herbstfarben, ein See und Berge im Hintergrund: Die perfekte Kulisse für die Abbaye de Saint-Benoît-du-Lac im Osten Quebecs.

MARYLAND, USA
St. Michaels

Der Charme eines traditionellen Fischerortes
an der Chesapeake Bay lockt nicht nur Bootsfahrer an.

Krebse, Geschichte und Seefahrerromantik bilden das Flair der Küstenstadt St. Michaels an den Ufern der Chesapeake Bay. Im Britisch-Amerikanischen Krieg von 1812 erlangte sie den Ruf als „Stadt, die die Briten täuschte", denn die Bewohner hängten nachts Laternen hoch in den Bäumen auf. So schossen die Briten ihre Kanonen über die Dächer hinweg, ohne viel Schaden anzurichten. Heute ist St. Michaels eine romantische Segleroase an der ländlichen Ostküste der Bucht. Die Hauptstraße, die South Talbot Street, ist gesäumt von historischen Gebäuden mit Boutiquen, Antiquitätenläden, Galerien und Restaurants. Das faszinierende Chesapeake Bay Schifffahrtsmuseum erläutert die Schiffbau- und Seefahrtstraditionen der Bucht. Gezeigt werden Skipjacks, die lokalen Austernfischersegler, und andere Boote, die einst über die flachen Gewässer glitten, sowie Exponate zur Austern- und Krebsfischerei. Kinder können hier das Krebsfischen erlernen, und Erwachsene können in einem Tageskurs in der Schiffsbauschule erfahren, wie ein traditionelles Ruderboot gebaut wird. Die Wasserlandschaft lässt sich wunderbar auf der *Mr. Jim* erleben, einem der originalen „Kaufboote", die frische Meeresfrüchte von den Skipjacks an die Küste transportierten. Die Welt der Leuchtturmwärter wird bei einem Besuch des restaurierten Hooper-Strait-Leuchtturms lebendig.

Beste Reisezeit Die beste Zeit in St. Michaels ist von Mai bis September. Ein kühler Wind sorgt im Sommer für angenehme Temperaturen. Im Mai und September ist es ruhiger, außer zum Fest am Labor-Day-Wochenende Anfang September.
Anreise Der Ort liegt 129 Kilometer östlich von Washington. Fahren Sie auf der U. S. 50-E über die Chesapeake Bay Bridge, in Easton weiter auf der Maryland 322 und die letzten 14 Kilometer über die Maryland 33.
Reiseplanung Das Crab Claw Restaurant am Ufer serviert gedämpfte Krebse, das St. Michaels Crab & Steak House bietet eine reiche Auswahl frischer Meeresfrüchte, auch gedämpfte Krebse, sowie Steaks.
Websites www.stmichaelsmd.org, www.cbmm.org, www.thecrabclaw.com, www.stmichaelscrabhouse.com

Festmahl mit Krebsen

Einwohner und Besucher begeben sich jeden Abend in einer Zeremonie, die fast so alt wie der Ort selbst ist, in die **Uferrestaurants** von St. Michaels, um Blaukrabben zu verspeisen. Die Krebse werden in geheimen Würzmischungen gedämpft und auf Wachspapiertischdecken serviert. Die Gäste knacken die Krebse mit Messer, Holzhammer und Fingern. Die Blaukrabbe, *Callinectes sapidus,* ist das typische Schalentier der Chesapeake Bay. Hier werden die Krebse gedämpft statt gekocht, was den delikaten Geschmack erhält. Das zarte Fleisch wird auch für Krebsküchlein, Krebssuppe und scharfen Krebsdip verwendet.

Der Hooper-Strait-Leuchtturm, heute Teil des Schifffahrtsmuseums, steht auf eisernen Pfählen, die in den Meeresboden getrieben wurden.

TOP TEN
MUSIKFESTIVALS

Jeder Winkel der Welt hat seine Musikfeste, ob Rock in Dänemark, kreolische Musik in der östlichen Karibik, oder die hypnotischen Klänge der Lusheng in Südwestchina.

❶ Sedalia, Missouri, USA
Seit 1980 begeistert jeden Juni das Scott Joplin Ragtime Festival im zentralen Missouri mit dem eingängigen und mitreißenden Ragtime. Scott Joplin lebte von 1894 bis 1901 in Sedalia, wo er seinen Synkopenstil vervollkommnete. Hier wurde auch sein berühmtestes Stück, „The Maple Leaf Rag", veröffentlicht.

Reiseplanung Die Website informiert über Details und Unterkünfte. www.scottjoplin.orgg

❷ Hilo, Hawaii, USA
Jeden Juli erklingen eine Woche lang die sanften Töne der Ukulelen und Hawaiigitarren auf dem Big Island Hawaiian Music Festival im tropisch üppigen Hilo. Auch Falsettosänger sind mit ihren eindringlich hohen Tönen zu hören.

Reiseplanung Im Volcanoes National Park soll die hawaiianische Göttin Pele ihren feurigen Zauber ausüben. www.bigisland.org

❸ Dominica, Kleine Antillen
Die von Korallenriffen umgebene Insel Dominica bietet mit ihren grünen Bergen, ursprünglichen Wasserfällen und Regenwäldern eine natürliche Kulisse für das alljährliche Festival kreolischer Musik. Die karibische Insel liegt zwischen Martinique und Guadeloupe. Das Festival beginnt in der letzten Oktoberwoche und zieht Musiker aus der ganzen französisch-kreolischen Welt an, wie Zouk Machine, Taxi Creole und Tania St. Valle.

Reiseplanung Dominica bietet auch Regenwaldwanderungen und großartige Tauchreviere. www.wcmfdominica.com

❹ Morelia, Mexiko
Auf dem einwöchigen Internationalen Gitarrenfestival geben versierte Gitarristen aus über 50 Ländern, auch aus Italien, Spanien und Paraguay, Meisterkurse. Das Fest findet in Morelia statt, der Hauptstadt des zentralmexikanischen Bundesstaates Michoacán mit ihren hohen rosa Barockgebäuden, alten Kirchen und einem Platz, der von Springbrunnen gerahmt wird.

Reiseplanung Das hübsche Morelia hat zahlreiche Unterkünfte. Das Festival findet in der Regel im März statt. mexiko-lexikon.de

❺ Guizhou, China
Im Oktober oder November trifft sich der Volksstamm der Miao auf dem Miao Lusheng Festival in der südwestchinesischen Provinz Guizhou zu einem einwöchigen Fest. Junge Frauen in reich bestickten Kostümen und schimmerndem Silberkopfputz tanzen und singen zu den hypnotischen Tönen der Lushengs, der Rohrflöten der Miao.

Reiseplanung Vorsicht bei den Speisen auf dem Fest; es könnte Esel- oder Hundefleisch dabei sein. www.chinahighlights.com/travelguide/festivals/lusheng-festival.htm

❻ Krakau, Polen
Jeden Sommer ertönen auf dem Jüdischen Kulturfestival im Krakauer jüdischen Viertel Kazimierz fröhliche Klezmermusik, Synagogengesänge und Folkloremusik. Über 100 Veranstaltungen stehen auf dem Programm, darunter auch das Abschlusskonzert im Freien inmitten der großartigen Architektur der einstigen Königsresidenz, die heute zum Weltkulturerbe zählt.

Reiseplanung In Krakau lohnt auch ein Besuch des Wawel, der „polnischen Akropolis", mit seiner hohen Kathedrale, in der einst Könige gekrönt wurden. www.jewishfestival.pl

❼ Roskilde, Dänemark
Roskilde, die einstmals mittelalterliche Königsstadt Dänemarks, liegt in der Nähe eines schmalen Fjordes 31 Kilometer westlich von Kopenhagen. Auf dem jährlich einwöchigen Rock- und Popfestival traten, neben unbekannten Nachwuchsbands, schon Größen wie Bob Dylan, Bob Marley, Santana, Nirvana oder Björk auf.

Reiseplanung Nehmen Sie sich Zeit für das Wikingerschiffmuseum und den gotischen Backsteindom in Roskilde. www.roskilde-festival.dk

❽ Ljubljana, Slowenien
Das Musikfestival Druga Godba im slowenischen Ljubljana, was so viel heißt wie „andere Musik", wird seinem Namen gerecht. Das sommerliche Musikfest präsentiert Künstler aus aller Welt, aus Mali, aus Trinidad und Tobago oder Brasilien. Das Fest umspannt die Musik der Welt, vom Afrobeat über Funk bis zu Steeldrums.

Reiseplanung Besuchen Sie auch unbedingt die Altstadt Ljubljanas und die Burg. festival.drugagodba.si

❾ Parma, Italien
Jeden Oktober erklingen auf dem Verdi-Festival im Teatro Regio von Parma und an anderen Schauplätzen die dramatischen Töne von „Rigoletto", „La Traviata" und weiteren Opern. Die norditalienische Stadt und ihr Umland, darunter auch Verdis Heimatstadt Busseto, bilden die passende Kulisse für das einmonatige Fest.

Reiseplanung In Busseto, 40 Kilometer nordwestlich von Parma, liegt das Geburtshaus Verdis. www.festivalverdiparma.it

❿ Feakle, Irland
Jeden August strömen Musikfreunde aus aller Welt in das kleine Dorf Feakle im County Clare mit seinen 800 Einwohnern, um die traditionelle Musik der grünen Insel zu erleben. Konzerte, Workshops, Geigenkonzerte, Tanz und Pubmusik gehören zum Internationalen Festival traditioneller irischer Musik.

Reiseplanung Genießen Sie deftige Hausmannskost zu bezahlbaren Preisen in Pepper's Bar & Restaurant. www.feaklefestival.ie

---

Gegenüber: Das Lusheng, ein bis zu drei Meter langes Flöteninstrument aus Bambusrohr, wird von Miao-Musikern im chinesischen Guizhou gespielt.

Uhrenturm und Musikpavillon stehen erst seit dem 20. Jahrhundert auf dem *zócalo*, dem zentralen Platz Cuetzaláns.

MEXIKO
Cuetzalán

Der Duft von Kaffee durchzieht das Bergdorf Cuetzalán mit seinen Treppenstraßen und tiefen Höhlen.

Hoch in der Sierra Norte im Bundesstaat Puebla kommt im aufsteigenden Frühnebel Cuetzalán in Sicht, ein Dorf der Nahua und Totonac, die geschickte Weber sind und alte kulinarische und schamanistische Traditionen aufrechterhalten. Nach vier Stunden Fahrt von Mexiko-Stadt durch die Berge Richtung Nordosten ist die Ankunft im Dorf wie der Eintritt in eine andere Welt, in der es kaum Verkehr gibt und die Pflasterstraßen stufenweise hinab zum zentralen Platz führen. Dort treffen sich Einheimische zum Wochenmarkt, oft in traditioneller, strahlend weißer Kleidung, die mit leuchtenden Blumen- und Vogelmotiven bestickt ist. Körbe voller Calla-Lilien, Obst, Kräutern und Flussgarnelen füllen den Platz, dazwischen backen Frauen auf Holzkohlefeuer Quesadillas mit Wildpilzen. Das Aroma röstender Kaffeebohnen durchdringt den Ort, der im Zentrum einer Kaffeeanbauregion liegt. Das Dorf und der subtropische Wald in der Umgebung bieten von 1219 Meter Höhe über dem Meeresspiegel einen Blick bis zur Golfküste. Unter Cuetzalán erstreckt sich ein Höhlensystem mit Stalaktiten und Stalagmiten. In der Nähe rauschen Wasserfälle in natürliche Badeteiche. Die Dorfkinder sind eifrige Fremdenführer.

Beste Reisezeit Auf Cuetzaláns Kaffeefestival (erste Oktoberwoche), dem Patronatsfest (15. bis 18. Juli) und dem Guadalupe-Tag (12. Dezember) sind die *voladores* beim „fliegenden" Stangentanz zu sehen.
Anreise Busse fahren täglich die vier Stunden vom TAPO-Bahnhof in Mexiko-Stadt nach Cuetzalán. Autofahrer sollten sich in der Regenzeit (Juni bis September) zuvor über die Straßenzustände informieren.
Reiseplanung Restaurants gibt es in Gasthäusern und Hotels sowie im Ort selbst. Die Totonaken-Pyramiden liegen in der archäologischen Stätte Yohualichan, geöffnet Mittwoch bis Sonntag von 10 bis 17 Uhr.
Websites www.planetware.com/mexico/cuetzalan-mex-pue-ctzln.htm, www.ecoturismolatino.com

Tour nach Yohualichan

■ Einige schöne Totonaken-Pyramiden ragen aus der dunkelgrünen Vegetation bei Yohualichan, acht Kilometer nordöstlich von Cuetzalán. Sie entstanden 400 n. Chr. und werden von den Bewohnern des kleinen Dorfes neben der Stätte noch immer für zeremonielle Tänze genutzt.

■ Die Frauenkooperative von Yohualichan, **Maseal Siuat Xochitajkitinij** („Eingeborene Frauen, Blumenweberinnen"), fördert den Erhalt handwerklicher Traditionen, besonders das Weben auf dem Rückengurtwebstuhl. Besucher können den Frauen bei der Arbeit zuschauen und in ihrem Laden einkaufen. Das Lokal **Ticoteno** serviert lokale Gerichte, meist Hülsenfrüchte.

CHILE

San Pedro de Atacama

Abenteuer, Sport und großartige Wüstenformationen erwarten den Reisenden, der sich über die Sandflächen zu diesem Ort wagt.

Es ist kaum zu glauben, dass in der nordchilenischen Atacamawüste menschliche Siedlungen existieren und sogar florieren können wie die Oasenstadt San Pedro de Atacama seit über 900 Jahren. Zuerst gedieh sie als präkolumbische Ansiedlung, dann als spanische Missionsstadt. Heute ist San Pedro ein Magnet für jene, die Archäologie, Wüstenabenteuer oder schlicht Einsamkeit schätzen. Die Stadt liegt 2408 Meter über dem Meeresspiegel auf der Hochebene Puna de Atacama und ist umgeben von dramatischen Landschaften: schneebedeckte Vulkane, Salzseen mit Tausenden rosa Flamingos und bizarre ausgedörrte Gegenden wie das Valle de la Luna (Mondtal) mit riesigen Dünen und stark erodierten Trockentälern. San Pedros Wahrzeichen sind die weiße Kapelle San Isidro und das moderne archäologische Museum R. P. Gustavo Le Paige. Es zeigt Relikte frühzeitlichen Lebens, darunter eine erstaunlich gut erhaltene Atacameño-Mumie. Am Rand der Stadt liegt die Pukará de Quitor, eine Festung aus dem 12. Jahrhundert, die von den Bewohnern der Region vor der spanischen Kolonialzeit gebaut wurde. Es gibt zahllose Möglichkeiten, sich in der Wüste um San Pedro aktiv zu beschäftigen, zum Beispiel mit Wandern, Mountainbiken, Tierbeobachtung und Sandboarding auf den großen Dünen.

Beste Reisezeit Die hohe Lage mildert das Wüstenklima. Im Sommer (Dezember bis Februar) erreichen die Temperaturen 32 Grad, der Winter (Juni bis August) ist mild, nachts jedoch kann es frieren. Die Fiesta de San Pedro zu Ehren des Schutzheiligen der Stadt findet am 28. Juni statt.

Anreise LAN Chile fliegt täglich zwischen Santiago und Calama, von wo es mit dem Mietwagen noch 97 Kilometer auf Asphaltstraßen bis San Pedro im Südosten sind. Busse verkehren täglich vom Küstenort Antofogasta, 212 Kilometer im Südwesten, und von Calama.

Reiseplanung Es gibt zwei Ökohotels: Explora Atacama Hotel de Larache, ein schickes Abenteuerhotel, und Altiplánico, dessen Adobebungalows von den Häusern des alten Atacameño-Volkes inspiriert sind.

Websites www.chiletour.org, www.sanpedroatacama.com, www.explora.com, www.altiplanico.com

Reiseimpressionen

*Mein Fahrer weckt mich in der Nacht. Es ist überraschend kühl, als wir durch die leeren Straßen San Pedros raus in die Wüste fahren. Wir zweigen von der Hauptstraße ab und folgen einem holprigen Pfad in die Berge. Zwei Stunden später erreichen wir unser Ziel **El Tatio**, das drittgrößte Geysirfeld der Welt. In der Dunkelheit ist nichts zu sehen. Aber der Schwefelgeruch und das Zischen und Blubbern, das jeder Eruption vorangeht, verraten uns, dass die über 80 Geysire da sind. Der Sonnenaufgang hinter einem Filter aus Sprühnebel und Kondenswasser über den Anden enthüllt die Magie des Ortes.*
Joe Yogerst
Reiseautor

Ein schattiges Café-Restaurant in San Pedro de Atacama bietet willkommenen Schutz vor der glühenden Wüstensonne.

CHINA
HUKENG

In der Landschaft zwischen Fujian und Jiangxi liegen merkwürdige, festungsartige Rundbauten, jeder beinahe ein Dorf für sich.

An der Grenze zwischen den chinesischen Provinzen Fujian und Jiangxi stehen mehrstöckige Festungen aus Sand, Kalk und Erde, die Tulou. Viele sind groß genug, um Hunderte Mitglieder des Volksstammes der Hakka, ihrer Erbauer, zu beherbergen. Jedes Tulou ist wie ein Dorf für sich, in dem auch Zimmer an Reisende vermietet werden. Am einfachsten sind die Bauten in Hukeng etwa 200 Kilometer landeinwärts von der Hafenstadt Xiamen zu erreichen. Die Bauten haben alle unterschiedliche Formen und stehen beiderseits eines Flusses in einem schmalen, grünen Tal. Das Zhencheng Lou von 1912 ist ein großer, vierstöckiger Ringbau mit winzigen Fenstern ab den oberen Stockwerken. Hinter dem schweren Tor führt ein Tunnel in das Innere mit 222 nach innen gerichteten Zimmern, die sich auf Galerien und einen kleineren, zweistöckigen inneren Ring verteilen. In einigen Zimmern ist Vieh untergebracht, eine Halle dient Gottesdiensten und Feiern. Die älteste Festung ist das Huanxiang Lou von 1550, wo noch immer etwa 200 Menschen wohnen. Das viereckige Kuiju Lou stammt von 1834. Das Fuyu Lou von 1880 ist in der Form eines sogenannten Feuerphönix errichtet, hat mehrere Achsen, geschnitzte Pfeiler und einen fünfstöckigen Turm. Eine Übernachtung in einem Tulou bietet ein authentisches Chinaerlebnis: Die Grubentoilette liegt drei dunkle Stockwerke tiefer, und die Abendunterhaltung besteht im Zirpen der Grillen und den Rufen der Eulen.

Beste Reisezeit Frühling und Herbst sind am besten, da die Sommer heiß und feucht sind. Durch die Berglage von Hukeng sind die Sommernächte frischer. Meiden Sie das chinesische Neujahr zwischen Ende Januar und Mitte Februar und den Nationalfeiertag in der ersten Oktoberwoche.
Anreise Hukeng ist mit dem Bus von Xiamen in vier Stunden zu erreichen oder mit dem Zug, der in 6,5 Stunden bis Yongding fährt. Von dort geht es die letzten 37 Kilometer mit Taxi oder Minibus weiter.
Reiseplanung Im knapp fünf Kilometer entfernten modernen Dorf Hukeng gibt es einfache Unterkünfte, aber Tulou-Bewohner mit Gästezimmern werben hartnäckig um Touristen. Auf Holzfeuer gekochtes Essen ist für wenig Geld erhältlich. Von Hukeng können weitere Ansammlungen von Tulous mit öffentlichen Verkehrsmitteln erreicht werden.
Websites www.icm.gov.mo/exhibition/tc/fjintroE.asp, traditions.cultural-china.com/18two.html

Insel der Ausländer

Die pulsierende Hafenstadt **Xiamen** ist eine der hübscheren Städte Chinas und weit mehr als nur Startpunkt für Ausflüge landeinwärts nach Hukeng.

Als die Stadt 1843 zum Vertragshafen erklärt wurde und den Zuzug von Ausländern erlaubte, beschlossen die Neuankömmlinge, sich auf der kleinen Insel **Gulangyu** vor dem Hafen der Stadt niederzulassen. Sie bauten dort prachtvolle Villen nach europäischem Vorbild und Kirchen, deren Kuppeln, Türme und von Bougainvillea überwucherte klassizistische Säulen im subtropischen Umfeld verblüffend exotisch wirken.

Nach der Machtergreifung der Kommunisten 1949 wurden die Ausländer vertrieben. ie verwinkelten, autofreien Gassen der Insel und auch ihre Villen blieben erhalten. Von der Küste der Insel aus ist **Taiwan** zu sehen, das nur ein paar Kilometer entfernt liegt.

Gegenüber: Die festungsartigen Tulous haben unterschiedliche Formen. Oben: Das Leben spielt sich im Innenhof ab.

VIETNAM
Provinz Cao Bang

Eine Trekkingtour zwischen Hügeln und grünen Reisfeldern im Hochland Vietnams führt zu den Dörfern der Bergvölker.

Die abgelegene Provinz Cao Bang im Hochland Nordvietnams besitzt hinreißende Landschaften, in der alte Bergvölker leben. Die ungewöhnliche Szenerie aus samtgrünen Reisfeldern und beigefarbenen Maisfeldern vor dunklen, zerklüfteten Kalksteinbergen ist jedoch nichts gegen die farbenfrohen Trachten der Tay, Dao und anderer Stämme. Die meisten Männer in der Region tragen mittlerweile moderne Kleidung, aber ihre Mütter, Frauen und Töchter kleiden sich noch immer wie seit Jahrhunderten in die bunten Gewänder, die auf einfachen Webstühlen handgefertigt werden. Die Dorfmärkte sind voll mit einheimischen Erzeugnissen und (oft geschmuggelten) Haushaltswaren aus dem benachbarten China. Viele Dörfer sind nur zu Fuß zu erreichen. Etwa 32 Kilometer südöstlich von Cao Bang liegt die Hauptwanderregion, eine Gegend mit Reisterrassen und steilen Kalksteinfelsen zwischen Ta Lúng und That Khé. In abgelegenen Dörfern wie Na Nieng (Tay-Stamm) und Pac Khoang (Rote Dao) übernachten Reisende in den typischen Holzhäusern mit Strohdach, die auf Pfählen über einem Viehgatter gebaut sind. Das Essen wird über einer qualmenden Kochstelle in der zentralen Küche zubereitet, und alle, auch die Gäste, schlafen auf dünnen, futonartigen Matten auf dem Boden.

Beste Reisezeit Vietnam ist zwar ein Tropenland, aber der Winter im nördlichen Hochland kann bitterkalt werden. Von Mai bis August kommt es zu heftigen Regenfällen. Etwa eine Woche nach dem Tet (vietnamesisch-chinesisches Neujahr) findet das Tay-Erntefest Long Tong, „Aufs Feld gehen", statt.

Anreise Der Ort Cao Bang liegt 272 Kilometer nördlich von Hanoi. Die täglichen Busse ab der Hauptstadt brauchen etwa sieben Stunden für die Strecke. Verschiedene Agenturen in Hanoi vermitteln auch Mietwagen mit Fahrer.

Reiseplanung Das Bang Giang Hotel in Cao Bang vermietet einfache Zimmer. Hanoi Peace Tour bietet neuntägige Bustouren ins nördliche Hochland und Paradissa einwöchige Wanderführungen.

Websites www.vietnamreise.com, www.paradissa.com, www.waytovietnam.com/car.asp

Hochlandversteck

In diesen schroffen Bergen hatten sich **Ho Chi Minh** und seine Kader der Viet Minh während des Kampfes gegen die Franzosen in den 1940er Jahren verborgen. Ihren Stützpunkt hatten Ho und andere Führer in der **Pac-Bo-Höhle** 53 Kilometer nordwestlich des Ortes Cao Bang. Von hier aus starteten sie die militärische und politische Kampagne, die 1954 zum Sieg über die Franzosen und zur Unabhängigkeit Nordvietnams führte. In der Höhle befindet sich noch die Holzpritsche, auf der Ho schlief. Neben einem kleinen Museum erinnern noch der **Lenin-Fluss** und der **Karl-Marx-Berg** an jene Zeit.

Ein Wasserrad im Vordergrund und Kalksteinkuppen im Hintergrund: Beides ist charakteristisch für die Landschaft von Cao Bang.

In der kommunalen Dorfküche von Boti kochen Frauen Mais.

INDONESIEN

Königreich Boti

In einem winzigen Königreich auf Timor verzichten die Menschen auf modernes Leben, um ihre uralte Kultur zu pflegen.

Der alte König von Boti herrschte nicht mit dem Zepter, sondern mit der Gartenhacke. Er baute seine eigenen Nahrungsmittel an und verlangte von seinen 400 Untertanen das Gleiche. «Ich habe zehn Finger», sagte der Monarch im Alter von 96 Jahren. «Wenn ich sie zum Anbau von Nahrung benutze, fühle ich mich besser.» Von 1939 bis zu seinem Tod 2005 kämpfte Ama Nune Benu dafür, das letzte halbautonome Königreich Indonesiens vor der Modernität zu bewahren. Mittlerweile herrscht sein Sohn über das kleine Land mitten im Buschland Westtimors. Botis Vegetation zeugt vom Animismus und Naturschutz über Generationen hinweg. «Wer Bäume fällt, tötet sich selbst», fand Ama Nune Benu. Aber die Zeiten ändern sich. Heute führt eine Straße durch Boti und bringt die Welt der Technologie, Fahrzeuge und Schulen immer näher. Dennoch bleiben die Menschen hier der alten Lebensweise treu. Sie bauen Baumwolle für ihre Sarongs an, schnitzen Schüsseln aus Kokosnüssen, machen mit Feuerstein Feuer und essen selbst angebaute Süßkartoffeln, Mais und Erdnüsse. Manchmal ergreifen die Männer spät abends heilige Schwerter und tanzen zum Gamelan, wie die alten Boti-Krieger nach der Schlacht.

Beste Reisezeit Westtimor hat zwei Jahreszeiten, die feuchte und die trockene. Am besten eignet sich die Trockenzeit (Mai bis September). In der Regenzeit ist Boti oft nur schwer zu erreichen.

Anreise Startpunkt ist der kleine Ort Soe, 48 Kilometer nordwestlich von Boti. Eigenständige Reisen werden nicht gern gesehen. Einige indonesische Reisebüros bieten Tagestouren nach Boti als Teil einer Pauschalreise. Alternativ können Sie einen Führer für den dreistündigen Marsch in das Dorf mieten.

Reiseplanung Übernachten Sie in Boti, treffen Sie die Bewohner und genießen Sie ihr Essen.

Websites www.floressatours.com, www.photovoicesinternational.org/indonesia/boti.html

Königliche Weber

Seit 1970 betreiben die Frauen der Königsfamilie von Boti ihre eigene Weberei. Sie machen alles selbst, angefangen beim Entkörnen und Spinnen der dorfeigenen Baumwolle. Ihre handgefärbten Stoffe, Ikat genannt, gehören zu den dicksten und buntesten der Region. «Wir sind froh. Es ist unser Beruf, unsere Arbeit», sagt Prinzessin Molo Benu. Jeden Tag treffen sich die Frauen zum gemeinsamen Arbeiten und Schwatzen. Sie teilen ihre Arbeit und weben ihre Lebensgeschichten in die Muster, die jede auswendig kennt. Eine einzelne Frau braucht sechs bis neun Monate, um eine Decke fertigzustellen, gemeinsam schafft die Gruppe es in drei Monaten. «Wir sind gute Freundinnen», sagt Molo Benu. «Das ist gut so.»

Im stattlichen Gebäude von 1891 der Australian Bank of Commerce befindet sich heute das World-Theater.

AUSTRALIEN

Charters Towers

Ein Hauch von Goldrausch, dem die Stadt ihre Gründung Ende des 19. Jahrhunderts verdankt, ist in Charters Towers noch zu spüren.

Wer auf den Bodenfliesen der Royal Arcade steht, der einstigen Börse der Stadt im Norden von Queensland, spürt noch immer die Spannung, wenn „Calling of the Card" zu hören ist, die imitierte Tonkulisse des hektischen Aktienhandels auf dem Gipfel des Goldfiebers. In den 1870er Jahren war Charters Towers so unermesslich reich, dass die Stadt sogar eine Telegrafenverbindung besaß, von elektrischem Licht erleuchtet wurde und die Börse rund um die Uhr handelte. Menschen strömten abends hierher, um die neuesten Geschäfte und Preise zu erfahren. Die stolzen und neureichen Bewohner nannten ihre Stadt „Die Welt", da es hier alles gab. Von überall her kamen Menschen, um ihr Glück zu suchen. Sport und Unterhaltung blühten, und die Bevölkerung wuchs auf bis zu 25 000 Menschen. Die prachtvollen historischen Gebäude in dem Areal der „One Square Mile" sind ein bleibendes Denkmal dieser glorreichen Zeit und können gut zu Fuß erkundet werden: die Börse, das World-Theater (die ehemalige Australian Bank of Commerce) und die Excelsior-Bibliothek (das frühere Excelsior Hotel). In den 1880er und 1890er Jahren brachten die Minen eine gewaltige Menge aus den ergiebigsten Goldadern der Welt hervor. Doch dieser Rausch konnte nicht andauern – 1916 war der Boom vorbei.

Beste Reisezeit Die Wintermonate (April bis September) sind mild, der Sommer ist oft sehr heiß. Die Börse (Royal Arcade) ist montags bis freitags von 8.30 bis 16.30 Uhr, am Wochenende von 9 bis 15 Uhr geöffnet.
Anreise Charters Towers liegt 135 Kilometer landeinwärts von Townsville über den Flinders Highway.
Reiseplanung Im Besucherzentrum in der Mosman Street wird der Kurzfilm „Ghosts of Gold" gezeigt. Dort gibt es den Stadtplan für historische Sehenswürdigkeiten. Übernachten Sie in einem Pub, Motel oder B&B, wie dem Advent House B&B. Intensive Outback-Erlebnisse bieten Zimmer auf einer Ranch.
Websites www.charterstowers.qld.gov.au, www.nationaltrustqld.org/properties.htm

Goldgräberstimmung

■ Charters Towers wurde nach W. S. Charters, dem Goldbeauftragten zur Zeit der Entdeckung des ersten Nuggets in der Gegend im Jahr 1872, und den konischen Formen der Hügel in der Nähe des Fundorts benannt.

■ Vier Kilometer außerhalb des Ortes liegt die **Venus Battery** von 1872. Sie wurde 1973 als letzte Zerkleinerungsanlage für Erz geschlossen. Hologramm-„Geister" erzählen von den Personen und Geschichten aus der Vergangenheit der Stadt.

■ Früh am Morgen sind um den **Towers Hill** Wildtiere wie Kängurus, Wallabys und Keilschwanzadler zu sehen.

AUSTRALIEN UND OZEANIEN

SRI LANKA

Festungsstadt Galle

Galle, ein Bollwerk am Indischen Ozean, ist von portugiesischen, holländischen und britischen Einflüssen geprägt.

Die Altstadt von Galle berauscht alle Sinne, aber es sind die Geräusche dieser Stadt, die in die Vergangenheit führen. Der Ruf des Muezzin, der die Gläubigen zum Gebet ermahnt, das Schmettern eines Cricketschlägers, das Klirren von Tassen beim Nachmittagstee und das sanfte Surren eines Ventilators schaffen die Atmosphäre einer Stadt, die sich seit 100 Jahren kaum verändert hat. Allerdings hat sich Galle seit der Ankunft der ersten Europäer im 16. Jahrhundert mehrfach gewandelt. Die Portugiesen bauten die erste Befestigung an der Küste, aber erst die Holländer errichteten die massive Mauer, die die Stadt heute umgibt. Ab 1796 waren die Briten die Kolonialherren der Insel und hinterließen ihr eigenes Erbe in Galle. Viele der holländischen und britischen Kolonialhäuser sind noch erhalten, darunter die Groote Kerk, der britische Uhrenturm und der palmenumringte Leuchtturm. Die Stadt ist an drei Seiten von Wasser umgeben und nur durch zwei Tore zugänglich. Ihre engen Straßen sind zu Fuß am schönsten zu erkunden und tragen, wie die Queen Street, noch immer koloniale Namen. Mehrere Häuser sind Zeugnisse alter Zeiten, wie das Dutch Period Museum. Ein Rundgang um die Mauern dauert etwa zwei Stunden. Am schönsten ist er frühmorgens oder kurz vor Sonnenuntergang.

Beste Reisezeit Es ist immer heiß und feucht. Der Wintermonsun (Dezember bis März) bringt oft trockene Luft und höhere Temperaturen. Zwischen April und November ist Regenkleidung ratsam.
Anreise Galle liegt 114 Kilometer südlich von Colombo. Die schnellste Anfahrt ist die Anmietung eines Privatautos mit Fahrer, der für die Strecke nur etwa zwei Stunden braucht. Mit dem Zug dauert es von Colombo bis Galle um die 2,5 Stunden, mit den klimatisierten Expressbussen etwa drei Stunden.
Reiseplanung Das alte holländische Verwaltungsgebäude (ursprünglich von 1684) in der Altstadt ist heute das Luxushotel Amangalla mit antiker Einrichtung, ganzheitlicher Wellness und elegantem Restaurant.
Websites www.srilanka.travel, www.amanresorts.com

Geoffrey Bawa

Es gibt viele berühmte Sri Lanker, vom Schriftsteller Michael Ondaatje („Der englische Patient") bis zum Cricketspieler Aravinda de Silva. Aber niemand wird mehr verehrt als Geoffrey Bawa (1919–2003), der führende Architekt der Insel. Bawas Stil war die „tropische Moderne", eine Mischung aus traditionell asiatischer Form und westlicher Funktion mit ganz eigenem Charakter. Sein bemerkenswertestes Werk ist das Parlamentsgebäude in Colombo. Aber viele seiner Meisterwerke sind an der Küste um Galle zu finden, darunter auch die schicken Hotels Ahungalla und Lighthouse.

Ein britischer Briefkasten steht noch immer an einer Straßenecke in Galle. Zwei Frauen schützen sich mit Schirmen gegen die Sonnenhitze.

TOP TEN

WEIN- & BIERFESTE

Von einsamen Bergdörfern bis zu kleinen Städten im Flachland sind Wein- und Bierfeste eine fröhliche Gelegenheit, um zu essen, zu tanzen und die Gaben von Reben und Hopfen zu feiern.

❶ McMinnville, Oregon, USA

Pinot Noir wurde in Oregon erstmals 1965 angebaut, und die International Pinot Noir Celebration, die jedes Jahr Ende Juli stattfindet, ist für Produzenten und Verbraucher eine Gelegenheit, die vielseitige Rebsorte zu feiern. Es gibt Essen von den besten Köchen des Nordwestens, Weingutführungen und eine breite Auswahl an Weinen aus aller Welt.

Reiseplanung Das Fest findet auf dem Campus des Linfield College in McMinnville, 84 Kilometer südwestlich von Portland, statt. Kaufen Sie Ihr Ticket im Voraus. www.ipnc.org

❷ Curicó, Chile

Die Fiesta de la Vendimia, das Weinlesefest auf dem palmenbeschatteten Platz von Curicó, beginnt mit einer Cowboyparade. In der dritten Märzwoche beleben kostümierte Volkstänzer, Blasmusik sowie Empanada-Verkäufer den Platz, und die Weingüter präsentieren ihre feinen, frischen Weißweine.

Reiseplanung Curicó liegt 200 Kilometer südlich von Santiago. www.winesofchile.org, www.rutadelvinocurico.cl

❸ Chișinău, Moldawien

Paraden, Volkstänze und Weinproben in den Kellereien des Weinbaugebietes von Chișinău stehen für den jährlichen Nationalen Weintag am zweiten Oktobersonntag auf dem Programm. Zwischen den Veranstaltungen bleibt genug Zeit, um die bemerkenswerten Höhlen bei Cricova und Mileștii Mici zu besuchen, wo die Minen seit den 1950er Jahren als Weinlager dienen.

Reiseplanung Chișinău hat einen internationalen Flughafen und Zuganbindung mit Bukarest. www.travel-chișinău.com, www.milestii-mici.md

❹ Eger, Ungarn

Das Erntedank- und Weinfest lockt jeden September Weinliebhaber aus Nordungarn an. Winzer in und um die barocke Stadt öffnen Besuchern ihre Tore für Weinproben. Der kräftige Rotwein Egri Bikavér ist der Star des Festes, aber oftmals sind auch einige Weinbauern aus der Tokaj-Region anwesend.

Reiseplanung Von Budapest fahren Züge nach Eger und Tokaj. www.europeanrailguide.com/maps, www.gastronomy.gotohungary.co.uk

❺ Panzano, Italien

Am dritten Septemberwochenende kommen die Chianti-Weinbauern zu ihrem Fest Vino al Vino in das toskanische Bergstädtchen Panzano zwischen Siena und Florenz. Etwa 20 Weingüter bieten Weinproben, Imbissstände verkaufen gegrillte und gebratene Leckereien, und Musik erfüllt die Luft.

Reiseplanung Wenn Sie ein Probierglas erwerben, können Sie die Weine probieren und bei den Winzern kaufen. www.panzano.com

❻ Diksmuide, Belgien

Die kleine Stadt Diksmuide in Westflandern veranstaltet schon seit über 50 Jahren ihr Bierfest im Oktober. Die zahllosen Zecher auf dem alten Marktplatz trinken zu lauter Blasmusik verschiedene hervorragende flämische Biere.

Reiseplanung Das Fest findet an vier Samstagen im Oktober statt. Diksmuide liegt 24 Kilometer südlich von Ostende am Yserturm, einem Denkmal für gefallene flämische Soldaten. www.beerfestival.be

❼ Riquewihr, Frankreich

Jeden Juli, wenn in Riquewihr die ausgelassene Foire aux Vins (Weinmesse) stattfindet, wimmelt es in der kleinen Stadt aus dem 16. Jahrhundert von Volkstänzern und Weintrinkern. Kleinere Weinfeste werden zwischen April und November noch in weiteren 50 Weindörfern in den Ostvogesen im Elsass gefeiert.

Reiseplanung Freitags findet hier ein bunter Markt statt. Reizvoll ist eine Tour mit der Bimmelbahn auf der alten Stadtmauer. www.ribeauville-riquewihr.com, www.vinsalsace.com

❽ Duras, Frankreich

Weinfeste gibt es in Südwestfrankreich viele, aber nur wenige haben einen Schauplatz wie die Côtes de Duras Fête du Vin auf dem Gelände des Château de Duras. Das Fest im August präsentiert Pflaumen aus Agen, Walnüsse aus dem Périgord und überragende Rot- und Weißweine.

Reiseplanung Nehmen Sie sich Zeit, die sanften Hügel von Duras mit ihren Weingärten zu erkunden. www.cotesdeduras.com

❾ Skipton, England

Was gibt es Schöneres als herrliche Landschaft, eine alte Marktstadt samt Burg und ein feines Angebot von liebevoll gebrauten englischen Ales? Ende April findet im nordenglischen Skipton ein dreitägiges Bierfestival statt, auf dem um die 70 Real Ales aus lokalen Kleinbrauereien präsentiert werden. Probierenswert sind auch die Biere der Copper Dragon Brewery in Skipton selbst.

Reiseplanung Skipton ist das Tor zu den schönen Bergen und Hochmooren der Yorkshire Dales. www.keighleyandcravencamra.org.uk

❿ Getaria, Spanien

Txakolí Eguna (Txakolí-Tag) wird in der baskischen Provinz Gipuzkoa ebenso gespannt erwartet wie die Ankunft des jungen Beaujolais in Frankreich und in Getaria traditionell am 17. Januar, dem St. Antoniustag, gefeiert. Die erste Kostprobe des herben, leicht perlenden Txakolí-Weißweins knapp 100 Tage nach der Lese wird von Pfeifen und Trommeln, spontaner Weinpoesie und *pintxos* (Tapas) begleitet.

Reiseplanung Getaria liegt 26 Kilometer westlich von San Sebastián. www.spain-info.com, www.costagipuzkoa.com

---

Gegenüber: Der Eimer mit saftigen, reifen Rieslingreben markiert Anfang November den Beginn der Lese auf dem Elsässer Weingut Pfersigberg.

GRIECHENLAND
Makrinitsa

Wandern Sie auf den Spuren der griechischen Götter zu ihrem legendären Sommersitz an den Hängen des Pelion in Thessalien.

Das ostgriechische Dorf Makrinitsa klammert sich an den bewaldeten Hang des Pelion, als wäre es dort aufgehängt. Makrinitsa wurde im 13. Jahrhundert von Flüchtlingen aus Konstantinopel gegründet und entwickelte sich zur reichen Enklave von Kunsthandwerkern, Handwerkern und Händlern. Zur Straße hin haben die Häuser aus dem 18. Jahrhundert so niedrige Dächer, dass eine Katze hinaufspringen könnte. Aber auf der anderen Seite zum Tal sind sie drei Stockwerke hoch. Vom niedrigsten bis zum höchsten Punkt des Dorfes sind es 500 Meter. Dicke Schieferdächer halten die Häuser im Sommer kühl, weswegen Städter gerne den Juli und August in dem Dorf verbringen. Die griechischen Götter sollen den Sommer auf dem Pelion verbracht haben, wo sie dieselben plätschernden Bäche hörten und in denselben Schluchten mit Kastanienwäldern ruhten wie die Menschen heute. Steinpfade führen Wanderer zu kleinen Kirchen mit Fresken, Ikonen und geschnitzten Türen. An Makrinitsas höchstem Punkt steht das Frauenkloster Agios Gerasimos. Unter den Platanen auf dem Platz lassen sich bei Kaffee und Kastanienkuchen der spektakuläre Sonnenuntergang über Volos und die Bucht beobachten. Kein Wunder, dass Makrinitsa seit jeher „der Balkon des Pelion" genannt wird.

Beste Reisezeit April und Mai sind zauberhaft, da dann die Apfelbäume in den Tälern blühen. Im Winter kommen zahllose Skifahrer zum Pelion, im Sommer suchen Athener hier Kühle. Frühling und Herbst sind also ruhiger. Sonntags jedoch scheint ganz Volos einen Tagesausflug nach Makrinitsa zu unternehmen.

Anreise Fünf Stunden braucht der Bus von Athen nach Volos, ab dort können Sie mit dem Mietwagen Thessaliens Dörfer erkunden. In Makrinitsa sind die Straßen steil und Parkplätze rar. Besser ist es, außerhalb des Dorfes oder in Portaria zu parken und dann die letzten 1,5 Kilometer ins Dorf zu laufen.

Reiseplanung Packen Sie gutes Schuhwerk für die steilen Steinpfade ein.

Websites www.aroundpelion.com, pelion.org

Rund um Pelion

■ **Pelion,** eine bergige Halbinsel, trennt wie ein gekrümmter Finger den Golf von Volos (auch Pagasäischer Golf) von der Ägäis. Mit ihren zauberhaften Dörfern, alten Kirchen und markierten Pfaden ist die Halbinsel ein Paradies für Wanderer.

■ Die Universitätsstadt **Volos,** 16 Kilometer südlich von Makrinitsa, lädt zum Bummel am Jachthafen und Einkaufen in der Altstadt ein. Die Tavernen um den Hafen sind auf Fischgerichte spezialisiert, zu denen traditionell ein **Tsipouro,** ein Tresterschnaps, gereicht wird. Von Volos fahren Fähren nach **Skopelos** und **Skiathos,** zwei Inseln der Sporaden.

Ein schattiger Platz in Makrinitsa auf einer seltenen ebenen Fläche in dem Dorf auf dem Pelion.

FRANKREICH

COLLONGES-LA-ROUGE

Ein Besuch in Collonges-la-Rouge ist wie eine Zeitreise in ein mittelalterliches Dorf, in dem der Adel den Sommer verbrachte.

Selbst bei Regen leuchten die klobigen Steine von Collonges-la-Rouge in Südwestfrankreich in einem rostroten Ton. Bei Sonnenschein strahlen sie inmitten der satten Landschaft des Limousin mit ihren Walnussbäumen und gepflegten Rebstöcken. Kleine Schlösser und Gutshäuser, Hofmauern, Dachgauben und hohe Schornsteine sind alle aus dem lokalen roten Sandstein gebaut. Die für ein Dorf ungewöhnlich prächtigen Häuser dienten Adligen im Mittelalter als Sommersitz. Die steilen Dächer der runden Spitzhauben- und eckigen Türme sind mit *lauze*, dicken Schichten aus Steinplatten, gedeckt. Sehenswert sind das Castel de Vassinhac aus dem 16. Jahrhundert und das Heimatmuseum in der Maison de la Sirène, die zu den schönsten Gebäuden gehören. In der Markthalle steht noch immer der Gemeindebackofen, der heute nur noch zur jährlichen Fête du Pain (Brotfest) angeheizt wird. Die Straßen sind schmal und fußgängerfreundlich. Im Frühjahr sind die Häuser mit Blumen an den Mauern, in Blumenkästen und Töpfen geschmückt. Viele Häuser haben ummauerte Gärten, schattige Bäume und Kräuter- und Gemüsebeete. Wer über eine Mauer blickt, sieht wahrscheinlich eine Frau, die sich um ihre Kräuter kümmert, wie es ihre Vorfahren seit Jahrhunderten taten.

Beste Reisezeit Frühjahr und Herbst eignen sich am besten, da es im Juli und August oft heiß und überfüllt ist. Die Fête du Pain findet am ersten Sonntag im August statt.

Anreise Die Busfahrt von Brive, 19 Kilometer nordwestlich des Dorfes, dauert eine halbe Stunde. Autos sind im Ort nicht gestattet und können auf dem nahen, gebührenpflichtigen Parkplatz abgestellt werden. Ist er voll, parken Sie an einer Landstraßen.

Reiseplanung Es gibt Restaurants, Cafés und Läden mit lokalen Erzeugnissen. Komfortable Zimmer bieten das Relais de St-Jacques de Compostelle und Jeanne Maison d'Hôtes.

Websites www.les-plus-beaux-villages-de-france.org, www.jeannemaisondhotes.com, www.collonges-la-rouge.fr

Kirche zweier Religionen

Das Herzstück des Dorfes, die romanische **Kirche St. Pierre**, stammt überwiegend aus dem 11. und 12. Jahrhundert. Sie wurde während der Religionskriege im 16. Jahrhundert befestigt und besitzt einen kleineren eckigen und einen größeren runden Turm. Auch hat sie zwei Kirchenschiffe, wodurch Katholiken und protestantische Hugenotten im 16. Jahrhundert dieselbe Kirche benutzen konnten. Das Dorf war eine beliebte Station der Pilger auf dem Weg nach Santiago de Compostela. Ein stiller Besuch der Kirche kann auch von klassischer Musik untermalt werden, und zwar durch Einwurf einer Münze in den Münzzähler, der für Licht und Musik sorgt.

Spitzhaubentürme und leuchtend roter Sandstein sind typisch für das Dorf Collonges-la-Rouge.

Wälder umgeben den alten Burgturm von St. Jakob am Thurn, der sich im stillen See spiegelt.

ÖSTERREICH

St. Jakob am Thurn

Frieden und Einsamkeit in ländlicher Umgebung nahe Salzburg bietet das kleine Dorf St. Jakob – außer zum Sommerfest.

Knapp 15 Autominuten südlich von Salzburg liegt ein kleines Dorf, wie es romantischer und abgeschiedener kaum sein könnte. Das Dorf, eigentlich ein Ortsteil der Gemeinde Puch bei Salzburg, besteht aus sieben Häusern um einen Burgturm, der 1238 erstmals erwähnt wurde, und einer Kirche, die im Mittelalter als Wallfahrtsort beliebt war. Die Kirche gehört zum Jakobsweg, einer Pilgerroute durch Europa bis ins spanische Santiago de Compostela, und besitzt Reliquien und barocke Artefakte. In den Wäldern der Umgebung verbergen sich natürliche Höhlen und Wasserfälle, und sie bieten diverse Möglichkeiten zum Klettern und Mountainbiken. Geruhsamer sind ein Spaziergang am Dorfsee und ein Blick in den privaten Garten der Burg. Die meisten Bauernhöfe im Umland gehören seit mindestens 200 Jahren denselben Familien und wurden liebevoll restauriert. Zum Sommerfest schauen Einheimische und Besucher dem Auftritt der weltbekannten Jakobischützen zu, und im Winter lockt der Weihnachtsmarkt, der zweifellos der authentischste und stimmungsvollste der Region ist. Der Markt gehört zu den wenigen seiner Art mit einem Perchtenumzug, ein alter Brauch, bei dem sich die Teilnehmer mit furchterregenden, volkstümlichen Masken und Teufelskostümen verkleiden.

Beste Reisezeit Im Sommer quellen die Balkone über von Blumen, und das Leben findet im Freien statt. An den Dezemberwochenenden ist der Weihnachtsmarkt geöffnet.

Anreise St. Jakob liegt zehn Kilometer südlich von Salzburg. Vom Hauptbahnhof fährt der Bus 160 bis zur Haltestelle Haslach in Puch bei Hallein. Zum Dorf sind es noch 1,5 Kilometer zu Fuß.

Reiseplanung Das Biorestaurant Schützenwirt am anderen Ende des Sees serviert einheimische Erzeugnisse und sein eigenes preisgekröntes Bier Jakobsgold.

Websites www.salzburg.info, www.visit-salzburg.net, www.salzburgerland.com

Sommerfest

Der Legende nach wurden die **Jakobischützen,** die sich auf St. Jakob berufen, 1476 gegründet, um die Menschen vor den eindringenden Türken zu schützen. Seither widmen sie sich recht friedlich der «Frömmigkeit, Wohltätigkeit und der Fürsorge für Pilger». Ihr traditioneller Tanz und ihre farbenprächtigen, volkstümlichen Kostüme haben so manches Dorffest belebt, und sie sind noch immer der zentrale Punkt des sommerlichen **Kirtag,** der am Sonntag nach dem 15. Juli stattfindet. Sie sind mittlerweile international bekannt und treten auf Volksfesten in der ganzen Welt auf.

ITALIEN
Pienza

Der uralte Traum, die „perfekte Stadt" zu erschaffen, ist – wie nur selten – in Pienza verwirklicht.

Nach Durchschreiten der Tore von Pienza in den sanften Biegungen der Val d'Orcia wird ersichtlich, warum der Ort als „perfekte Stadt" bekannt ist. Die Eleganz der Renaissance, die Harmonie von Formen und Maßen, die Ausgewogenheit zwischen Sakralem und Weltlichem – all das hatte Papst Pius II. im Sinn, als er beschloss, seinen Heimatort Corsignano in eine Stadt zu verwandeln, die eines neu gewählten Papstes würdig ist. Papst Pius II. war ein Mann der Renaissance mit weitreichender humanistischer Bildung und betraute den florentinischen Architekten Bernardo Rossellino mit der Verwirklichung seiner Vision. Seit der Einweihung der Stadt 1462 sind Jahrhunderte vergangen, die dieses toskanische Juwel jedoch nur wenig berührt haben. Die Verwirklichung des päpstlichen Traums wird nirgends deutlicher als auf der Piazza Pio II mit der Kathedrale, dem Rathaus und den Palästen der Piccolominis und Borgias. Pienzas Farben und Düfte eröffnen sich in den engen Straßen um den Corso Rossellino. Die winzigen Trattorias und Geschäfte, die Wacholder, Trüffel, Steinpilze, Konfitüren, Pecorino oder Oliven verkaufen, zeugen von der kulinarischen Qualität der Val d'Orcia. Darauf ein Glas des heimischen Brunello di Montalcino, auf Pius II. und seine monumentale Leistung!

Beste Reisezeit Von April bis Oktober ist das Wetter am schönsten. Im Mai findet die Pienza e i Fiori (Blumenfest) statt, im September die Fiera di Cacio und kurz nach Weihnachten der Torneo del Panforte zu Ehren des traditionellen Weihnachtsgebäcks.
Anreise Pienza liegt 124 Kilometer südlich von Florenz. Der Bus von Siena braucht 75 Minuten.
Reiseplanung Mieten Sie ein Auto und nehmen Sie sich vier bis fünf Tage Zeit, diese Ecke der Toskana, ihre großartigen Weine, die deftige Küche und die Vielfalt der herrlichen Natur zu erkunden.
Websites www.pienza.info, www.ufficioturisticodipienza.it, www.valdorcia.it, www.palazzopiccolominipienza.it

König der Käse

In Pienza gibt es vielerlei Arten des **Pecorino**, des berühmten Schafskäses der Stadt: zart und weich, alt und mürbe, in Walnussblätter gehüllt – oder als Wurfgeschoss. Anfang September findet in Pienza ein Käsefest statt. Krönung der Veranstaltung ist der Wettkampf **Cacio al Fuso**. Unter den aufmerksamen Augen der Zuschauer werfen sechs Mannschaften aus den jeweiligen Stadtvierteln Käsescheiben, die möglichst dicht an einem Pfahl inmitten der **Piazza Pio II** landen sollen. Der Spaß wird durchaus ernst genommen, und die Teilnehmer bereiten sich monatelang auf das Turnier vor.

Die Kathedrale von Pienza aus dem 15. Jahrhundert, die Papst Pius II. in seiner Heimatstadt bauen ließ.

ITALIEN
Maratea

Eines der bestgehüteten Geheimnisse Italiens sind die Dörfer an einem dramatischen Küstenstrich in der Basilicata.

Dicht an schwindelerregenden Klippen und in geschützten Buchten an der Südwestküste Italiens kauern ein paar zauberhafte Dörfer, die zusammen die „Stadt" Maratea bilden. Über 30 Kilometer Küste mit Pinienwäldern, Sandstränden und Felsenbuchten, die es mit der Schönheit und Artenvielfalt der berühmteren Amalfiküste im Norden aufnehmen können, bieten viele Möglichkeiten zum Baden, Wandern und Segeln. Nach Maratea, der „Perle des Thyrrenischen Meeres", zieht es vor allem italienische Familien und Paare, aber kaum ausländische Reisende. Der fehlende Touristenrummel hält das blaue und grüne Meer sauber und trägt zum ursprünglichen und authentischen Flair der Region bei. Die Küstendörfer Fiumicello, Porto di Maratea und Marina di Maratea sind im Sommer am lebhaftesten, wenn sich in den Häfen die Jachten drängen und in den Bars, Restaurants und Cafés Hochbetrieb herrscht. Die Altstadt Maratea Paese im Inland bietet mit ihren verwinkelten Gassen, hübschen Plätzen und alten Kirchen genug Sehenswertes für einen Nachmittag. Weiter bergauf steht auf dem Monte San Biagio das Symbol von Maratea, der 22 Meter hohe Redentore, eine gewaltige Statue aus Carrara-Marmor von Christus dem Erlöser, der mit seinen ausgestreckten Armen ein Kreuz bildet. Er blickt nach Osten, mit dem Rücken zur Küste, offenbar nicht ahnend, dass sich hinter ihm eine der erstaunlichsten und unbekanntesten Landschaften Italiens erstreckt.

Beste Reisezeit Baden ist von Mai bis Oktober möglich, aber zum Wandern ist die Küste das ganze Jahr ideal. Die meisten Restaurants und Hotels sind nur von Mai bis Oktober geöffnet. In den beiden letzten Augustwochen, wenn die Italiener Urlaub machen, ist es am vollsten.

Anreise Die nächsten Flughäfen sind in Neapel, 156 Kilometer nördlich, und in Lamezia Terme, 153 Kilometer südlich. Von dort führt eine malerische Straße nach Maratea.

Reiseplanung Unterkünfte und Restaurants gibt es hauptsächlich in Fiumicello. Wie überall in Süditalien schließen die Läden in Maratea von 13.30 bis 16 oder 17 Uhr. Restaurants sind von 12.30 bis 15 und 19.30 bis 24 Uhr geöffnet. Die Touristeninformation befindet sich an der Piazza Gesù 32 in Fiumicello.

Website www.aptbasilicata.it

Tag des Heiligen

In der zweiten Woche im Mai wird in Maratea die **Festa di San Biagio** gefeiert, ein religiöses Fest zu Ehren des Schutzheiligen der Stadt. Am Donnerstag dieser Woche wird die Silberstatue des Heiligen mit seinen Reliquien aus ihrer Kapelle in der **Basilica di San Biagio** neben der Statue des Redentore geholt und mit einem roten Tuch bedeckt. Die Einwohner tragen sie dann auf ihren Schultern den Berg hinab zur **Chiesa di Santa Maria Maggiore** in Maratea Paese. Dort wird das Tuch entfernt, und der Bürgermeister von Maratea überreicht der Heiligenstatue symbolisch den Stadtschlüssel. Die Dorfbewohner feiern das ganze Wochenende mit Gottesdiensten, Prozessionen und Festen, bis die Statue am Sonntag wieder zu ihrem Standort in der Basilika auf dem Monte San Biagio gebracht wird.

Gegenüber: Dämmerung senkt sich über Maratea am Golf von Policastro. Oben: Eine Gasse in Maratea Paese.

ENGLAND
Lavenham

Die Leuchtkraft der Farben und die schiefen Fachwerkhäuser von Lavenham bringen jeden Besucher zum Lächeln.

Wer noch nie Färberwaid gesehen hat, sollte sich nach Lavenham begeben. Die Pflanze, mit deren Farbstoff sich die Kelten die Gesichter blau anmalten, wurde in diesem Dorf in Suffolk zum Färben des einst berühmten blauen Lavenham-Tuches genutzt. Im Spätmittelalter machte das „Lavenham-Blau" die Bürger so reich, dass sie die heute größte Ansammlung von Fachwerkhäusern in Großbritannien bauen konnten. Einen Blick lohnen die alten Weberhäuschen mit Handwerkssymbolen sowie der Garten der Guildhall of Corpus Christi (1530), in dem noch immer Färberwaid und andere Pflanzen zum Färben angebaut werden. Davor befindet sich ein Laden aus der Tudorzeit mit zwei Bogenfenstern. Nach Hunderten Jahren ist Lavenham noch immer ein farbenfrohes Städtchen. Über 300 Gebäude stammen aus dem 15. Jahrhundert, viele davon in verschiedenen Farben verputzt, oft in Suffolk-Rosa, das aus Holunder, Schlehen oder Ochsenblut gewonnen wird. Auch die Innenräume einiger der historischen Häuser sind zu sehen, wie in der Little Hall auf dem Hauptplatz, die aus den 1390er Jahren stammt und heute ein Museum ist. In anderen kann man sogar übernachten, so im Swan Hotel, das etwa zehn Jahre nach der Little Hall gebaut wurde. Eine Wand in der Old Bar im Hotel wurde von britischen und amerikanischen Piloten signiert, die im Zweiten Weltkrieg auf dem Lavenhem Airfield stationiert waren.

Beste Reisezeit Der National Trust organisiert Veranstaltungen wie Tuchmachervorführungen in der Guildhall (Ende Dezember bis Anfang März geschlossen). Theater und mehr bietet die Kentwell Hall.

Anreise Lavenham liegt 121 Kilometer nordöstlich von London, mit dem Auto sind es etwa zwei Stunden. Züge fahren von London nach Sudbury, von wo es Busse nordwärts nach Lavenham gibt (elf Kilometer).

Reiseplanung In der Apotheke in der High Street sind etwa anderthalbstündige Audiotouren mit Karte erhältlich. An Wochenenden von Juni bis Oktober starten Stadtführungen an der Touristeninformation in der Lady Street. Das Restaurant The Great House serviert französische Küche und ist auch ein Boutiquehotel.

Websites www.discoverlavenham.co.uk, www.greathouse.co.uk, www.kentwell.co.uk, www.nationaltrust.org.uk, www.suffolk.gov.uk

Kinderlied und Tudorzeit

■ In der **Shilling Old Grange** in der Shilling Street lebte Jane Taylor, eine Freundin des Landschaftsmalers John Constable, mit Vater und Schwester. In einer klaren Nacht 1810 blickte sie aus dem Fenster und schrieb das Kinderlied „Twinkle, twinkle, little star …", in Deutschland bekannt als „Morgen kommt der Weihnachtsmann".

■ **Kentwell Hall** ist ein elisabethanisches Herrenhaus in Long Melford, zehn Kilometer südwestlich von Lavenham. Das 500 Jahre alte Anwesen im Besitz von Judith und Patrick Phillips hat noch immer die Atmosphäre eines bewohnten Hauses. Besucher dürfen tatsächlich durch die privaten Räume des enthusiastischen Paares schweifen, das das Haus seit dem Kauf 1971 restauriert. Es vermittelt einen wunderbaren Eindruck vom Leben zur Tudorzeit, besonders im Sommer zur alljährlichen Great Annual Re-Creation, wenn sich Hunderte Menschen historisch kostümieren.

Gegenüber: Das „Schiefe Haus" von Lavenham wurde 1425 gebaut. Oben: Das Swan Hotel stammt von 1400.

Das Falkland Arms in Great Tew in den Cotswolds Hills ist ein traditionelles Dorfpub mit Holzstühlen und Steinfliesen.

ENGLAND

Versteckte Cotswold-Dörfer

Die Cotswolds Hills zu erkunden ist wie ein Versteckspiel, da sich die hübschesten Dörfer abseits der üblichen Pfade verbergen.

Die Cotswold Hills nehmen über sechs Grafschaften hinweg etwa 2000 Quadratkilometer Südwestenglands ein. Viele der Städte und Dörfer, berühmt für ihre Häuser aus warmem, gelbem Cotswold-Stein, sind überlaufene Touristenfallen, doch andere sind kaum bekannt. Ein solches Dorf ist Blockley in Gloucestershire zwischen Moreton-in-Marsh und Chipping Camden. Das Dorf liegt versteckt in einem tief eingeschnittenen Tal an einer kaum befahrenen Straße. Die Seidenspinnereien, die einst von einem kraftvollen Bach angetrieben wurden, stehen noch immer zwischen den malerisch von Kletterrosen berankten Häuschen und blicken auf die Schafe auf der anderen Talseite. Great Tew in Oxfordshire liegt 32 Kilometer östlich von Blockley und ist eines der schmuckesten Dörfer Englands. Trotz seines preisgekrönten Pubs aus dem 16. Jahrhundert, des Falkland Arms, ist es relativ unbekannt. Viele der Häuser von Tew haben Reetdächer mit gemustertem First, wie das alte Postamt, das heute als Café und Laden dient. Von der Grundschule mit elisabethanischen Schornsteinen bis zum dreieckigen Dorfanger – überall bieten sich Bilderbuchansichten.

Beste Reisezeit Englische Sommer sind unbeständig, aber bei schönem Wetter können Sie die Gegend von einer Bank vor einem historischen Pub genießen. Am Wochenende ist oft viel Betrieb.

Anreise Zu einigen zentralen Orten der Cotswolds Hills, wie Moreton-in-Marsh, fahren ab Bahnhof Paddington in London Züge (90 Minuten). Manche Dörfer haben Busanbindungen, aber eher selten. Gut erkunden lässt sich die Gegend nur mit einem eigenen Auto.

Reiseplanung Die meisten Dörfer haben hübsche B&Bs, die größeren auch historische Hotels. Viele prächtige alte Landhäuser und Gärten gehören zum National Trust und können besucht werden.

Websites www.cotswolds.info, www.cotswoldsaonb.org.uk, www.stanwayfountain.co.uk

Hohe Fontäne

Das kleine Dorf Stanway liegt zu Füßen des Cotswolds Escarpment, 21 Kilometer westlich von Moreton-in-Marsh. Dort steht das **Stanway House**, ein außerordentlich schönes Herrenhaus aus dem 17. Jahrhundert. Das Anwesen besitzt noch viel von der originalen Ausstattung. Der restaurierte Wassergarten aus dem 18. Jahrhundert wurde durch einen Springbrunnen mit der höchsten nur durch Schwerkraft betriebenen Fontäne der Welt ergänzt. Sie schießt 90 Meter in die Höhe und ist kilometerweit zu sehen, wenn sie an den Tagen der offenen Tür im Juni, Juli und August in Betrieb ist.

SPANIEN
Beget

Versteckt in einem schönen Tal in den Pyrenäen im Nordosten Spaniens liegt ein Dorf, das die Zeit vergessen hat.

Für die wenigen Menschen, die je von Beget gehört haben, ist es Kataloniens *més bufó* (hübschestes) Dorf. Beget liegt 541 Meter über dem Meeresspiegel in den Pyrenäen, besteht aus etwa 70 Häusern, hat zwei mittelalterliche Brücken, eine romanische Kirche und 27 Einwohner. Bis Mitte der 1960er Jahre, als eine *pista forestal*, ein Forstweg, von der Straße nach Camprodon im Südwesten aus gebaut wurde, war das Dorf vom Straßennetz abgeschnitten. Anschluss an das 20. Jahrhundert erhielt Beget schließlich 1980 durch eine asphaltierte Fahrbahn, die zur Straße zwischen Camprodon und dem französischen Prats-de-Mollo führt. Begets Charme beruht auf der isolierten Lage, den ockerfarbenen Steinen der kleinen Häuser, den rustikalen Holztüren und Balkonen und den gebogenen Brücken über den klaren Bach, der durch das Dorf fließt. Ein schlanker, eckiger Glockenturm ragt über der Kirche Sant Cristòfol aus dem späten 12. Jahrhundert auf. Innen befinden sich ein romanisches Taufbecken, eine gotische Alabasterstatue der Jungfrau Maria und die 1,8 Meter hohe Majestat de Beget, die Majestät von Beget, ein leuchtend bemaltes Holzkruzifix mit einem Christus, der in ein kostbares, langes Gewand gehüllt ist. Seit 2003 verbindet ein weiterer Forstweg Richtung Südosten Beget mit Castellfollit de la Roca in der Garrotxa, der spektakulären vulkanischen Region Kataloniens.

Beste Reisezeit Von April bis Juni und September bis November ist das Wetter am schönsten.
Anreise Beget liegt gut 16 Kilometer nordöstlich von Camprodon, das sich 97 Kilometer nordwestlich vom Flughafen Girona befindet.
Reiseplanung Bringen Sie Wanderschuhe und warme Kleidung mit. Beget ist nur mit dem Auto zu erreichen. Ist die Kirche geschlossen, fragen Sie in der Carrer Bellaire 8 nach dem Schlüssel. Es gibt drei Restaurants im Ort. El Forn hat auch Gästezimmer, eine Terrasse über dem Bach und gute Garrotxa-Küche.
Websites www.pyreneesguide.com, www.rural-pyrenees-guide.com, www.turismegarrotxa.com

Orte der Garrotxa

■ **Besalú** in der Garrotxa ist eine der besterhaltenen mittelalterlichen Städte Kataloniens. Am berühmtesten ist die bewehrte Brücke aus dem 11. Jahrhundert über dem Fluss Fluvià. Die Mikwe, ein jüdisches rituelles Tauchbad aus dem 13. Jahrhundert zur physischen und spirituellen Reinigung, ist die ungewöhnlichste Sehenswürdigkeit in Besalús *call*, dem jüdischen Viertel.

■ **Castellfollit de la Roca** kauert auf einer 46 Meter hohen Basaltklippe, die von den Flüssen Fluvià und Toronell ausgewaschen wurde. Mittelalterliche Häuser aus Vulkanstein säumen die Straßen. Vom Ortsrand reicht der Blick weit über die Täler des Fluvià und des Toronell.

Eine der beiden Brücken Begets über den Bach Trull. Der Turm der Kirche Sant Cristòfol zeichnet sich vor einem strahlend blauen Himmel ab.

9 STADT-VERSTECKE

Stimmungsvolle Stadtviertel, verborgene Gärten, wo die Natur sich selbst überlassen bleibt, kleine Plätze und Gassen, die auf keiner Touristenkarte auftauchen, überraschende Badestellen an Flüssen – all dies macht die Seele einer Stadt aus. Jenseits der belebten Straßen und berühmten Sehenswürdigkeiten verbergen sich Orte, die manchmal sogar die Einheimischen in Erstaunen versetzen. Wie viele New Yorker wissen zum Beispiel, dass der Central Park das ganze Jahr ein Paradies für Vogelbeobachter ist? Andere Orte möchten die Einwohner lieber für sich selbst behalten, wie die beschaulichen Inseln in der Lagune Venedigs, die Welten entfernt von den fotografierenden Massen um die Rialtobrücke scheinen. Wer sich in abseitige Straßen begibt, wird meist reichlich belohnt: winzige, aber einladende Sambaclubs in Rio de Janeiro, verlockend frisches Obst und Gemüse in den verwinkelten Sträßchen von Genua und das Gassenlabyrinth der *hutong* im Zentrum Beijings – Enklaven einer traditionellen Lebensweise, die mehr und mehr verschwindet.

Die gut erhaltene ummauerte Stadt Pingyao in China enthält noch viele Zeugnisse ihrer reichen Vergangenheit, die heutigen Besuchern einen Eindruck vom Leben in der Ming- und der Quing-Dynastie vermitteln.

NEW YORK, USA

Vögel im Central Park

Die grüne Lunge im Zentrum der Stadt ist für Menschen ebenso ein Zufluchtsort wie für Vögel.

Der Central Park in New York ist mit seinen 341 Hektar Wald, Rasenflächen und Gewässern ein wahres Refugium für Vögel und Vogelfreunde. Fast 200 verschiedene Vogelarten leben zu jeder Jahreszeit im Park. Die meisten sind Zugvögel und machen hier auf dem Weg zwischen ihren Brutgebieten im Norden und wärmeren Zonen im Süden Station. Aber es gibt auch Vögel, die sich das ganze Jahr über im Park aufhalten, wie Blauhäher, Rote Kardinäle und Carolinaspechte. Gut beobachten lassen sich einheimische und Wandervögel im Ramble, einer ruhigen Ecke mit Bäumen und Sträuchern zwischen 74th und 79th Street. Kleine Singvögel, wie der gelb-graue Kanadawaldsänger und der Grüne Waldsänger, sind im Frühjahr und Herbst zu sehen. Am Belvedere Castle ein Stück weiter nördlich können Eckschwanz- und Rundschwanzsperber auf ihrer herbstlichen Reise nach Süden, manchmal sogar beim Verspeisen eines weniger glücklichen Vogels erspäht werden. Ebenso gut zum Beobachten ist das Reservoir zwischen 86th und 96th Street, wo Stockenten, Büffelkopfenten und weitere Enten und Gänse überwintern. In den dichten North Woods zwischen 102nd und 106th Street zwitschern und klopfen Dunenspechte, und über dem Great Hill am Central Park West in der 104th Street wurden schon Kolibris wie der pechschwarze Schornsteinsegler gesichtet.

Beste Reisezeit Vögel sind im Central Park ganzjährig zu sehen, aber im Herbst und Frühjahr rasten hier die Zugvögel. Die meisten sind frühmorgens und am späten Nachmittag aktiv.

Anreise Ein guter Startpunkt ist das Central Park Conservancy am Belvedere Castle in der Parkmitte an der 79th Street.

Reiseplanung Ferngläser, Parkführer und Karten werden im Central Park Conservancy kostenlos verliehen, das von April bis Oktober dienstags bis sonntags und von November bis März mittwochs bis sonntags von 10 bis 16.30 Uhr geöffnet ist.

Website www.centralpark.com

Pale Male und Lola

Pale Male, ein Rotschwanzbussard, ist eine echte New Yorker Berühmtheit. Von Anfang der 1990er Jahre an nistete er auf dem Sims eines Gebäudes in der Fifth Avenue gegenüber dem Central Park. 2004 wurden er und seine Gefährtin Lola zeitweise vertrieben, als die Hausbewohner sein Nest entfernen ließen. Proteste führten schließlich dazu, dass die Vögel wieder zurückkehren durften.

Heute, da Pale Males Nachkommen selbst Junge ausbrüten und weitere Rotschwanzbussarde in die Stadt ziehen, ist der Anblick dieser majestätischen Vögel keine Seltenheit mehr, gleichwohl immer noch fesselnd.

Ein Nachtreiher am Harlem Meer am Nordende des Central Park.

Ende April und Mai erblühen die unzähligen Azaleen des Arboretums in leuchtender Farbenpracht.

WASHINGTON, D.C., USA

NATIONAL ARBORETUM

Die herrliche Anlage aus Bäumen, Wiesen und Blumen ist wahrhaftig der Garten Amerikas.

Das National Arboretum im Ostteil von Washington, D. C., wurde 1927 mit dem Auftrag angelegt, «Bäume, Sträucher, Blumen und andere Pflanzen zu bewahren und der Öffentlichkeit zu präsentieren». Begonnen wurde damit jedoch erst 1935 während der Großen Depression, als das Civilian Conservation Corps in langwieriger Arbeit Straßen, Teiche, Gewächshäuser, Wege, Springbrunnen und Pflanzungen des heute 180 Hektar großen Geländes schuf. Das Resultat ist ein Wunder des Gartenbaus, in dem Sie ohne Weiteres einen Tag verbringen können und dennoch nur einen Bruchteil sehen. Gepflegte Pfade führen zu abgelegenen Kleinodien, wie den eigentümlichen National Capitol Columns, einem sonnigen Platz mit Springbrunnen um eine Gruppe von Säulen, die nach der Renovierung des amerikanischen Kapitols gestiftet wurden. Der Frühling kündigt sich mit einer überbordenden Azaleenblüte an. Unbedingt sehenswert ist der Bonsaigarten, der als einer der schönsten der Welt gilt. Einige der unzähligen akkurat gestutzten Minibäume sind fast 400 Jahre alt. Hinzu kommen der stille Kräutergarten, die Farben und Düfte des asiatischen Pflanzengartens, die tiefgrüne Pracht der Stechpalmen- und Magnoliengärten und die fast mystische Ruhe der Chinesischen Rotholzhaine.

Beste Reisezeit Ende April bis Juni ist Blütezeit, Mitte Oktober leuchtet der Park in Herbstfarben.

Anreise Der Haupteingang ist in der R Street, zwei Blocks nördlich der Bladensburg Road. Das National Arboretum liegt in einem etwas vernachlässigten Teil der Stadt, die Anfahrt mit dem Auto ist daher ratsam. Fahren Sie mit der Metrorail bis zur Union Station, dann mit dem Taxi bis zum Arboretum. Das Personal sorgt gerne für ein Taxi zurück.

Reiseplanung Von April bis Oktober wird an Wochenenden und Feiertagen mehrmals täglich eine kommentierte Straßenbahntour angeboten. Es gibt keine Restaurants im Arboretum.

Website www.usna.usda.gov

Seerosenparadies

Die **Kenilworth Aquatic Gardens** im Nordosten von Washington, D.C., sind ein vom National Park Service verwaltetes Areal speziell für Seerosen, Lotusblumen und andere Wasserpflanzen. Der fünf Hektar große Park ist an drei Seiten vom Kenilworth-Marschland umgeben und mit seinen Wiesen und Teichen eine Oase üppiger Schönheit und Stille. Im späten Frühjahr und im Sommer erblühen dort Wasserpflanzen aus der ganzen Welt in allen erdenklichen Farben. An manchen Tagen begegnet man im grünen, von Weiden beschatteten Areal und an den blumenbedeckten Teichen kaum einem Menschen.

Ein Club ist nicht immer nötig. Den Musikern Santiagos reicht oft eine Bank auf der Straße.

KUBA

Musikclubs in Santiago

In Kubas zweitgrößter Stadt ist der packende Rhythmus der Musik das Lebenselixier des Alltags.

Gäste strömen mit einer Andacht in die Casa de la Trova, die normalerweise dem Kirchgang vorbehalten ist. Sie nehmen auf Klappstühlen Platz und plaudern, während die Band aufbaut. Doch diese Ruhe ist nur von kurzer Dauer, bereits während des ersten Stücks ist es damit vorbei. Bald schon stehen die Leute auf, klatschen, tanzen und singen mit. Santiago de Cuba ist für Vieles berühmt, so auch als Wiege der Revolution von 1959. Aber nichts übertrifft die heißblütige Affäre der Stadt mit der Musik. In den zahllosen Musikclubs ist alles zu hören, von Mambo bis Salsa, aber am berühmtesten sind in Santiago die *trovas*, Balladen, die spanische Gitarre und afrikanische Trommeln mit leidenschaftlichen Liedern verbinden, die von den Irrungen und Wirrungen des Alltags auf der Karibikinsel erzählen. Die Casa de la Trova ist eine nationale Institution, in der jeder kubanische Musikstar der letzten 100 Jahre aufgetreten ist und der jeden Nachmittag und Abend Solokünstler oder Gruppen präsentiert. Dann ertönt aus den offenen Fenstern und Türen Musik in die Calle Heredia, in der das musikalische Herz Kubas schlägt.

Beste Reisezeit Die Monate von November bis Februar sind am besten, da dann die Hurrikansaison vorbei ist und eine beständige Brise Temperatur und Feuchtigkeit erträglich macht.

Anreise Von der Hauptstadt Havanna gibt es täglich mindestens drei Flüge, die etwa 90 Minuten dauern. Alternativen ab Havanna sind der Nachtzug oder eine 15-stündige Busfahrt.

Reiseplanung Planen Sie mindestens drei Nächte ein. Das elegante alte Hotel Casa Granda liegt an der Ecke Calle Heredia und Parque Céspedes in der Altstadt. Eine modernere Unterkunft ist das Meliá Santiago im Vorort Vista Alegre, wo die Terrassenbar im 15. Stock einen weiten Blick und Livemusik bietet.

Websites www.erlebekuba.de, www.santiago-de-cuba.net, www.gran-caribe.com, www.solmeliacuba.de

Clubs, Festivals und Wracks

■ Neben anderen Musikclubs lohnt auch der **Patio de Artex**, ebenfalls in der Calle Heredia. Musik gibt es zudem im **Café Cantante Niágara** im Teatro Heredia, im **Patio de los Dos Abuelos** an der Plaza de Marte, in der **Casa del Caribe** in der Calle 13 und in der **Casa de Las Tradiciones** im Viertel Tivoli. Wie Ihre Wahl auch immer ausfällt, der Rhythmus geht garantiert in die Beine.

■ Santiagos Musikkalender ist prallvoll mit Veranstaltungen, zum Beispiel dem **Rumbafestival** im Januar und dem Carnaval Santiaguero im Juli mit Bands, Festwagen und Congaschlangen.

■ Taucher können vor der Küste bei Santiago vier spanische Kriegsschiffe erkunden. Die „Vizcaya", „Pluton", „Furor" und die „Almirante Oquendo" wurden in der Schlacht von Santiago de Cuba im **Spanisch-Amerikanischen Krieg** von 1898 von amerikanischen Kriegsschiffen versenkt.

BRASILIEN

Die Rhythmen von Rio

Eine Tour durch die Musik- und Tanzszene von Rio de Janeiro, Brasiliens aufregendster Stadt, bringt jeden in Stimmung.

Rio besitzt mit dem Zuckerhut und endlosen Stränden eine Kulisse, die ein Surrealist erdacht haben könnte. Die Geschichte der Stadt des Karnevals ist von Musik geprägt. Wer hier den ganzen Tag „The Girl from Ipanema" im Ohr hat, sollte sich ein *chopp* (oder *chope*), ein brasilianisches Bier vom Fass, im Garota de Ipanema gönnen. In dieser Bar in Ipanema schrieben der Komponist Tom Jobim und der Texter Vinícius de Moraes 1962 das Lied, das die Rhythmen des Bossa Nova weltweit bekannt machte. In der Vinícius Piano Bar gegenüber wird Bossa Nova live gespielt. Einen Block weiter liegt das Toca do Vinícius, ein wahrer Tempel des Bossa Nova, wo Fans eine Fundgrube an CDs durchstöbern und spontanen Abendkonzerten von Sängern wie Claudia Telles lauschen können. Danach geht es weiter ins Viertel Lapa im Stadtzentrum. Cariocas (Rios Einwohner) sagen gern, dass es in Lapa keine Rolle spielt, ob man reich oder arm ist, da alle aus demselben Grund kommen: Musik, Tanz und eine gute Caipirinha, der nationale Cocktail aus dem Zuckerrohrschnaps Cachaça, Limonen, Zucker und Eis. Einer der besten Clubs in Lapa ist das Rio Scenarium, ein exzentrischer Club *(boite)*, der gleichermaßen voll ist mit Antiquitäten und Gästen. Tanz und Musik gibt es auch im Estrela de Lapa und im Carioca da Gema, wo sich jeden Abend Liebhaber des Samba und Bossa Nova treffen.

Beste Reisezeit Planen Sie Ihre Reise je nachdem, ob Sie das Gedränge und Chaos des Karnevals in Rio de Janeiro lieben oder hassen. Die Musikszene der Stadt ist das ganze Jahr über lebendig.
Anreise Für das Nachtleben in Rio sollten Sie Taxifahrten einplanen.
Reiseplanung In den meisten Bars, Cafés und Restaurants sind zehn Prozent Service in der Rechnung enthalten, extra Trinkgeld ist also nicht nötig. In Taxis können Sie den Fahrpreis aufrunden.
Websites www.embratur.gov.br, www.barcariocadagema.com.br, www.jazzrio.com

Musik mit Aussicht

■ Ein spannendes Musikevent ist die Jazznacht in **The Maze** am ersten Freitag jeden Monats. Das Gewirr der Betonräume liegt hoch über der Stadt in der Favela **Tavares Bastos.** Geboten wird Jazz, Bossa Nova oder Samba, mit einem umwerfenden Blick auf die Lichter von Rio.

■ Die neueste Szene bietet das Viertel um die **Praça Tiradentes,** eine einst vergessene Gegend, deren Nachtleben wieder erwacht. Das ist weitgehend dem **Centro Cultural Carioca** zu verdanken, einem Club, in dem man auch Samba lernen kann – vielleicht das beste musikalische Souvenir aus Rio.

Bands im Rio Scenarium in Lapa spielen Samba und *chorino*, eine brasilianische Mischung aus Polka, Walzer und Samba aus dem 19. Jahrhundert.

CHINA

Pingyao

Etwa eine Stunde dauert ein Rundgang um die Mauer der erstaunlich gut erhaltenen mittelalterlichen Stadt in China.

Der Hongwu-Kaiser der Ming-Dynastie sorgte 1370 dafür, dass Pingyao in Nordchina zur Verteidigung gegen mongolische Angreifer befestigt wurde. Die zehn Meter hohe Stadtmauer wurde mit sechs Wehrtoren, Ecktürmen und 72 Bastionen um die zwei Quadratkilometer große Stadt errichtet. Erstaunlicherweise ist die Festungsanlage, in der sich enge Straßen und die großen Häuser der Kaufleute und Bankiers aus der Ming-Zeit drängen, noch erhalten. Die zwei Stockwerke hohen grauen Mauern sind von den Transportdreirädern zerkratzt, die als Lieferfahrzeuge, mobile Verkaufsstände und für verschiedene andere Dienstleistungen unterwegs sind. Zu den Innenhöfen hinter den Mauern führen genietete Türen mit kunstvoll verzierten Vordächern aus Holz und Ziegeln. Die Türen stehen meist offen und werden von den Kindern oft als Schultafeln benutzt – manchmal sind noch Kreidespuren ihrer Englisch-Hausaufgaben zu sehen. Aus den Höfen selbst sind die rhythmischen Hackgeräusche der Essenszubereitung und das Geschrei von spielenden Kindern zu hören. Schwalben fliegen in Bodennähe vorbei, und ein herumziehender Pfirsichverkäufer hält an, um seine Waren mit einer Bürste zu säubern.

Beste Reisezeit Der eisige Winter in Pingyao lässt selbst den Winter in Beijing mild erscheinen. Spätfrühling bis Frühherbst ist daher die beste Zeit. Meiden Sie das chinesische Neujahrsfest, wenn alles unterwegs ist, und den Nationalfeiertag in der ersten Oktoberwoche, wenn chinesische Touristen nach Pingyao strömen.

Anreise Pingyao ist von Beijing mit dem Zug zu erreichen, aber schneller ist die Verbindung von Beijing ins nahe Taiyuan, die Provinzhauptstadt von Shanxi. Von dort fahren Minibusse weiter. Die Strecke führt auch durch die Qiao Jia Dayuan, ein Gewirr aus miteinander verbundenen Häusern in einer ummauerten Anlage, das unbedingt einen Zwischenstopp lohnt.

Reiseplanung Die ehemaligen Bankhäuser Rishengchang und Baichuantong, große, verschnörkelte Bauten mit mehreren Höfen, sind heute hervorragende Museen.

Websites whc.unesco.org/en/list/812, www.worldheritagesite.org/sites/pingyao.html

Stadt der Bankiers

Im 19. Jahrhundert suchten Kaufleute der Provinz Shanxi, die mit Tofu oder Tee reich wurden, eine Möglichkeit, ihr Geld sicher durch ländliche Gegenden zu schaffen.

Die Besitzer einer Färberei in Pingyao mit Geschäftsverbindungen in andere Provinzen fanden eine Lösung. Sie führten eine Überweisungsart ein mit Einzahlung an einem Ort und Auszahlung an einem anderen. 1823 gründeten sie die Rishengchang (Morgenrot des Wohlstands), die erste chinesische Bank. Sie hatte bald 57 Filialen und kümmerte sich schließlich auch um Beamtengehälter und andere staatliche Transaktionen.

Eine der vier grimmigen Wächterfiguren am Eingang des daoistischen Tempels Qingxu, heute ein Museum zur Geschichte Pingyaos.

CHINA

Die Hutong von Beijing

Das Labyrinth quirliger Gassen abseits der breiten Straßen vermittelt einen Eindruck vom authentischen Leben in der Hauptstadt.

Die mongolischen Gründer Beijings legten im 13. Jahrhundert ein rasterförmiges Straßennetz an, das in Nord-Süd- und Ost-West-Richtung ausgerichtet war. Die chinesische Ming-Dynastie behielt es bei, als sie Beijing 1403 wieder zur Hauptstadt machte und sie umbaute. Über die Jahrhunderte entstand dort allmählich ein Geflecht aus verwinkelten Gassen, das noch immer mit dem mongolischen Wort *hutong* bezeichnet wird. Moderne Stadtpläne zeigen nur ein ungefähres Abbild des Labyrinths. Erkunden lässt es sich am besten, indem man sich treiben und von den Bildern und Tönen bezaubern lässt. Autos sind in den Gassen seltener als Fahrräder. Kleine Löwenfiguren oder Trommelsteine halten an den Eingängen Wacht. Geschnitzte Türstürze und Dächer aus alten Ziegeln weisen auf das Alter der Häuser hin. Wände wurden eingerissen, um Platz für Geschäfte zu schaffen. Näherinnen sitzen gebückt über Hochzeitskleidern. Eine junge Frau in einem traditionellen Kleid und hohen Stöckelschuhen steht am Eingang eines suspekt wirkenden Friseursalons. Nebenan sitzt eine alte Frau geduldig neben ihrem Personenwaage-Automaten. Dampfgarer aus Bambus stehen auf kleinen Kohleherden und bieten leckere und günstige Teigtaschen. Hier ist das wahre Leben Beijings zu finden.

Beste Reisezeit Ende September und Oktober eignen sich am besten, da dann die Tage warm und trocken sind und Hochlagenwind für blauen Himmel sorgt. April und Anfang Mai sind ebenfalls schön, aber es kann zu Sandstürmen kommen. Nordchinesische Winter sind eisig, die Sommer heiß und feucht.

Anreise Vor Ort gekaufte Stadtpläne sind oft hilfreich, allerdings nur zur Orientierung entlang der Hauptstraßen, wenn man wieder aus dem Gassengewirr herausgefunden hat. Die Darstellung der Hutong selbst entspricht meist nicht der Realität.

Reiseplanung Es entstehen zunehmend kleine Hutong-Hotels, oft in traditionellen Hofhäusern oder Villen. Tipps sind in Reiseführern und auf Websites zu finden. In einigen Gegenden gibt es organisierte Touren in Fahrradrikschas, die aber teuer und nicht so spannend sind wie eine Tour auf eigene Faust.

Websites www.instanthutong.com/hutong.htm, www.iainmasterton.com/page1, en.bjchp.org

Das Ende einer Ära

In der Ming-Dynastie (1368–1644) gab es schätzungsweise 2000 Hutong, die in der Qing-Dynastie (1644–1912) auf 3000 und bis in die 1940er Jahre auf 3200 anwuchsen.

Heute werden jedes Jahr Hunderte Hektar mit traditionellen Hofhäusern abgerissen. Dabei werden manchmal kleine Tempel und Rathäuser entdeckt und restauriert, die oft als Nähstuben, Arzneimittellager oder Kleinbetriebe dienten. Ist an einer Wand ein grob gezeichnetes, umkreistes chinesisches Schriftzeichen zu sehen, bedeutet es vermutlich *chai*, Abriss. Nach einer Woche ist oft die ganze Gasse verschwunden.

Die Hutong verschwinden schnell. Was heute noch zu sehen ist, sind vielleicht die letzten Reste des alten Beijing.

JAPAN
Der Moosgarten von Kyoto

Ein Teppich aus samtigem Moos in vielen Grünschattierungen bedeckt einen der ältesten Gärten Japans.

Während der Kirschblüte im Frühjahr und im Herbst, wenn sich die Blätter bunt färben, strömen die Menschen in die Tempel von Kyoto. Im Saiho-ji, einem Zen-Tempel in einer friedlichen Ecke im Westen der Stadt, ist fast niemand zu sehen. Hier überwiegt das leuchtende Grün von über 120 verschiedenen Moosarten. Der einstige traditionelle Zen-Garten mit Felsbrocken, die von weißen Steinen umgeben sind, ist heute allgemein als Kokedera, Moosgarten, bekannt, da das Kloster in der Meiji-Zeit von Mitte des 19. bis Anfang des 20. Jahrhundert kein Geld mehr für den Erhalt des Gartens hatte und er von Moos überwuchert wurde. Heute besteht der Garten aus zwei Teilen, dem oberen, wo drei Felsstufen einen „trockenen Wasserfall" bilden, und dem unteren, der mit Moos und dichtem Ahorn- und Bambusbestand bewachsen ist. Ein Rundweg führt um einen Teich, der nach dem chinesischen Schriftzeichen für „Herz" geformt sein soll. Die Pflege des Mooses ist mühevoll, da es reichlich Feuchtigkeit braucht, aber von einer unansehnlichen Flechtenart überwuchert wird, wenn es zu feucht wird. Die Mönche pflegen und säubern das Moos regelmäßig mit kleinen Handbürsten und kappen die Zweige darüber, um genug Licht einzulassen. Am schönsten ist der Garten an Regentagen, wenn Dunst aus dem Wasser aufsteigt und der grüne Teppich aufleuchtet. Das Moos dämpft das Geräusch der Regentropfen, und die überwältigende Stille trägt zum Gefühl bei, dass dieser alte Ort aus längst vergessener Zeit stammt.

Beste Reisezeit Das Moos bedeckt den Boden das ganze Jahr; besonders schön ist der Garten im Herbst.

Anreise Stadtbusse verkehren regelmäßig zwischen allen Tempeln in Kyoto. Die Haltestelle für den Moosgarten heißt Kokederamich. Die Busse fahren am Hauptbahnhof von Kyoto ab.

Reiseplanung Der Besuch des Tempels ist nicht einfach. Sie müssen ihn mindestens drei Wochen zuvor mit gewünschtem Datum, Besucherzahl und Anschrift für die Bestätigung ankündigen. Bringen Sie flache Schuhe mit weichen Sohlen mit, um das Moos nicht zu beschädigen. Die Besucher werden angehalten, in einem Ritual namens *zazen* laut zu beten oder zu meditieren, bevor sie den Garten betreten.

Websites www.pref.kyoto.jp/visitkyoto/en, www.japan-guide.com

Beschauliche Freuden

■ Der Philosophenweg, ein besinnlicher und reizvoller zwei Kilometer langer Pfad, führt am Kanal nahe dem **Ginkaku-ji**, dem Silberpavillon, im Nordosten Kyotos entlang. Abseits dieses beliebten Tempels liegen etliche verborgene und stillere Ecken und ruhige Tempel. Einer davon ist der wunderbar abgeschiedene **Honen-in-Tempel** mit seinem strohgedeckten Tor. Der Pfad ist von unzähligen Kirschbäumen gesäumt, daher ist er im Frühjahr und Herbst besonders beliebt.

■ Der **Tempel Otagi Nenbutsu-ji** liegt abseits der Touristenpfade im Viertel Oku-Saga, im Stadtteil Arashiyama von Kyoto. Dort am Hang stehen dicht an dicht Hunderte moosbedeckter Steinstatuen, *rakan* genannt. Sie wurden von den Schülern des bekannten Bildhauers Kocho Nishimura gemeißelt und tragen verschiedene Gesichtsausdrücke, mal ernsthaft, viele lachend oder fröhlich. Einige stehen auf dem Kopf, andere stellen Säufer, Surfer, Musiker oder Fotografen dar. Alle jedoch zaubern mit Sicherheit ein Lächeln auf das Gesicht der Betrachter.

Gegenüber: Der Moosteppich kontrastiert mit den herbstlichen Ahornbäumen. Oben: Ein traditionelles Waschbecken.

NIEDERLANDE
Sanddünen um Den Haag

Die Niederlande sind ein flaches, dicht bevölkertes Land, aber es gibt noch Reste sich stets wandelnder Natur.

Den Haag mag bekannter für Kriegstribunale, internationale Organisationen und eine radfahrende Monarchie sein, aber die Stadt besitzt auch ein Naturphänomen, das eher nach Afrika passt als nach Europa. Denn die Stadt wurde auf drei Sanddünen errichtet, von denen noch fast unberührte Spuren existieren. Eine davon, das Dünengebiet Meijendel, ist 6,4 Kilometer lang und 3,2 Kilometer breit und erstreckt sich von Den Haag bis nach Wassenaar. Die ständig zum Meer wandernden Sandablagerungen spielen eine wichtige Rolle im lokalen Ökosystem und sind Habitat für über 250 Vogelarten, Feldmäuse, Kaninchen, Fledermäuse, Füchse, Rehe, Wildpferde und Wiesel. In den Dünen gibt es Feuchtgebiete mit Kröten, grün-roten Laubfröschen und der seltenen Zauneidechse. Für die Menschen dient das Meijendel als Küstenschutz, Trinkwasserquelle und als Freizeitgebiet. Mehrere Pfade für Wanderer, Radfahrer und Reiter führen durch diese eigenartige Naturlandschaft. Es gibt jedoch einen düsteren Grund für den Stacheldraht, der Teile des Meijendel abzäunt. Im Zweiten Weltkrieg hatten die deutschen Besatzer hier nicht nur Bunker und Gräben gebaut, die heute Teil eines Nachrichtenzentrums der Nato sind, sondern sie nutzten die Dünen auch für geheime Exekutionen von Widerstandskämpfern. Sie werden noch heute als Begräbnisstätte behandelt.

Beste Reisezeit Das Wetter in Den Haag ist wechselhaft, aber generell ganzjährig mild. Juli und August sind am wärmsten. Im Winter bieten viele Hotels Preisnachlässe.

Anreise Der Bus 43 zum Meijendel fährt vom Haager Hauptbahnhof ab. Sie können das Meijendel und Den Haag auch auf einer individuell zugeschnittenen Tour des lokalen Fahrradverleihers Totzo erkunden.

Reiseplanung Im Meijendel gibt es drei Hauptwanderwege, die mit gelben, roten und blauen Pfosten markiert sind, sowie etliche Fahrrad- und Reitwege. Für einige Wege ist eine Erlaubnis der Dünenwassergesellschaft DZH nötig, die auch regelmäßige Führungen unternimmt. Das Besucherzentrum Delflandse Kust informiert über den Umweltnutzen der Dünen. Stärkung bietet das Pfannkuchenhaus.

Websites www.holland.com, www.kustgids.nl, www.totzo.org, de.denhaag.nl/de.htm

Schicker Badeort

Der Badeort **Scheveningen** mit seinen eigenen Sanddünen liegt zehn Autominuten vom Zentrum Den Haags entfernt. Bei warmem Wetter tummeln sich auf der windigen Promenade die Schickeria und am Strand die Wassersportenthusiasten. Gierige Möwen kreisen um die Stände am Hafen, die leckeren frittierten Fisch mit Pommes frites und hausgemachter Mayonnaise verkaufen.

Das Panorama Mesdag in Den Haag, ein 360-Grad-Landschaftsbild auf der Innenwand eines Rundbaus, ist unbedingt sehenswert. Es zeigt den Blick auf Scheveningen im 19. Jahrhundert. Erstaunlicherweise hat sich nicht viel verändert.

Die dritte erhaltene Sanddüne Den Haags liegt im stillen Badeort **Kijkduin**.

Leere Strände und kilometerweite, unberührte Sanddünen liegen nur einen Steinwurf entfernt von Den Haags Zentrum.

Armenische Kaufmannshäuser säumen den Marktplatz der Stadt.

POLEN

Zamość

Im Südosten Polens verbirgt sich ungestört von Touristenmassen eine der schönsten Renaissancestädte.

Der polnische Adlige Jan Zamoyski hatte 1590 die Vision einer neuen Stadt in der malerischen Region Roztocze an der Handelsstraße zwischen West- und Nordeuropa und dem Schwarzen Meer. Unter dem Einfluss der Renaissance Italiens beauftragte er den italienischen Architekten Bernardo Morando mit der Planung der Stadt, die zum Padua des Nordens werden sollte. Zamość entwickelte sich bald zur multikulturellen Stadt mit Armeniern, Juden, Ungarn, Griechen und Deutschen. Für sie entstanden innerhalb der massiven Festungsbauten sechs katholische Kirchen, eine Synagoge und eine orthodoxe Kirche. Die Renaissancearchitektur ist um den Marktplatz zu bewundern, wo die arkadengesäumten Kaufmannshäuser mit Friesen, Reliefs und Blendwerk geschmückt sind. Blickpunkt des Platzes ist das Rathaus mit seiner imposanten Flügeltreppe und dem Uhrenturm, von dem täglich um 12 Uhr ein Waldhorn erklingt. Sehenswert sind auch die Akademie, das Zamoyski-Schloss, die Kathedrale und das Zeughaus. Im Sommer finden zahlreiche Kulturveranstaltungen wie Freilufttheater und Konzerte statt. Polens älteste Apotheke, die Rektorska, ist nach 400 Jahren noch immer in Betrieb. Oben befindet sich ein Museum und im Keller ein Jazzcafé, wo Ingwerbier serviert wird.

Beste Reisezeit Das ganze Jahr ist geeignet, aber der Sommer bietet das beste Wetter und zahlreiche Festivals und Kulturveranstaltungen.
Anreise Vom Flughafen Rzeszow fährt ein Bus in drei Stunden nach Zamość. Von Warschau dauert es mit dem Bus fünf Stunden, von Krakau sieben Stunden.
Reiseplanung Zamość ist ein guter Standort zur Erkundung des wunderschönen Umlands und des Nationalparks Roztocze. Außerhalb der Stadt gibt es herrliche Wege zum Reiten, Radfahren und Wandern. Das Freiluftmuseum im malerischen Dorf Guciów lohnt einen Besuch.
Websites www.zamosc.pl, www.zamosc.wonder.pl

Deutsche Besatzung

Im Zweiten Weltkrieg wurde die Region um Zamość von Hitler zum deutschen Siedlungsgebiet erklärt. Die Stadt sollte in Himmlerstadt umbenannt werden, und 60 000 Deutsche sollten bis 1943 angesiedelt werden. Viele Polen verloren ihr Leben, und die jüdische Gemeinde mit über 12 000 Mitgliedern wurde ausgelöscht. Heftiger Widerstand der Einheimischen und die Ankunft der Roten Armee 1944 vereitelten letztlich, dass der Plan der Deutschen umgesetzt wurde.

Die **Synagoge** der Stadt wurde geplündert und unter der deutschen Besatzung als Schreinerei genutzt. Der schöne Renaissancebau blieb erhalten und ist ein wichtiges Denkmal für das jüdische Erbe Polens.

TOP TEN
MÄRKTE & BASARE

Von Kanarienvögeln in Beijing bis zur Kopfbedeckung in Tunis bieten die Märkte der Welt eine unglaubliche Vielfalt an Waren und Erzeugnissen.

❶ Markt von Sololá, Guatemala
Händler wie Käufer auf diesem Wochenmarkt im Hochland Guatemalas tragen meist Rot mit weißen Streifen. Viele Frauen treffen mit Säcken auf dem Kopf ein, die Waren von Tortillas über lebende Hühner bis hin zu handgewebter Kleidung der Kaqchikel-Indianer enthalten. Touristensouvenirs sind kaum zu entdecken, und traditionelle Kleidung ist die Regel.

Reiseplanung Freitag ist Markttag in Sololá. www.atitlan.net

❷ La Vega Central, Santiago, Chile
Der chaotische Markt La Vega Central am Ufer des Mapocho in der chilenischen Hauptstadt ist Südamerika in Reinkultur. Für weniger Zartbesaitete sowie für streunende Hunde, Katzen und die Fliegen sind Schweinsköpfe, Kutteln und Gedärme ein Magnet. Weitere Delikatessen sind *sopaipillas* (gebratenes Kürbisbrot), *caldo pata* (Rindsfußsuppe) und *pastel de choclo* (Maisauflauf).

Reiseplanung Am Wochenende ist Hochbetrieb. www.chiletour.org

❸ Namdaemun-Markt, Seoul, Südkorea
Südkoreas größter Markt, der Namdaemun, verdankt seinen Namen „Großes Südtor" der Lage an einem einstigen Tor in Seouls längst verschwundener Stadtmauer. Über 1000 Läden und Stände verkaufen Kleidung, Blumen, Ginsengprodukte, Essen, Lederwaren, Spielzeug und sogar lebende Schildkröten.

Reiseplanung Der Namdaemun ist immer außer sonntags geöffnet. Schnäppchen gibt es nach Mitternacht. www.visitseoul.net

❹ Blumen-, Vogel-, Fisch- und Insektenmarkt, Beijing, China
Zwitschernde Kanarienvögel, maunzende Kätzchen und zirpende Grillen bilden eine sehr chinesische Geräuschkulisse auf Beijings Guan Yuan Hua Niao Yu Chong Shi Chang (Blumen-, Vogel-, Fisch- und Insektenmarkt). Schuhe, Skorpione und Tabakspfeifen sind hier neben Drachen und Insekten zu finden. Beijing mag zwar in weiten Teilen in aller Hast modernisiert sein, aber dieser alte Markt ist noch erfrischend authentisch.

Reiseplanung Der nächste U-Bahnhof ist Fu Cheng Men. www.cnto.org

❺ Großer Basar, Kashgar, China
2000 Jahre Geschichte haben die Bedeutung des exotischen Kashgar als Marktstadt an der alten Seidenstraße nicht gemindert. Zum Großen Basar zieht es seit jeher Kaufleute aus Zentralasien und Westchina. Sie tauschen Vieh, Teppiche, Kunsthandwerk, Kleidung und Lebensmittel.

Reiseplanung Der Markt ist täglich geöffnet, aber sonntags ist er am belebtesten. Fragen Sie Ihren Reiseveranstalter, da es in Kashgar oft zu Unruhen kommt. www.farwestchina.com, www.orientaltravel.com

❻ Pak Khlong Talat, Bangkok, Thailand
Von der Memorial Bridge Richtung Bangkoks Chinatown führt die Nase zum größten Großmarkt der Stadt für Blumen, Gewürze, Obst und Gemüse, der rund um die Uhr geöffnet ist. Orchideen, Jasmin, Rosen und unzählige weitere Farb- und Duftexplosionen wetteifern um die Aufmerksamkeit der Sinne.

Reiseplanung Hochbetrieb herrscht von 2 Uhr bis zum Morgengrauen, wenn Boote neue Waren bringen. www.bangkoktourist.com

❼ Mercato della Pignasecca, Neapel, Italien
Neapel ist eine der quirligsten Städte Italiens. Ein wunderbarer Ort, um ihr sprühendes Flair und die erstklassige Imbissküche zu erleben, ist der Pignasecca-Markt. Beliebt sind vor allem Calzone, *panzerotti* (Kartoffelkroketten), *taralli* (Salzgebäck), *pizza fritta* (frittierte Pizza) und *sfogliatelle* (gefüllter Blätterteig).

Reiseplanung Vorsicht vor Taschendieben. www.comune.napoli.it

❽ Isle-sur-la-Sorgue, Provence, Frankreich
Auf der Insel im strömenden Sorgue wurde einst mit Wassermühlen Seide, Wolle und Papier hergestellt. Die traditionellen Branchen wurden in den 1960er Jahren geschlossen und vom Antiquitätenhandel ersetzt. In der Stadt gibt es nun über 300 Antiquitätenhändler, und der Flohmarkt ist der zweitgrößte Frankreichs nach Paris. Musiker sorgen an Markttagen für Stimmung, und es gibt Essen und Kunsthandwerk aus der Provence.

Reiseplanung Markttag findet im Sommer täglich, im Winter sonntag- und donnerstagvormittags statt. www.oti-delasorgue.fr

❾ Mercado da Ribeira, Lissabon, Portugal
Lissabons größter Markt wurde 1882 gegründet und befindet sich seit 1930 in der authentischen Halle am Fluss. Im Erdgeschoss werden vielerlei Waren, wie Fisch und Meeresfrüchte, Fleisch, Obst und Gemüse, verkauft, oben ist ein Zentrum für traditionelle Kunst und Gastronomie. Schöne Einkäufe sind Honig und die typisch portugiesischen handbemalten Kacheln.

Reiseplanung Der Markt ist täglich außer sonntags, wenn eine Sammlermesse stattfindet, von 5 bis 14 Uhr geöffnet. www.visitlisboa.com

❿ Souk des Chéchias, Tunis, Tunesien
Der Suk (Markt) mit seinen Läden aus dem 19. Jahrhundert ist ganz der *chéchia* gewidmet, dem typischen Hut mit Quaste, und ist der interessanteste in Tunis. Den Hut brachten ursprünglich die Mauren mit, die von 1609 bis 1614 aus Andalusien vertrieben wurden, und er entwickelte sich zum Teil der tunesischen Nationaltracht. Heute gibt es nur noch eine Handvoll Hersteller.

Reiseplanung Hartes Feilschen ist angesagt. Nennen Sie die *chéchia* nicht Fes. www.tourismtunisia.com, www.tunisia.com

Gegenüber: Eine Garköchin auf dem Namdaemun-Markt in Seoul präsentiert eine verlockende Auswahl an Gerichten.

Das Alte Rathaus in Leipzig entstand 1556 und 1557 in nur neun Monaten, wurde aber seither oft umgebaut.

DEUTSCHLAND

Kunst und Messen in Leipzig

Leipzig ist nach langer Zeit hinter dem Eisernen Vorhang wieder eines der blühenden Kulturzentren Deutschlands.

Ein künstlerisches Flair liegt in der Luft der alten sächsischen Stadt Leipzig, vor allem wegen der international anerkannten jungen Künstler der Neuen Leipziger Schule, die an der Akademie der Künste studiert haben. Kunst in geballter Form lässt sich im Westen der Stadt in der Baumwollspinnerei erleben, einst eine der größten in Europa. In den 1990er Jahren wurden die 23 Gebäude auf dem Gelände in einen gewaltigen Kunstkomplex umgebaut. Hier befinden sich nun neben Ateliers und Werkstätten für Maler, Architekten, Juweliere, Möbelschreiner und Tanzgruppen auch Läden, Galerien, Theater und ein Restaurant. Weiter im Osten erinnert das Alte Rathaus aus dem 16. Jahrhundert am Markt an Leipzigs jahrhundertealte Bedeutung als Handels- und Messezentrum. Einige der restaurierten ehemaligen Messegebäude können besichtigt werden, wie der Barthels Hof, hinter dessen Fassade aus dem 19. Jahrhundert sich ein eleganter Innenbereich aus dem 18. Jahrhundert verbirgt, sowie der Speck's Hof, in dessen Innenhof und glasüberdachten Passagen heute Kneipen, Restaurants und Geschäfte ansässig sind.

Beste Reisezeit Ideal ist die Zeit von Juni bis September. Wem Minusgrade nichts ausmachen, der kann Weihnachten kommen, um den Weihnachtsmarkt zu erleben.
Anreise Leipzig ist von Berlin aus mit dem Auto in zwei Stunden zu erreichen. Mit dem ICE dauert die Strecke zwischen Berlin und Leipzig nur halb so lang.
Reiseplanung Mit der Leipzig Welcome Card erhalten Sie freie Fahrt in allen Straßenbahnen und Bussen innerhalb des Stadtgebietes sowie beträchtliche Ermäßigungen in Museen, Restaurants und für Veranstaltungen, so für die Konzerte im Gewandhaus oder zum Bachfest Leipzig.
Websites www.leipzig.de, www.ltm-leipzig.de, www.spinnerei.de

Musik, Kaffee, und Weihnachten

■ Einen Blick in die musikalische Tradition Leipzigs bietet ein Besuch der **Thomaskirche** mit ihrem 800 Jahre alten Thomanerchor. Einer der früheren Chormeister des Knabenchors war auch Johann Sebastian Bach. Eine Statue des Komponisten steht vor der Kirche, auch von Felix Mendelssohn, der ebenfalls in Leipzig lebte.

■ Das Kaffeehaus **Zum Arabischen Coffe Baum,** ein Stück westlich des Alten Rathauses, ist eines der ältesten Europas und verlockt allein schon mit seinem Aroma. In einem Sandsteinrelief über dem Eingang überreicht ein osmanischer Türke Amor eine Tasse Kaffee. Hier tranken schon zahlreiche Berühmtheiten ihren Kaffee, darunter Goethe, Bach, Liszt, Wagner und Grieg. Im dritten Stock zeigt ein kleines Museum Exponate rund um den Kaffee.

■ Der Leipziger **Weihnachtsmarkt** dauert von Ende November bis ein paar Tage vor Weihnachten und ist einer der berühmtesten in Deutschland. Der Markt besteht aus 200 Buden, einer Eislaufbahn und dem größten Adventskalender der Welt, der 857 Quadratmeter misst.

DEUTSCHLAND
Flussvergnügen in München

Badesachen gehören bei einem Besuch in München ins Gepäck, damit Sie wie die Einheimischen im Wasser planschen können

An heißen Sommertagen strömen die Münchner in Scharen zum Picknick, Sonnenbaden und Schwimmen an das Isar-Ufer. Angesagter Treffpunkt ist ein Flussabschnitt nahe der Praterinsel im Zentrum der Stadt, wo die Menschen auf dem breiten Kieselstrand die Sonne genießen und dann im flachen, jadegrünen Wasser baden. Gegen Abend werden Grill und Weinflaschen ausgepackt, und die Party beginnt. Badefreuden bietet auch der Englische Garten nur ein paar Schritte weiter hinter der Prinzregentenstraße mit dem künstlich angelegten Eisbach, der durch die Blumenwiesen des Parks fließt. Er wird von der Isar gespeist und erzeugt mit seiner schnellen Strömung eine ständige Welle, die Surfer in Neoprenanzügen anlockt, die sich darauf jeweils abwechseln. An heißen Tagen ist es verlockend, in den Bach zu springen und sich vom kühlen Wasser mitreißen zu lassen. Wegen der Strömung und der Felsen ist es ein riskantes Unterfangen. Die Verbotsschilder werden allerdings oft ignoriert. Eine Flussfahrt, bei der das Bier fast genauso schnell fließt wie das Wasser, beginnt in Wolfratshausen, 34 Kilometer südwestlich von München. Dort legen traditionelle Holzflöße zu einer sechsstündigen Tour auf der Isar bis zum Stadtrand Münchens ab. Die Flößer in Lederhosen steuern das Floß an Felsen vorbei und über drei niedrige Wasserfälle hinab. Dazu spielt eine Blaskapelle.

Beste Reisezeit Badezeit ist im Sommer. Im Winter geht es ins Müller'sche Volksbad. Im Dezember eröffnen die Weihnachtsmärkte, und auf dem Eisbach sind oft noch ein paar zähe Surfer zu sehen.
Anreise Die Eisbachwelle findet sich im Englischen Garten gleich hinter dem Haus der Kunst. Spazier- und Radwege säumen die Isar. Die Praterinsel liegt nahe dem Deutschen Museum.
Reiseplanung Im Englischen Garten und am Isar-Ufer geht es aufgeschlossen zu: Vielerorts ist Bekleidung kein Muss. Bringen Sie Badelatschen mit ins Volksbad, da der Boden in der Sauna glühend heiß ist.
Websites www.isarflossfahrten.biz, www.muenchen.de

Ein Badekleinod

Das **Müller'sche Volksbad,** ein elegantes Jugendstilbad gegenüber dem Deutschen Museum, ist ganzjährig geöffnet. Das große Hauptschwimmbecken im Ausmaß von 31 mal 13 Meter wird von einem Wasserspeier beäugt.

Daneben gibt es auch ein paar kleinere und wärmere Schwimmbecken, ein römisches Bad mit Dampfbädern und Tauchbecken sowie Saunen, Massageräume und einen Biergarten.

Das Bad entspannt wunderbar nach einem Besichtigungstag (täglich außer montags bis 23 Uhr geöffnet). Es gibt sogar Einzelkabinen für ein Nickerchen.

Es ist zwar kein Strand am Mittelmeer, aber das Isar-Ufer in München ist eine fröhliche, leicht erreichbare Sommeralternative.

ITALIEN
Venedigs Laguneninseln

Nehmen Sie sich Zeit für Venedig, denn auch die weniger bekannten Inseln der Lagune lohnen einen Besuch.

Die meisten der jährlich drei Millionen Besucher Venedigs verbringen nur knapp einen Tag in der Stadt und halten sich an die Hauptinsel mit dem Markusplatz, dem Dogenpalast und der Rialtobrücke. Aber La Serenissima, wie Venedig genannt wird, liegt in einer sumpfigen Lagune mit über 100 Inseln. Wer die Stadt wirklich kennenlernen möchte, sollte mit dem Boot zu den abgelegeneren Ecken der Lagune fahren. Die kleine, kaum bevölkerte Insel Torcello im Nordosten, die mit der Fähre über die Insel Burano zu erreichen ist, gehört zu den zauberhaftesten Flecken Venedigs. Ihre Kathedrale Santa Maria Assunta birgt Mosaike aus dem 12. Jahrhundert, die aus schimmerndem Gold und Glas bestehen und von Torcellos Bedeutung in der byzantinischen Zeit zeugen. Die benachbarten Inseln Mazzorbo und Burano mit ihren kastenförmigen, pastellfarbenen Häusern sind seit dem 15. Jahrhundert für ihre Spitzenherstellung berühmt. Noch abgelegener und nur mit einem Privatboot zu erreichen ist nordöstlich von Torcello die Insel Sant'Ariano. Auf ihr wurden vom 17. bis 20. Jahrhundert die Knochen verstorbener Venezianer abgelegt, um in den Krypten der Stadt Platz für neue Tote zu schaffen. Sant'Erasmo weiter südlich, eine der größten Inseln der Lagune, ist bekannt für ihr fruchtbares Ackerland, auf dem *castraùre*, die jungen Knospen von Artischocken, und Spargel angebaut werden. Auf dem Vaporetto zurück in die Stadt werden die vielfältige Kultur und die unterschiedlichen Landformen und Wasserlandschaften Venedigs ersichtlich.

Beste Reisezeit Venedig kann das ganze Jahr über besucht werden, aber im Hochsommer kann es heiß und feucht und überfüllt sein. Im Winter weht oft ein kalter Nordwind.

Anreise Auf dem Flughafen Venezia Marco Polo landen Inlands- und internationale Flüge. Von dort fahren die Alilaguna-Wasserbusse in Richtung Fondamente Nuove, Lido, Markusplatz, Rialto und Bahnhof. Zugverbindungen mit Venedig gibt es mit den meisten größeren Städten Italiens.

Reiseplanung In der Hauptsaison von Ostern bis Ende Oktober und während größerer Veranstaltungen, wie dem Karneval, den Filmfestspielen und der Biennale, sollten Sie frühzeitig reservieren. Nehmen Sie sich mindestens eine Woche Zeit, um die Lagune zu erkunden.

Websites www.actv.it, www.turismovenezia.it, www.contexttravel.com/venice, www.veniceconnected.com/de, www.labiennale.org

San Lazzaro degli Armeni

1717 schenkte Venedig armenischen Mönchen, die vor den Osmanen geflohen waren, die einstige Leprakolonie auf der kleinen Insel **San Lazzaro** (St. Lazarus, Schutzheiliger der Aussätzigen).

Die Mechitaristenmönche, ein Benediktinerorden, wandelten ihr neues Zuhause zu einem Zentrum der Gelehrsamkeit, Kunst und Literatur um und zogen zahlreiche bedeutende Besucher an, darunter auch den englischen Romantikdichter Lord Byron.

Die Mönche begrüßen noch immer die wenigen Touristen auf ihrer Insel, die zwischen Venedig und dem Lido liegt. Sie bieten einmal täglich kurz nach Ankunft des Vaporettos um 15 Uhr Führungen durchs Kloster an.

Gegenüber und oben: Es ist ein alter Brauch auf Burano, die Häuser in fröhlichen Farben zu streichen.

TOP TEN
STÄDTISCHE UFERWEGE

Viele große Städte liegen an Flüssen und Kanälen, deren Uferwege
oft für faszinierende und aufschlussreiche Erkundungstouren sorgen.

❶ Calzada de Amador, Panama City, Panama
Der knapp fünf Kilometer lange Damm aus Abraum aus dem Bau des Panamakanals verbindet das Festland mit vier Inseln am Pazifikzugang des Kanals. Auf dem Damm befinden sich Restaurants, Einkaufspassagen und Hotels sowie das Meeresausstellungszentrum des Smithsonian Tropical Research Institute und das Museum für Artenvielfalt des Architekten Frank Gehry.

Reiseplanung Der Damm ist von Panama City mit dem Taxi zu erreichen (fünf bis zehn Dollar). www.pancanal.com

❷ Chao Phraya, Bangkok, Thailand
Zentrum des alten Bangkok ist die Insel Rattanakosin zwischen dem Fluss Chao Phraya und den Kanälen, die bei der Gründung der Stadt gebaut wurden. Vom Nationalmuseum führt ein Uferweg in 20 Minuten zur Thanon Phra Athit, einer alten Straße mit Restaurants, kleinen Läden und Cafés. Der Weg bietet einen schönen Blick auf das Leben auf dem Fluss.

Reiseplanung Das Nationalmuseum liegt an der Phra-Pin-klao-Brücke, einem guten Startpunkt für Spaziergänge. www.bangkok.com

❸ RiverWalk, Brisbane, Australien
Die Bewohner lieben ihren Fluss namens Brisbane, und der Uferweg zeigt die schönsten Seiten der Stadt. Er beginnt an der Victoria Bridge und führt flussabwärts zu den South Bank Parklands. Dort geht es entweder über die Fußgängerbrücke zum Botanic Gardens Path oder weiter südwärts zu den Kangaroo Point Cliffs.

Reiseplanung Der RiverWalk ist von überall in der Stadt zu erreichen, auch Führungen werden angeboten. www.brisbane.qld.gov.au

❹ Newa, St. Petersburg, Russland
St. Petersburg ist mit der Newa und den Kanälen wie geschaffen für Uferspaziergänge. Der Palast, die Admiralität und das Englische Ufer liegen zwischen der Leitenanta-Schmidta- und der Troitsky-Brücke am Südufer der Newa. Die Dwortsowy-Brücke dazwischen bietet den schönsten Blick auf den Winterpalast.

Reiseplanung Von Mai bis November hebt sich die Dwortsowy-Brücke zwischen 1.35 und 4.55 Uhr für den Schiffsverkehr. Trotz der späten Stunde findet das Schauspiel begeisterte Zuschauer. www.saint-petersburg.com

❺ Limmat, Zürich, Schweiz
Zürich hat mehr zu bieten als den See. Der Zürichsee ist die Quelle des Limnat, und der Limmatquai am rechten Flussufer ist einer der ältesten Teile der Stadt. Er ist gesäumt von eleganten Zunfthäusern aus dem 17. und 18. Jahrhundert, in denen heute schicke Läden und Restaurants residieren.

Reiseplanung Von Mai bis Oktober stehen kostenlose Fahrräder zur Verfügung, ideal für die Fahrradwege am Fluss. www.zurichtourism.ch

❻ Tiber, Rom, Italien
Die von Ahorn gesäumten Uferwege am Tiber, die Lungoteveri, sind schöne Spazierwege. Ein guter Startpunkt ist die beschauliche Isola Tiberina, die Tiberinsel. Von dort führt der Ponte Fabricio, die älteste Brücke Roms, in das römische Ghetto. Der Abzweig links passiert prachtvolle Paläste aus dem 16. Jahrhundert.

Reiseplanung Im Sommer öffnet das Freiluftkino auf der Isola Tiberina. www.romreise.org

❼ Merseyside, Liverpool, England
Der Pier Head mit dem Cunard Building, dem Port of Liverpool Building und dem Royal Liver Building – alle drei Wahrzeichen der Stadt – erinnert an die Glanzzeit der Transatlantikreisen. Am Albert Dock südlich davon befinden sich die Kunstgalerie Tate Liverpool, ein Schifffahrtsmuseum und das Beatles-Museum.

Reiseplanung Zu einem Besuch des Pier Head gehört eine Bootsfahrt auf dem Fluss. www.visitliverpool.com

❽ Regent's Canal, London, England
Auf Treidelpfaden zogen einst Pferde die Frachtkähne auf den Kanälen, heute sind sie Spazierwege durch London. Ein hübscher Abschnitt des Regent's Canal im Norden Londons sind die drei Kilometer vom Camden Lock bis nach Little Venice. Der Weg führt an Gärten der Reichen vorbei, manchmal ist der Gesang von Nachtigallen und Gebrüll aus dem Zoo zu hören.

Reiseplanung Camden ist der U-Bahnhof zum Camden Lock, Warwick Avenue für Little Venice. www.canalmuseum.org.uk

❾ Les Berges du Rhône, Lyon, Frankreich
In Lyon fließen zwei Ströme zusammen, die Rhône und die Saône. Beide sind von Straßen gesäumt. An den Berges du Rhône (Rhône-Ufer) sind Autos nunmehr verboten, sodass sie eine schöne Promenade am linken Ufer der Rhône ergeben, was besonders Spaziergänger, Inlineskater und Picknicker erfreut. Die traditionellen Kähne sind heute Restaurants und Cafés.

Reiseplanung An den kühlen Abenden sind die Brücken über die Rhône märchenhaft beleuchtet. www.de.lyon-france.com

❿ Tejo, Lissabon, Portugal
Von der Praça do Comércio sind es acht Kilometer am Ufer des Tejo entlang bis nach Belém, wo Vasco da Gama und andere Eroberer im 16. Jahrhundert ablegten. Kürzer ist der Weg von der Doca de Santo Amaro, einem Yachthafen unter der Ponte 25 de Abril. In Belém gibt es die köstlichen *pastéis de Belém* (Vanillecremetörtchen), und im Kloster Jerónimos ist Vasco da Gama begraben.

Reiseplanung Busse und Züge verkehren vom Bahnhof Cais de Sodré zur Doca de Santo Amaro und nach Belém. www.lissabon.com

---

Gegenüber: Die Bluterlöserkirche von 1907 wacht über einen stillen Abschnitt des Gribojedow-Kanals in St. Petersburg.

In den Gassen der Altstadt Genuas wird überall frisches Obst und Gemüse verkauft.

ITALIEN

Die Gassen von Genua

Frühmorgens bietet das Straßenlabyrinth Genuas die besten Gelegenheiten köstlichste Leckereien zu probieren.

Sich in einem fremden Ort zu verlaufen hat einen gewissen Reiz, und in Genua gehört Verlaufen fast schon zum Programm. Zahllose enge Gassen, im heimischen Dialekt *caruggi* genannt, durchziehen die Stadt und bilden ein kompliziertes Geflecht mit unzähligen Variationen, um von Punkt A nach Punkt B zu kommen. Zu Ehren der Seefahrtsgeschichte von „La Superba" (die Stolze), so der Beiname der Stadt, beginnt der Rundgang um den Porto Antico (Alten Hafen). Die Stadt war schließlich Geburtsort von Christoph Kolumbus und zählte einst zu den größten Seemächten der Welt. Noch heute ist sie eine der beiden größten Hafenstädte Italiens. Nahe dem Porto Antico befinden sich das Aquarium, das zweitgrößte Europas, und die Biosphären-Glaskugel. Von der weiten Piazza Caricamento führt der lange Fußgängerweg Via Sottoripa landeinwärts. Dort bieten Straßenverkäufer frischen Fisch, knusprig goldene *panisse* (Kichererbsenbratlinge) und *frisceu* (pikante Krapfen mit Kräutern). In Geschäften namens *sciamadde* werden diese beiden und zahlreiche andere Leckereien verkauft. Ein Imbiss in einem der Läden oder besser noch ein gemächlicher Bummel, um mehrere davon zu genießen, sorgt auf dem Streifzug über die Via Garibaldi für Energie. Die stille Straße ist von 14 prächtigen Palästen gesäumt.

Beste Reisezeit Genua ist das ganze Jahr über mild, im Winter weht jedoch oft ein kalter Nordwind.
Anreise Die stimmungsvollste Ankunft im Porto Antico ist wohl mit dem NaveBus (Wasserbus), der ihn mit dem Strandvorort Pegli verbindet, wo sich viele der Hotels befinden.
Reiseplanung Die typischen gebackenen und frittierten Leckereien sind vormittags am frischesten. Die engen Gassen sollten nachts ohne Begleitung gemieden werden.
Websites www.genova-turismo.it, www.civiltaforchetta.it/Stampa/HowtoeatinGenoa_s.html

Kulinarisches Genua

In Genua gab es schon immer viele Restaurants, die einst die Seeleute und Entdecker an Land zurücklockten. Ein beliebtes einheimisches Gericht ist die *farinata*, ein dünner, knuspriger Pfannkuchen aus aromatischem Kichererbsenmehl und fruchtigem ligurischen Olivenöl, das als das beste Italiens gilt. Eines der schönsten Lokale, das diese traditionelle Leckerei serviert, ist auch eines der ältesten: Auf den Holzöfen des **Antica Sciamadda** wird schon seit über 200 Jahren gekocht und gebacken.

Danach geht es zu Pietro Romanengo fu Stefano, dem zweitältesten Süßwarenladen in Europa. Dort gibt es Geleefrüchte in allen Farben und kandierte Veilchen, die ebenso köstlich süß wie teuer sind.

BELGIEN

Le Châtelain

Designer, Künstler und Kunsthandwerker jeglicher Art zieht es seit jeher in dieses Art-déco- und Jugendstilviertel.

Die trendige Gegend um die Place du Châtelain im Viertel Ixelles (niederländisch Elsene) im südlichen Brüssel ist ein Hort kultureller Vielfalt, die am schönsten mittwochnachmittags zu erleben ist, wenn sich Marktstände auf dem Platz und in der Rue du Bailli ausbreiten. Dort verkauft auch der Schokoladen- und Süßwarenhersteller Irsi seine berühmten Zuckermandeln und *manons*, Konfekt mit Sahne, Vanille und Kaffee- oder Schokoladencreme. In dem Viertel waren ab den 1890er Jahren die Jugendstilarchitekten Victor Horta und Paul Hankar tätig. Das Horta-Museum in der Rue Américaine, zwei Blocks von der Place du Châtelain, besteht aus Wohnung und Atelier von Horta. Hankars Haus liegt nördlich in der Rue Defacqz. Weitere Jugendstil- und Art-déco-Bauten schmücken die Avenue Louise mit ihren Boutiquen, Kunstgalerien, Antiquitätenläden und Juwelieren. Nr. 346 ist Hortas jüngst restauriertes Hotel Max Hallet, ein elegantes Haus, das für den Rechtsanwalt Max Hallet gebaut wurde. Eine grüne Oase ist der Park mit den beiden Étangs d'Ixelles (Vijvers Elsene, Ixelles-Teiche). Er liegt jenseits der Avenue Louise im westlichen Teil von Ixelles. An der Place Ste-Croix (Het Heilig-Kruisplein) steht das ehemalige Haus des belgischen Radios. Das Art-déco-Gebäude wurde Ende der 1930er Jahre von Joseph Diongre gebaut und ist heute ein Kulturzentrum.

Beste Reisezeit Von Mai bis Oktober ist das Wetter mild. Im Sommer gibt es ein buntes Angebot an Festen und Bühnenprogrammen. Im Dezember eröffnen der Weihnachtsmarkt und die Eisbahn.

Anreise Châtelain liegt 30 Minuten zu Fuß von der Grand-Place, einer der schönsten Plätze Europas. Sie können aber auch ab der Metrostation Louise die Straßenbahn 91 oder 92 nehmen.

Reiseplanung Zu den ungewöhnlichen Attraktionen gehören das Belgische Comiczentrum in der Rue des Sables in einem Gebäude von 1906 des Architekten Victor Horta oder die Familienbrauerei Cantillon in der Rue Gheude. Die fünf Euro für die Führung enthalten auch ein Glas Geuze, ein typisches Brüsseler Bier.

Websites www.flandern.com, www.belgien-tourismus.de

Spekulatius

Spekulatius wurden ursprünglich mit handgeschnitzten Holzmodeln in Form des heiligen Nikolaus ausgestochen und braven Kindern am 6. Dezember, dem Nikolaustag, überreicht. Heute gibt es sie auf belgischen Märkten das ganze Jahr über. Die knusprigen Gewürzkekse werden mit braunem Zucker, Nelken, Zimt, Ingwer, Muskat und blanchierten Mandeln gebacken und können durchaus süchtig machen. Sie schmecken besonders gut zu einer Tasse Kaffee, manchmal werden sie auch zum Eis serviert.

Der See auf dem hübschen Square Marie-Louise ist einer der wenigen erhaltenen Teiche von den einst 48, die es in der Stadt gab.

TOP TEN
ABSEITS DES TRUBELS

Abgelegene Ecken in der Stadt bieten reichlich Überraschungen, wie ein zauberhafter Küstengarten in Tokio und Berliner Hinterhöfe mit innovativen Galerien und Cafés.

❶ Garfield Park Conservatory, Chicago, USA

Das Treibhaus inmitten von Gärten und Äckern ist eine unerwartet lauschige Ecke in der „Windy City". Das Gewächshaus gleicht einer Scheune und liegt in einem 74 Hektar großen Park. Dort befinden sich auch der City Garden und der Monet Garden nach dem Vorbild des Originals im französischen Giverny.

Reiseplanung Das Glashaus liegt beim Bahnhof Conservatory-Central Park Drive an der CTA Green Line. www.garfieldconservatory.org

❷ Museo Casa de la Bola, Mexiko-Stadt

Die luxuriöse Villa quillt über von geschmackvollen Gemälden, Skulpturen und Raritäten des Sammlers Don Antonio Haghenbeck y de la Lama, der hier von 1942 bis zu seinem Tod 1991 lebte. Besonders schön sind der Ballsaal Salón Versailles und die Privatkapelle, und auch der große Garten ist hinreißend.

Reiseplanung Sonntags von 11 bis 17 Uhr geöffnet, werktags nach Vereinbarung. www.mexicocity.gob.mx

❸ Parque Enrique Lage, Rio de Janeiro, Brasilien

Die Villa mit ihrer eleganten Kolonnadenterrasse um einen Pool ist das Herz dieses zauberhaften subtropischen Parks. Sie wurde in den 1920er Jahren für ihre Besitzer, die Mezzosopranistin Gabriella Besanzoni und ihren Mann, den Schiffsbauer Enrique Lage, umgebaut. Im Café du Lage der heutigen Kunstschule können Gäste auf Kissen an niedrigen Tischen oder am Pool sitzen.

Reiseplanung Der Park liegt in der Rua Jardim Botânico Nr. 414 im Süden der Stadt. www.ipanema.com

❹ Hamarikyu-Garten, Tokio, Japan

Der Hamarikyu-Garten in der Bucht von Tokio jenseits der Wolkenkratzer von Shiodome ist das einstige Entenjagdrevier der Tokugawa-Shogune. Es gibt dort noch heute einen Salzwassersee und Karpfenteiche. Schwarzkiefern und Kirschbäume wachsen hier neben Kamelien, Hortensien und Pfingstrosen. Auf der Veranda des eleganten Teehauses Nakajima wird Tee serviert.

Reiseplanung Die beste Anfahrt ist per Boot. Im Garten gibt es einen Landungssteg für den Asakusa-Wasserbus. japan-infos.de

❺ Sihwa-See, Ansan, Südkorea

Eine Kläranlage hört sich zwar nicht wie ein ideales Ausflugsziel an, aber im Schilf des Riedfeuchtgebietes Sihwa-See, das eigentlich auf natürliche Art Abwasser klären soll, wimmelt es von ungetrübtem Leben. Ein etwa 1,5 Kilometer langer Weg ermöglicht einen Blick über Schilf und Teiche, wo Vögel und Blumen je nach Jahreszeit kommen und gehen.

Reiseplanung Das Gebiet ist von Seoul in einer guten Stunde mit der U-Bahnlinie 4 und dem Bus 52 zu erreichen. www.visitseoul.net

❻ Fairfield Park, Melbourne, Australien

Wer gerne mit dem Boot gemächlich durch städtisches Buschland gleitet, kann das am Fairfield Park Boathouse, einem edwardianischen Haus am Yarra von 1908. Das Bootshaus serviert auf der Terrasse Gegrilltes und ist berühmt für seinen „Devonshire Tea" mit Scones und Sahne. Eine elegante Bootstour lässt sich mit dem „Gentleman-Ruderboot" unternehmen.

Reiseplanung Im Winter brennt ein Kamin. www.fairfieldboathouse.com

❼ Banganga-Becken, Mumbai, Indien

Das künstliche Becken, das von unterirdischen Quellen gespeist wird, liegt oberhalb des chaotischen Mumbai. Es ist eine der am meisten verehrten Stätten der Stadt, wo die Stille des Wassers nur vom Glockengeläut und Gebet aus den Hindu-Tempeln unterbrochen wird. An allen vier Seiten führen Steintreppen ins Becken, in dem sich Fische und sogar Schildkröten tummeln.

Reiseplanung Das Becken liegt nicht weit vom Busdepot Walkeshwar am Südrand des Malabar Hill. www.maharashtratourism.gov.in

❽ Palais Lobkowitz, Prag, Tschechien

Seit dem 16. Jahrhundert gehört dieser Teil der Prager Burg dem Geschlecht der Lobkowitz, mit Ausnahme der 40 Jahre unter kommunistischer Herrschaft. Heute ist es ein privates Museum, das die Sammlungen der Familie zur Schau stellt. Dazu gehören Bilder von Breughel, Velázquez und Canaletto sowie signierte Partituren von Beethoven und Mozart.

Reiseplanung Jeden Tag um 13 Uhr spielt ein Trio klassische Musik im Konzertsaal. www.lobkowiczevents.cz

❾ Hinterhöfe, Berlin

Die Hinterhöfe der Altbauten in den ehemaligen Berliner Arbeiterbezirken lohnen immer einen Blick. Viele sind vernachlässigt, aber man entdeckt oft eine Galerie, eine Kneipe, ein Café oder ein kleines Museum. In der Sophienstraße 21 verbergen sich die Sophie-Gips-Höfe mit dem Café Barcomi und Galerien.

Reiseplanung In Kreuzberg blüht in Hinterhöfen wie dem Aqua Carré in der Lobeckstraße eine innovative Kunstszene. www.visitberlin.de

❿ Jermyn Street, London, England

Der älteste Laden in der Straße, der Hemden, Stiefel, Schmuck und allerlei männliche Bedarfsartikel verkauft, ist die Parfümerie Floris in Nr. 89. Das Geschäft stammt aus dem 18. Jahrhundert und gehört noch immer der Familie des Gründers Juan Famenias Floris. Am Nordende der Straße locken die schmucken Läden der Princes und der Piccadilly Arcade.

Reiseplanung Große Portionen Steaks und Pommes frites serviert Rowley's Restaurant in Nr. 113. www.jermynstreet.net

Gegenüber: Ein alter Pilger hockt im Lotossitz am Rand des Banganga-Beckens in Mumbai.

Der Pont Valentré, der eleganteste Bau in Cahors, überspannt eine ruhige Biegung des Lot westlich der Stadt.

FRANKREICH

Die Gärten von Cahors

Cahors in Südwestfrankreich, berühmt für Kunst und Musik, bietet einen Spazierweg zu den verborgenen Gärten der Stadt.

Es gibt viele Wege, eine Stadt zu erkunden, besonders eine mit einer alten Kathedrale, Kirchen, einer imposanten mittelalterlichen Brücke und prachtvollen Häusern am Fluss. Kaum etwas ist reizvoller, als einem Weg zu folgen, der von über 30 verborgenen Gärten gesäumt ist, die alle von der bedeutenden Geschichte der Stadt erzählen. In Cahors gibt es jahrhundertealte und neue Gärten, einen maurischen und einen italienischen Garten, einen Skulpturengarten und viele mehr. Startpunkt ist der Jardin de l'Ivresse, der Garten des Rausches, an der Ostseite des Pont Valentré, der als Weingarten die Rolle der Stadt als Zentrum einer Weinregion ehrt. Im Herbarium des Hôpital de Grossia wachsen seit dem Mittelalter Heilkräuter, von denen einige von den Kreuzfahrern mitgebracht wurden. Im Courtil des Moines pflanzten Benediktinermönche *(moines)* Sauerampfer, Borretsch und Artischocken in einem Gemüsebeet *(courtil)* für ihre Küche an. Der Jardin Bouquetier, der Blumengarten, liefert die Altarblumen für die Kathedrale, in deren Kreuzgang, dem Préau Céleste, dem Himmelshof, getrimmte Buchsbaumhecken und Lavendelbüsche gedeihen. Die Place des Épices, der Gewürzplatz, stammt aus dem Mittelalter, als Cahors eine wichtige Station auf der Gewürzstraße zwischen Asien, Spanien und Nordeuropa war.

Beste Reisezeit Spätfrühling und Frühherbst sind am schönsten, da der Sommer heiß und feucht ist. Mittwochs und samstags ist Markt, den Sie möglichst früh besuchen sollten.
Anreise Cahors liegt 113 Kilometer nördlich von Toulouse.
Reiseplanung Der Weg dauert mindestens zwei Stunden. Das Restaurant Le Balandre im Hotel Terminus ist berühmt für seine Küche und Weinkarte. Preiswerter, aber gut ist L'O à la Bouche in der Rue St. Urcisse.
Websites www.quercy-tourisme.com, www.frenchentree.com/france-lot-quercy

Die Teufelsbrücke

Der **Pont Valentré** von 1306 wird als die schönste erhaltene Wehrbrücke Europas betrachtet. Ihre drei Türme sind so massiv, dass sie selten angegriffen und nie erobert wurde. Aufgrund einer Legende wird sie auch Pont du Diable (Teufelsbrücke) genannt: Der Bau dauerte so lange, insgesamt 70 Jahre, dass der Baumeister einen Pakt mit dem Teufel schloss, um sie vollenden zu können. Aber kurz vor der Fertigstellung änderte der Baumeister seine Meinung und brach die Abmachung. Der Teufel stahl aus Rache jede Nacht den letzten Stein, der im Mittelturm gelegt wurde und der dann am nächsten Tag ersetzt werden musste. Aber der Teufel entfernte ihn wieder in der darauffolgenden Nacht. Bei Restaurierungsarbeiten in den 1870er Jahren wurde eine kleine Teufelsstatue an der Ostfassade des Mittelturms direkt unter dem Dach angebracht.

SCHOTTLAND

Mackintosh Building

Kunststudenten führen durch das Meisterwerk des Glasgower Architekten Charles Rennie Mackintosh.

Ein Hausmeisterhäuschen, das wie eine japanische Laterne in einem Treppenhaus schwebt, ist nur eine der Überraschungen im Mackintosh Building der Glasgower Kunsthochschule. Das Bauwerk mit seiner Mischung aus schottischem Baronialstil, Jugendstil und einem Hauch Japan präsentierte bei seiner Eröffnung eine innovative Lichtnutzung und eine aufsehenerregende Einrichtung. Mackintoshs Leidenschaft für Details ist in den Fluren des Atelierflügels zu sehen, wo die Nischen in den Wänden jeweils eine Vase mit einer einzelnen Rose enthielten. Leider erlaubt das Budget des ramponierten, aber geschätzten Gebäudes keine frischen Rosen mehr. Der oberste Stock ist oft von Nordlicht durchflutet und wird „Hühnerhof" genannt, da sich dort ursprünglich die Studentinnen aufhielten. Er blickt auf die glasüberdachte Hauptgalerie und bietet eine großartige Aussicht auf Glasgow. Die Flügelfenster dienten Generationen von Studenten, die an den Klapptischen darunter zeichneten, als Rahmen für diesen Blick. Die Bibliothek mit drei Stockwerke hohen Erkerfenstern ist das stille Herz der Hochschule und wurde als einer der letzten Räume vollendet. Das Licht, das zwischen die dunklen Holzbalken strömt, eine Empore und die Stühle mit hohen Lehnen verleihen dem Raum die Atmosphäre einer Waldlichtung.

Beste Reisezeit Ganzjährig. Von April bis September gibt es von 10 bis 17 Uhr täglich sieben Führungen, von Oktober bis März finden sie um 11 und 15 Uhr statt.

Anreise Das Haus liegt fünf Minuten zu Fuß vom U-Bahnhof Cowcaddens entfernt mit einem kurzen, steilen Stück den Hügel Garnethill an der Sauchiehall Street hinauf. Wenn Sie an einer Führung teilnehmen, benutzen Sie den Seiteneingang in der Dalhousie Street 11.

Reiseplanung Im Gebäude gibt es einen Laden, eine Möbelgalerie und Ausstellungsräume, die jederzeit zu den Öffnungszeiten zu besichtigen sind. Der Rest des Gebäudes ist nur mit Führung zugänglich, meist mit einem Studenten. Die Führung sollte zuvor gebucht werden.

Websites www.gsa.ac.uk, www.crmsociety.com, www.seeglasgow.com

Auf Mackintoshs Spuren

■ Einblicke in die enge Zusammenarbeit von Mackintosh und seiner Frau, der Künstlerin Margaret MacDonald, bietet das **Mackintosh House** im Hunterian Museum and Art Gallery der Glasgow University. Es besteht aus einigen nachgebildeten Zimmern ihres Glasgower Hauses, die mit originalen Möbeln eingerichtet sind.

■ Weitere Stätten sind **The Willow Tea Rooms** in der Sauchiehall Street, die **Mackintosh Church** am Queen's Cross und zwei Zeitungsgebäude, das **Daily Record Building** und das **Lighthouse,** einst die Redaktion des *Glasgow Herald*.

Das Detail an einem Bücherschrank, der heute im Mackintosh Building steht, wurde ursprünglich 1897 für das Schulzimmer eines Privathauses entworfen.

ENGLAND

INNS OF COURT, LONDON

Die stillen und jahrhundertealten Enklaven in Londons Gerichtsviertel sind Welten vom Getriebe der Hauptstadt entfernt.

Zwischen Festsälen, Kapellen, Bibliotheken, Schatzkammern und Anwaltskanzleien verstecken sich gepflegte Gärten, in denen die Angestellten ihre Mittagspause verbringen können. Die vier Inns of Court, nur ein paar Schritte von den Royal Courts of Justice an der Strand entfernt, wurden im Mittelalter gegründet und sind die Anwaltskammern für die *barrister,* im englischen Rechtssystem die Anwälte, die vor Gericht plädieren dürfen. Die backsteinernen Gebäude des Lincoln's Inn im Tudorstil liegen den Courts of Justice am nächsten. Im eleganten New Square des Inn durchbricht das Plätschern der Jubilee Fountain von 2004 die Stille des weiten, blumengesäumten Rasens. Durch den zwei Hektar großen Rasen des Gray's Inn weiter östlich verläuft die Platanenallee The Walks. Faszinierend sind der Middle und der Inner Temple mit ihrem Gewirr aus Höfen und Gassen zwischen Fleet Street und der Themse. Die beiden Inns verdanken ihren Namen den Tempelrittern, die hier im 11. Jahrhundert ihren englischen Sitz gründeten und auch die Temple Church bauten, die sich heute Middle und Inner Temple teilen, als Nachbildung der Grabeskirche in Jerusalem. Im Elm Court des Middle Temple blühen duftende Bauerngartenblumen, und der Fountain Court, ein gepflasterter Platz mit Bänken unter Maulbeerbäumen, ist wahrhaftig ein Ort der Einkehr und Besinnlichkeit.

Beste Reisezeit Ganzjährig, aber die Gärten sind im Frühjahr und Sommer am schönsten. Die Inns sind nur werktags geöffnet, die Rasenflächen nur zur Mittagspause.
Anreise Die nächsten U-Bahnhöfe sind Temple, Holborn und Chancery Lane.
Reiseplanung Mittagsimbiss verkauft Fuzzy's Grub, 62 Fleet Street, zum Beispiel ein Sandwich mit Roastbeef und Meerrettich oder mit gerösteten Tomaten und reifem Cheddar. Der Garten des Inner Temple ist werktags von 12.30 bis 15 Uhr geöffnet, das Soane Museum dienstags bis samstags von 10 bis 17 Uhr.
Websites www.graysinn.info, www.lincolnsinn.org.uk, www.innertemple.org.uk, www.middletemple.org.uk, www.soane.org

Lincoln's Inn Fields

■ An der Nordseite des größten Platzes Londons liegt das **Sir John Soane's Museum,** eine Kunst- und Antikensammlung, die der Architekt und eifrige Sammler Sir John Soane (1753–1837) dem Staat vermacht hat. Nur 70 Besucher werden gleichzeitig eingelassen, wodurch die Exponate umso besser bewundert werden können, so der Sarkophag von Sethos I. in der Krypta und Bilder von Hogarth in der Galerie.

■ Der **Old Curiosity Shop** nahe dem Platz, ein Laden in einem urigen Fachwerkhaus aus dem 16. Jahrhundert, soll Vorbild für den Roman „Der Raritätenladen" von Charles Dickens gewesen sein.

Die Great Hall im Inner Temple steht an der Stelle eines der alten Saalbauten der Tempelritter.

Das Museo Sorolla wurde wie zu Lebzeiten Sorollas belassen, samt seinem letzten unvollendeten Werk auf der Staffelei.

SPANIEN

Kleine Museen in Madrid

Wahre Kunstliebhaber erkunden die kleineren und intimeren Museen mit erstklassigen Sammlungen und ohne Andrang.

Madrids berühmte Kunstmeile — das Museo del Prado, Museo Thyssen-Bornemisza und das Centro de Arte Reina Sofía — weist zwar die größte Dichte großartiger Gemälde auf, aber die weniger bekannten Sammlungen der spanischen Hauptstadt sind oft überschaubarer. Vom Nordende des Paseo del Prado sind es 30 Minuten zu Fuß über den Paseo de la Castellana zum Museo Sorolla in der Avenida General Martínez Campos, dem einstigen Haus von Joaquín Sorolla (1863–1923), des besten Impressionisten Spaniens. Sorolla, bekannt für seine Strandszenen in strahlendem Sonnenlicht, war ein Meister des Lichts der Levante, Spaniens Mittelmeerküste um Valencia. Das nahe Museum der Fundación Lázaro Galdiano im ehemaligen Haus des Finanziers und Verlegers José Lázaro Galdiano (1862–1947) ist berühmt für seine Elfenbein- und Emaillesammlung sowie für Werke von Hieronymus Bosch, El Greco, Zurbarán, Murillo und Goya. Die Real Academia de Bellas Artes de San Fernando in der Calle Alcalá bei Puerta del Sol besitzt eine Sammlung von Werken aus 500 Jahren spanischer Malerei, von José de Ribera über Murillo bis Sorolla. Glanzlichter sind die Werke Goyas: ein Dutzend Gemälde und 30 Stiche. Ebenfalls bei Puerta del Sol liegt das Monasterio de las Descalzas Reales aus dem 16. Jahrhundert mit seinen Meisterwerken unter anderem von Brueghel dem Älteren, Tizian und Zurbarán.

Beste Reisezeit Die beste Zeit in Madrid ist von Oktober bis Juni, wenn das Wetter kühl, trocken, frisch und sonnig ist.

Anreise Zu Fuß kommt man am besten in der Stadt herum. Auch längere Strecken sind überraschend gut zu Fuß zu bewältigen.

Reiseplanung Packen Sie gute Laufschuhe sowie leichte und warme Kleidung ein, auch Lippenbalsam und Sonnencreme, da die Luft auf der 640 Meter hohen Meseta, dem Zentralplateau Spaniens, trocken ist.

Websites www.madridcard.com, www.madrid-reise.de

Unerwartete Schätze

■ Die **Kirche San Antón** in der Calle Hortaleza im Stadtteil Chueca ist ein weiteres verstecktes Juwel Madrids. Im Halbdunkel eines Seitenaltars rechts im Kirchenschiff hängt unauffällig vermutlich Goyas letztes größeres Sakralgemälde, „Die letzte Kommunion des San José de Calasanz" (1819), oder zumindest eine Studie davon oder möglicherweise eine Kopie.

■ Auch das **Museo Nacional del Romanticismo** lohnt einen Besuch. Es zeigt Goyas „San Gregorio Magno", Werke seines Schülers Leonardo Alenza sowie Kunst und Objekte aus der Zeit der Romantik im 19. Jahrhundert.

Register

A

Abbaye St-Pierre, Moissac, Frankreich 178
Abergavenny, Wales 127
Abgelegene Wasserwege 118
Acton Scott Historic Working Farm, England 196
Agios Georgios, Korfu, Griechenland 106
Ägypten
    Agatha Christie 29
    Assuan 29
    Gräber von Beni Hassan 155
    Kairo 26
    Nil 29
    Tell el-Amarna 155
Ägyptisches Museum, Turin, Italien 207
Aija, Oman 16
Akan-Nationalpark, Japan 45
Alaska, USA
    Grizzlybären 56
    Walbeobachtung 37
    Weißkopfseeadler 37
    White Pass & Yukon Railroad 122
    Wrangell-St.-Elias-Nationalpark 37
Alberobella, Italien 117
Alberta, Kanada 10
Albi, Frankreich 212
Allerheiligen, Schaffhausen, Schweiz 178
Alpen, Schweiz 9, 24
Amboseli-Nationalpark, Kenia 30
Amphitheater Pula, Istrien, Kroatien 150
Anatolien, Türkei 136
Anavilhanas-Archipel, Brasilien 118
Andamansee-Riff, Thailand 80
Anden, Südamerika 13, 110
Andros Island, Bahamas 80
Ansan, Südkorea 266
Antalya, Türkei 150
Antarktis 77
Antillen 70, 72
Aran Islands, Irland 16
Ardennen, Belgien 200
Argentinien
    Anden 110
    La Trochita (Zug) 122
    Purmamarca 110
    Salta 110
Artscape Nordland, Norwegen 214
Assuan, Ägypten 29
Atacamawüste, Chile 136, 225
Atchafalaya Swamp, Louisiana 40
Äthiopische Kirche, Jerusalem, Israel 173
Austin, Nevada 105
Australien
    Alice Springs 113
    Birdsville Working Museum 188
    Brisbane 262
    Broome 106
    Cape Leeuwin 16
    Charters Towers 230
    Fraser Island 76
    Kokosinseln (Keeling Islands) 70
    Larapinta Trail 113
    Melbourne 266
    Myall Lakes 118
    Namatjira, Albert 113
    Ningaloo 80
    Outback 53
    Schildkröten 80
    Sunlander (Zug) 122
    Sydney 92
    Tasmanien 15
    Walpole-Nornalup 52

B

Bahamas
    Andros Island 80
    Eleuthera 70
Bahnreisen 122
Baía de Sagres, Portugal 16
Bandelier National Monument, New Mexico 139
Bandiagara-Plateau, Mali 31
Banganga-Becken, Mumbai, Indien 266
Bangkok, Thailand
    Chao Phraya 262
    Jim Thompson House 210
    Pak Khlong Talat 256
    Songkran Niyomsane Museum 188
Barcelona, Spanien
    Museu de Carrosses Fúnebres 188
Bardo, Nationalmuseum, Tunis, Tunesien 217
Barra, Schottland 91
Baskenland, Küstenwanderung, Spanien 124
Beaufort, South Carolina 68
Beget, Spanien 243
Beijing, China
    Blumen-, Vogel-, Fisch- und Insektenmarkt 256
    Hutong 251
    Steuermuseum Beijing 188
Béla-Bartók-Gedenkhaus, Budapest, Ungarn 204–205
Belchite, Saragossa, Spanien 136
Belgien
    Bierfest in Diksmuide 232
    Brügge siehe Brügge
    Brüssel 265
    Château d'Hassonville, Ardennen 200
    Kortrijk 206
    Küche 265
Belize
    Brüllaffen-Reservat 56
    Poustinia Land Art Park 214
    San Pedro 80
Beni Hassan, Gräber, Ägypten 155
Berlin
    Hinterhöfe 266
    Reichstagskuppel 26
Berry, Frankreich 168
Bhangarh, Rajasthan, Indien 136
Bhutan 171
Bialowieza-Nationalpark, Polen/Weißrussland 62
Bierfeste 232
Big Island Hawaiian Music Festival, Hawaii 222
Biltmore House, North Carolina 194
Birdsville, Australien 188
Blackford Hill, Edinburgh, Schottland 26
Bodie, Kalifornien 136
Bonaire, Niederländische Antillen 70
Bonifacio, Korsika, Frankreich 25
Borgo San Lorenzo, Italien 168
Bosnien und Herzegowina 122
Boston, Massachusetts
    Georges Island 92
    Isabella Stewart Gardner Museum 210
    Spectacle Island 92
Boti, Timor, Indonesien 229
Boundary Waters, Minnesota 118
Bowen Island, Vancouver 92
Bozeman, Montana 196
Brasilien
    Anavilhanas-Archipel 118
    Fernando de Noronha 75
    Fumaça-Wasserfall 14
    Ilha Grande 70
    Morro de São Paulo 106
    Musik, Rio de Janeiro 249
    Olinda 185, 195
    Rio de Janeiro siehe Rio de Janeiro
    Suppenschildkröte, Leão-Bucht 75
Brimstone Hill Fortress, St. Kitts und Nevis 140
Brisbane, Australien 262
British Columbia, Kanada 32–33, 38
Bromo, Java, Indonesien 20
Broome, Western Australia 106
Brügge, Belgien
    Beginenhof 206
    Liebfrauenkirche 168
    Lumina Domestica 188
Brüssel, Belgien 265
Budapest, Ungarn
    Béla-Bartók-Gedenkhaus 205
    Margareteninsel 92
Bukarest, Rumänien 177
Bulgarien 61
Bulla Regia, Villen, Tunesien 150
Burgos, Spanien 216

C

Cable Beach, Broome, Australien 106
Cacilhas, Lissabon, Portugal 26
Cahors, Frankreich 268
Cahuita-Nationalpark, Korallenriff, Costa Rica 80
Cala Luna, Sardinien, Italien 106
Camera Obscura, Havanna, Kuba 26
Cañón de Colca, Peru 13
Canouan, St. Vincent & die Grenadinen 106
Cao Bang, Provinz, Vietnam 228
Cape Cod, Massachusetts 106
Cape Leeuwin, Australien 16
Cartagena, Kolumbien 178
Cartagena, Spanien 150
Cass Scenic Railroad, West Virginia 122
Castello di Ripa d'Orcia, Toskana, Italien 200
Castlebay, Barra, Schottland 91
Catalina Island, Kalifornien 106
Celsus-Bibliothek, Ephesos, Türkei 150
Central Park, New York 246
Chaco Canyon, New Mexico 136
Chapelle Expiatoire, Paris, Frankreich 181
Charters Towers, Australien 230
Château d'Hassonville, Ardennen, Belgien 200
Château des Briottières, Loire-Tal, Frankreich 200
Château du Bosc, Naucelle, Frankreich 212
Chettiar-Villen, Tamil Nadu, Indien 202
Chicago, Illinois
    Garfield Park Conservatory 266
    Willis Tower 26
Chile
    Anden 110
    Atacamawüste 136, 225
    Humberstone 136
    San Pedro de Atacama 110, 225
    Santa Laura 136
    Santiago 256
    Weinlesefest in Curicó 232
China
    Beijing siehe Beijing
    Drei Parallelflüsse von Yunnan 47
    Guling 19
    Hukeng 227
    Jangtsekiang 19, 47
    Kashgar 256
    Lu Shan 19
    Mekong (Lancang Jiang) 47
    Miao Lusheng Festival, Guizhou 222–223
    Pingyao 245, 250
    Saluen 46
    Shaanxi, Provinz 56
    Zhejiang 143
Chisinau, Moldawien 232
Choquequirao, Peru 142
Christ-Erlöser-Kathedrale, Moskau, Russland 26
Chyulu-Hill-Nationalpark, Kenia 30
City Island, New York 92
City of London, Kirchen 183
Coast Guard Beach, Massachusetts 106
Cockatoo Island, Sydney, Australien 92
Coffee Bay, Südafrika 65
Collonges-la-Rouge, Frankreich 235
Colorado, USA
    Molly Brown House Museum, Denver 196
    St. Elmo 136
Connecticut, USA
    Chester-Hadlyme-Fähre 186
    Gillette Castle 186
    Goodspeed Opera House 186
Convento de Cristo, Tomar, Portugal 178
Copán, Honduras 141
Corbett-Nationalpark, Indien 21

Costa Rica
  Kapuzineraffen 42
  Korallenriffe im Cahuita Nationalpark 80
  Reserva Biológica Bosque Nuboso Monteverde 42
  Santa-Rosa-Nationalpark 42
Cotswold-Dörfer, England 242
County Clare, Irland 200
Crooked Road, Virginia 103
Crypte Archéologique, Paris, Frankreich 153
Cuetzalán, Mexiko 224
Curicó, Chile 232
Cusco-Kathedrale, Peru 168

D
Dänemark
  Dänische Riviera 116
  Kopenhagen 7, 116
  Louisiana Museum of Modern Art 116
  Roskilde, Rockfestival 222
De Hoop Nature Reserve, Südafrika 106
Dead Horse Point State Park, Utah 11
Dedham, Massachusetts 188
Den Haag, Niederlande 254
Dennis Severs' House, London, England 196
Denver, Colorado 196
Descanso Beach, Catalina Island, Kalifornien 106
Deutschland
  Berlin siehe Berlin
  Bodensee 180
  Hansestädte 115
  Insel Reichenau 180
  Leipzig 258
  Lübeck 115
  München 259
  Ostseeregion 115
  Schlosshotel Hirschhorn 200
  Trier 150
Dieng-Plateau, Java, Indonesien 167
Diksmuide, Belgien 232
Dominica 73
  World Creole Music Festival 222
Drametsi-Kloster, Bhutan 171
Drei Parallelflüsse Yunnans, China 47
Dromoland Castle, Irland 200
Druga Godba, Musikfestival, Slowenien 222
Dubrovnik, Kroatien 178
Dun Aengus, Aran Islands, Irland 16
Dundlod, Rajasthan, Indien 146
Duras, Frankreich 232

E
Edinburgh, Schottland
  Blackford Hill 26
  Eger, Ungarn 232
El Rancho de las Golondrinas, New Mexico 196
Eleuthera, Bahamas 70
Eli Creek, Fraser Island, Australien 76
Elsass, Frankreich 232

England
  Acton Scott Historic Working Farm 196
  Cotswold-Dörfer 242
  Forest of Dean Sculpture Trail 214
  Great Tew 242
  Hadrianswall 150
  Kathedrale von Gloucester 178
  Lavenham 241
  Liverpool 262
  London siehe London
  Long Melford 241
  Nayland 168
  Römisches Reich 150
  Romney, Hythe & Dymchurch Railway 122
  Skipton Beer Festival 232
  South Oxford Canal 118
  Swinton Park, Yorkshire 200
  Worksop 196
  Ephesos, Türkei 150
Erntedank- und Weinfestival Eger, Ungarn 232
Essen und Trinken
  Märkte 256
  Wein- und Bierfeste 232

F
Fairfield Park, Melbourne, Australien 266
Fatehpur, Rajasthan, Indien 146
Feakle, Irland 222
Fernando de Noronha, Brasilien 75
Festival sakraler Weltmusik, Fez, Marokko 172
Festival of Traditional Irish Music, Irland 222
Fez, Marokko 172
Fidschi 80
Finnland
  Kolovesi-Nationalpark 118
Florenz, Italien
  San Marco 178
  Vasarikorridor 210
Florida, USA
  St. Joseph Peninsula State Park 106
Forest of Dean Sculpture Trail, England 214
Frankreich
  Albi 212
  Berry 168
  Cahors 268
  Collonges-la-Rouge 235
  Côtes de Duras Fête du Vin, Duras 232
  Isle-sur-la-Sorgue, Provence 256
  Korsika 25
  La Baïse, Lot-et-Garonne 118
  La Rochelle 63
  Lavendel, Provence 120
  Loire-Tal 200
  Lyon 262
  Marais Poitevin 63
  Moissac 178
  Naucelle 212
  Oradour-sur-Glane 154
  Paris siehe Paris
  Refuges d'Art, Hautes Provence 214

Riquewihr 232
Schweizergarden 181
Zweiter Weltkrieg 154
Franziskanerkloster, Dubrovnik, Kroatien 178
Französisch-Polynesien
  Rangiroa 70–71
  Wale, Rurutu 56
Fraser Island, Queensland, Australien 76
Frégate, Seychellen 70
Fumaça-Wasserfall, Brasilien 14

G
Galle, Sri Lanka 231
Gambia (Fluss), Westafrika 118
Garfield Park Conservatory, Chicago, Illinois 266
Gatlinburg, Tennessee 188
Geisterstädte 136
Genua, Italien 264
Georges Island, Boston, Massachusetts 92
Georgia O'Keeffes Haus, New Mexico 191
Getaria, Spanien 232
Giant's Causeway, Nordirland 128
Gillette Castle, Connecticut 186
Glasgow, Schottland 269
Glen Affric, Schottland 125
Gloucester, Kathedrale, England 178
Gloucestershire, England 178, 214, 242
Gom Kora, Tempel, Bhutan 171
Goodspeed Opera House, Connecticut 186
Gozo, Malta 209
Grace Bay Beach, Turks- and Caicosinseln 106
Granada, Nicaragua 198
Grand Central Station, Korallenriff, Fidschi 80
Great Glen Way, Schottland 118
Great Rift Valley, Kenia 101, 131
Griechenland
  Bassae 149
  Korfu 106
  Makrinitsa 234
  Messene 149
  Pelion 234
  Sifnos 70
Grönland 188
Großbritannien siehe England; Nordirland; Schottland; Wales
Großer Opferplatz, Petra, Jordanien 175
Grytviken, Südgeorgien 77
Guatemala 256
Guizhou, China 222
Guling, China 19
Guyana 109

H
Hadassah-Hospital, Jerusalem, Israel 168
Hadrianswall, Northumberland, England 150

Hallgrimskirkja, Reykjavik, Island 168
Hallstatt, Österreich 114
Hamarikyu-Garten, Tokio 266
Hansestädte 115
Haputale, Sri Lanka 122
Haute Provence, Frankreich 214
Havanna, Kuba 26
Hawaii, USA
  Big Island Hawaiian Music Festival, Hilo 222
  Moloka'i 16
Hay-on-Wye, Wales 127
Herculaneum, Neapel, Italien 136
Hexereimuseum, Hólmvik, Island 188
High Bridge Trail, Virginia 134
Highway 50, Nevada 105
Hilo, Hawaii 222
Himalaja
  Bhutan 171
  Sikkim 23
Hinterhöfe, Berlin 266
Hokkaido, Japan 188
Hólmvik, Island 188
Honduras 141
Honshu, Japan 111
Hornbjarg, Island 16
Hospital de la Santa Caridad, Sevilla, Spanien 168
Hoy, Orkneys 16
Hukeng, China 227
Humberstone, Chile 136

I
Idaho, USA
  Silver City 135
Île de Gorée, Senegal 158
Île aux Cygnes, Paris, Frankreich 92
Ilha de Paquetá, Rio de Janeiro, Brasilien 92
Ilha Grande, Brasilien 70
Illinois, USA 26, 266
Indien
  Corbett-Nationalpark 21
  Elefanten 55
  Havelis von Shekhawati 146
  Himalaja 21, 23
  Jaipur 210
  Jodhpur 210
  Küche 202
  Lakshadweep 70
  Malnad, Schienenbus, Westghats 122
  Manas Wildlife Sanctuary 55
  Mandu 145
  Mumbai siehe Mumbai
  Rajasthan siehe Rajasthan
  Ranikhet Hill 21
  Sikkim 23
  Tamil Nadu siehe Tamil Nadu
  Tiger 21
  Udaipur 200
Indonesien
  Java siehe Java
  Komodowarane 56
  Sumatra siehe Sumatra
  Timor siehe Timor

Innerleithen, Schottland 196
Inns of Court, London, England 270
Insel Reichenau 180
Inuit, Grönland 188
Iona, Schottland 178
Irland
   Aran Islands 16
   County Clare 200
   Festival of Traditional Irish Music, Feakle 222
   North Mayo Sculpture Trail 214
Isabella Stewart Gardner Museum, Boston, Massachusetts 210
iSimangaliso Wetland Park, Südafrika 80
Isla de Margarita, Venezuela 74
Isla de Vieques, Puerto Rico 69
Island
   Hólmvik 188
   Hornbjarg 16
   Leirhnjúkur 34
   Reykjavik 168
Israel 168, 173
Istrien, Kroatien 150
Italien
   Borgo San Lorenzo 168
   Burano 260–261
   Cala Luna, Sardinien 106
   „Der Pate" 152
   Florenz *siehe* Florenz
   Genua 264
   Küche 95, 237, 264
   Maratea 219, 239
   Mazzorbo 261
   Monreale 178
   Neapel *siehe* Neapel
   Pecorino 237
   Pienza 237
   Ponza 95
   Puglia 117
   Rom *siehe* Rom
   San Lazzaro 261
   Sant'Ariano 261
   Sant'Erasmo 261
   Savoca 152
   Torcello 261
   Toskana *siehe* Toskana
   Turin 207
   Venedig *siehe* Venedig
   Verdi-Festival, Parma 222
   Villa Romana del Casale, Sizilien 150
   Vino al Vino, Panzano, Toskana 232
   siehe auch Vatikanstadt

J

Jaipur, Indien 210
Japan
   Akan-Nationalpark 45
   heiße Quellen 165
   Hokkaido 188
   Kumano Kodo 165
   Kushiro Shitsugen 45
   Kyoto 253
   Kyushu 199
   Mandschurenkranich 45
   Naoshima 214
   Noto-Halbinsel 111
   Schneeaffen 56
   Tokio 266
Java, Indonesien
   Bromo 20
   Dieng-Plateau 167
   Reiten 20
   Semar-Höhle 167
Jemen
   Sanaa 26
   Sokotra 97
Jermyn Street, London, England 266
Jerusalem, Israel
   Äthiopische Kirche 173
   Hadassah-Hospital 168
Jhunjhunu, Rajasthan, Indien 146
Jim Thompson House, Bangkok, Thailand 210
Jodhpur, Indien 210
Jordanien 175
Joseph Schneider Haus, Ontario, Kanada 196

K

Kaieteur-Fälle, Guyana 109
Kairo, Ägypten 26
Kalaupapa, Moloka'i, Hawaii 16
Kalifornien, USA
   Bodie 136
   Catalina Island 106
   Kelso 41
   Mojave-Reservat 41
Kambodscha
   Angkor Thom 166
   Koh Rong 70
   Ta Prohm 161, 166
Kampa-Insel, Prag, Tschechien 92
Kanada
   Blackfeet-Reservat 10
   Burgess Shale 38
   Cantons d'Est, Quebec 220
   Inuit 35
   Kangiqsujuaq 35
   Kluane National Park 37
   Lake O'Hara 33, 38
   Nunavik 35
   Ontario 196
   Ottawa 118
   Pingualuit-Krater 35
   Rocky Mountains 10, 33, 38
   Route des Vins (Weinstraße), Quebec 220
   South Canol Road 102
   Vancouver *siehe* Vancouver
   Wale, Bay of Fundy 56
   Waterton Lakes National Park 10
   White Pass & Yukon Railroad 122
   Yoho National Park 33, 38
Kanalinseln 94
Kandy–Haputale, Bahnstrecke, Sri Lanka 122
Kappadokien, Türkei 176
Katakomben, Savoca 152
Katharinenpalast, Puschkin, Russland 210
Kathmandu, Nepal 168
Kashgar, China 256
Kayaköy, Anatolien, Türkei 136
Kenia
   Amboseli-Nationalpark 30
   Chyulu-Hills-Nationalpark 30
   Elefanten 30
   Flamingos 131
   Great Rift Valley 101, 131
   Kikuyu 131
   Nakurusee 131
   Observation Hill 30
Kenilworth Aquatic Gardens, Washington, D. C. 247
Kentucky, USA 193
Kerinci Seblat, Sumatra, Indonesien 51
Kiribati 78
Kisimul Castle, Barra, Schottland 91
Kleine Antillen 72
Kluane National Park, Kanada 37
Koh Lanta Yai, Thailand 85
Koh Rong, Kambodscha 70
Kokosinseln (Keeling Islands), Australien 70
Kolmanskop, Namibia 136
Kolovesi-Nationalpark, Finnland 118
Kolumbien 178
Kopenhagen, Dänemark 7, 116
Korallenriffe 80
Korcula, Kroatien 86
Korfu, Griechenland 106
Korsika, Frankreich 25
Kortrijk, Beginenhof, Belgien 206
Krakau, Polen 222
Kroatien
   Dubrovnik 178
   Istrien 150
   Korcula 86
   Schwerttanz auf Moreska 86
Kuba
   Havanna 26
   Santiago 248
Kumamoto, Shogun-Burg, Kyushu, Japan 199
Kumano-Kodo-Pilgerwege, Japan 165
Kumari Ghar, Kathmandu, Nepal 168
Kurische Nehrung, Litauen/Russland 59
Küstenpanoramen 16
Kyoto, Japan 252–253
Kyushu, Japan 199

L

La Rochelle, Frankreich 63
La Trochita (Zug), Argentinien 122
Lake O'Hara, Kanada 33, 38
Lakshadweep, Indien 70
Lakshmangarh, Rajasthan, Indien 146
Laos 48
Larapinta Trail, Northern Territory, Australien 112–113
Las Matildes, Silberminen, Cartagena, Spanien 150
Las Médulas, Spanien 28, 150
Lavenham, England 241
Le Châtelain, Brüssel, Belgien 265
Leighton House, London, England 213
Leipzig 258
Leirhnjúkur, Island 34
Leiria, Portugal 200
Leptis Magna, Libyen 133, 157
Libyen 133, 157
Liebfrauenkirche, Brügge, Belgien 168
Lissabon, Portugal
   Cacilhas 26,
   Mercado da Ribeira 256
   Tejo 262
Litauen
   Kurische Nehrung 59
   Vilnius, Kirchen 203
   Wasserburg Trakai 203
Livermore, Maine 196
Liverpool, England 262
Living History Farm, Bozeman, Montana 196
Ljubljana, Slowenien 222
Llancaiach Fawr Manor, Wales 196
Llangollen Canal, Wales 118
Loire-Tal, Frankreich 200
London, England
   Denis Severs' House 196
   Inns of Court 270
   Jermyn Street 266
   Kirchen in der City 183
   Leighton House 213
   Monument 26
   Regent's Canal 262
   Victoria & Albert Museum 210
Los Angeles, Kalifornien 106
Lot-et-Garonne, Frankreich 118
Louisiana, USA
   Atchafalaya Swamp 40
   Cajun-Kultur 40
Louisiana Museum of Modern Art, Dänemark 116
Lower East Side Tenement Museum, New York 190
Ludwig XVI. 181
Lyon, Frankreich 262

M

Mackintosh Building, Glasgow, Schottland 269
Madeira 121
Madrid, Spanien 271
Maine, USA
   The Norlands, Livermore 196
Makrinitsa, Griechenland 234
Malaysia
   Glühwürmchen, Selangor 56
   Perhentian-Inseln 84
Malediven 80
Malenadu, Schienenbus, Westghats, Indien 122
Mali
   Dogon 31
   Steilstufe von Bandiagara 31
Mallorca, Spanien 16
Malta
   It-Tokk-Markt, Gozo 209
   Zitadelle von Rabat, Gozo 209
Manas Wildlife Sanctuary, Indien 55
Mandawa, Rajasthan, Indien 146
Mandu, Indien 144–145
Manú-Nationalpark, Peru 44
Marais Poitevin, Frankreich 63
Maratea, Italien 219, 239

Margareteninsel, Budapest, Ungarn 92
Marie-Antoinette 181
Märkte & Basare 256
Marokko
　Fez *siehe* Fez
　Meknes 172
Maryland, USA 221
Massachusetts, USA
　Boston 92, 210
　Cape Cod 106
　Coast Guard Beach 106
　DeCordova Sculpture Park 214
　Dedham 188
Matiu / Somes Island, Wellington, Neuseeland 92
Mawddach Estuary, Wales 64
McMinnville, Oregon 232
Mehrangarh-Festung, Jodhpur, Indien 210
Melbourne, Australien 266
Messene, Griechenland 149
Metropolitan Museum of Art, New York 210
Mexiko
　Cuetzalán 224
　Haziendas von Tlaxcala, 108
　Internationales Gitarrenfestival, Morelia 222
　Kaffee 224
　Mexiko-Stadt 266
　Monarchfalter, Sierra Chincua 56
　Pyramiden von Yohualichan 224
　San Carlos 16
　San Miguel 80
　Totonaken 224
Mikronesien
　Nan Madol 79
　Pohnpei 79
Minnesota, USA
　Boundary Waters 118
Mirador Escénico, San Carlos, Mexiko 16
Missouri, USA 222
Mojave-Reservat, Kalifornien 41
Moissac, Frankreich 178
Moldawien 232
Molly Brown House Museum, Denver, Colorado 196
Moloka'i, Hawaii 16
Mongolei 49
Mönh Tsast Uul, Mongolei 49
Monreale, Italien 178
Montana, USA 196
Montserrat 43
Monument, London, England 26
Moosgarten von Kyoto, Japan 253
Morelia, Mexiko 222
Morro de São Paulo, Brasilien 106
Moskau, Russland 26
Mostar, Bosnien und Herzegowina 122
Mount John, Neuseeland 18
Mr. Straw's House, Worksop, England 196
Mumbai, Indien
　Banganga-Becken 266
München 259
Mürren, Schweiz 9, 24

Restaurant Piz Gloria 24
Schilthorn 24
Museo Casa de la Bola, Mexiko-Stadt 266
Museu de Carrosses Fúnebres, Barcelona, Spanien 188
Museum of Bad Art, Dedham, Massachusetts 188
Musik
　Festivals 222
　Brasilien 249
　Kuba 248
　Marokko 172
　Virginia, USA 103
Myall Lakes, New South Wales, Australien 118

N

Namibia 136
Naoshima, Japan 214
National Arboretum, Washington, D. C. 247
Nationaler Weintag, Moldawien 232
Nationalmuseum, Nuuk, Grönland 188
Naucelle, Frankreich 212
Nawalgarh, Rajasthan, Indien 146
Nayland, England 168
Neapel, Italien
　Herculaneum 136
　Mercato della Pignasecca 256
Nepal
　Kumari Ghar, Kathmandu 168
Neuseeland
　Connells Bay Sculpture Park, Waiheke Island 214
　Lake Tekapo 18
　Larnach Castle 54
　Mount John 18
　Neuseeländische Alpen 18
　Overlander (Zug) 122
　Taiaroa Head 54
　Wellington 92
Neuseeländische Alpen 18
Nevada, USA 105
New Mexico, USA
　Abó 104
　Bandelier National Monument 139
　Chaco Canyon 136
　El Rancho de las Golondrinas 196
　Georgia O'Keeffes Haus 191
　Los Alamos 104, 139
　Pueblo-Indianer 104, 139
　Salt Missions Trail 104
　Santa Fe 195
New South Wales, Australien 118
New York (Stadt), USA
　Central Park
　　Vögel 246
　City Island 92
　The Cloisters 187
　Lower East Side Tenement Museum 190
　Metropolitan Museum of Art 210
　St. John the Divine 162
New York State, USA
　Stone Quarry Hill Art Park 214
Nicaragua

Baseball 198
Granada, Altstadt 198
Niederlande
　Den Haag 254
　Scheveningen 254
　Texel 90
　Westfriesische Inseln 90
Niederländische Antillen 70
Ningaloo, Australien 80
Nordirland
　Belfast 128
　Giant's Causeway 128
Nordpolarkreis 89
North Carolina, USA
　Biltmore House 194
　George Vanderbilt 194
Northern Territory, Australien 113
Northumberland, England 150
Norwegen
　Artscape Nordland 214
　Eisbären, Spitzbergen 89
　Pyramiden 136
　Spitzbergen 88–89
　Svalbard Global Seed Vault 89
Noto-Halbinsel, Honshu, Japan 111
Nunavik, Kanada 35
Nuuk, Grönland 188

O

Observation Hill, Amboseli-Nationalpark, Kenia 30
Old Cataract Hotel, Assuan, Ägypten 29
Olinda, Brasilien 185, 195
Oman
　Aija 16
　Sur 16
Ontario, Kanada
　Joseph Schneider Haus 196
Oradour-sur-Glane, Frankreich 154
Oregon, USA
　International Pinot Noir Celebration, McMinnville 232
Orkneys, Schottland 16
Österreich
　Hallstatt 114
　Salzburg 114
　Salzkammergut 114
　Schlosshotel Rosenau 200
　Sommerfest Kirtag 236
　St. Jakob am Thurn 236
Ottawa, Kanada 118
Outback, Australien 53
Overlander (Zug), Neuseeland 122
Oxfordshire, England 118, 242

P

Palais Lobkowitz, Prag, Tschechien 266
Palancar-Riff, Mexiko 80
Palau Ubin, Singapur 92
Palawan Island, Philippinen
　Bacuit-Bucht 83
　El Nido 67, 83
Palmyra, Syrien 147
Panama
　Calzada de Amador 262
　San-Blas-Inseln 70

Pandabären, Provinz Shaanxi, China 56
Pang Mapha, Sarghöhlen von, Thailand 170
Panoramaaussicht 8–31
　Küstenpanoramen 16
　Städtische Aussichtspunkte 26
Panzano, Toskana, Italien 232
Parador de Jarandilla de la Vera, Spanien 200
Parco Sculture del Chianti, Italien 214
Paris, Frankreich
　Chapelle Expiatoire 181
　Crypte Archéologique 153
　Île aux Cygnes 92
Parma, Italien 222
Parque Enrique Lage, Rio de Janeiro, Brasilien 266
Pelling, Sikkim, Indien 23
Pemba, Tansania 99
Perge, Antalya, Türkei 150
Perhentian-Inseln, Malaysia 84
Peru
　Anden 13
　Cañón de Colca 13
　Cusco-Kathedrale 168
　„Fitzcarraldo" 44
　Inkastadt Choquequirao 142
　Manú-Nationalpark 44
　Sebayo 13
　Tal der Vulkane 13
　Toro Muerte 13
Petersdom, Vatikanstadt 26
Petra, Jordanien 175
Philippinen
　Palawan 67, 83
　Tubbataha-Riff 80
Pienza, Italien 237
Pieve di San Lorenzo, Borgo San Lorenzo, Italien 168
Pingyao, China 245, 250
Pirin-Gebirge, Bulgarien 61
Pleasant Hill, Shaker-Gemeinde, Kentucky 193
Pohnpei, Mikronesien 79
Polen
　Bialowieza-Urwald 62
　Deutsche Besatzung 255
　Jüdisches Kulturfestival, Krakau 222
　Wisent 62
　Zamość 255
Ponza, Italien 95
Portugal
　Baía de Sagres 16
　Lissabon 26, 256
　Pousada Castelo de Óbidos, Leiria 200
　Tejo 262
　Tomar 178
Pousada Castelo de Óbidos, Leiria, Portugal 200
Prag, Tschechien
　Burg 210
　Kampa-Insel 92
　Palais Lobkowitz 266
Principé *siehe* São Tomé und Principé
Provence, Frankreich
　Isle-sur-la-Sorgue 256

Lavendel 120
Refuges d'Art 214
Puerto Rico
   Isla de Vieques 69
   Küche 69
   Ökotourismus 69
Puglia, Italien 117
Puschkin, Russland 210
Pyramiden, Spitzbergen, Norwegen 136

Q

Quebec, Kanada 35, 220
Queensland, Australien 76, 122, 188, 230

R

Rajasthan, Indien 136
   Dundlod 146
   Fatehpur 146
   Havelis in Shekhawati 146
   Jhunjhunu 146
   Lakshmangarh 146
   Mandawa 146
   Nawalgarh 146
   Ramgarh 146
Rameshwaram, Indien 163
Ramgarh, Rajasthan, Indien 146
Rangiroa, Französisch-Polynesien 70
Ranikhet Hill, Indien 21
Refuges d'Art, Frankreich 214
Reichstagskuppel, Berlin 26
Reykjavik, Island 168
Rhodopen, Bulgarien 61
Rideau Canal, Ottawa, Kanada 118
Rila-Gebirge, Bulgarien 61
Rio de Janeiro, Brasilien
   Ilha de Paquetá 92
   Musik in 249
   Parque Enrique Lage 266
Riquewihr, Frankreich 232
Rocky Mountains 10, 33, 38
Rom, Italien
   Tiber 262
   siehe auch Vatikanstadt
   Römisches Reich 28, 133, 147, 157, 217
   Römische Stätten 150
Romney, Hythe & Dymchurch Railway, England 122
Roskilde, Dänemark 222
Rumänien
   Bukarest 177
   Siebenbürgen 150
Rurutu, Französisch-Polynesien 56
Russland
   Kurische Nehrung 59
   Moskau 26
   Puschkin 210
   St. Petersburg 262

S

Saint-Barthélemy, Kleine Antillen 72
Salt Missions Trail, New Mexico 104
Salzburg, Österreich 114
San Carlos, Mexiko 16
San Marco, Florenz, Italien 178
San Pedro Claver, Cartagena, Kolumbien 178
San Pedro de Atacama, Chile 225
San Pedro, Belize 80
San-Blas-Inseln, Panama 70
Sanaa, Jemen 26
Sandhamn, Schweden 87
Santa Fe, New Mexico 195
Santa Laura, Chile 136
Santa Maria la Nuova, Monreale, Italien 178
Santa María la Real, Burgos, Spanien 216
Santa-Rosa-Nationalpark, Costa Rica 42
Santiago, Chile 256
Santiago, Kuba 248
Santo Domingo de Silos, Spanien 178
São Lourenço, Madeira 121
São Tomé und Príncipe 98
Saragossa, Spanien 136
Sarajevo–Mostar, Bahnstrecke, Bosnien und Herzegowina 122
Sardinien, Italien 106
Sark, Kanalinseln 94
Sarmizegetusa, Siebenbürgen, Rumänien 150
Savoca, Katakomben, Italien 152
Schaffhausen, Schweiz 178
Schilthorn, Schweiz 24
Schlosshotel Hirschhorn, Neckar-Tal 200
Schlosshotel Rosenau, Österreich 200
Schlosshotels 200
Schottland
   Applecross-Halbinsel 125
   Barra 91
   Edinburgh 26
   Glasgow 269
   Glen Affric 125
   Great Glen Way 118
   Innerleithen 196
   Iona 178
   Mackintosh, Charles Rennie 269
   Orkneys 16
   Vatersay 91
Schweden
   Idö 87
   Sandhamn 87
Schweiz
   Alpen 9, 24
   Bodensee 180
   Lauterbrunnental 9
   Limmat, Zürich 262
   Mürren 9, 24
   Schaffhausen 178
   Schilthorn 24
Scott Joplin Ragtime Festival, Missouri 222
Scuola di San Giorgio degli Schiavoni, Venedig, Italien 168
Sedalia, Missouri 222
Segovia, Aquädukt von 150
Selangor, Malaysia 56
Senegal 158
Seoul, Südkorea 256
Serengeti, Tansania 56
Sevilla Rock Art Trail, Südafrika 159
Sevilla, Spanien 168
Seychellen 70
Shaanxi, Provinz, China 56
Shekhawati, *havelis*, Rajasthan, Indien 146
Shiv Nivas Palace Hotel, Udaipur, Indien 200
Siebenbürgen, Rumänien 150
Sifnos, Griechenland 70
Sihwa-See, Ansan, Südkorea 266
Sikkim, Indien 23
Silver City, Ihaho 135
Singapur
   Palau Ubin 92
Sizilien, Italien
Skipton, England 232
Skulpturenparks & -wege 214
Slowenien 222
Sokotra, Jemen 97
Sololá, Markt, Guatemala 256
Son Marroig, Mallorca, Spanien 16
Soufrière Hills Volcano, Montserrat 43
Souk de Chéchias, Tunis, Tunesien 256
South Australia 53
South Canol Road, Kanada 102
South Carolina, USA
   Gullah-Kultur 68
   St. Helena 68
South Oxford Canal, England 118
Spanien
   Barcelona *siehe* Barcelona
   Beget 243
   Burgos 216
   Cartagena 150
   Garrotxa 243
   Getaria 232
   Küstenwanderung im Baskenland 124
   Las Médulas 28
   Madrid 271
   Mallorca *siehe* Mallorca
   Parador de Jarandilla de la Vera 200
   Pyrenäen 243
   Römisches Reich 28
   Santo Domingo de Silos 178
   Saragossa 136
   Segovia 150
   Sevilla 168
   Wein, Baskenland 124
Spectacle Island, Boston 92
Spitzbergen, Norwegen
   Svalbard Global Seed Vault 89
   Pyramiden 136
Spitzbergen, Norwegen 89
Sri Lanka
   Bawa, Geoffrey 231
   Festungsstadt Galle 231
   Kandy–Haputale, Bahnstrecke 122
   Leoparden 58
   Tangalle 58
   Yala-Nationalpark 58
St. Elmo, Colorado 136
St. Helena, South Carolina 68
St. Jakob am Thurn, Österreich 236
St. James's Church, Nayland, England 168
St. John the Divine, New York 162
St. John's Head, Hoy, Schottland 16
St. Joseph Peninsula State Park, Florida 106
St. Kitts und Nevis 140
St. Michaels, Maryland 221
St. Petersburg, Russland 262
St. Vincent und die Grenadinen
   Canouan 106
Städte 244–271
   Abseits des Trubels 266
   Aussichtspunkte 26
   Inseln inmitten der Stadt 92
   Märkte 256
   Uferwege 262
Stadtpalast, Jaipur, Indien 210
Stanza della Segnatura, Vatikanstadt 210
Stavropoleos-Kirche, Bukarest, Rumänien 177
Stille Oasen 160–183
   Kreuzgänge 178
   religiöse Kunst 168
Strände vom Feinsten 106–107
Südafrika
   Coffee Bay 65
   De Hoop Nature Reserve 106
   Hluleka Nature Reserve 65
   iSimangaliso Wetland Park 80
   San 159
   Sevilla Rock Art Trail 159
   Tsitsikamma Trail 129
   Monkeyland Primate Sanctuary 129
   Zederberge 159
Südgeorgien, Antarktis 77
   Pinguine 77
   Shackleton, Ernest 77
Südkorea
   Ansan 266
   Seoul 256
Sumatra-Tiger 51
Sumatra, Indonesien 51
Sunlander (Zug), Queensland, Australien 122
Sur, Oman 16
Swinton Park, England 200
Sydney, Australien 92
Syrien
   Palmyra 147
   Römisches Reich 147

T

Ta Prohm, Kambodscha 161, 166
Taiaroa Head, Neuseeland 54
Taj Talha Hotel, Sanaa, Jemen 26
Tal der Vulkane, Peru 13
Tamil Nadu, Indien
   Chettiar-Villen 202
   Rameshwaram 163
Tansania
   Gnus, Serengeti 56
   Pemba 99
Tasmanien, Australien
   Freycinet-Halbinsel 15
   Wineglass Bay 15
Tauchgründe *siehe* Korallenriffe
Taurusgebirge, Türkei 148

Tennessee, USA
   Salt and Pepper Shaker Museum, Gatlinburg 188
Termessos, Türkei 148
Texel, Niederlande 90
Thailand
   Andamansee-Riff 80
   Bangkok *siehe* Bangkok
   Küche 85, 170
   Koh Lanta Yai 85
   Pang Mapha, Sarghöhlen von 170
The Cloisters, New York 187
The Norlands, Livermore 196
Thessalien, Griechenland 234
Timor, Indonesien 229
Tlaxcala, Haziendas, Mexiko 108
Tokio, Japan
   Hamarikyu-Garten 266
Tomar, Portugal 178
Toro Muerte, Peru 13
Toskana, Italien
   Castello di Ripa d'Orcia 200
   Florenz *siehe* Florenz
   Panzano 232
   Parco Sculture del Chianti 214
Toulouse-Lautrec-Museum, Albi, Frankreich 212
Traquair House, Innerleithen, Schottland 196
Trauminseln 66–99
   Korallenriffs 80
   Inseln inmitten der Stadt 92
   Paradiesische Inseln 70
Trier 150
Trigrad-Schlucht, Bulgarien 61
Tschechien 92, 210, 266
Tsitsikamma Trail, Südafrika 129
Tubbataha-Riff, Philippinen 80
Tulou von Hukeng, China 227
Tunesien
   Karthago 217

Römisches Reich 217
Tunis *siehe* Tunis
Villen in Bulla Regia 150
Tunis, Tunesien
   Nationalmuseum von Bardo 217
   Souk de Chéchias 256
Turin, Italien 207
Türkei
   Anatolien 136
   Antalya 150
   Ephesos 150
   Kappadokien 176
   Taurusgebirge 148
   Termessos 148
Turks- und Caicosinseln 106

U
Udaipur, Indien 200
Uferwege 262
Ungarn
   Budapest 92, 205
   Erntedank- und Weinfest, Eger 232
Utah, USA
   Canyonlands National Park 11
   Dead Horse Point State Park 11
   Moab 11
   Mountainbikefahren 11

V
Valle d'Itria 117
Vancouver, Kanada
   Bowen Island 92
Vasarikorridor, Florenz, Italien 210
Vatersay, Schottland 91
Vatikanstadt
   Petersdom 26
   Stanza della Segnatura 210
Venedig, Italien
   Burano 261

Mazzorbo 261
San Lazzaro 261
Sant'Ariano 261
Sant'Erasmo 261
Scuola di San Giorgio degli Schiavoni 168
Torcello 261
Venezuela 74
Victoria & Albert Museum, London, England 210
Vieng Xai, Laos 48
Vietnam 228
Villa Romana del Casale, Sizilien, Italien 150
Virginia
   Bürgerkrieg 134
   Crooked Road 103
   High Bridge Trail 134
   Musikkultur 103

W
Waiheke Island, Neuseeland 214
Walbeobachtung
   Alaska 37
   Französisch-Polynesien 56
   Kanada 56
Wales
   Abergavenny 127
   Black Mountains 127
   Hay-on-Wye 127
   Llancaiach Fawr Manor 196
   Llangollen Canal 118
   Mawddach Estuary 64
   Portmeirion 64
   Snowdonia National Park 64
   Sugar Loaf Mountains 127
   Welsh Highland Railway 122
Walpole-Nornalup, Australien 52
Washington, D. C. 247
Wasserburg Trakai, Litauen 203
Wasserstraßen 118

Waterton Lakes National Park, Kanada 10
Wein- & Bierfeste 232
Weißrussland
   Bialowieza-Nationalpark 62
   Wisent 62
Wellington, Neuseeland 92
Welsh Highland Railway, Wales 122
West Virginia 122
Western Australia 16, 52, 80, 106
Westghats, Indien 122
Westsahara, Küstenstraße 16
White Pass & Yukon Railroad, Alaska/Kanada 122
Willis Tower, Chicago, Illinois 26
Wineglass Bay, Tasmanien, Australien 15
Wisent 62
Worksop, England 196
World Creole Music Festival, Dominica 73
Wrangell-Kluane Wilderness, Alaska/Kanada 37
Wyoming, USA
   Yellowstone National Park 39

Y
Yala-Nationalpark, Sri Lanka 58
Yellowstone-Nationalpark, Wyoming 39
Yoho-Nationalpark, Kanada 33, 38
Yorkshire, England 200, 232
Yukon, Kanada 37, 102, 122

Z
Zamość, Polen 255
Zhejiang, überdachte Brücken, China 143
Zitadelle von Rabat, Gozo, Malta 209
Zitadelle, Kairo, Ägypten 26
Zürich, Schweiz 262

Weitere Traumziele ...

**400 Reisen, die Sie nie vergessen werden –
Vom Amazonas bis ins Zululand**

Bildband, Softcover
300 Seiten, 450 Fotos, 400 Karten
24,95 €
ISBN 978-3-86690-240-4

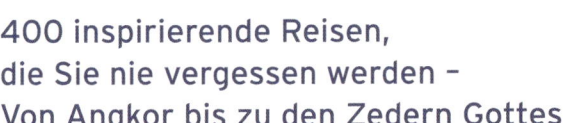

**400 kulinarische Reisen,
die Sie nie vergessen werden –
Von der Auvergne bis zum Zuckerhut**

Bildband, Hardcover
280 Seiten, 450 Fotos
39,95 €
ISBN 978-3-86690-197-1

**400 inspirierende Reisen,
die Sie nie vergessen werden –
Von Angkor bis zu den Zedern Gottes**

Bildband, Softcover
300 Seiten, 850 Fotos und Karten
24,99 €
ISBN 978-3-86690-386-9

**400 Roadtrips,
die Sie nie vergessen werden**

Bildband, Hardcover
280 Seiten, 600 Fotos und Karten
39,95 €
ISBN 978-3-86690-238-1

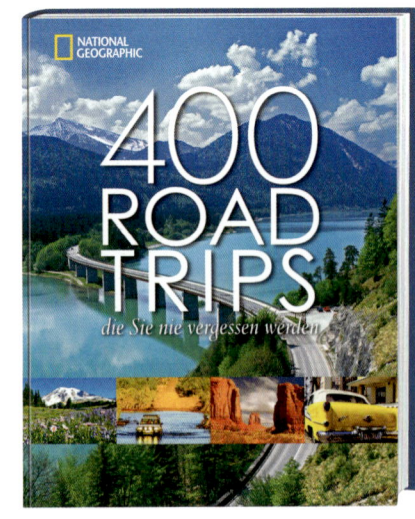

Autoren

Jeremy Allan
Jane Anson
Aaron Arizpe
Jaqueline Attwood-Dupont
Derek Barton
Michael Bright
Katie Cancila
Karen Coates
Marolyn Charpentier
Danielle Demetriou
Liz Dobbs
Helen Douglas-Cooper
Ellen Dupont
Kay Fernandez
Stuart Forster
Paul Franklin
Ellen Galford
Diana Greenwald
Lisa Halvorsen
Solange Hando
Karen Hursh Graber
Ben Jacobson
Paul Kandarin
Laura Kearney
Andrew Kerr-Jarrett
Tom Le Bas
Miren Lopategui
Glen Martin
Antony Mason
Michael Metcalfe
Peter Neville-Hadley
Barbara A. Noe
Katie Parla
Everett Potter
Joost van de Putten
Agata Radkiewicz
David St Vincent
Sathya Saran
George Semler
Joyce Slayton Mitchell
Peter Sommers
Barry Stone
Linda Tagliaferro
Jenny Waddell
Johanna-Maria Wagner
Joby Williams
Roger Williams
Joe Yogerst

Bildnachweis

1 Von links nach rechts: Boris Stroujko; Shutterstock; jerl71/Dreamstime.com; Jamie Robinson/Shutterstock; age fotostock/SuperStock; Ian Cameron; Bruno Perousse/age fotostock/www.photolibrary.com. 2–3 Ariadne Van Zandbergen/Oxford Scientific/www.photolibrary.com; 4 Ernesto Burciaga/www.photolibrary.com; 5 Jon Arnold travel/www.photolibrary.com (1); Michele Falzone/age fotostock/www.photolibrary.com (2); Steven Vidler/Eurasia Press/Corbis (3); Roderick Edward Edwards/Animals Animals/www.photolibrary.com (4); Anne Conway/Cubo Images/Robert Harding (5); Kevin O'Hara/age fototstock/www.photolibrary.com (6); Wolfgang Kaehler/Corbis (7); Massimo Borchi/4Corners Images (8); Kevin O'Hara/age fototstock/www/photolibrary.com (9); 6 Jean-Baptiste Rabouan/Hemis/Corbis; 8–9 Jon Arnold/www.photolibrary.com; 10 Kleinhenz/F1 Online/www.photolibrary.com; 11 Miles Ertman/First Light Associated Photographers/www.photolibrary.com; 12 John Warburton-Lee/www.photolibrary.com; 13 Jarno Gonzalez Zarraonandia/Shutterstock; 14 Alexandre Cappi/Getty Images; 15 Rob Blakers/www.photolibrary.com; 17 Michele Falzone/JAI/Corbis; 18 Chad Ehlers/www.photolibrary.com; 19 Yan Ping/XinHua/Xinhua Press/Corbis; 20 Diehm/Getty Images; 21 © 2008 Ajit Pal Singh; 22 © 2007/Jerry Redfern; 23 age fotostock/SuperStock; 24 Fergus Kennedy/John Warburton-Lee Photography/www.photolibrary.com; 25 Gavin Hellier/Jon Arnold Travel/www.photolibrary.com; 27 Zanchika/Shutterstock; 28 Antonio Real/age fotostock/www.photolibrary.com; 29 World Pictures/Photoshot; 30 Fred Hoogervorst/Panos Pictures; 31 Jane Sweeney/Lonely Planet Images; 32–33 Michele Falzone/age fotostock/www.photolibrary.com; 34 Frank Guiziou/Hemis/Corbis; 35 Parcs Nunavik Parks; 36 Alan Majchrowicz/age fotostock/www.photolibrary.com; 37 George D.Lepp/Corbis; 38 Sebastien Burel/Shutterstock; 39 Dana Carrier; 40 Sylvain Grandadam/SuperStock/www.photolibrary.com; 41 Altrendo Nature/Getty Images; 42 Dietmar Nill/naturepl.com; 43 Michael Eudenbach/Getty Images; 44 Pete Oxford/naturepl.com; 45 Vincent Munier/naturepl.com; 46 Danita Delimont/Alamy; 47 TAO Images Limited/www.photolibrary.com; 48 Bert de Ruiter/Alamy; 49 Roger Arnold/Alamy; 50 N.Selje/Still Pictures; 51 Herbert Kehrer/imagebroker.net/www.photolibrary.com; 52 Orien Harvey/www.photolibrary.com; 53 Sylvain Grandadam/Robert Harding Travel/www.photolibrary.com; 54 David Wall/Lonely Planet; 55 Gerald Cubitt/NHPA/Photoshot; 57 Roy Toft/National Geographic/Getty Images; 58 Andy Rouse/NHPA/Photoshot; 59 Pavel Dunyushkin/Shutterstock; 60 Pablo Galan Cela/age fotostock/www.photolibrary.com; 61 Ecobo/Dreamstime.com; 62 Niall Benvie/naturepl.com; 63 Pawel Wysocki/Hemis/www.photolibrary.com; 64 Loop Images/Corbis; 65 Ariadne Van Zandbergen; 66–67 Steven Vidler/Eurasia Press/Corbis; 68 Stephen Saks/Lonely Planet Images; 69 Katja Kreder/imagebroker.net/www.photolibrary.com; 71 Tom Pepeira/Iconotec/www.photolibrary.com; 72 age fotostock/SuperStock; 73 Michael Melford/National Geographic Images; 74 Nicholas Pitt/Getty Images; 75 Andre Seale/age fotostock/www.photolibrary.com; 77 Roy Mangersnes/naturepl.com; 78 George Steinmetz/Corbis; 79 Michele Falzone/Jon Arnold Travel/www.photolibrary.com; 81 Georgette Douwma/Imagestate/www.photolibrary.com; 82, 83 John Pennock/Lonely Planet Images; 84 Image Quest Marine; 85 age fotostock/SuperStock; 86 Michail Kabakovitch/Shutterstock; 87 Frank Chmura/Nordic Photos/www.photolibrary.com; 88 Onne van der Wal/bluegreenpictures.com; 89 Rick Tomlinson/bluegreenpictures.com; 90 McPHOTO/Still Pictures; 91 www.scottishviewpoint.com; 93 David Clapp/Oxford Scientific/www.photolibrary.com; 94 Camille Moirenc/Hemis/Corbis; 95 Guido Alberto Rossi/Tips Italia/www.photolibrary.com; 96 Still Pictures/U.Katz; 97 Still Pictures/Dani-Jeske; 98 George Osodi/Panos Pictures; 99 Aquavision/Getty Images; 100–101 Roderick Edward Edwards/Animals Animals/www.photolibrary.com; 102 George Hunter/SuperStock; 103 Pat & Chuck Blackley/Alamy; 104 Robert Shantz/Alamy; 105 Stephen Saks/Lonely Planet Images; 107 Stefano Scata/Getty Images; 108 Eduardo Juárez; 109 Reuters/Corbis; 110 Damien Simonis/Lonely Planet; 111 Japan Travel Bureau/www.photolibrary.com; 112 Lisa McKelvie/www.photolibrary.com; 113 Andrew Bain/Lonely Planet Images; 114 © Österreich Werbung/Weinhaeupl W./Austrian National Tourist Office; 115 Targa/age fotostock/www.photolibrary.com; 116 Pep Roig/Alamy; 117 Imagebroker.net/Photoshot; 119 nagelestock.com/Alamy; 120 Brigitte Merle/Photononstop/www.photolibrary.com; 121 TW.P./Mauritius/www.photolibrary.com; 123 Cass Scenic Railroad State Park; 124 Juan Carlos Munoz/age fotostock/www.photolibrary.com; 125 Peter Lewis/Oxford Scientific/www.photolibrary.com; 126 David Cheshire/Alamy; 127 Chris Howes/Wild Places Photography/Alamy; 128 Cameron Davidson/www.photolibrary.com; 129 Chris Mattison/age fotostock/www.photolibrary.com; 130 Images of Africa Photobank/Alamy; 131 Sébastien Boisse/Photononstop/www.photolibrary.com; 132–133 Anne Conway/Cubo Images/Robert Harding; 134 High Bridge Trail State Park/Virginia State Parks; 135 Pierre Perrin/Corbis Sygma; 137 Robert Dayton/age fotostock/www.photolibrary.com; 138 altrendo travel/Getty Images; 139 Ernesto Burciaga/Tips Italia/www.photolibrary.com; 140 Gavin Hellier/Robert Harding Travel; 141 Robert Francis/Robert Harding; 142 Rodrigo Torres/Glowimages/Photoshot; 143 View Stock/www.photolibrary.com; 144 Amar Grover/John Warburton-Lee Photography/www.photolibrary.com; 145 Wayne and Miriam Caravella/www.photolibrary.com; 146 Anders Blomqvist/Lonely Planet Images; 147 Hugo Canabi/Iconotec/www.photolibrary.com; 148 Prisma/SuperStock; 149 Styve Reineck/Shutterstock; 151 World Pictures/Photoshot; 152 Vincent J .Musi/Aurora Photos; 153 NRT-Travel/Alamy; 154 Martin Richardson/Alamy; 155 Sandro Vannini/Corbis; 156 Kevin O'Hara/age fotostock/www.photolibrary.com; 157 Bruno Perousse/age fotostock/www.photolibrary.com; 158 Maggie Steber/National Geographic Stock; 159 Richard Du Toit/Minden Pictures/National Geographic Stock; 160 Kevin O'Hara/age fotostock/www.photolibrary.com; 162 Tina Fineberg/AP/Press Association Images; 164 Nobuaki Sumida/Aflo Foto Agency/www.photolibrary.com; 165 Floris Leeuwenberg/Corbis; 166 Stuart Westmorland/Getty Images; 167 Walter G.Allgöwer/imagebroker.net/www.photolibrary.com; 169 „Predigt des hl. Matthäus" (Öl auf Leinwand), Carpaccio, Vittore (ca.1460/5-1523/6)/Scuola di San Giorgio degli Schiavoni, Venedig, Italien/The Bridgeman Art Library; 170 © Jerry Redfern; 171 Solange Hando; 163 Dinodia/age fotostock/www.photolibrary.com; 173 Shai Ginott/Corbis; 174 Rick Strange/World Pictures/Photoshot; 175 Sonia Halliday Photographs; 176 Michael Short/Robert Harding Travel/www.photolibrary.com; 177 Moreleaze Tropicana/Alamy; 179 E & E Image Library/Imagestate/www.photolibrary.com; 180 Markus Keller/imagebroker.net/www.photolibrary.com; 181 „Marie Antoinette (1755-93) gestützt von der Religion", 1825 (Marmor), Cortot, Jean-Pierre (1787-1843)/Chapelle Expiatoire, Paris, Frankreich/© Clement Guillaume/The Bridgeman Art Library; 182 tim gartside London/Alamy; 183 Priory Church of St Bartholomew the Great; 172 Betrand Bechard/MAXPPP/Photoshot; 184–185 Wolfgang Kaehler/Corbis; 186 J.schultes/Dreamstime.com; 187 Birgit Pohl/Nonstock/www.photolibrary.com; 189 Lynette Andreasen; 190 Dan Herrick/Lonely Planet Images; 191 Herbert Lotz © 2010. Photo Georgia O'Keeffe Museum, Santa Fe/Art Resource/Scala, Florenz; 192 age fotostock/SuperStock; 193 Michael Snell/Robert Harding; 194 Paul M. Franklin; 195 Sebastien Boisse/Photononstop/www.photolibrary.com; 197 James Brittain/View Pictures/www.photolibrary.com; 198 age fotostock/SuperStock; 199 Prisma/SuperStock; 201 John Wilson/Robert Harding; 202 Paule Seux/Hemis/www.photolibrary.com; 203 Wojtek Buss/age fotostock/www.photolibrary.com; 204 Jonathan Smith/Lonely Planet Images; 205 Attila Kisbenedek/AFP/Getty Images; 206 catherine lucas/Alamy; 207 Egyptian Museum Turin/Gianni Dagli Orti/The Art Archive; 208 Imagebroker.net/Photoshot; 209 Lionel Coates/World Pictures/Photoshot; 211 Luca Tettoni/Robert Harding Travel/www.photolibrary.com; 212 ©François Pons, Musée Toulouse-Lautrec, Albi, France; 213 Leighton House Museum, Royal Borough of Kensington and Chelsea; 215 Iain Masterton/Alamy; 216 Turespaña; 217 Japan Travel Bureau/www.photolibrary.com; 218-219 Massimo Borchi/4Corners Images; 220 Paul Laramee; 221 Daniel Dempster Photography/Alamy; 223 Christophe Boisvieux/Corbis; 224 Berndhard Lang/F1 Online/www.photolibrary.com; 225 Imagebroker.net/Photoshot; 226 Best View Stock/www.photolibrary.com; 227 Chrisian Kober/John Warburton-Lee Photography/www.photolibrary.com; 228 Meobeo/Dreamstime.com; 229 © 2002/Jerry Redfern; 230 Barry Goodwin/Courtesy of Tourism Queensland; 231 John Hicks/Corbis; 233 Mick Rock/Cephas; 234 terry harris just greece photo library/Alamy; 235 Michael Busselle/Robert Harding; 236 Regina Hofmann; 237 Mike Kipling/The Travel Library/www.photolibrary.com; 238 Kaos03/SIME/4Corners Images; 239 Stefano Amatini/4Corners Images; 240 Travel Library Limited/SuperStock; 241 Rod Edwards/Britain on View/www.photolibrary.com; 242 Andy Williams/Britain on View/www.photolibrary.com; 243 Jordi Cami/Alamy; 244–245 Kevin O'Hara/age fotostock/www.photolibrary.com; 246 Cal Vornberger/Still Pictures; 247 Ping Amranand/SuperStock/www.photolibrary.com; 248 Benjamin Rondel/First Light/Corbis; 249 Balthasar Thomass/Alamy; 250 Japan Travel Bureau/www.photolibrary.com; 251 Best View Stock/www.photolibrary.com; 252 Frank Carter/Lonely Planet Images; 253 Robert Essel NYC/Corbis; 254 Reso/www.photolibrary.com; 255 Walter Bibikow/Jon Arnold Travel/www.photolibrary.com; 257 dbimages/Alamy; 258 Japan Travel Bureau/www.photolibrary.com; 259 Barry Blitz; 260 Mike Kipling/The Travel Library/www.photolibrary.com; 261 Radius Images/www.photolibrary.com; 263 Fet/Dreamstime.com; 264 Ian Armitage; 265 Oliver Knight/Alamy; 267 Richard T.Nowitz/Corbis; 268 Michael Busselle/Robert Harding World Imagery/Corbis; 269 Mackintosh Building at The Glasgow School of Art; 270 Julian Love/John Warburton Lee-Photography/www.photolibrary.com; 271 Visions of America, LLC/Alamy.

Umschlagvorderseite
Hintergrundbild: John Pennock/Lonely Planet Images.

Bildreihe, von links nach rechts: Boris Stroujko; Shutterstock; jerl71/Dreamstime.com; Jamie Robinson/Shutterstock; age fotostock/SuperStock; Ian Cameron; Bruno Perousse/age fotostock/www.photolibrary.com.

Umschlagrückseite
Hintergrundbild: Chad Ehlers/www.photolibrary.com.

Bildreihe, von links nach rechts: Zanchika/Shutterstock; Roy Toft/National Geographic/Getty Images; EcoPrint/Shutterstock; Chris Howes/Wild Places/Alamy; Michele Falzone/age fotostock/www.photolibrary.com; Stuart Westmorland/Getty Images.

Rücken: Alaska Marine Highway Systems

Impressum

Deutsche Ausgabe veröffentlicht von National Geographic Deutschland (G+J/RBA GmbH & Co KG), Hamburg 2013

Copyright © Toucan Books Ltd., 2011

Titel der englischen Originalausgabe (ungekürzt):
Secret Journeys of a Lifetime – 500 of the World's Best Hidden Travel Gems

Alle Rechte vorbehalten. Reproduktionen, Speicherungen in Datenverarbeitungsanlagen oder Netzwerken, Wiedergabe auf elektronischen, fotomechanischen oder ähnlichen Wegen, Funk oder Vortrag, auch auszugsweise, nur mit ausdrücklicher Genehmigung des Copyrightinhabers.

Produktion der deutschen Ausgabe
Bintang Buchservice GmbH, www.bintang-berlin.de
Petra Dubilski, Claudia Theis-Passaro, Inga-Brita Thiele, Übersetzung
Kirsten Gleinig, Lektorat
Gritta Deutschmann, Satz

Umschlaggestaltung: www.anjagrimmgestaltung.de (Gestaltung), www.stephanengelke.de (Beratung)

Herstellung: G+J Druckzentrale Heiko Belitz (Ltg.), Thomas Oehmke

Druck: Firmengruppe APPL, aprinta druck, Wemding

Printed in Germany
ISBN 978-3-86690-383-8

Englische Originalausgabe
Veröffentlicht von der National Geographic Society
John M. Fahey, Jr., President and Chief Executive Officer
Gilbert M. Grosvenor, Chairman of the Board
Tim T. Kelly, President, Global Media Group
John Q. Griffin, President, Publishing
Nina D. Hoffman, Executive Vice President; President, Book Publishing Group

Konzipiert von der Buchabteilung
Barbara Brownell Grogan, Vice President and Editor in Chief
Jonathan Halling, Design Director, Books and Children's Publishing
Marianne R. Koszorus, Director of Design
Barbara A. Noe, Senior Editor
Carl Mehler, Director of Maps
Lawrence M. Porges, Project Editor
Melissa Farris, Design Consultant
Olivia Garnett, Mary Stephanos, Contributors
R. Gary Colbert, Production Director
Jennifer A. Thornton, Managing Editor
Meredith C. Wilcox, Administrative Director, Illustrations

Herstellung und Qualitätskontrolle
Christopher A. Liedel, Chief Financial Officer
Phillip L. Schlosser, Senior Vice President
Chris Brown, Technical Director
Nicole Elliott, Manager
Rachel Faulise, Manager
Robert L. Barr, Manager

Produziert von Toucan Books Ltd
Ellen Dupont, Editorial Director
Helen Douglas-Cooper, Senior Editor
Jane Chapman, Jane Hutchings, Andrew Kerr-Jarrett, Editors
Victoria Savage, Editorial Assistant
Leah Germann, Designer
Christine Vincent, Picture Manager
Sharon Southren with Mia Stewart-Wilson, Picture Researchers
Marion Dent, Proofreader
Michael Dent, Indexer

Die National Geographic Society, eine der größten gemeinnützigen wissenschaftlichen Vereinigungen der Welt, wurde 1888 gegründet, um «die geographischen Kenntnisse zu mehren und zu verbreiten». Sie unterstützt die Erforschung und Erhaltung von Lebensräumen sowie Forschungs- und Bildungsprogramme. Ihre weltweit mehr als neun Millionen Mitglieder erhalten monatlich das National Geographic-Magazin, in dem die besten Fotografen ihre Bilder veröffentlichen sowie renommierte Autoren aus nahezu allen Wissensgebieten der Welt berichten. Ihr Ziel: *inspiring people to care about the planet,* Menschen zu inspirieren, sich für ihren Planeten einzusetzen.

Die National Geographic Society informiert nicht nur durch das Magazin, sondern auch durch Bücher, Fernsehprogramme und DVDs. Falls Sie mehr über National Geographic wissen wollen, besuchen Sie unsere Website unter www.nationalgeographic.de.

Alle Angaben in diesem Buch wurden zum Zeitpunkt der Erarbeitung sorgfältig geprüft. Dennoch können sich Details ändern. Der Verlag kann für solche Änderungen, eventuelle Fehler oder Auslassungen keine Verantwortung oder Haftung übernehmen. Bewertungen von Sehenswürdigkeiten etc. geben die Sicht der Autoren wieder.

Unter www.auswaertiges-amt.de finden Sie aktuelle Reiseinformationen sowie Hinweise zur Sicherheitslage in einzelnen Staaten. Mitunter spricht das Auswärtige Amt auch Reisewarnungen aus, wenn bei Reisen in ein Land oder in eine Region eines Landes akute Gefahren für Leib und Leben bestehen. Bitte informieren Sie sich rechtzeitig vor Abreise bei in Frage kommenden Ländern.